장자공부

명상으로 얻은 지혜
장자공부

초판 1쇄 2020년 3월 25일

지은이 김기
펴낸이 김기창
펴낸곳 도서출판 문사철

출판등록 제300-2008-40호
주소 서울 종로구 창경궁로 265 상가동 3층 3호
전화 02 741 7719 | **팩스** 0303 0300 7719
홈페이지 wwww.lihiphi.com
전자우편 lihiphi@lihiphi.com
디자인 은
인쇄 및 제본 천광인쇄사

ISBN 979 11 86853 73 3 (93150)
※ 값은 뒤표지에 있습니다.

莊子

장자 공부

명상으로 얻은 지혜

김기 지음

도서출판문사철

이 책을 내면서

『장자』는 단순히 책으로만 여겨서는 안 된다. 이것은 밤하늘에 반짝이는 별이다. 이 별은 천하의 인간들에게 신령한 빛을 던져준다. 그 빛은 무엇인가. 바로 지혜의 빛이다. 장자가 던져주는 지혜의 빛은 인간이 가진 원초적인 미혹과 속박을 말끔히 제거해준다. 이 지혜의 빛을 머리로가 아니라, 온몸으로 받아들이는 순간 곧바로 미혹과 속박에서 해방되어 광채서린 허공과 하나가 된다.

『장자』의 중심인물인 장자莊子의 이름은 주周이다. 그는 전국 중기에 해당하는 기원전 360년 경에 송宋나라 몽현蒙縣에서 출생하여 기원전 280년 경까지 살았다. 일반적으로는 『사기』의 기사에 의거하여 장자를 노자老子의 계승자로 본다. 그러나 곽상郭象과 한유韓愈 등의 일부 학자들은 장자를 공자孔子의 후학으로 간주하기도 한다. 도道와 무위無爲를 근간으로 하는 장자철학은 후세의 도교와 중국불교 등의 종교 및 각종 철학, 문학·예술분야에 두루 영향을 끼쳤다.

『장자』는 지혜의 빛이 저장된 보고寶庫이다. 여기서는 지혜를 얻는 방법으로 명상을 권하면서 남곽자기南郭子綦를 등장시켰다. 남곽자기의 몸은 마른 나무처럼, 마음은 죽은 재처럼 변했다. 자기를 초월하고 상대도 초월해버린 남곽자기는 지혜의 빛을 발하였다. 그리고 제물齊物의 진리를 설하였다. 장자는 명상의 구체적인 방법으로 좌망坐忘과 심재心齋 등을 제시했다. 이러한 수양법을 실천함으로써 지혜를 얻으면 누구든 참된 자유인이 된다. 그리하여 무궁無窮의 문에 들어가 무극無極의 들판에서 자유롭게 소요할 수 있다. 『장자』는 정녕코 인간 세상에 큰 지혜의 빛을 제공해주는 신령한 별이다.

 이 책은 지금으로부터 약 15년 전 중부권에 있는 충청투데이 신문 지상에 '김기의 [장자강의]'라고 하는 코너에 투고했던 원고를 근래에 대폭 수정을 가함으로써 만들어졌다. 책의 구성은 『장자』의 내편·외편·잡편 중 각 편의 주제가 될 수 있는 내용들을 정선精選하여 엮었다. 그러므로 이 글만 보아도 장자사상의 요지를 간파할 수 있으리라 본다. 특히 마음의 세계에 대해 충분히 논하여 현대인이 겪는 정신적 부조화와 지적 미혹, 인간관계의 불협화음 등의 문제를 해소하는데 도움을 주고자 하였다. 이는 명상의 세계와 연결이 된다고 본다. 부록 편에는 2개의 내용을 담았다. 첫 번째로는 장자철학의 주요주제들에 대해 논함으로써 일반인들이 장자철학을 좀 더 체계적으로 이해하는데 도움을 주려하였다. 다음으로는 내용 파악이 어렵다고 평이 나있는 「소요유」와 「제물론」을 철저히 분석하여 문단을 나누고 그에 따른 요지를 기술하여 독자들의 이해를 돕고자 하였다.

필자의 본 의도는 달을 드러내고자 함이었으나 결국 달을 가리키는 손가락에 대해서만 횡설수설하고 만 것 같다. 독자님들의 준엄한 질책을 기다리는 바이다.

2020년 봄
김 기

차례

이 책을 내면서 5

내편

소요유 17
    남쪽 바다로 가는 붕새   18
    매미와 메까치의 비웃음   22
    시간의 크고 작음   25
    크고 작음을 초월한 사람 – 지인 1   27
    크고 작음을 초월한 사람 – 지인 2   30
    허유, 크고 작음을 넘어서다   33
    막고야산의 신인 이야기   36
    천하를 까마득히 잊은 요임금   38
    손 트지 않게 하는 약의 쓰임새   42
    쓸모없는 큰 나무 아래서 소요하다   44

제물론 47
    남곽자기, 자기를 잊다   48
    마음의 울림, 천뢰   51
    감정은 허깨비 장난의 산물   54
    바른 인식을 방해하는 성심   57
    성심을 버리면 도가 보인다   60
    통째로 직관한다 – 조지어천   64
    피차와 시비는 실체가 없다   67
    대립을 떠난 도추   69
    무궁한 시비를 잠재우는 이명 1   72
    무궁한 시비를 잠재우는 이명 2   75
    조삼모사   77
    절대적 기준은 과연 있는가   79

사람 · 미꾸라지 · 원숭이 중 누가
　　　절대적으로 옳은 거처를 얻었는가　　　82
　　　죽음의 세계는 우리의 고향이다　　　85
　　　인생은 큰 꿈이다　　　88
　　　그림자와 곁 그림자의 대화　　　91
　　　호랑나비가 된 장주　　　94

양생주 ………………………………………………… 97
　　　무한한 것을 다 알려고 하면 위태하다　　　98
　　　천리에 의지하여 소를 잡는 포정　　　101
　　　야생 꿩은 편안히 사육되기를 바라지 않는다　　　104
　　　생사는 기의 이합집산　　　107
　　　하늘이 내린 속박을 벗다 - 현해　　　110

인간세 ………………………………………………… 113
　　　도에 이르게 하는 심재　　　114
　　　텅 빈 세계를 바라보면 마음에서 빛이 나온다　　　117
　　　신인은 남다른 재능을 가지지 않는다　　　120
　　　당랑거철　　　122
　　　기형의 몸으로도 행복한 지리소　　　124

덕충부 ………………………………………………… 127
　　　마음을 안정시켜 사람을 모으는 왕태　　　128
　　　도의 세계에는 귀천이 없다　　　131
　　　천형을 받으면 똑똑해진다　　　134
　　　무위의 덕으로 사람을 감화시키는 애태타　　　137

대종사 ………………………………………………… 139
　　　진인과 진지　　　140
　　　강호에서 서로를 잊어버리고 노니는 물고기　　　142
　　　죽음을 잘 맞이하는 길 1　　　145
　　　죽음을 잘 맞이하는 길 2　　　147
　　　7단계의 득도법　　　150
　　　생사는 하나이다 1　　　153
　　　생사는 하나이다 2　　　155
　　　생사를 잊고 무극에서 소요하다　　　158
　　　고요한 천일에 들다　　　160
　　　인의를 들으면 묵형을 받는다 1　　　163
　　　인의를 들으면 묵형을 받는다 2　　　168

도통의 길 - 좌망 1　　　　　　　　　176
　　　도통의 길 - 좌망 2　　　　　　　　　179

응제왕 ……………………………………………… 181
　　　자기를 말로도 여겼다가 소로도 여기는 태씨　182
　　　천하를 살려놓고 자취를 감추다　　　　　185
　　　거울 같은 지인지심　　　　　　　　　188
　　　7일 만에 혼돈이 죽다　　　　　　　　191

외 편

변무 …………………………………………………… 195
　　　인의는 도덕의 군더더기이다　　　　　　196
　　　물오리의 다리가 짧지만 이어주면 근심한다　199
　　　지극한 사람은 선악을 초월한다　　　　　201

거협 …………………………………………………… 205
　　　지자와 성자가 도둑을 키웠다　　　　　　206

재유 …………………………………………………… 211
　　　음양이 조화를 잃으면 병이 온다　　　　212
　　　정신을 전일하게 하는 것이 최고의 장생법이다　215
　　　무궁의 문에 들어가 무극의 들판에 노닌다　218
　　　아득히 혼마저 사라지다　　　　　　　　221
　　　도는 잡으려 하면 더욱 멀어진다　　　　224
　　　홀로 존재하는 사람, 독유지인　　　　　227
　　　무기에 이르면 존재가 없어진다　　　　　230

천지 …………………………………………………… 233
　　　현주를 찾은 상망　　　　　　　　　　234
　　　복을 구함도, 복을 물리침도 어리석은 짓　237
　　　자기를 잊어야 하늘에 들어간다　　　　　240
　　　기계는 정신을 불안하게 한다　　　　　242

천도 …………………………………………………… 245
　　　성인의 마음은 천지의 귀감　　　　　　246
　　　무엇이라 지칭하든 본질은 그대로다　　　249

책은 옛사람이 남겨놓은 찌꺼기이다　　　　252

천운 ……………………………………………　255
　　　어리석음으로 도에 이르게 하는 함지악 1　256
　　　어리석음으로 도에 이르게 하는 함지악 2　258

각의 ……………………………………………　261
　　　허무와 염담　　　　　　　　　　　　　　262

선성 ……………………………………………　265
　　　즐거움을 누리는 삶　　　　　　　　　　　266

추수 ……………………………………………　269
　　　우물 안의 개구리 1　　　　　　　　　　　270
　　　우물 안의 개구리 2　　　　　　　　　　　272
　　　사물의 실체는 규정할 수 없다　　　　　　274
　　　도에서 보면 귀천이 없다　　　　　　　　　276
　　　입장을 버리면 사물이 바로 보인다　　　　279
　　　반연과 사시 1　　　　　　　　　　　　　　281
　　　반연과 사시 2　　　　　　　　　　　　　　284
　　　인위로써 자연을 손상시키지 말라　　　　　286
　　　궁과 통　　　　　　　　　　　　　　　　　289

지락 ……………………………………………　293
　　　지극한 즐거움은 즐거움이 없다　　　　　　294
　　　아내가 죽자 항아리를 치며 노래한 장자　　296
　　　사의 찬미　　　　　　　　　　　　　　　　299
　　　장자의 진화론　　　　　　　　　　　　　　302

달생 ……………………………………………　305
　　　버리면 얻는다　　　　　　　　　　　　　　306
　　　밖을 의식하면 정신이 혼란해진다　　　　　308
　　　중도를 지키면 불로장생한다　　　　　　　310
　　　식색을 절제하는 것이 양생법의 기초이다　312
　　　목계와 양생술　　　　　　　　　　　　　　314
　　　신이 서린 작품 만들기　　　　　　　　　　316
　　　정신이 전일하면 신통력이 생긴다　　　　　318
　　　신이 발에 편하면 발의 존재를 잊는다　　　320

산목 ··· 323
    세상의 평가에서 벗어나야 안전하다　324
    스스로 추하다고 여기는 추녀는 추하지 않다　327

전자방 ·· 331
    두려움을 버려야 신기를 얻는다　332
    세상의 가치에 초연한 진인　334

지북유 ·· 337
    아는 자는 말하지 않는다　338
    사려를 전일하게 하면 신명이 깃든다 1　341
    사려를 전일하게 하면 신명이 깃든다 2　343
    그대의 몸은 그대의 것이 아니다　346
    인생의 짧음, 흰 망아지가 좁은 틈을 스쳐 지나듯　348
    무도 없는 무에 도달해야 지극하다　350

잡편

경상초 ·· 355
    갓난아이는 움직이고도 움직인 줄 알지 못한다　356

서무귀 ·· 359
    명마는 먼지를 일으키지 않는다　360
    재주를 뽐내는 원숭이의 최후　363
    올빼미는 밤에만 잘 본다　365

칙양 ··· 369
    자신의 무지를 깨달아야 참 앎을 얻을 수 있다　370
    대인은 고집함이 없다　373
    주재자는 있는가　375
    도는 말과 침묵을 모두 초월한다　378

외물 ··· 381
    칭찬과 비난의 대상에서 벗어나야 지극하다　382
    작은 지혜를 버리면 큰 지혜를 얻는다　385
    쓸모없는 것의 가치를 알아라　387

　　　　고기를 잡았으면 통발을 잊어라　　　　　389

우언 ………………………………………………… 393
　　　　우언 · 중언 · 치언　　　　　　　　　394
　　　　그림자의 삶　　　　　　　　　　　　396

양왕 ………………………………………………… 399
　　　　마음을 잊으면 도에 들어간다　　　　400
　　　　자로, 법열에 취해 방패춤을 추다　　403

열어구 ……………………………………………… 407
　　　　흔적을 남기지 말아야 지극하다　　　408
　　　　지극히 높으면 사람이 알지 못한다　410
　　　　성인의 마음은 허공과 같다　　　　　412
　　　　진인이라야 고해에서 벗어난다　　　415
　　　　자가 바르지 못하면 사물을 바로 잴 수 없다　418

천하 ………………………………………………… 421
　　　　대도를 등진 제자백가　　　　　　　422

부록 1. 장자철학의 여러 주제들

　　　　장자의 도에 대하여　　　　　　　　427
　　　　장자의 덕에 대하여　　　　　　　　435
　　　　장자의 천에 대하여　　　　　　　　437
　　　　장자의 명에 대하여　　　　　　　　442
　　　　장자의 심에 대하여　　　　　　　　448
　　　　장자의 기에 대하여　　　　　　　　451
　　　　장자의 음양 · 오행에 대하여　　　　455
　　　　장자와 무의 관계에 대하여　　　　　458
　　　　장자 철학이 후세에 미친 영향　　　461
　　　　조선 유학자들이 본 장자　　　　　　468

부록 2. 「소요유」· 「제물론」 문단 나누기와 요지

　　　　1. 「소요유」 문단 나누기와 요지　　475
　　　　2. 「제물론」 문단 나누기와 요지　　498

13

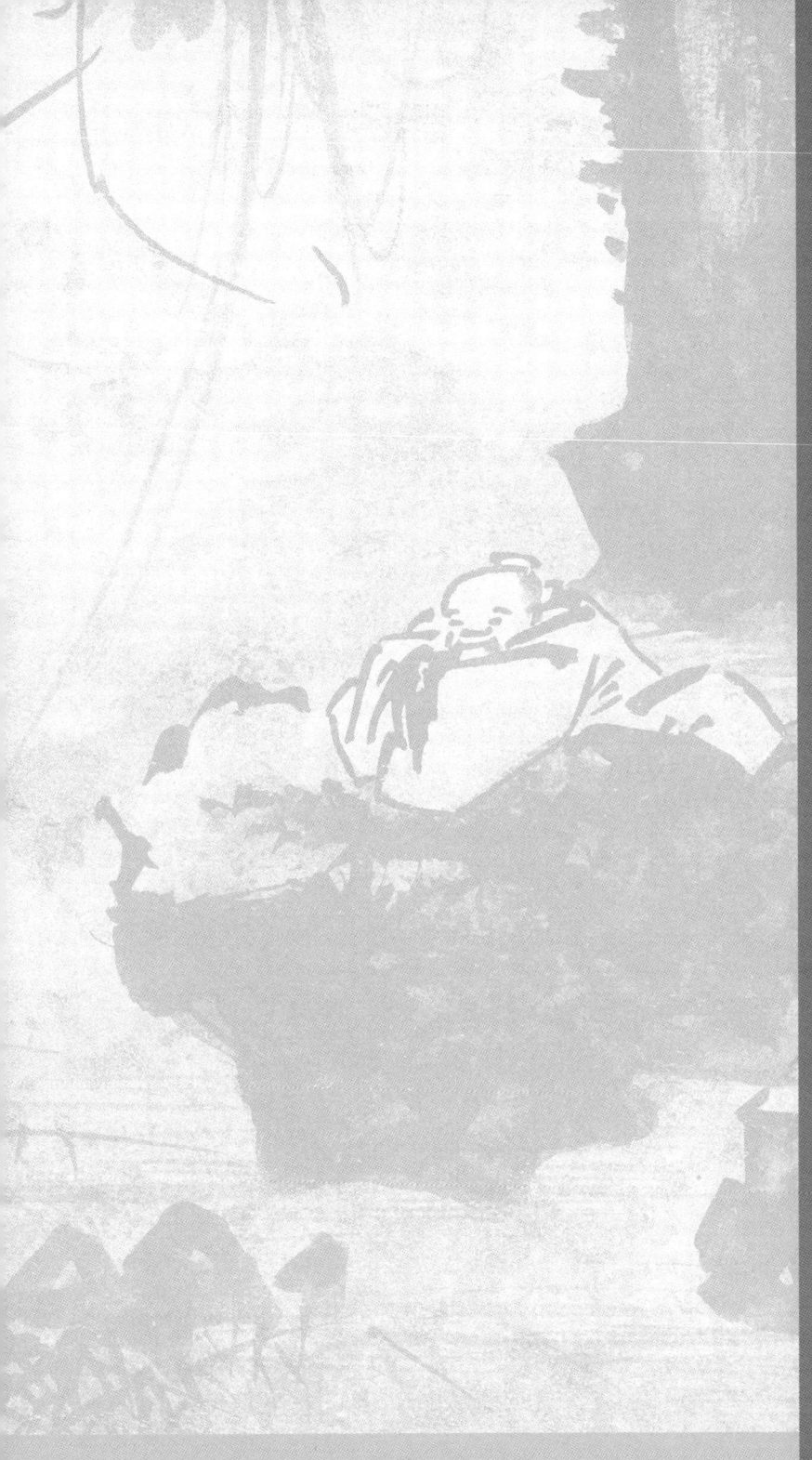

莊子
내편

소요유

남쪽 바다로 가는 붕새

북쪽 바다에 물고기가 있는데 그 이름은 곤어(鯤魚)이다. 곤어의 크기는 몇천 리나 되는지 알지 못한다. 이것이 변하여 새가 되니 그 이름이 붕새이다. 붕새의 등은 몇천 리나 되는지 알지 못한다. 분발하여 날면 그 날개가 하늘에 드리워진 구름과 같다. 이 새는 해풍(海風)이 불면 장차 남쪽 바다로 날아가려 한다. 남쪽 바다는 곧 '하늘 못[天池]'이다.

北冥有魚(북명유어)하니 其名爲鯤(기명위곤)이라. 鯤之大(곤지대)는 不知其幾千里也(부지기기천리야)라. 化而爲鳥(화이위조)하니 其名爲鵬(기명위붕)이라. 鵬之背(붕지배)는 不知其幾千里也(부지기기천리야)니, 怒而飛(노이비)면 其翼若垂天之雲(기익약수천지운)이라. 是鳥也(시조야) 海運則將徙於南冥(해운즉장사어남명)이니 南冥者(남명자)는 天池也(천지야)라.

북쪽에 있는 아득히 큰 바다에 어떤 물고기가 살고 있다. 그 이름은 곤어鯤魚로 크기가 몇천 리나 된다. 기이하게도 곤어는 다시 새로 변한다. 그 새는 날개만 해도 몇천 리나 된다. 그 새의 이름은 붕새이다. 붕새는 지극히 큰 몸집과 큰 활동 구역을 가졌다. 장자는 범인으로서는 이해하기 어려울 정도로 큰 새를 「소요유逍遙遊」의 첫 머리에 등장시켰다. 그 이유는 무엇일까.

소요유逍遙遊는 '깨달음을 얻어 자유롭게 노니는 것'을 말한다. 인간의 불행은 내면의 갈등 때문에 시작된다. '큰 것[大]'과 '작은 것[小]', '이것[此]'과 '저것[彼]'을 나누어보는 상대적인 시각을 가졌기 때문에 인간은 스스로가 갈등 속에 빠져든다. 만약 이 갈등 속에서 벗어나면 그는 완전한 자유를 얻는다. 양자의 갈등 구도를 넘어서면 그의 의식은 '아무 것도 없는 세상[無何有之鄕]'에 이를 수 있다. 아무 것도 없는 세상에서 참 자유를 누리며 노니는 것이 바로 소요유의 본뜻이다.

소요유의 경지에 들자면 일단 상대적 시각이 불러온 대립적 인식에서 벗어나야 한다. 대립이 있으면 비교가 있고 비교가 있으면 갈등이 생긴다. 그 갈등이 개인을 넘어서서 집단으로 옮겨가면, 이때는 사회적 갈등으로 전화된다. 제자백가들의 소란스러운 다툼 역시 서로 비교하여 우열을 가리려 함으로써 나타난 사회 현상이다. 갈등이 있는 내면, 갈등이 있는 사회는 결코 조화로울 수 없다.

사실 나를 포함한 모든 존재는 이미 있는 그대로 절대적이고 완전하다. 그러나 나를 남과 비교하면 그때부터 문제가 발생한다. 비교를 하고 나면 반드시 대大와 소小, 미美와 추醜, 귀貴와 천賤이 정해진다. 그러면 나는 어느 한쪽에 속하게 된다. 설령 지금은 상대보다 내가 더 우위에 서 있다손 치더라도 다음에는 나보다 더 우월한 상대를 만나게 된다. 내가 상대적 세계에 서 있는 이상 비교 대상은 끝없이 나타나고, 그로 인해 우열은 끝없이 갈라진다. 갈등도 자연히 끝없이 이어진다. 이 상황에서 벗어나는 길은 무엇인가. 바로 나와 상대를 대립적 존재로 보지 않는 것이다. 비교를 끊어버리면 대립은 저절로 사라진다. 이때 소요유의 경지에 들어갈 수 있다.

바깥 세계를 허물해서는 안 된다. 문제를 일으키는 원흉은 바로 자신이다. 자신이 상대적 인식행위를 하기에 피아가 뚜렷이 있는 것처럼 보이고, 더 나아가서는 만 가지 사물이 만 가지로 달라 보인다. 너와 나를 초월하는 인식을 얻으면 그 순간 일체의 상대적 관점이 만들어낸 대립적 형세는 더 이상 시야에 나타나지 않는다. 만사만물이 오직 평등하게 하나로 보일 뿐이다. 필자는 「논소대論小大」라는 제목의 시에서 이렇게 읊었다.

萬物齊一無小大 　만물은 하나로 가지런하여 작고 큼이 없으니
만 물 제 일 무 소 대
天上天下咸泰平 　천상천하가 모두 태평하네.
천 상 천 하 함 태 평
如何獨見參差象 　어찌하여 혼자만 들쭉날쭉 어긋난 상을 보는가
여 하 독 견 참 치 상
唯因自落斷常坑 　오직 스스로 유무를 가르는 함정에 빠졌기
유 인 자 락 단 상 갱
　　　　　　　　때문이라네.

천지는 일찍이 한 순간도 완전하지 않은 적이 없다. 제일齊一하여 절대적 평등을 유지하고 있다. 그러하건만 나의 눈에는 세상이 천차만별로 어긋나 보이니, 이렇게 된 이유는 무엇인가. 그것은 바로 나의 의식이 성장하지 못하여 아직 '있다[常]'와 '없다[斷]'의 분별적 인식을 하기 때문이다. 세상은 언제나 완전하건만 나의 안목이 불완전하여 태평의 낙을 누리지 못한다. 그 누구를 탓할 것인가.

붕새가 『장자』의 첫머리에 등장한 이유는 소대지변小大之辯을 전

개하기 위해서이다. 붕새는 깨닫지 못한 자로 하여금 큼과 작음의 상대적 관점에서 탈출시켜주기 위해 등장시킨 소품이다. '붕새' 그 자체는 큰 의미를 가지지 않는다. 붕새는 단지 '큰 것[大]'의 상징물일 뿐이다. 붕새가 아무리 크다고 한들 작은 것보다 큰 하나의 물건일 뿐이다. 즉 상대적으로 큰 물건일 뿐이라는 말이다. 더 위대한 존재가 되고자 한다면, '크고 작음' 그 자체에서 완전히 떠나버려야 한다. 비교를 넘어서야 한다. 그럴 때 절대 세계를 만나게 된다. 거기가 완전한 자리이다.

매미와 메까치의 비웃음

매미와 메까치가 붕새를 비웃으며 말했다. "우리는 떨쳐 일어나 날면 느릅나무나 다목나무 위로 오르는데 때로는 다 오르지도 않고 땅으로 다시 내려와 버린다. 그런데 저 붕새는 무엇 때문에 구만 리나 날아 남쪽 바다로 가려고 하는 걸까."
蜩與學鳩(조여학구) 笑之曰(소지왈) 我(아)는 決起而飛(결기이비)하야 槍榆枋(창유방)이라가 時則不至而控於地而已矣(시즉부지이공어지이이의)라. 奚以之九萬里而南爲(해이지구만 리이남위)아.

상대적인 관점에서 보면 세상의 만사만물은 크고 작음의 차이가 있다. 그러나 이때의 크고 작음은 절대적이지 않다. 세상 사람들은 상대적인 시각을 버리지 못한다. 그러면서도 자신이 내린 답을 절대시하여 남과 갈등관계를 조성한다.

붕새는 북쪽 바다에서 반대편에 있는 남쪽 바다까지 날아간다. 그러나 이렇게 멀리 날아가는 붕새를 비웃는 부류가 있다. 누구인가. 바로 매미와 메까치이다. 붕새에 비하면 이들은 좁쌀 한 알보다 작은 존재이다. 그러한 매미와 메까치가 말했다. "우리는 떨쳐 일어나 날면 느릅나무나 다목나무 위로 오르는데 때로는 다 오르지도 않고 땅으로 다시 내려 와버린다. 그런데 저 붕새는 무엇 때문에 구만 리나 날아 남쪽 바다로 가려고 하는 걸까." 붕새에 비하면 이들은 너무나 작은 존재이다. 작은 세계에서는 큰 세계의 일을 이해할 수 없다. 그러므로 매미와 메까치는 붕새를 비웃을 수밖에 없다. 그 이유는 크고 작음의 차이가 너무나 뚜렷하기 때문이다.

매미와 메까치는 지극히 작은 생명체로 소小의 세계를 상징한다. 앞에서는 이미 붕새를 등장시켜 대大의 세계에 대해 논하였고, 여기서는 두 날벌레를 등장시켜 소의 세계에 대해 논하고 있다. 이것이 '큰 것과 작은 것의 구분에 대한 논변'인 이른 바 '소대지변小大之辯'이다. 소대지변은 『소요유』의 중심 주제 중 하나에 속한다. 크고 작음을 나누는 분별심을 버리지 못한다면 미혹 속에 빠져들고 만다. 사실 대부분의 사람들이 이렇게 살아간다. 그래서 세상은 늘 불완전 속에 있다. 장자는 인간의 미혹을 타파해주기 위해 신비롭고 거대한 붕새 이야기를 먼저 끄집어내고, 또 그것과 대조가 되는 작은 날벌레인 매미와 메까치를 등장시켜 자신의 논리를 전개하였다.

소대지변에는 전통적으로 큰 것과 작은 것의 차별성을 타파해야 한다는 해석과 작은 것은 버리고 큰 것을 취해야 한다는 두 종류의 해석이 있다. 전자의 대표자는 진晉의 곽상郭象이다. 그는 『장자주莊子注』에서 '큰 붕새와 작은 새가 크기는 다르지만, 양자는 나름의 천성을 가졌기에 모두 저마다의 가치를 지닌다'라고 했다. 후자의 대표자로는 송宋의 나면도羅勉道이다. 그는 『남화진경순본南華眞經循本』에서 '작은 것을 버리고 붕새처럼 큰 세계를 지향해야 한다'라고 했다. 그러나 이 두 견해는 바로 뒤에 대소를 초월한 지인至人·신인神人·성인聖人에 대한 이야기가 나온다는 점에서 볼 때, 재고해봐야 한다. 왕부지王夫之는 『장자해莊子解』에서 '붕새와 뱁새가 서로 비웃지만, 그러나 신인은 이 둘을 모두 비웃는다'라고 했다. 즉 작은 뱁새는 물론 큰 붕새도 상대세계의 사물이므로 상대세계를 떠난 신인의 눈에는 둘 다 무의미하게 보인다는 말이다. 종합하여 볼 때, 왕부지의 이 의견이 가장 타당성이 있어 보인다.

큰 붕새와 작은 매미는 모두 상대세계에 속해 있는 물체일 뿐이다. 큰 것도 좋지 않고 작은 것도 좋지 않다. 큰 것과 작은 것을 동시에 초월해야 한다. 그래야만 '아무 것도 없는 절대세계[無何有之鄕]'에 도달할 수 있다.

시간의 크고 작음

> 작은 앎은 큰 앎의 세계를 모르고, 생명이 짧은 자는 생명이 긴 자의 세계를 모른다.
> 小知(소지)는 不及大知(불급대지)하며 小年(소년)은 不及大年(불급대년)이라.

작은 것은 큰 것의 세계를 알지 못한다. 참새가 홍곡鴻鵠의 뜻을 어찌 알겠는가. 그러나 홍곡이 비록 크다고 하지만 참새보다 큰 새일 뿐이다.

장자는 대소大小의 차이를 "작은 앎은 큰 앎의 세계를 모르고, 생명이 짧은 자는 생명이 긴 자의 세계를 모른다."는 말로 표현했다. 그리고 예를 들어 말하기를, "새벽에만 사는 조균朝菌은 한 달이란 시간을 모르고 여름의 쓰르라미는 봄과 가을을 모르는데, 이는 수명이 짧기 때문이다. 또한 초楚나라 남쪽에 '명령冥靈'이란 나무가 있다. 이 나무는 오백 세를 각각 봄과 가을로 삼으며, 상고시대의 '대춘大椿'이라는 나무는 8천 년을 각각 봄과 가을로 삼는다."라고 했다. 이는 사물의 수명에는 장단이 있고, 앎에는 대소가 있음을 알려주는 말이다. 또 "팽조彭祖가 장수했음은 오래전부터 익히 들었다. 필부를 거기에 견주면 슬프지 않겠는가."라고 했다. 이는 인간의 수명에도 장단이 있음을 알려주는 말이다. 이상의 내용은 큰 것과 작은 것의 차이를 말하면서 큰 것을 우대하는 것처럼 느끼게 한다. 그래서 어떤 학자들은 '소대지변小大之辯은 큰 것을 지향한다'고 말하기도 한다. 그러나 이것은 장자의 진의眞意가 아니다. 장자는 작은 것은 물론 큰 것까지도 동시에 초월하기를 추구한다. 다시 말해 대립을 넘어서서 양자를 평등한 시각으로 바라보기를 추구한다는 의미이다.

『노자』, 제2장에 이런 말이 있다. "유무有無가 서로 생기게 하고 난이難易가 서로 이루어 주며, 장단長短이 서로 비교되게 하고 고하高下가 서로 의지하게 한다.[有無相生 難易相成 長短相較 高下相傾]" 여기서 보면 세상의 가치는 모두 비교에 의해 나온 것일 뿐, 실제로 그러한 것이 아님을 알 수 있다. 메추라기를 붕새에 비교하면 지극히 작지만 벼룩에 비하면 아주 크다. 이렇게 본다면 사람들이 말하는 '크다' 또는 '작다'는 것은 상대적이고 일시적이며 허구적인 개념일 뿐이다. 그러므로 인간이 크고 작음이 있는 상대적 세계에 머무는 한 진리의 삶은 영원히 살 수 없다.

앎에 있어서는 소지小知와 대지大知를 다 떠나야 진지眞知를 얻고, 시간에 있어서는 소년小年과 대년大年을 다 떠나야만 무궁함에 노닐 수 있다. 작은 것에는 물론 큰 것에 걸려도 역시 안 된다. 어디에 걸리든 걸린 것은 마찬가지 아니겠는가. 반드시 상대세계가 연출하는 속임수에서 벗어나야만 비로소 절대평등의 세계에 도달할 수 있다.

크고 작음을 초월한 사람 – 지인至人 1

> 지인(至人)은 자기가 없고 신인(神人)은 공적이 없고 성인(聖人)은 이름이 없다.
> 至人無己(지인무기)하고 神人無功(신인무공)하고 聖人無名(성인무명)이니라.

아무 것과도 비교할 수 없어야 한다. 그럴 때 비로소 최고의 인간이 된다.

장자는 소대지변小大之辯을 인간에게도 적용시킨다. "지혜가 한 가지 벼슬을 감당할 만하고 행실이 한 고을에서 뛰어나고 덕이 한 임금을 모시기에 적합하여 일국一國을 다스릴만한 자도 스스로를 반성해보면 뱁새 같은 부류이다. 송영자宋榮子는 이런 사람을 보면 도리어 비웃는다. 그는 온 세상이 칭찬해도 우쭐대지 않고 온 세상이 비난해도 괘념치 않는다. 그는 내외의 분수를 인정하고 영욕의 경계를 구분했기에 그럴 수 있었다. 그는 세상일에 급급해 하지는 않았으나, 그러나 아직 지극한 경지엔 이르지 못했다." 여기서 보면 송영자는 앞에서 말한 뱁새 같은 부류의 인간들보다는 훨씬 그릇이 큰 인물이다. 그러나 아직 마음과 대상의 구분, 그리고 영화의 욕됨의 경계를 떠나지 못했다. 그래서 아직 궁극의 경지에는 이르지 못했다. 앞에서 말한 '뱁새 같은 부류'는 '작은 것[小]'을 상징하고 송영자는 '큰 것[大]'을 상징한다. 장자는 계속 말했다. "열자列子는 바람을 타고 다닌다. 한 번 나가면 15일 만에 돌아온다. 그는 더 좋은 결과를 내는데 급급해 하지 않았다. 그러나 그는 비록 걸어 다니는 것은 면했지만, 아직 바람에 의지함이 있다."라고 했다. 열자는 이미 세상을 초월했기에 송영자보다 한 수 위에 있다. 그러나 아직 구름에 의지함이 있어 상대세계에서 완전한 초탈을 이루지 못했다. 아직 송영자처럼 '큰 것'의 세계에 머물러 있다는 말이다. 그러면 크고 작음이 있는 상대세계에서 완전히 초탈하여 절대세계에 도달한 자는 도대체 누구란 말인가.

장자는 마침내 상대세계의 모든 가치를 초월한 절대적 경지에 대해 이렇게 말했다. "만약 천지의 바른 도를 타고 육기六氣의 변화를 몰아서 무궁無窮에 노니는 자라면, 어찌 의지함이 있겠는가. 그래서 '지인至人은 자기가 없고 신인神人은 공적이 없고 성인聖人은 이름이 없다'라고 한다." 아무 것에도 의지하지 않아도 되는 무대無待의 경지에 이르면, 의식이 자유자재한 경지에 도달한다. 이때 그는 세상의 가치 기준에서 벗어난 존재가 된다. 그래서 장자는 '자기가 없다[無己]', '공적이 없다[無功]', '이름이 없다[無名]'라고 하였다.

위에서 보면, '지혜가 한 가지 벼슬을 감당할 만한 사람'은 지극히 작은 것을 상징하고, 송영자와 열자는 지극히 큰 것을 상징한다. 이 두 종류의 크고 작은 것을 뛰어넘은 사람이 바로 지인이요 신인이요 성인이다. 지인과 신인과 성인은 무無의 경지에 있다. 그래서 자아도 없고 자취도 없으며, 또한 이름도 없다.

「소요유」의 처음에는 사물의 대소를 반복하여 말하다가 그 다음에는 인간의 대소를 말한 후, 마침내 지인·신인·성인을 등장시켜 대소를 초월한 절대적 경지에 대해 말하였다.

크고 작음을 초월한 사람 – 지인至人 2

> 지인(至人)은 자기가 없고 신인(神人)은 공적이 없고 성인(聖人)은 이름이 없다.
> 至人無己(지인무기)하고 神人無功(신인무공)하고 聖人無名(성인무명)이니라.

　　인식이 상대세계를 넘어설 때, 비로소 참다운 삶을 누릴 수 있다. 상대세계는 불완전한 곳이고 상대를 초월한 절대세계는 완전한 곳이다. 허망한 상대적 관점을 떠나면 아무것도 없는 절대의 무하유지향無何有之鄕에 이른다.

　　『소요유』의 '소대지변小大之辯'은 '큰 것'과 '작은 것'의 상대적 세계를 벗어나 의식의 자유를 누릴 수 있도록 할 목적으로 제시한 것이다. 지인至人·신인神人·성인聖人은 모두 소대小大의 상대적 세계를 초월한 새로운 차원의 경지에 있는 사람들이다. 사실 소대를 비롯한 모든 상대적 개념은 세상에 참으로 존재하는 것이 아니다. 이것은 모두 사람의 불완전한 인식활동이 만들어낸 망상이다. 『금강경오가해金剛經五家解』에 이런 시가 있다.

摩訶大法王　　마하대법왕은
마 하 대 법 왕

無短亦無長　　짧지도 않고 길지도 않네.
무 단 역 무 장

本來非皂白　　본래 검지도 희지도 않아
본 래 비 조 백

隨處現靑黃　　곳에 따라 푸름과 누름을 드러낼 뿐.
수 처 현 청 황

　　망상에 사로잡힌 눈으로 보면 길고 짧음, 흰색과 검은색, 청색과 황색이 제각기 자성을 가지고 차별적으로 존재하는 것 같지만 진리의 눈으로 보면 이 세계에는 어떠한 차별도 존재하지 않는다. 모두가 하나로 평등할 뿐이다.
　　2014년에 제작된 '루시Lucy'라는 영화가 있다. 이 영화는 주인공의 뇌가 약물의 영향으로 그 기능이 점차 활성화되자 이전과는 다른 세상을 만나는 과정을 그려낸 작품이다. 이 영화의 주인공 루시는 뇌 기능의 활성화를 통하여 여러 가지 기적적인 현상들을 경험한다. 특히 눈여겨 볼 것은 서로 차별적인 사물들이 평등하게 인식되는 상황을 만나게 된다는 점이다. 이것은 대大와 소小, 시是와 비非 등 상대적 차별을 떠나라고 하는 장자의 가르침과 일치하는 부분이다. 이윽고 루시의 뇌가 극도로 활성화되자 마침내 시공時空을 초월하고 신神의 경지에까지 도달하는 경험을 한다. 이 영화는 마치 장자철학을 기반으로 하여 시나리오를 작성한 것으로 보일 만큼 장자철학의 내용을 잘 반영하고 있다.
　　어른은 아이들보다 정신이 더 성숙해있다. 그래서 아이들이 서로 '크다' 또는 '작다'를 열심히 따지는 모습이 어른들의 눈에는 우습게 보인다. 어른의 눈에는 아이들이 말하는 크고 작은 것이 모두 '그게 그것'으로 보일 뿐이다. 즉 상호 차별이 있어 보이지 않는다는 말이다. 이처럼 인간의 의식도 상승하면 대소나 시비 등의 상대적 관계에 놓여있는 양자가 모두 하나로 보인다.

만사만물은 길고 짧음을 드러내기 위해 존재하는 것이 아니다. 그냥 그대로 존재할 뿐이다. 그런데도 '짧다'거나 '길다'고 분별을 하는 것은 나의 자의적인 분별의식에서 기인한 것이다. 분별의식을 제거하여 상대적 관점을 떠나 참다운 인식에 이르면, 모든 것이 평등하게 보인다. 이는 존재의 본모습을 있는 그대로 봄을 의미한다. '존재' 그 자체는 있는 그대로의 삶을 누리면서 존재할 뿐, 거기에 대소·고하 등의 가치가 내포되어 있지 않다. 인식의 수준이 이러한 경지에 이른 사람이 바로 지인·신인·성인이다. 이 사람들은 상대적 관점을 넘어 사물을 있는 그대로 바라본다.

상대적 분별에서 떠난 사람은 산山의 본질을 본다. 대소나 고하를 따지지 않고 조화롭게 펼쳐져 있는 산의 본래 모습을 꿰뚫어 볼 뿐이다. 그렇게 할 때 산하대지의 두두물물頭頭物物이 본래 유일무이唯一無二한 고귀한 존재임을 깨닫게 된다.

허유許由, 크고 작음을 넘어서다

> 요리사가 비록 요리를 하지 않을지라도 축관[尸祝]이 제기[樽俎]를 버리고 요리사의 일을 대신하지는 않는다.
> 庖人(포인)이 雖不治庖(수불치포)나 尸祝(시축)이 不越樽俎而代之(불월준조이대지)니라.

장자는 요堯임금과 은자인 허유許由 간의 대화를 통해 대소大小의 상대세계를 초월한 자의 모습을 서술했다.

요임금은 천하를 다스리다가 임금 자리를 허유에게 물려주려고 하자 허유는 이렇게 사양했다. "그대가 천하를 잘 다스림에 천하가 이미 다스려졌다. 그런데도 나에게 그대를 대신하여 왕위를 이어받으라고 한다면, 나에게 이름을 탐내라는 것인가. 이름은 실체의 객客인데 나에게 객을 위해 살라는 것인가." 이 글에서는 '성인은 이름이 없다[聖人無名]'의 경지를 드러내고 있다. 허유는 상대세계를 넘어선 사람이다. 그래서 그는 세상의 이름에 집착하지 않는다. 수양을 쌓으면 부귀에 대한 욕망은 벗어던질 수 있지만, 그러나 이름 석 자에 대한 집착은 내려놓기가 쉽지 않다. 이름에 집착함은 자기를 둠이요 이름에 집착하지 않음은 자기를 잊음이다. 자기를 잊은 사람은 누구도 그를 이름 부를 수 없다. 부르고자 해도 부를 길이 없다. 실체가 없는데 어떻게 이름 부를 수 있겠는가. 이름에 대한 집착을 떠났다는 것은 바로 상대적 세상을 벗어났음을 의미한다.

허유는 요임금에게 왕위를 받지 않는 또 하나의 이유를 들면서 요임금을 돌려보내었다. "뱁새가 깊은 숲에 깃들지만 한 개의 가지를 쓰는데 불과하고, 두더지가 하수河水를 마시지만 배를 채우는데 불과하다. 그대는 그만 돌아가라." 허유는 이미 모든 욕망을 내려놓고 산야山野에서 은거해 살지만, 마음에 걸림이 없어 이래도 편하고 저래도 편하다. 이미 절대의 세계에 들어갔는데 의식주에 대한 욕망이 남아있을 턱이 없다. 허유는 자기를 뱁새나 두더지로 비유했다. 이는 무슨 뜻인가. 이미 자기 존재를 잊어버렸다는 뜻으로 볼 수 있다. 이미 실체가 없는데, 이렇게 말한들 어떻고 저렇게 말한들 어떠하랴. 이는 '지인무기至人無己'의 경지를 드러낸 말이다.

허유는 끝으로 "요리사가 비록 요리를 하지 않을지라도 제사를 담당하는 축관祝官이 제기祭器를 버리고 요리사의 일을 대신하지는 않는다."라는 말로 사양의 변辯을 마무리했다. 요리는 요리사가, 제사는 축관이 각각 맡아야 한다는 의미이다. 허유는 이미 세상의 일에 초연해졌다. 그래서 세상은 더 이상 그의 관심 대상이 아니었다. 『노자』, 제48장에 "덜어내고 또 덜어내어 무위無爲에 이른다.[損之又損 以至於無爲]"라고 하는 말이 있다. 무위의 경지에 도달하여 이미 세상 사람이 아닌 허유에게 세상의 왕이 되라 하니, 이야말로 축관에게 요리사의 일을 대신하라고 하는 격이다. 그래서 허유는 천하에 공적을 남길 수 있는 임금 자리를 거부한 것이다. 이는 '신인무공神人無功'의 경지를 상징한다.

요임금은 훌륭한 인물이지만 아직 크고 작음이 있는 경계에서는 벗어나지 못했다. 그러나 허유는 무명無名·무기無己·무공無功의 경지에 도달하여 크고 작음의 상대적 세계에서 훌쩍 벗어나버렸다. 그래서 세상의 그 어떤 것으로도 그를 어찌하지 못하는 것이다.

막고야산藐姑射山의 신인 이야기

> 막고야산(藐姑射山)에 신인(神人)이 살고 있다. 그 피부는 빙설과 같고 유연함이 처녀와 같다. 오곡을 먹지 않고 바람을 호흡하고 이슬을 마시다가 운기(雲氣)를 타고 비룡(飛龍)을 몰아 사해 밖으로 노닌다. 그 정신이 엉키어 만물로 하여금 병들지 않게 하고 해마다 곡식이 여물게 한다.
> 姑射之山(막고야지산)에 有神人居焉(유신인거언)하니, 肌膚若氷雪(기부약빙설)하고 綽約若處子(작약약처자)라. 不食五穀(불식오곡)하고 吸風飲露(흡풍음로)라가, 乘雲氣(승운기)하고 御飛龍(어비룡)하야 而遊乎四海之外(이유호사해지외)라. 其神凝(기신응)하야 使物不疵癘而年穀熟(사물불자려이년곡숙)이라.

　장자는 대소大小를 초월한 경지를 막고야산藐姑射山 신인神人의 예를 통하여 설명했다. 막고야산의 신인은 이미 상대세계에서 벗어났다.
　하루는 연숙連叔에게 견오肩吾가 접여接輿에게 들은 신비한 이야기를 전해주었다. "막고야산에 신인이 살고 있다. 그 피부는 빙설과 같고 유연함이 처녀와 같다. 오곡을 먹지 않고 바람을 호흡하고 이슬을 마시다가 운기雲氣를 타고 비룡飛龍을 몰아 사해 밖으로 노닌다.

그 정신이 엉키어 만물로 하여금 병들지 않게 하고 해마다 곡식이 여물게 한다."라는 말을 전하면서 황당하여 믿을 수가 없다고 했다. 여기서 본다면, 막고야산의 신인은 허공을 운행함에 붕새나 열자列子처럼 바람을 의지하지 않는 경지에 있다. 원문에서 '운기를 탄다'는 것은 '천하의 정도正道를 탄다'는 것을 의미한다. 바람은 물질이지만 정도는 물질이 아니다. 물질을 넘어 정도에 노니는 자가 바로 막고야산 신인이다. 막고야산 신인은 아무 것에도 의지하지 않는 무대無待의 경지에 도달했다. 또한 그는 만물의 차원에서 벗어나서 만물을 자유롭게 생육하는 초월적 존재이기도 하다. 이 말을 듣던 연숙은 막고야산의 신인에 대한 일을 의심하는 견오에게 "소경은 문장의 아름다움을 함께 볼 수 없고 귀머거리에게는 종과 북소리를 함께 들을 수 없다. 어찌 신체만 그러 하리오. 앎[知]에 있어서도 그렇다."라고 하면서 견오의 식견이 협소함을 질타했다. 그러면서 연숙은 막고야산 신인에 대해 견오보다 한 술 더 떠서 말했다. "이 사람은 사물이 상하게 하지 못한다. 큰 홍수도 그를 빠지게 하지 못하고, 큰 가뭄에 쇠와 돌이 녹아 흐르고 흙과 산이 다 타도 그를 뜨겁게 하지 못한다. 그는 티끌과 찌꺼기를 가지고 장차 요순堯舜같은 사람을 빚어 만들 수도 있다. 그런데 어찌 만물에 얽매여 일하겠는가."라고 했다. 이는 막고야산 신인이 이미 세상의 물리적 법칙을 초월했음을 드러낸 말이다.

　장자는 허유許由와 막고야산의 신인을 예로 들어 지극한 경지에 대해 말했다. 이들은 대소의 상대적 세계에서 벗어나 자유의 세계에서 무위의 삶을 누리는 사람들이다.

천하를 까마득히 잊은 요임금

> 송인(宋人)이 장보관(章甫冠)을 팔려고 월(越)나라에 갔으나 월나라 사람들은 삭발을 하고 문신을 하기에 장보관을 필요로 하지 않았다. 요(堯)임금이 천하의 백성을 다스리고 국내의 정치를 평정한 후에 네 사람의 스승을 만나고 막고야산(藐姑射山)의 분수(汾水) 북쪽에서 까마득히 천하를 잊어버렸다.
> 宋人資章甫而適諸越(송인자장보이적제월)이나 越人斷髮文身(월인단발문신)하야 無所用之(무소용지)라. 堯治天下之民(요치천하지민)하고 平海內之政(평해내지정)하야 往見四子(왕견사자)러니, 藐姑射之山(막고야지산)의 汾水之陽(분수지양)에서 窅然(요연)히 喪其天下焉(상기천하언)이라.

천하장사와 난장이가 싸우면 당연히 천하장사가 이긴다. 그러나 아무리 천하장사라 해도 형체가 없는 상대에게는 어찌할 수가 없다. 상대세계에서 벗어나 있으면 그 누구도 어찌할 수 없다. 허공을 그 누가 깨트릴 수 있을까.

인간세계의 문화에도 차원이 있다. 송宋나라의 장보관章甫冠은 인위人爲의 세계에서는 품격 높은 모자로 친다. 그러나 아무리 그렇다고 해도 삭발을 한 상태에서 알몸에 문신을 하고 사는 월越나라 사람들에게는 장보관이 무용지물일 뿐이다. 그들은 세상을 잊었기에 세상의 것을 전혀 필요로 하지 않는다.

청淸의 유무劉武는 『장자집해보정』에서 송인宋人을 세상의 가치를 중시하는 요堯임금에 비유하고, 송인이 쓰는 장보관을 천하에 비유했다. 그리고 월나라 사람은 문명의 산물을 다 버렸으므로 천하의 공功을 모두 잊어버린 신인神人에 비유했다. 송인(요임금)이 '월나라 사람(신인)'이 사는 곳에 와서 장보관(천하)이 갖는 의미를 몽땅 잊어버린 것처럼 요임금은 막고야산에 사는 여러 신인들을 두루 만나 보고서는 천하를 몽땅 잊어버렸다. 이 과정을 원문에서는 "요堯임금이 천하의 백성을 다스리고 국내의 정치를 평정한 후에 네 사람의 스승을 만나고 막고야산藐姑射山의 분수汾水 북쪽에서 까마득히 천하를 잊어버렸다."라고 하는 말로 표현했다.

여기서의 네 스승은 허유許由·왕예王倪·설결齧缺·피의被衣이다. 요임금은 천하를 잊고 소요의 낙을 누리는 허유를 만나고서부터 자신의 모습이 너무나 초라함을 느꼈다. 그래서 왕예·설결·피의 등의 신인을 막고야산에서 만나고 내려오다가 벼락같이 큰 깨침을 얻었다. 그래서 천하를 한 순간에 몽땅 잊어버렸다. 이는 크고 작음의 비교 및 일체의 인위적인 분별행위를 홀연히 벗어나 진실의 세계에 들어갔음을 의미한다. 마치 아군과 적군이 혈투를 벌이는 전장에서 홀연히 벗어나 허공을 마음껏 날아다님과 같다. 이런 사람들은 세상의 그 어떤 것으로도 비교할 수 없다. 그야말로 사람의 형상을 하고 있지만 이미 사람이 아닌 사람이다.

요임금이 두루 만나보았던 허유·왕예·설결·피의 저 4명의 지인至人은 크고 작음의 세계를 넘어섰다. 그래서 늘 완전한 세상에 노닌다. 대소大小·장단長短·고하高下·생사生死 등 일체의 대립쌍對立雙들은 상대적 관점 하에서 탄생하였다. 만사만물은 그대로 완전하게 존재할 뿐이었는데, 인간이 상대적인 시각을 가짐으로부터 저러한 대립쌍이 허깨비처럼 순간적으로 탄생하였다. 저러한 세계는 본래 존재하지 않았기에 실체가 없고, 그래서 곧 사라질 환영이다. 일체의 상대적 관점을 넘어서면 절대의 세계에 도달한다. 『열반경涅槃經』에 이런 말이 있다. "생生함과 멸滅함이 사라지면 적멸寂滅의 낙樂이 있다.[生滅滅已 寂滅爲樂]" 이는 '생사가 있는 이 상대세계에서 벗어나면 해탈을 얻는다'라는 뜻으로 해석한다. 이와 동시에 '생과 사의 분별이 사라지면 그 순간 해탈[寂滅]을 얻는다'라는 의미도 내포하고 있다. 깨달음의 눈으로 보면 생과 사는 본래 하나이다. 그래서 「천지」에서 '생과 사는 하나의 모양이다[死生同狀]'라고 한 것이다.

생사를 구분 짓는 주체는 마음이다. 사람의 마음은 본래 없었던 것으로, 여러 요소들이 뭉쳐짐으로써 비로소 나타난 허깨비와 같다. 이러한 마음이 헛되이 분별작용을 일으키면 생사와 고하 등 갖가지 상대적 세계가 영화 속의 한 장면처럼 나타난다. 영화에 보이는 세계는 사실의 세계가 아니다. 허깨비 같은 마음이 장난질을 하자 갖가지 헛된 현상이 펼쳐진다. 허깨비의 장난질 중에 가장 일반적이고 치명적인 것이 바로 상대적 관점으로 세상을 바라봄이다. 만약 이것이 모두 허깨비의 장난질에서 나온 것인 줄 깨달아버리면, 우리가 믿었던 모든 상대세계가 헛된 것임을 알게 된다. 생사를 구분 짓는 것이 헛된 짓일 뿐 아니라, 생사 그 자체는 애당초 존재하지도 않았다. 이것을 깨닫는 순간 정녕코 살아있는 몸 이대로 곧바로 열반의 세계로 들어간다.

붕새에서 시작된 크고 작음의 비교 및 모든 상대적 관점을 초월하는 전 과정은 요임금이 천하를 잊는 대목을 클라이맥스로 하여 끝을 맺었다. 요임금은 결국 극락에 들어갔다.

손 트지 않게 하는 약의 쓰임새

> 손을 트지 않게 함은 동일하나 어떤 이는 제후가 되고, 어떤 이는
> 솜 빠는 일을 면하지 못하니, 이는 쓰는 바가 달랐기 때문이다.
> 能不龜手(능불균수)는 一也(일야)나, 或以封(혹이봉)하고 或不免於洴澼
> 絖(혹불면어병벽광)하니, 則所用之異也(즉소용지이야)니라.

「소요유」의 주요 주제는 '소대지변小大之辯'과 '무용지용無用之用'이다. '소대지변'에 대해서는 이미 앞에서 논했고, 여기서부터는 '무용지용'에 대한 이야기가 전개된다.

고정관념은 자유로운 인식활동을 막는다. 장자는 이것을 '봉심蓬心'이라 한다. 사람은 봉심 때문에 바른 인식을 얻지 못하고, 또 그로써 속박 당하는 삶을 살아간다. 명가名家의 사상가이면서 양梁나라 재상을 지낸 혜자惠子가 장자에게 말했다. "위왕魏王이 나에게 큰 박씨를 주기에 내가 그것을 심었더니 다섯 석 크기의 박이 열렸다. 여기에 물과 장을 담았더니, 무거워서 들 수가 없었다. 그래서 한 부분을 갈라내어 작은 표주박을 만들었는데, 너무 평퍼짐하여 무엇을 담을 수가 없으니, 심히 크다 하지 않을 수 없다. 그래서 내가 쓸모없다고 여겨 부숴버렸다."라고 했다. 이에 장자는 쓸모없어 보이는 물건도

생각을 바꾸면, 아주 요긴한 물건이 될 수 있음을 일깨우고자 재미있는 이야기 한 토막을 했다.

송宋나라에 손이 트지 않도록 하는 약을 잘 만드는 사람이 있었다. 이 사람은 대대로 이 약을 사용하여 손이 트지 않게 하면서 솜 빠는 일에 종사했다. 어떤 객이 이 이야기를 듣고서 그 처방을 백금百金에 사겠다고 제의했다. 그래서 가족들을 모아놓고 "우리가 대대로 솜을 빨았지만, 겨우 수금數金을 버는데 불과했다. 지금 하루아침에 약 만드는 기술을 백금에 팔 수 있게 되었으니, 그에게 처방을 팔자."라고 했다. 이에 객은 처방을 사서 오吳나라 임금에게 가서 유세를 하였다. 그때 마침 월越나라가 침범해왔기에 오나라 임금은 그를 장수로 삼았다. 때마침 겨울이라 살이 트지 않는 약을 가진 오나라는 물에서 월나라 군사를 맞아 싸워 대승大勝을 거두었다. 이 공로로 인해 그는 마침내 오나라로부터 큰 땅을 받게 되었다.

장자는 이 일을 두고 평하기를, "손을 트지 않게 하는 법은 같은데도 어떤 이는 나라의 땅을 받고 어떤 이는 솜 빠는 일을 면치 못하니, 이는 쓰는 바가 달랐기 때문이다."라고 했다. 즉 고정된 생각의 틀을 넘고 보면 다양한 세계가 있음을 말한 것이다. 장자는 이 말을 마친 후, 큰 박을 쓸모 없다하여 깨부숴버린 혜자를 나무랐다. "어찌하여 그것을 큰 배로 삼아 강호江湖에 띄워 배로 쓸 생각은 않고, 평퍼짐하여 쓸데없다고 근심하는가. 그대는 봉심을 가졌구나." 장자는 혜자에게 고정관념 때문에 인식활동이 자유롭지 못하게 되었다고 나무랐다.

봉심은 바른 인식을 막는 견고한 성벽이다. 이것을 모두 제거해 버리면 인간의 사유 활동이 자유로워져 아무리 쓸모없어 보이는 큰 박도 유용하게 쓸 생각을 해낼 수 있게 된다.

쓸모없는 큰 나무 아래서 소요하다

지금 그대는 큰 나무를 소유하고서 쓸모가 없음을 근심하는구나. 그대는 어찌하여 '아무 것도 없는 마을[無何有之鄕]'의 광막한 들판에 그 나무를 심어놓고 그 곁에 마음대로 다니면서 일 없이 지내며, 또 그 아래에서 낮잠을 자며 소요하지 않는가.
今子有大樹(금자유대수)나 患其無用(환기무용)하니, 何不樹之於無何有之鄕(하불수지어무하유지향)의 廣莫之野(광막지야)하야 彷徨乎無爲其側(방황호무위기측)하며 逍遙乎寢臥其下(소요호침와기하)오.

역시 무용지용無用之用에 대해 말하고 있다. 비싼 보물은 도둑을 부르고 재주 있는 선비는 형벌을 받기 쉽다. 세상에는 쓸모가 있어 보이기에 도리어 화를 당하는 경우가 많다. 반대로 쓸모가 없어 보이기에 도리어 화를 피할 뿐 아니라, 크게 쓰임을 받는 경우도 있다.

궤변에 능한 혜자惠子가 장자에게 학설이 크지만 쓸모가 없다고 시비를 걸었다. "나에게 큰 나무가 있는데, 사람들은 '가죽나무'라 한다. 큰 줄기는 옹이로 가득차서 먹줄을 칠 수도 없고, 작은 가지들은 뒤틀리고 굽어서 자로 잴 수도 없다. 그래서 길가에 있음에도 목수들이 거들떠보지도 않는다. 지금 그대의 학설은 이 가죽나무처럼 크기만 했지 쓸모가 없어 사람들이 모두 거들떠보지 않을 것이다." 혜시는 장자의 학설은 스케일이 호호막막하게 크지만 쓸모없는 큰 가죽나무와 같다고 핀잔을 주었다.

혜시의 이 말에 장자는 반격을 가했다. 즉 살쾡이나 족제비가 치밀하게 살펴 민첩히 뛰어다니다가 쉽게 덫에 걸리듯, 혜시의 학설은 치밀하고 재치가 있어 도리어 화를 당할 수 있다고 했다. 그러면서 장자는 자신이 설파한 학설은 고정관념을 버리고서 본다면 더 크게 쓰일 수도 있다고 했다. 그 예를 혜시가 쓸모없다고 한 큰 나무로 들었다. "지금 그대는 큰 나무를 소유하고서 쓸모가 없음을 근심하는구나. 그대는 어찌하여 '아무 것도 없는 마을[無何有之鄕]'의 광막한 들판에 그 나무를 심어놓고 그 곁에 마음대로 다니면서 일 없이 지내며, 또 그 아래에서 낮잠을 자며 소요하지 않는가." 여기서의 '무하유지향'은 곧 '무위無爲의 세계' 또는 '절대의 세계'를 비유한다. 너무 큰 나무는 목재로 쓰기에는 부적당하다. 그러나 나무를 꼭 목재로만 사용해야 한다고 여기는 것은 고정관념의 소산이다. 고정관념을 버리고 나면 큰 나무는 쉼터로도 사용할 수 있다.

장자는 자신의 학설은 쓸모없어 보이는 큰 나무에다 비유하고, 혜시의 학설은 너무 치밀하므로 빈틈을 잘 보이지 않는 족제비와 살쾡이에 비유했다. 큰 나무는 너무나 커서 재목감으로 베이지 않을 뿐 아니라 잘 쓰면 사람에게 이익도 줄 수 있지만, 족제비는 치밀하고 영리하기에 이리저리 다니다가 도리어 덫에 걸릴 수 있다. 쓸모없는 것 같지만 도리어 요긴하게 쓰일 수 있고, 쓸모가 있으면 도리어 큰 화를 당할 수 있다는 사실을 장자는 큰 가죽나무와 족제비를 예로 들어 설파했다.

허공은 형체가 없기에 쓸모가 없는 것 같지만 만약 허공이 없으면 만물은 몸 둘 곳이 없어진다. 『노자』, 제11장에 이런 말이 있다. "진흙을 빚어 그릇을 만듦에 그 빈 공간 때문에 그릇이 쓰임새를 가진다.[埏埴以爲器 當其無 有器之用]" 아무 형체도 없는 텅 빈 공간이야말로 쓰임새를 가져다 줄 뿐 아니라 형체가 없기에 부서질 염려도 없다. 진정한 쓰임은 쓸모가 없어 보이는 것 가운데서 찾을 수 있다.

제물론

齊物論

남곽자기南郭子綦, 자기를 잊다

> 지금 나는 나를 잊어버렸다.
> 今者(금자)에 吾喪我(오상아)로다.

　　남곽자기南郭子綦는 자기를 잊었다. 그와 동시에 상대도 잊었다. 피아양망彼我兩忘의 상태에 들어섰다. 이로써 그는 모든 것을 바로 볼 수 있는 밝은 인식의 창을 확보하였다.
　　남곽자기는 '자기를 잊음'을 '상아喪我'라 했고 '상대를 잊음'을 '상우喪耦'라 했다. 나를 잊고 상대를 잊으면 그때 최고의 인식에 도달한다. 완벽한 인식의 경지를 얻자면 반드시 자기와 상대를 모두 잊어야 한다. 그렇지 않으면 상대적 인식에 빠져들고 만다. 달마대사達磨大師의 선맥을 이은 삼조三祖 승찬대사僧璨大師는 『신심명信心銘』이라는 유명한 글을 남겼다. 거기에 이런 말이 있다. "진리의 세계에는 너도 없고 나도 없다.[眞如法界 無他無自]" 이는 깨달음의 세계에는 주객이 없음을 알리는 말이다. 나를 세우면 상대도 덩달아 등장하여 나의 입장과 상대의 입장이 저절로 양립한다. 이렇게 되면 마침내 피아는 각자의 입장에 입각한 각자의 견해를 만들어 내어 끝없이 다툰다.

남곽자기가 탁자에 기대앉아 하늘을 보며 탄식하는데 멍한 모습이 '상대를 잊어버린 듯[喪耦]' 보였다. 남곽자기는 깊은 명상의 상태에 들어간 것이다. 안성자유顔成子游가 앞에 있다가 말했다. "어찌된 일입니까. 몸은 마른 나무처럼 할 수 있겠지만 마음을 죽은 재처럼 가질 수 있습니까. 지금 선생님이 책상에 기대어 계신 모습은 조금 전에 기대었던 그 모습과는 크게 다릅니다." 남곽자기가 대답했다. "그대여, 좋은 질문이로다! 지금 '나는 나를 잊어버렸다[吾喪我]'. 그런데 그대는 그걸 아는가." 이 말에서 볼 때 남곽자기는 자기를 완전히 잊어버렸다. 그래서 더 이상 자기중심적인 판단을 하지 않게 되었다. 게다가 그의 의식은 이미 상대도 잊어버린 상태에 도달해 있었다. 여기서 본다면 남곽자기는 '명상의 대가'라고 할만하다. 남곽자기는 자기도 잊고 상대도 잊어버린 피아양망의 절대적 인식경지에 들어갔다. 이러한 상태에서 남곽자기는 인뢰人籟(인간의 울림소리)·지뢰地籟(땅의 울림소리)·천뢰天籟(하늘의 울림소리)에 대해 설파하려 했다. 피아양망의 경지에 들어가 천뢰·지뢰·인뢰를 설하는 남곽자기의 모습은 마치 『반야심경般若心經』에서 관자재보살觀自在菩薩이 깊은 반야바라밀을 행할 때 일체가 공空한 것임을 설하는 순간의 모습을 방불케 한다.

지뢰에 대해 먼저 말하기를, "대지가 기운을 불면 그것을 '바람'이라고 한다. 이는 오직 인위적으로 일으키지 않으나, 바람이 일면 만 개의 구멍에서 크게 소리를 내는데, 그대는 홀로 긴 바람 소리를 듣지 못했는가."라고 하면서 산꼭대기의 백 아름 되는 나무에 갖가지 모양의 구멍이 내는 갖가지 소리들에 대해 말했다. 이에 안성자유는 "지뢰는 여러 구멍에 바람이 불 때 나는 소리요, 인뢰는 피리 구멍에 바람을 불 때 나는 소리입니다."라고 하여 지뢰와 인뢰의 의미에 대해 간단히 정리하고서 이어서 천뢰에 대해 물었다. 천뢰에 대한 이야기는 뒤에 나온다.

마음의 울림, 천뢰天籟

> 큰 앎은 한가하고 작은 앎은 치밀하며, 큰 말은 담담하고 작은 말은 수다스럽다.
> 大知閑閑(대지한한)하고 小知間間(소지간간)하며, 大言淡淡(대언담담)하고 小言詹詹(소언첨첨)이라.

여기서부터는 천뢰에 대한 설명이다. 천뢰는 언어·인식·감정을 말한다. 이것은 모두 마음에서 나온 것이다. 천뢰는 바로 마음의 울림이다. 천뢰의 의미를 알고 이것에서 깨달음을 얻으면, 곧바로 남곽자기와 같은 초월자가 될 수 있다.

남곽자기는 천뢰에 대해 설명한다. "큰 앎은 한가하고 작은 앎은 치밀하며, 큰 말은 담담하고 작은 말은 수다스럽다." 가장 먼저 이 말을 한 이유는 무엇일까. 이는 앞으로는 천뢰를 주제로 삼아 내용을 전개하겠다는 의사의 표현이다. 천뢰는 마음의 울림이고 마음의 울림은 지각작용과 언어작용을 포함한다. '천뢰'란 마음이 바깥 세계와 만날 때 일어나는 반응이 특정의 파장이 되어 드러난 것이다. 지각과 언어, 그리고 감정은 모두 천뢰이다.

윗글에서 '작은 앎은 치밀하다'라고 한 말은 분별의식이 첨예한 것을 뜻한다. 분별을 치밀히 하면 할수록 사물의 실체는 더욱 볼 수 없다. 여기 한 송이의 꽃이 있다고 가정하자. 그 꽃의 향기가 어떻고 색깔이 어떻고 촉감이 어떻고 등등의 측면으로 그 꽃의 실체를 분석하면, 그 꽃의 실체와는 도리어 거리가 멀어진다. 따지고 분석하는 방법으로는 꽃의 실체를 도저히 알 길이 없다. 분석하기보다는 차라리 꽃을 통째로 있는 그대로 보고 느끼는 것이 꽃의 실체를 아는데 더 효과적이다. 그래서 '큰 앎은 한가하다'라고 하였다. 진정한 앎을 얻기 위해서는 복잡하게 따지지 말아야 한다. '작은 말은 수다스럽다'라는 것은 언어로 표현을 치밀히 하면 할수록 실체를 전달하기가 더욱 어렵다는 의미이다. 말은 말일 뿐, 결코 실체는 아니다. 『주역周易』에서는 "글은 말을 다 담지 못하고 말은 뜻을 다 담지 못한다.[書不盡言 言不盡意]"라고 하였다. 글이나 말로써는 실체를 다 전할 수 없다. 그래서 『주역』을 만든 자는 하는 수 없이 여덟 개의 괘를 고안해 내었다. 괘는 상징체이기에 여러 가지 의미를 함장하고 있다. 그래서 읽는 자의 능력에 따라 수억 갈래의 뜻을 보여준다. 불교의 염화미소 拈花微笑도 마찬가지이다. 언어문자로는 진리를 전할 길이 없기에 석가모니가 연꽃을 들어보이자 가섭존자가 그 뜻을 알아차리고 빙그레 웃었던 것이다.

　　분별의식에 사로잡혀 사물을 보면 사물의 실체를 알 수 없다. 분별의식이 사라져야만 진지眞知를 얻을 수 있고, 진지를 얻어야 존재의 실체를 바로 볼 수 있다. 그리고 말은 아무리 자세히 해도 말일 뿐이다. 말이 많을수록 도리어 실체에서 더 멀어진다. 그래서 노자는 "아는 자는 말하지 않고 말하는 자는 알지 못한다.[知者不言 言者不知]"라고 했다. 아무 맛도 없으면서도 진짜 큰 맛을 가진 것은 바로 물이다. 앎과 말도 마치 물맛처럼 담담해야만 비로소 참되어진다.

천뢰는 마음의 울림이다. 마음의 울림은 지적활동과 언어활동 및 감정작용을 촉발시킨다. 그래서 남곽자기는 천뢰를 설명하면서 앎과 언어에 대해 먼저 언급한 후, 뒤이어 감정에 대해서 말하였다.

감정은 허깨비 장난의 산물

> 잠잘 때는 혼이 사귀고 깨었을 때는 형체가 열리어 서로 접하여 얽혀서 날마다 마음이 싸움을 일으킨다.
> 其寐也魂交(기매야혼교)하고 其覺也形開(기교야형개)에 與接爲搆(여접위구)하야 日以心鬪(일이심투)라.

　여기서는 천뢰 중 마음이 일으키는 감정에 대해 논한다. 마음은 한 순간도 쉬지 않는다. 잠을 잘 때는 혼이 움직여 꿈을 꾼다. 깨어있을 때는 사물과 교섭한다. 사물과 교섭을 하면 마음은 싸움 속에 빠져든다. 여기서의 '싸움'이란 갈등을 말한다. 마음은 뱀과 같다. 자극이 오면 머리를 치켜들어 이리 꿈틀 저리 꿈틀 몸부림을 친다.
　현대의 많은 사람들은 감정의 조화를 잃어버려 마음의 병을 안고 살아간다. 물질이 아무리 풍족해져도 행복을 맛보지 못한다. 우울증·소외감·증오심·피해의식·분노·슬픔 등의 갖가지 감정이 번갈아가면서 우리를 괴롭힌다. 이처럼 마음이 없으면 살 수 없지만, 우리를 가장 괴롭히는 것도 다름 아닌 마음이다.
　남곽자기는 마음의 갈등에 대해 이렇게 말했다. "산만한 자와 움츠러드는 자와 꼼꼼한 자는 작게 놀라면 소심해지고 크게 놀라면 멍멍해진다." 산만한 사람들은 마음의 중심이 쉽게 흩어진다. 움츠려드는 사람은 마음이 여려서 외부의 자극에 당당히 맞서지 못한다. 꼼꼼한 사람들은 섬세하고 예민하다. 이런 3종류의 심리구조를 가진 사람들은 심리적 안정을 누리기가 힘들다. 심적 갈등에 잘 빠져들기 쉬우며 미세한 자극에도 크게 반응을 한다.

남곽자기는 또 마음의 병을 종류별로 나누어 말했다. "발동함이 쇠뇌를 쏘는 것 같음은 시비를 다툼을 말함이요, 고집스러움이 맹세함 같이 하는 것은 자기를 지키고 남을 이기려 함을 말함이다. 쇠약해짐이 가을과 겨울 같음은 날마다 기력이 소진됨을 말함이니, 기력이 빠져나가버리면 처음 상태로 되돌릴 수 없다. 속마음을 숨기기를 억지로 가두어 놓은 것처럼 함은 늙어 쇠함을 말함이니, 죽음에 가까워진 마음은 다시 생기 있게 만들 수 없다." 마음은 날카로울 때도 있고 고집스러울 때도 있으며, 나이를 먹음에 따라 심약해지기도 하고 자기를 가두어 두려고도 한다. 마음은 상황에 따라 다양한 형태를 보인다.

남곽자기는 마음이 일으키는 감정의 종류를 나열하면서 그 실체를 논하였다. "기쁨·성냄·슬픔·즐거움, 염려·탄식·변덕·집착, 그리고 어여쁨·방탕함·무절제·교태는 모두 음악소리가 허공에서 나오고 수증기가 곰팡이를 나게 하는 것과 같다." 감정의 속성은 실체가 없다. 남곽자기가 보기에 '감정'이란 본래 없었던 소리가 허공에서 불쑥 생겨나고 본래 없었던 곰팡이가 습기 속에서 어느새 돋아나있는 것과 같은 것이다. 과연 남곽자기의 말처럼 감정은 허깨비와 같은 것이다. 실체 없는 그것에 실컷 휘둘렸다가 그것이 물러나고 나면 그때서야 제정신을 찾는다.

결국 사람은 갖가지 감정을 일으켜 목숨을 위태롭게 하는 데까지 가지만, 알고 보면 실체 없는 허깨비에게 놀림을 당한 꼴에 불과하다. 그러나 보통 사람들은 설령 감정의 실체가 이러한 것임을 알았다고 해도 여전히 그것으로부터 조종을 당하며 살아간다.

바른 인식을 방해하는 성심成心

> 성심(成心)이 없음에도 시비(是非)가 나온다는 것은 오늘 월(越)나라에 갔는데 어제 벌써 월나라에 도착한 것처럼 불가능하다. 未成乎心而有是非(미성호심이유시비)면 是(시)는 今日適越而昔至也(금일적월이석지야)라.

여기서부터는 천뢰 중 지각작용과 언어작용에 대해 본격적으로 논한다. 사람들은 자신이 가진 정보를 근거로 하여 생각의 틀을 만든다. 그리고 그 틀을 기준으로 하여 시비를 판단한다. 그런 다음 자기와 생각이 다른 사람이 나타나면 옳고 그름, 정통과 이단을 갈라서 서로 싸운다.

사람들은 저마다 다른 생각을 하여 자기만의 답을 내린다. 그리고 그것을 진리로 믿으면서 남에게 따라주기를 요구한다. 혹 따라주지 않으면 강압적인 방법을 사용하여 따라오게끔 만든다. 그런데 우리의 생각 작용, 정확히 말하면 우리의 인식기능은 과연 신뢰할 만한 것일까. 뭇 생명체들의 인식기능은 종種마다 서로 다르다. 까치가 보는 세상과 사람이 보는 세상은 엄연히 서로 다르다. 이것이 인식기능이 달라지는 1차적 기준이다. 그 다음 동종同種의 생명체라고 해도 각자 어떤 기질氣質을 타고났는가에 따라 인식기능이 달라진다. 기질의 성향에 따라 사람끼리도 저마다 지적 능력이나 감정의 발동 패턴이 다르다. 이것이 인식기능이 서로 달라지는 2차적 기준이다. 그 다음 후천적으로 어떤 경험, 어떤 지식을 쌓았는가에 따라 인식기능이 또 달라진다. 이것이 인식기능이 저마다 달라지는 3차적 기준이다. 그래서 사람들끼리도 저마다의 인식능력과 인식의 방향이 달라질 수밖에 없다. 결국 사람의 인식기관은 본래부터 동일하지 않았으며, 또한 절대적인 척도나 표준을 가지지 않았다는 것이다.

모든 생명체들의 인식기능은 종의 차이, 기질의 차이, 경험의 차이에 따라 달라질 수 있다. 인간은 본래 절대적인 인식기능을 가질 수 없다. 이처럼 불완전한 인식기능을 가진 마음을 '성심成心'이라 부른다. 사람들은 모두가 이것을 판단의 주체로 삼는다. 성현영成玄英의 『장자소莊子疎』에서는 '성심'을 '한 사람의 편견偏見에 집착하는 것[執一家之偏見]'이라고 해석했다. 성심이 없으면 시비는 생기지 않는다. 성심이 없는데도 시비가 생긴다는 것은 마치 "오늘 월越나라에 갔는데 어제 벌써 월나라에 도착했다."라고 하는 말처럼 비합리적이다. 이 말은 명가名歌의 대표자인 장자 친구 혜시惠施가 제시한 십사十事 중에 보인다. 이는 '감[適, 往]'과 '옴[至, 來]'의 상대관계를 논하는 말로 이해하기도 하는데, 대개는 현실적으로 성립될 수 없는 궤변으로 간주한다. 아직 출발도 하지 않은 월나라를 어제 미리 도착했다고 하는 주장이 비합리적인 것처럼 성심이 없는데도 시비가 생긴다고 하는 말도 역시 비합리적이다.

성심을 가진 인간은 시비의 진상을 알 수 없다. 장자는 성심과 반대되는 마음으로 「응제왕應帝王」에서 '지인지심至人之心'을 제시하였다.

장자는 사람에게는 성심과 반대의 성질을 가진 마음이 있는데, 그것이 바로 '지인지심'이라 했다. 이것은 '지극한 사람의 마음'이라는 뜻인데, 장자는 이 마음이야말로 거울처럼 시비를 바로 비춰볼 수 있다고 했다. 즉 수양을 통하여 성심을 제거해버리면 지인지심이 활성화되는데, 이것이 인식의 주체가 되면 인간은 시비의 실상을 진실하게 비춰볼 수 있게 된다는 말이다.

지인지심을 활성화시키지 못한 세인世人들은 성심에 의해 인식활동을 할 수 밖에 없다. 그래서 그들은 원천적으로 시비에 대해 바른 답을 내는 것이 불가능하다.

성심成心을 버리면 도가 보인다

> 성심(成心)은 있지 않는 것을 있다고 여긴다. 있지 않는 것을 있다고 여기면 비록 신령스런 우(禹)임금이라 해도 능히 알 수 없거늘 나인들 무슨 수가 있으랴.
>
> 是(시)는 以無有爲有(이무유위유)라. 無有爲有(무유위유)면 雖有神禹(수유신우)라도 且不能知(차불능지)어늘, 吾獨且奈何哉(오독차내하재)리오.

성심은 오염된 마음이다. 자기만의 정보와 경험, 그리고 습관에 의해 형성된 마음이 바로 성심이다. 성심이 있는 한 참다운 인식은 기대할 수 없다.

조선시대에는 7세가 되면 남녀가 같은 자리에 있지 못하도록 가르쳤다. 그래서 7세를 지난 남녀가 한자리에 있으면 모두가 이상하게 여겼다. 그러나 지금 시대에는 7세가 지난 남녀가 한 자리에 있어도 이상하게 생각하는 사람이 없다. 티베트에서는 사람이 죽으면 시신을 잘게 잘라 새들이 먹을 수 있도록 한다. 그러나 한국에서는 이런 일이 도저히 용납될 수 없다. '7세가 넘은 남녀는 한 자리에 있으면 된다거나 안 된다', 또는 '사람의 시체를 새에게 주면 된다거나 안 된다'는 등의 문제에는 애당초 정답이 없다. 모든 것은 각자의 경험과 지식, 그리고 습관이 만든 편견이 내린 답일 뿐이다. 편견에는 보편성이 결여되어 있다. 편견이 바로 성심이다.

성심은 자기만의 경험과 지식, 그리고 습관에 의해 만들어진 개별적인 마음이다. 그래서 성심은 자기중심적인 판단을 내린다. 마치 바이러스에 감염된 컴퓨터가 오작동을 일으키듯이 단편적인 정보에 오염된 마음은 마음으로서의 구실을 다할 수 없다. 색안경을 끼고서는 사물을 바로 볼 수 없듯이, 성심을 통해서는 시비의 실상을 바로 볼 수 없다. 마음의 눈에 색안경을 채운 것이 바로 성심이다.

성심을 가진 사람들은 고집이 강하다. 그래서 자신이 내린 판단이 절대적으로 옳다고 우긴다면, 이런 때는 해명하기란 쉽지 않다. 비록 상고시대의 신령한 성인聖人인 우禹임금이 온다고 해도 그 일을 할 수 없다. 성심이 주는 폐단은 이처럼 심대하다. 그러므로 성심을 제거하는 것이야말로 위대한 공부의 시작이자 끝이다. 보통사람들은 누구나 성심을 가졌다. 이런 사람들은 참된 앎을 얻을 수 없다. 성심을 제거했을 때, 비로소 참 지혜가 열려 존재의 실상을 직시할 수 있다. 이렇게 할 수 있는 사람이 바로 지인至人이다. 지인은 지인지심至人之心을 가지고 있다. 지인지심은 시비의 실상을 거울처럼 비춰볼 능력을 갖추고 있다.

여기서 꼭 짚고 넘어가야 할 점이 있다. 장자철학에서는 지극한 사람의 마음, 즉 지인지심은 초월적이고 절대적인 인식능력을 가졌다고 말한다. 그러나 이 주장의 타당성 여부에 대해서는 우리가 판단할 수 없다. 정말 인간은 뇌의 영역 이외에 또 다른 신령한 인식기관을 가지고 있는 것일까. 이에 대해서는 누구도 단정하여 말할 수 없다.

인식기관을 뇌로만 국한시켜 말해본다면 인간의 인식능력은 근원적으로 불완전할 수밖에 없다. 뇌는 생명체마다 제각기 그 기능이 다르고, 또 계속 진화 또는 퇴화하는 과정 중에 있다. 만사만물의 절대적인 값, 또는 절대적인 실체를 파악하기 위해서는 어느 생명체의 뇌를 판단의 기준으로 삼아야 하며 또 과거인과 현재인, 그리고 비약적인 진화를 이룬 먼 미래인의 뇌 중 어느 시대 사람의 뇌를 기준으로 삼아야 하겠는가. 더구나 같은 현대인끼리도 뇌의 전체 기능 중 얼마만큼을 활용하는가, 그리고 어떤 역사적 배경 위에 성장했고 어떤 경험을 쌓았으며 또 어떤 교육을 받았는가 등의 다양한 여건에 따라 사물을 보는 능력과 시각이 달라진다. 이상에서 본 것처럼 뇌가 인간의 유일한 인식기관이라면, 인간은 영원히 존재의 실상을 알 길이 없다. 뇌는 완전한 인식을 가능하게 해주는 기관이 아니다.

장자철학에서는 마음을 성심과 지인지심 두 가지로 나누어 말한다. 여기서 오염된 마음을 '성심', 오염되지 않은 마음을 '지인지심'이라고 말할 수 있다. 만약 사람에게는 두 개의 마음이 존재하지 않는다고 본다면, 성심을 정화시키면 그것이 곧바로 지인지심이 된다고 할 수 있다. 그렇다면 지인지심은 크게 신령할 것이 없다. 그 이유는 지인지심은 오염된 마음과 본질이 동일할 뿐만 아니라, 상황에 따라 또다시 오염될 수 있기 때문이다. 만약 성심과 지인지심이 별개의 마음이라고 한다면, 지인지심은 성심과는 전혀 다른 차원의 마음으로 신령한 인식능력을 가지고서 우리 몸 모처某處에 내려져 있다는 말이 된다.

만약 뇌가 절대적인 인식능력을 갖추지 못했고, 게다가 지인지심이 정말 존재하지 않는다면 인류는 원천적으로 완전한 인식을 성취할 수 없다는 결론에 도달한다. 여하튼 장자철학에서는 절대적이며 신령한 인식기능을 가진 지인지심이 인간에게 내재되어 있다고 하는 전제 위에 인식에 대한 논의를 전개시켰다. 그래서 이 책에서도 장자 철학의 이러한 생각을 수용하면서 논의를 펼쳐나가려 한다.

통째로 직관한다 – 조지어천照之於天

> 성인(聖人)은 방생지설(方生之說)에 말미암지 않고 오직 천연(天然)에 비춰보나니, 또한 절대적 옳음을 따를 뿐이다.
> 聖人(성인)은 不由而照之於天(불유이조지어천)이니, 亦因是也(역인시야)니라.

피[저것]와 차[이것]는 보는 기준에 따라 위치가 뒤바뀐다. 이쪽에서 저쪽을 보면 저쪽이 피이지만, 저쪽에서 저쪽을 보면 저쪽이 차이다. 피차관계는 피가 있으므로 차가 생기고, 차가 있으므로 피가 생긴다. 피차는 상대적으로, 그리고 일시적으로 이루어진 관계이다. 그래서 피와 차는 실체가 없을 뿐 아니라 그것에 근거한 시비도 또한 실체가 없다.

남곽자기南郭子綦는 말했다. "만물은 저것이 아님이 없고 만물은 이것이 아님이 없다. '저것의 입장[自彼]'에서 이것[是]을 보지 못하고 '이것의 입장[自是]'에서 이것을 인식한다." 만물은 보는 입장에 따라 이것이 되기도 하고 저것이 되기도 한다. 이것과 저것을 고정되어 있는 것으로 보아서는 안 되며, 또한 이것과 저것 중 어느 한 쪽만 존재하는 줄 알아서도 안 된다. 이것과 저것은 상대적이면서 동시적으로 출현한다. 절대적이거나 독립적으로 존재하는 이것과 저것은 없다. 이것과 저것은 서로 의지하여 파생된 것임에도 중인衆人들은 자신의 입장, 즉 이것[是]의 입장만 존재하는 줄 안다. 내가 있으면 언제나 상대가 있고 상대가 있으면 언제나 내가 있다. 나와 상대는 늘 동시에 존재한다. 그런데도 중인들은 상대의 입장이 존재함을 알지 못하고 자기의 입장에서만 사유한다. 즉 이것의 입장에서만 이것을 인식한다는 말이다. 이 상황에서는 당연히 올바른 인식을 획득할 수 없다.

남곽자기는 이어서 혜시惠施의 십사十事 가운데 하나인 방생지설方生之說에 대해 말했다. "혜시가 말하기를 '저것은 이것에서 나오고, 이것은 또한 저것에서 말미암는다'라고 말했다. 이 말이 곧 '이것과 저것이 방생方生한다'고 하는 학설이다. 비록 그러나 생生이 있으면 동시에 사死가 있고 사가 있으면 동시에 생이 있으며, 가可함이 있으면 동시에 불가不可함이 있고 불가함이 있으면 동시에 가함이 있으며, 시是로 인하여 동시에 비非가 있고 비로 인하여 동시에 시가 있다." '방생지설'이란 이것과 저것은 늘 홀로 존재하는 것이 아니라 항상 동시에 병행하여 나타난다는 이론이다. 방생方生은 '병행並行하는 것'을 의미한다. 방생지설은 혜시가 주장한 이론으로 피彼와 시是는 물론 생과 사, 가可와 부否, 시와 비 등의 모든 상대적 개념들은 늘 동시적으로 나타나게 됨을 지적한 이론이다.

혜시의 '모든 상대적 개념들은 늘 동시적으로 생긴다'라고 하는 방생지설은 상대관계의 본질을 잘 드러내고 있다. 그러나 그는 상대관계를 뛰어넘을 수 있는 유용한 인식방식에 대해서는 제시하지 못했다. 그래서 장자는 남곽자기를 내세워 그 방식을 이렇게 제시했다.

"성인聖人은 혜시의 방생지설에 말미암지 않고 오직 '천연天然에 비춰보나니[照之於天]', 또한 '절대적 옳음을 따를 뿐이다[因是]'."라고 했다. 남곽자기는 방생지설을 넘어서서 완전한 인식을 성취하는 방법에 대해 논하였다. 그것이 바로 '천연에 비춰본다'이다. 천연에 비춰보는 것이 곧 절대적 옳음을 따르는 것이다.

'천연에 비춰봄[照之於天]'은 시비를 분별하여 그 실상을 인위적으로 판단한다는 의미로 이해해서는 안 된다. 판단하려고 하는 순간 다시 시비다툼의 늪 속에 빠져든다. 그래서 서산대사西山大師의 『선가귀감禪家龜鑑』에서는 "생각을 움직이면 곧바로 어그러진다.[動念卽乖]"라고 한 것이다. 생각을 한 번 내는 순간 끝없는 분별에 떨어지고 만다. '조지어천'의 '천天'자는 '천연'이라는 뜻으로 해석을 하는데, 이는 치우침 없는 보편의 판단 기준을 의미한다. 그리고 '조照'자는 '관조한다'는 뜻을 가진다. 관조는 인위적인 분별작용을 멈추어 시비를 분별하지 않고 시비의 실상을 통째로 인식함을 뜻한다. 이렇게 함이 곧 '절대적 옳음[因是의 是]'으로 인식하는 것이다. 이것은 혜시의 방생지설을 넘어서는 길이기도 하다.

조지어천은 '시비를 통째로 직관한다'는 의미를 가진다. 분석하면 나누어지고 나누어지면 부분이 된다. 부분은 전체가 아니다. 그래서 남곽자기는 시비를 분석하지 않고 통째로 직관함으로써 완전한 인식을 얻을 수 있다고 말하였다.

피차와 시비는 실체가 없다

> 이것은 또한 저것이요 저것은 또한 이것이다. 저도 또한 한 쌍의 시비를 두고, 이도 또한 한 쌍의 시비를 둔다. 그렇다면 과연 이것과 저것의 구분이 있는 것인가. 과연 이것과 저것의 구분이 없는 것인가.
> 是亦彼也(시역피야)오 彼亦是也(피역시야)니 彼亦一是非(피역일시비)오 此亦一是非(차역일시비)니 果且有彼是乎哉(과차유피시호재)아, 果且无彼是乎哉(과차무피시호재)아.

시비다툼이 생기는 근본적인 원인은 피와 차가 존재하기 때문이다. 그러나 사실은 논쟁의 두 당사자인 피와 차는 실체가 없고, 더 나아가 그들이 믿는 시와 비도 실체가 없다.

피와 차는 고정불변의 것이 아니다. 피가 차가 되고 차가 피가 될 수도 있다. 고정된 실체가 없는 피와 차는 동일한 사건을 두고 때에 따라 피와 차가 뒤바뀔 뿐 아니라, 그들이 내린 시비판단도 뒤바뀔 수 있다. 결국 피와 차도, 그리고 그들이 내린 시비도 다 허망하다는 것이다.

고정불변의 피와 차, 그리고 절대적인 시와 비가 없다는 사실은 우리나라의 정치권에서도 쉽게 확인해볼 수 있다. 정권 획득 여부에 따라 야당은 여당으로 변하고 여당은 야당으로 변한다. 이는 입장에 따라 피와 차의 신분이 계속 뒤바뀜을 의미한다. 그리고 피와 차가 뒤바뀜에 따라 시비의 판단 기준도 뒤바뀐다. 한 가지 사안을 두고 야당이었을 때는 옳다고 했다가 여당이 되자 틀렸다고 하며, 야당이었을 때는 틀렸다고 했다가 여당이 되자 옳다고 한다.

사실 피차가 대립하고 있는 상황에서는 한 사건을 두고 피가 '옳다[是]'고 하면 상대방인 차는 '틀렸다[非]'고 한다. 반대로 차가 '옳다'라고 하면 상대방인 피는 '틀렸다'고 한다. 이렇게 되면 결국 한 사건을 두고 피차의 입장이 뒤바뀜에 따라 시비도 뒤바뀌는 꼴이 된다. 결국 피와 차는 한 사건을 두고 '옳다'고도 했다가 '틀렸다'고도 하여, 두 사람 모두가 '옳다'와 '틀리다'의 두 견해를 동시에 가지게 되는 셈이다. 그래서 장자는 "저도 또한 한 쌍의 시비를 두고 이도 또한 한 쌍의 시비를 둔다."라고 한 것이다. 상황의 변화에 따라 어제는 피의 입장에 있다가 오늘은 차의 입장에 서고 어제는 차의 입장에 있다가 오늘은 피의 입장에 설 수 있다. 그리고 이때 피와 차의 입장이 뒤바뀜에 따라 피와 차가 내린 시비판단도 뒤바뀔 수 있다. 결국 피와 차, 그리고 그들이 내린 시비는 절대성과 영원성을 머금고 있지 못하다는 답에 이른다. 그러므로 피차를 나눌 필요도 없고, 또한 시비를 가릴 필요도 없는 것이다.

결국 피와 차도 고정불변의 것이 아니요 시와 비도 고정불변의 것이 아니라는 결론에 도달하게 된다. 이렇게 본다면 세상에 진정한 피와 차는 어디 있으며, 진정한 시와 비는 어디에 존재하겠는가.

대립을 떠난 도추道樞

> 저것과 이것이 대립을 이루지 않음을 '도추(道樞)'라 한다. 추(樞)가 둥근 고리의 중심에 자리를 얻어 무궁한 시비에 응한다. 시도 또한 하나의 무궁한 것이요 비도 또한 하나의 무궁한 것이다.
>
> 彼是(피시) 莫得其偶(막득기우)를 謂之道樞(위지도추)라. 樞(추)가 始得其環中(시득기환중)하야 以應無窮(이응무궁)이라. 是亦一無窮(시역일무궁)이요 非亦一無窮也(비역일무궁야)라.

피아彼我를 분별한 후에 아我를 기준으로 하여 대상을 바라보면, 그때 비로소 시비가 생겨난다. 피아가 사라지면 판단의 주체와 대상이 모두 사라지므로 시비도 동시에 사라진다.

지인至人은 피아의 분별을 떠난 사람이다. 승찬대사는 『신심명』에서 "진여眞如의 세계에는 너도 없고 나도 없다.[眞如法界 無他無自]"라고 하였다. 이 말은 도의 세계에는 분별이 사라져 피아의 대립이 존재하지 않음을 뜻한다. 피아를 분별하는 사고를 하면 자기중심적인 시각을 가진다. 이렇게 되면 완전한 인식에서 이탈하게 된다.

피아의 구분은 입장의 차이에서 생긴다. 만약 입장이 사라지면 피아의 구분은 물론 그것에서 파생된 시비다툼도 소멸된다. 시비다툼이 소멸되었다는 것은 최고의 인식경지에 도달했음을 의미함과 동시에 심리적으로 가장 바람직한 상태에 도달했음을 뜻하기도 한다. 「달생達生」에서는 "지적활동이 시비를 잊음은 마음이 뜻에 편하기 때문이다."라고 했다. 시비를 떠나면 마음이 안정이 되고 마음이 안정되면 시비는 사라진다. 이러한 맥락에서 본다면, 장자철학에서는 인식의 최고 경지와 심리의 최적 상태가 동시적으로 이루어지는 것으로 보고 있다는 사실을 알 수 있다.

인식기능을 최고조로 끌어올리려면 어떻게 해야 하는가. 이것을 논하기 위해 장자는 '도추道樞'라고 하는 생소한 단어를 등장시켰다. 도추는 피차의 상대적인 인식이 사라진 상태를 상징한다. 도추의 '추樞'자는 돌쩌귀를 말한다. 이것은 문의 지지대에 문짝을 연결하여 문을 자유롭게 여닫을 수 있도록 해주는 장치이다.

돌쩌귀에는 암수 두 종류가 있다. 수톨쩌귀는 문짝에 막대처럼 달린 것이고 암톨쩌귀는 속이 텅 빈 둥근 고리로 문의 지지대에 부착시켜 수톨쩌귀를 끼울 수 있게 해준다. 둥근 고리모양을 한 암톨쩌귀에 수톨쩌귀를 끼우면 수톨쩌귀는 특정한 방향에 머물지 않고 사람이 문을 여닫는 대로 응하여 움직여준다. 수톨쩌귀가 이렇게 할 수 있는 것은 암톨쩌귀가 고리의 중심을 텅 비워놓았기 때문이다. 이는 마음이 텅 비워져 있음으로써(암톨쩌귀) 인식기관(수톨쩌귀)이 특정한 입장에 걸리지 않아 끝없는 시비에 응하는 것을 의미한다. 만약 암톨쩌귀의 속이 비어있지 않아 수톨쩌귀가 움직일 수 없다면, 이는 사유의 틀이 특정한 입장에 고착되어 있음을 의미한다. 이렇게 되면 무궁하게 다가오는 시비에 대응할 수 없다.

암수의 두 돌쩌귀는 문을 자유롭게 여닫을 수 있게 하는 중심축이다. 그래서 장자는 도를 돌쩌귀[樞]에 비유하여 '도추'라고 하는 새로운 단어를 생성해낸 것이다. 도추는 피차, 그리고 시비를 모두 초월하여 도에 이르는 방법을 논하는 가운데 제시된 것이다. 우리의 인식 기관이 도추의 상태를 확보하고 있으면 끝없이 생기는 시비의 문제를 깨끗이 해결할 수 있다.

무궁한 시비를 잠재우는 이명以明 1

> 시(是)도 하나의 무궁(無窮)이요, 비(非)도 하나의 무궁이다. 그렇기 때문에 이명(以明)으로 함보다 더 나은 것이 없다.
> 是亦一無窮(시역일무궁)이요, 非亦一無窮(비역일무궁)이니, 故曰(고왈) 莫若以明(막약이명)이니라.

이명以明은 심재心齋·좌망坐忘 등과 함께 장자의 인식이론에 있어 핵심적 주제이다.

사람들은 각자의 입장에 의거하여 끝없이 시비를 다툰다. '백가쟁명百家爭鳴'이란 말이 이를 증명해준다. 장자는 이 문제를 해결해주는 수단으로 이명의 인식방법을 제시했다. 그럼 이명의 의미는 무엇인가. 이명의 '명明'자는 '밝음'을 뜻하고, '이以'자는 '사용함'을 뜻한다. 그래서 대부분의 주석가들은 이명을 '밝음으로써 비춰본다'는 의미로 해석을 한다. 왕선겸王善謙은 『장자집해莊子集解』에서 "본연의 밝음으로써 비춰봄이다."라고 했고, 유무劉武도 『장자집해내편보정莊子集解內篇補正』에서 "천연의 밝음으로써 비춰봄이다."라고 했다. 진고응陳鼓應은 『노장신론老莊新論』에서 "아무 잡념이 없는 맑은 마음으로 객관을 비춰보는 것이다."라고 했다. 여기서 본다면, 이명은 '밝은 마음으로 시비의 실상을 비춰봄'을 말한다고 하겠다.

그러나 여기서 주의해야 할 것은 '시비의 실상을 비춰본다'는 말은 시비를 살피어 분별한다는 의미가 아니라는 점이다. 즉 명철한 판단력으로 시비를 분석하여 어느 쪽이 더 옳은가를 가린다는 의미가 아니라는 말이다. '시비의 실상을 비춰본다'는 말은 분별적 인식방식을 떠나 양자를 통합적으로 직관하는 인식법이다. 양자를 가리어 대립시키면, 완전한 수준의 인식에서 벗어난다. 장자는 양측을 가리려고 하는 소지小知를 씀으로부터 인간은 미혹의 늪으로 빠져들기 시작했다고 본다. 『성경』에 선악과善惡果 이야기가 나온다. 하느님은 아담에게 에덴동산에 있는 과일을 다 따먹어도 되나 선과 악을 알게 하는 선악과만은 따먹지 말라고 했다. 그리고 '그것을 따먹으면 너는 반드시 죽을 것이다'라는 경계의 말도 함께 내렸다. 그러나 아담은 이브의 유혹에 넘어가 선악과를 따먹어버렸다. 이로부터 그들은 선악을 가리는 눈이 열려 자신들이 알몸으로 있음을 알고 무화과 나뭇잎으로 몸을 가리게 되었다. 이에 하느님은 에덴동산에서 그들을 추방하여 고통과 죽음이 있는 삶을 살도록 만들었다. 『성경』의 이 이야기는 죄에 빠져드는 인간의 모습을 비유적으로 설명한 것으로 이해해야 한다. 그렇게 볼 때, 이 이야기는 아주 의미심장하다.

인간이 선과 악을 구분할 능력이 없을 때는 이상적 세계인 도의 세계에 머물 수 있었다. 그러나 선악을 가리는 지혜가 나옴으로부터 인류는 고통 속에 빠져 살게 되었다. 선악을 가린다는 것은 '작은 지혜[小知]'를 사용함을 뜻한다. 장자는 인간이 소지를 사용하여 분리시키고 대립시키는 사유를 하기에 도의 세계에서 이탈되었다고 보면서, 소지를 쓰지 말아야 한다고 경계하였다. 대상을 피彼와 차此, 시

是와 비非 등으로 대립시켜 보는 것은 소지가 주도한다. 장자는 이렇게 하면 곧바로 도에서 이탈된다고 보아 '도는 작게 나누는 데서 숨어버린다[道隱於小成]'라고 말한 바가 있다. 이는 사물을 나누고 따지면 그 실체를 알 수 없게 된다는 의미이다. 그럼 어떻게 해야 하는가. 다시 선악과를 따먹기 전의 아담의 모습으로 되돌아가야 한다. 장자가 제시한 '이명'이라는 것이 바로 그 방법이다. 이명은 피차, 선악, 시비를 가리지 않음으로써 그 속에서 완전한 인식을 이루도록 해준다. 이것이 선악을 가리지 않음으로써 죄에 빠지지 않고 완전함의 세계에서 소요할 때 아담이 사용하던 인식방법이다.

이명의 '명'자는 거울처럼 텅 빈 마음을 말한다. 텅 빈 마음은 분석행위를 하지 않는다. 그래서 이명은 인식행위를 하지 않음으로써 인식행위를 함을 말한다고 하겠다. 즉 무위無爲의 인식을 한다는 의미인데, 이것이 바로 관조觀照이다. 관조는 대상을 분별하지 않고 있는 그대로의 모습을 직관하는 것을 말한다. 이명은 텅 빈 마음으로 시비의 실상을 관조할 뿐, 분석적이고 인위적인 판단을 내리지 않음으로써 지극한 인식에 도달할 수 있도록 해준다. 분석적 사고를 하는 사람은 선악과를 따먹어 하느님께 벌을 받은 아담의 부류이다.

이상에서 본다면 이명은 '밝음에 의지하여 시비의 실상을 관조함'이라고 해석할 수 있다. 이는 분별작용을 멈추고, 또 한편에 고착됨이 없는 인식의 창으로 존재의 본래 모습을 비춰보는 것을 의미한다. 색깔 없는 투명 안경으로 사물을 바라보는 것이 바로 이명이다.

무궁한 시비를 잠재우는 이명以明 2

> 시(是)도 하나의 무궁(無窮)이요, 비(非)도 하나의 무궁이다. 그렇기 때문에 이명(以明)으로 함보다 더 나은 것이 없다.
> 是亦一無窮(시역일무궁)이요, 非亦一無窮(비역일무궁)이니, 故曰(고왈) 莫若以明(막약이명)이니라.

이명以明은 원만하여 이지러짐이 없는 완벽한 심리상태에서 세상의 시비를 관조함을 뜻한다. 관조는 분별적 인식과는 상반되는 인식방식이다. 즉 분별을 버림으로써 시비의 전체적 실상을 직접적으로 인식하는 것을 말한다.

이명의 대상은 무엇인가. 세상의 시비이다. 그러나 이명의 인식행위는 밖을 향하지 않는다. 「변무騈拇」에서 "내가 이른 바, 귀 밝음은 저것을 듣는 것이 아니라, 스스로를 들을 뿐이요, 내가 이른 바, 눈 밝음은 저것을 보는 것이 아니라, 스스로를 볼 뿐이다."라고 했다. 여기서 보면 이명은 내적 관조이다. 내적 관조는 외적 대상을 살필 때 생길 수 있는 시비분별의 부정적 인식작용을 차단해 주며, 또한 시비를 모두 녹임으로써 심원한 인식의 경지에 이르게 해준다.

또한 이명의 인식법에는 인위성이 개입되지 않는다. 「선성繕性」에서 "생각함으로써 명明을 구함을 일러 '어리석은 백성'이라 한다."고 했다. 사람의 인식행위는 자기 입장에서, 그리고 주어진 정보를 근거로 하여 수행한다. 그래서 생각을 일으키면 도리어 올바른 앎을 얻을 수 없다. 이에서 본다면, '이명'의 인식법은 무위無爲로써 이루어짐을 알 수 있다. 생각을 일으켜 사유하면 새로운 결론을 만들어 내므로 결국 또다시 시비를 불러온다.

결국 '시비의 실상을 관조한다'는 뜻을 가진 이명은 마음을 텅 비워 인식행위를 하지 않음으로써 인식행위를 하는 것을 말한다. 이것이 바로 최고의 인식에 이르게 해주는 최고의 수단이다.

조삼모사 朝三暮四

> 원숭이를 키우는 저공(狙公)이 도토리를 주면서 "아침에 세 개를 주고 저녁에 네 개를 주겠다."라고 하니, 무리들이 모두 성을 내었다. 저공이 말하기를, "그러면 아침에 네 개 주고 저녁에 세 개를 주겠다."라고 했다. 이에 여러 원숭이들이 모두 기뻐했다. 저공이 명분과 실리를 놓치지 않으면서 원숭이들의 희노(喜怒)의 감정을 이용한 것은 또한 '절대적 옳음을 따른 것이다[因是]'. 狙公賦芧曰(저공부서왈) 朝三而暮四(조삼이모사)라 하니, 衆狙皆怒(중저개노)라. 曰(왈) 然則朝四而暮三(연즉조사이모삼)이라 하니, 衆狙皆悅(중저개열)이라. 名實未虧而喜怒爲用(명실미휴이희노위용)은 亦因是也(역인시야)라.

조삼모사朝三暮四는 세상에 많이 회자되는 사자성어이다. 세상에서는 이것을 '속임수' 또는 '어리석음'이라는 단어와 연결시켜 이해하려 한다. 그러나 사실은 그렇지 않다.

남곽자기는 『열자列子』, 「황제黃帝」편에 있는 이야기를 소개했다. 저공狙公이 늘 먹이를 풍성히 주면서 원숭이를 사육했다. 그러던 어느 날 형편이 나빠져 원숭이에게 주는 도토리 양을 7개로 줄여야만 했다. 이에 저공은 원숭이들이 화를 낼까봐 걱정했다. 그래서 그는 기지를 발휘했다. 처음에는 도토리를 아침에 3개를 주고 저녁에 4개를 준다고 했다. 이에 원숭이들이 화를 내었다. 그래서 이번에는 그 반대로 아침에 4개를 주고 저녁에 3개를 준다고 했다. 이에 원숭이들이 기뻐했다. 원숭이들은 당장 아침에 더 많이 받을 수 있다는 점에서 기쁨을 느꼈던 것이다. 저공은 마침내 먹이를 줄여서 하루에 7개만 주고서도 원숭이들을 만족시킬 수 있었다.

저공의 지혜로운 처신 덕분에 하루에 받아먹을 수 있는 도토리의 총량이 7개로 줄었음에도 원숭이들은 분노하지 않았다. 만약 처음부터 아침에 4개를 주고 저녁에 3개를 준다고 했으면, 풍족하게 먹다가 먹이의 양이 4개로 감소된 것에 대해 지속적으로 불만을 표했을 것이다. 그리고 만약 저공이 아침에 4개를 준다고 말해버렸다면 이미 협상 카드를 다 써버린 셈이 된다. 이렇게 되면 원숭이를 달랠 길이 없었을지 모른다. 그런데 저공은 기지를 발휘하여 당장 아침에 3개를 준다고 했다가 원숭이들이 화를 내자 잽싸게 아침에 4개를 주겠다고 했다. 하루에 받아먹을 수 있는 양식의 총량은 똑같지만 우선 아침에 많이 주겠다는 말을 듣고서 원숭이들은 만족을 느낀 것이다. 결국 저공은 하루에 주는 도토리 총량을 7개로 감량하고서도 원숭이들의 분노를 무마시킬 수 있었던 것이다. 조삼모사든 조사모삼이든 원숭이에게 주는 도토리의 개수는 동일한 것임을 저공은 잘 알고 있다. 정신을 피곤하게 하여서 상반된 것을 억지로 '하나'라고 인식하려 할 필요가 없는 것이다. 상반된 양자는 본래 하나이다. 여기서 볼 때, 원숭이를 사육하는 저공은 『제물론』의 본지本旨, 즉 대립된 양자를 하나로 보는 제일의 경지에 넉넉히 들어간 인물이라 할 수 있겠다.

절대적 기준은 과연 있는가

> 내가 안다고 여기는 것이 참으로 아는 것인 줄 어찌 알며, 내가 모른다고 여기는 것이 참으로 모르는 것인 줄 어찌 알겠는가.
> 庸詎知吾所謂知之非不知邪(용거지오소위지지비부지야)며, 庸詎知吾所謂不知之非知邪(용거지오소위부지지비지야)아.

　　남곽자기南郭子綦의 긴 설법은 앞에서 모두 끝났다. 여기서부터는 설결齧缺과 왕예王倪가 대화의 주체가 되어 참다운 진리에 대해 논한다. 인간의 앎은 시간과 장소에 따라 그 내용이 달라진다. 그래서 인간은 절대치를 찾을 수 없다. 그리고 더 나아가 절대치는 애당초 존재하지 않는다. 그렇다면 우리는 무얼 알 수 있을까.
　　설결이 왕예에게 물었다. "선생께서는 사물에 있어 '모두가 옳게 여기는 바의 기준[所同是]'을 아십니까." 말하기를, "내가 어찌 그것을 알겠는가." 그러면 "선생께서는 선생이 그에 대해 알지 못한다는 것을 알고 계십니까." 말하기를, "내가 그것을 어찌 알겠는가." "그렇다면, 사물에 대해 전혀 모르십니까." 말하기를, "내가 그것을 어찌 알겠는가." 왕예는 세 가지의 질문에 대해 모두 모르겠다고 대답했다. 즉 '모두가 옳게 여기는 바의 기준[所同是]'을 모름은 물론 '모르는 것'이 진짜 모르는 것인 줄도 모르겠다고 했다. 뿐만 아니라, 사물에 대한 그 어떤 것도 알지 못하겠다고 했다. 그러면서 왕예는 마무리하기를, "내가 안다고 여기는 것이 참으로 아는 것인 줄 어찌 알며, 내가 모른다고 여기는 것이 참으로 모르는 것인 줄 어찌 알겠는가."라 했다. 즉 내가 아는 것이 진짜 아는 것인지, 또는 내가 모르는 것이 진짜 모르는 것인지를 확신하지 못하겠다는 말이다. 정말 모른다는 것을 알면 이는 답을 알고 있다는 의미가 된다. 그래서 철저히 모른다고 말할 수밖에 없는 것이다.

여기서 소동시所同是에 대해서 잠시 살펴보면, '소동시'란 '모두가 옳게 여기는 절대적 기준'이다. 그런데 절대적 기준이 과연 존재할까. 우주만물 중 하나라도 변하지 않는 것은 없다. 도道조차도 변화를 구사한다. 우주만물은 그 형상만 변하는 것이 아니라 법칙도 변한다. 예를 들면, 태양계의 경우 지구와 달은 늘 규칙적으로 움직인다. 그러나 태양 속의 수소가 모두 고갈되면 태양은 사라진다. 그때도 지구와 달이 지금과 같은 주기로 운동하면서 존재할까. 형상이 변하면 법칙도 변한다. 영원불변의 절대적 값이 있다고 하면, 그것은 억지 믿음이 지어낸 것이다. 사람의 인식능력에도 한계가 있지만 인식의 대상 또한 고정불변의 것이 아니다. 그래서 세상 사람들은 애당초 절대적인 지식을 얻기 어렵다.

세상 사람들은 저마다 다르게 소유한 인식기능을 기반으로 하여 인식작용을 수행한다. 그래서 그들의 앎은 부정확하다. 그리고 앎의 대상도 고정되어 있지 않다. 그래서 절대치[所同是]가 없다. 이에서 본다면, '아무 것도 알 수 없다'는 왕예의 말은 인류 역사상 가장 값진 가르침이라 할 수 있다. 이 말을 철저히 이해한다면 우리는 지적인 오만에서 벗어나게 됨과 동시에 인위적으로 만들어낸 교리나 이념을 맹신하는 태도에서도 벗어날 수 있다. 완전한 인식에 도달하지 못한 범부凡夫들은 무엇을 알 수 있을까. 필자는 「녹홍가綠紅歌」에서 이렇게 읊었다.

君看海水勿謂綠　　그대는 바닷물을 보고 푸르다고 말하지 말며
군 간 해 수 물 위 록
又看桃花莫說紅　　또 복숭아꽃을 보고 붉다고 말하지 말라.
우 간 도 화 막 설 홍
海水桃花無定色　　바닷물과 복숭아꽃은 정해진 색이 없으니
해 수 도 화 무 정 색
只君妄心爲綠紅　　다만 그대의 망심(妄心)이 푸르고 붉게 여길 뿐.
지 군 망 심 위 녹 홍

세상 사람들은 무엇을 알 수 있을까. 저마다 자신이 아는 것이 진실이라고 믿지만 누가 그것을 인정해줄까. 모두가 잘못된 정보에 오염되어버린 망심이 가져다 준 지식일 뿐이다. 진정한 앎을 얻는 길은 이것을 깨닫는 데서부터 시작된다.

사람·미꾸라지·원숭이 중 누가
절대적으로 옳은 거처를 얻었는가

> 사람은 습한 곳에서 자면 요통을 앓다가 죽는데, 미꾸라지도 그러한가. 사람은 나무 위에 살면 벌벌 떨면서 두려워하는데, 원숭이도 그러한가. 그렇다면, 사람·미꾸라지·원숭이 셋 중 누가 올바른 거처를 아는 것일까.
>
> 民濕寢則腰疾偏死(민습침즉요질편사)나 鰍然乎哉(추연호재)아. 木處則惴慄恂懼(목처즉췌율순구)나 猿猴然乎哉(원후연호재)아. 三者孰知正處(삼자숙지정처)아.

동일한 대상임에도 바라보는 자의 입장에 따라 판단이 달라진다. 그렇다면 과연 이 세상에 절대적인 옳음이 있을 수 있는 것일까.

사람과 미꾸라지, 그리고 원숭이는 편하게 여기는 공간이 각각 다르다. 그렇다면 진정으로 공간을 잘 택한 이는 누구일까. 이에 대한 답은 낼 수가 없다. 각자의 입장이 어떠하냐에 따라 답이 서로 달라진다. 그러므로 앞에서 "선생께서는 사물에 있어 '모두가 옳게 여기는 바의 기준[所同是]'을 아십니까."라고 한 설결齧缺의 물음에 왕예王倪는 "내가 어찌 그것을 알겠는가."라고 했다. 즉 좋고 나쁨의 절대적 기준은 없다는 것이다.

모든 방면의 절대적인 기준은 없다. 즉 소동시所同是가 없다는 말이다. 다만, 어떤 입장에 서 있느냐에 따라 답이 달라진다. 왕예는 말하기를, "사람은 가축을 먹고 사슴은 풀을 먹으며, 지네는 뱀을 달게 먹고 올빼미는 쥐를 달게 먹는다. 이 넷 중 누가 올바른 맛을 아는 것일까."라 했다. 또 "미인인 모장毛嬙과 서시西施는 사람이 아름답게 여기지만, 고기는 보면 숨고 새는 보면 높이 날고 사슴은 보면 도망친다. 이 셋 중에 누가 올바른 미색을 아는 것인가."라 했다. 즉 맛이나 용모는 좋고 나쁨이 본래부터 절대적인 기준을 가지고 있는 게 아니라, 입장에 따라 그 평가가 달라진다.

선악과 시비에 있어서도 입장에 따라 판단이 달라진다. 그래서 말하기를, "인의仁義의 실마리와 시비是非의 갈림길은 어지럽게 뒤섞였으니, 내가 어찌 그 분간을 알리오."라고 하였다. 인의와 인의가 아닌 것, 옳은 것과 옳지 않은 것은 본래부터 구분되어 있는 것이 아니다. 다만, 어떤 입장에 있는가에 따라 이렇게 볼 수도 있고 저렇게 볼 수도 있다. 그래서 본래부터 절대성을 가진 답은 기대할 수 없다.

세간의 이해득실利害得失 역시 정답이 없다. 왕예는 또 지인至人은 이로움과 해로움을 알아서 택하는가를 묻자, "이러한 사람은 운기雲氣를 타고 일월을 몰아 사해 밖을 노니는지라, 생사도 그를 움직일 수 없거늘 이로움과 해로움 따위의 말단적인 것에 연연하랴."라고 했다. 사람들에게는 이해득실이 아주 중요한 관심거리이지만, 지극한 사람에게는 이것이 무의미해진다. 이처럼 이해득실 역시 절대적인 기준이 있는 것이 아니라, 당사자의 입장에 따라 달라진다.

세상에 '모두가 옳게 여기는 절대적 기준'이란 없다. 아름다움이나 옳음 등은 물론 이해득실 역시 입장에 따라 달라진다. 지인은 이를 알기에 어떤 것에도 속박되지 않는다.

죽음의 세계는 우리의 고향이다

> 삶을 좋아함이 미혹이 아닌 줄 내 어찌 알리오. 죽음을 싫어함이 어릴 때 길을 잃었으나 고향에 돌아갈 줄 알지 못함이 아닌 줄 내 어찌 알리오.
> 予惡乎知說生之非惑耶(여오호지설생지비혹야)리오. 予惡乎知惡死之非弱喪而不知歸者耶(여오호지오사지비약상이부지귀자야)리오.

　　장오자長梧子는 생사가 본래 하나임을「제물론」의 본지에 따라 논설했다. 생사를 하나로 보는 것은 생사의 고통을 해결하는 길이기도 하다.

　　장자는 장오자를 내세워 '삶을 탐하지도 않지만 죽음을 혐오하지도 않는다'는 뜻을 피력하였다. 세상 사람들은 삶에 애착을 가지기에 늘 고통 속에서 살아간다. 장자는『제물론』의 앞부분에서 "종신토록 바쁘게 일하나 그 성공을 보지 못하고, 피곤하게 일을 하지만 그 돌아갈 바를 알지 못하니, 슬프지 않겠는가."라고 하였다. 여기서는 삶이 꼭 좋은 것만이 아님을 말하고 있다. 더 직설적으로 말하면 '삶에 애착을 가지지 말라'는 뜻이다. 삶에 애착을 가지지 않는 장자의 태도는「지락」편에 '부인이 죽었을 때 항아리를 치며 노래를 했다'고

한 말에서 엿볼 수 있다. 장자가 이렇게 한 이유는 생사란 기氣의 운동에 의해 나타나는 자연스러운 현상으로, 마치 춘하추동이 기의 흐름을 따라 차례대로 바뀌는 것과 같다고 보았기 때문이다.

장자는 사람들은 '살아 있음'만이 좋은 것이라고 하는 생각을 축적함으로써 죽음을 무조건 혐오하게 되었다고 했다. 그러면서 "삶을 좋아함이 미혹이 아닌 줄 내 어찌 알며, 죽음을 싫어함이 마치 어릴 때 길을 잃었으나 고향에 돌아갈 줄 알지 못함이 아닌 줄 내 어찌 알리오."라고 했다. 장자는 삶을 탐함이 미혹한 행동일 수도 있고, 또 죽음을 싫어함은 실향민이 귀향歸鄕을 싫어함처럼 어리석은 짓일 수도 있다고 하였다.

장자는 죽음이 나쁜 것이 아님을 예를 들어 설명했다. "여희麗姬는 애艾 지방의 변방지기 딸이었다. 그녀가 처음 진晉나라로 잡혀갔을 때는 눈물이 흘러내려 옷깃을 적셨다. 그러나 그녀가 왕의 처소에 이르러 왕과 동침을 하고 맛있는 고기를 먹게 된 후부터는 과거에 자신이 울었던 것을 후회하였다. 그러하니 내가 어찌 죽은 자가 생시에 살기를 바랐던 것을 후회하지 않을 것인 줄 알겠는가." 즉 사람은 다 죽기를 싫어하지만 막상 죽어보면 도리어 죽음을 싫어했던 과거를 후회할 수도 있다는 말이다. 물론 장자가 죽음을 찬미한 것은 아니다. 다만 사람들이 죽음을 싫어하기에 죽음이 나쁜 것이 아님을 말하여 삶과 죽음을 똑같은 태도로 대하게 하려고 한 것뿐이다.

장자는 생사가 평등한 것임을 주장하기 위해 죽음이 삶보다 나쁜 것이 아님을 말하였다. 그래서 마치 죽음을 찬미하는 듯한 태도를 보였다. 장자의 생사관生死觀에서는 삶과 죽음이 모두 평등하다. 그래서 여기서는 죽음을 긍정적으로 평했고, 뒤의 글에서는 삶을 헛된 꿈에 비유하여 부정적으로 평했다. 사람들이 부정적으로 보는 죽음을 긍정적으로 평하여 중간 위치에 끌어올렸고, 또 사람들이 긍정적으로 보는 삶을 부정적으로 평하여 중간 위치로 끌어내렸다. 이렇게 하는 이유는 바로 죽음과 삶의 가치가 평등한 것임을 밝히기 위해서이다. 즉 「제물론」이 추구하는 본지대로 생사가 제일齊一한 것임을 드러내려 하였다는 말이다.

인생은 큰 꿈이다

> 크게 깨어남이 있은 후에야 인생이 큰 꿈인 줄 안다.
> 有大覺而後(유대교이후)에 知此其大夢也(지차기대몽야)라.

앞에서는 죽음을 찬미하는 듯한 태도를 취하였고 여기서는 삶을 헛된 꿈으로 여겨 부정적으로 보았다. 장오자는 죽음을 미워하지도 않았고 삶을 찬양하지도 않았다. 그는 삶을 깨어나야만 할 한바탕 큰 꿈으로 보았다.

삶은 꿈이다. 장자는 '장오자長梧子'라는 인물을 내세워 말한다. "꿈속에서 술을 마시던 자가 아침이 되어 소리 내어 슬피 울고, 꿈속에서 소리 내어 슬피 울던 자가 아침이 되어 사냥을 하러 나간다. 막 꿈을 꾸고 있을 때에는 그것이 꿈인 줄을 알지 못한다. 그래서 꿈속에서 또 그 꿈을 점치기까지 한다. 그러다가 꿈에서 깬 이후에야 그것이 꿈인 줄 안다." 꿈을 꾸고 있는 동안에는 그 꿈이 진짜처럼 여겨져 아무도 그것이 헛된 꿈인 줄 알지 못한다. 그래서 심지어는 꿈속에서 그 꿈의 길흉을 점치기까지 한다. 이처럼 꿈속에서는 절대 꿈이 꿈인 줄 알지 못한다. 인생도 마찬가지다. 인생은 한 바탕 큰 꿈이다. 그러나 큰 꿈을 꾸는 동안에는 그 순간이 꿈인 줄 절대 알지 못한다. 어떤 자극에 의해 꿈을 활짝 깨고 나면, 그때서야 인생살이가 한바탕 꿈인 줄 안다. 그래서 장오자는 "크게 깨어남이 있은 이후에야 인생이 큰 꿈인 줄 안다."라고 하였다. 잠을 잘 때 꾸는 꿈도 꿈이요, 인생살이 그 자체도 꿈이다. 잠잘 때 잠시 꾸는 꿈을 '작은 꿈[小夢]'이라 하고, '인생살이' 그 자체를 '큰 꿈[大夢]'이라 한다. 작은 꿈이든 큰 꿈이든 깨어나지 않고서는 그 꿈이 꿈인 줄 알지 못한다.

　작은 꿈은 잠잘 때 꾸는 꿈이다. 밤이든 낮이든 잠을 자면 지인至人이 아닌 이상 대부분의 사람들은 꿈을 꾼다. 꿈에서는 온갖 상황을 다 만난다. 그리고 그 상황에 심각하게 반응한다. 즐거운 꿈을 꿀 때는 빙그레 웃고 무서운 꿈을 꿀 때는 고함을 지르며 슬픈 꿈을 꿀 때는 엉엉 운다. 그러다가 잠에서 깨어나면 그때야 자신이 한 바탕 꿈을 꾸었음을 안다. 꿈은 현실이 아니다. 그러나 꿈을 꿀 때는 그 꿈이 영락없이 현실처럼 느껴진다. 그래서 꿈속에 있을 때는 그것이 꿈인 줄 알지 못하여 일희일비一喜一悲하게 되는 것이다.

　'큰 꿈'이란 인생살이 그 자체이다. 자고로 많은 사람들이 인생을 덧없는 꿈에 비유하였다. 그 대표자로는 고종高宗 7년에 삶을 마감한 조선 말기의 월창거사月窓居士 김대현金大鉉을 들 수 있다. 그는 『술몽쇄언述夢瑣言』을 지어 꿈과 인생에 대해 많은 이야기들을 남겼다. 인간은 삶 속에서 잠잘 때 꾸는 꿈에서처럼 온갖 일을 겪으면서 살아간다. 삶의 고통을 이기지 못하여 심지어는 자살까지 한다. 얼마나 삶이 힘들었으면 그렇게까지 하였을까. 인생살이는 결코 쉽지 않다. 오죽했으면 석가모니는 '일체가 고통이다[一切皆꿈]'라고 하였을까. 세상에서의 삶이 이토록 힘들지만 장자는 삶 그 자체를 '큰 꿈'이라고 말한다. 살아가면서 처절한 상황을 만났을 때는 이것이 꿈이기를 간절히 원한다. 그러나 사실은 꿈이길 원하지 않아도 인생살이 그 자체는 본래 꿈이다. 그러함에도 사람들은 '크게 깨어남[大覺]'을 얻지 못하여 여전히 꿈속의 삶을 살면서 울고 웃는다. 그러다가 천재일우千載一遇의 기회를 만나 진리의 벼락 소리를 듣는 순간 꿈에서 화들짝 깨어난다. 이제 비로소 지난번 겪었던 희로애락이 다 헛것임을 알아 모든 걸림에서 해방되어 무하유지향無何有之鄕에 들어가게 된다.

　인생은 큰 꿈이다. 꿈은 진짜가 아니다. 조선 초기의 문장가 김수온金守溫은 산수화山水畵가 그려진 병풍을 보고서 이런 시를 지었다. 제목은 「제산수병題山水屛」이다.

描山描水摠如神　　산과 물을 그린 솜씨 귀신과 같아
묘 산 묘 수 총 여 신

萬草千花各自春　　만 가지 풀과 천 가지 꽃이 제각기 봄을 만났네.
만 초 천 화 각 자 춘

畢竟一場皆幻境　　필경 저것들은 다 환영으로 된 경치이니
필 경 일 장 개 환 경

誰知君我亦非眞　　뉘라서 알까, 그대와 나도 다 진짜가 아님을.
수 지 군 아 역 비 진

그림자와 곁 그림자의 대화

> 내가 물체에 의지함이 있어 그렇게 움직이는 것인가. 내가 의지하는 바의 물체도 또한 그 어떤 것에 의지함이 있어 그렇게 움직이는 것인가.
>
> 吾有待而然者耶(오유대이연자야)인저. 吾所待(오소대)는 又有待而然者耶(우유대이연자야)인저.

　　세상의 그 어떤 것도 한 가지 요소로만 이루어 진 것은 없다. 여러 요소들이 여러 인연으로 모일 때 특정의 현상이나 물건이 생긴다. 그래서 세상사는 단정적으로 말하기 어렵다.

　　'곁 그림자[罔兩]'가 그림자에게 물었다. "조금 전에는 그대가 움직이더니 지금에는 그대가 그치며, 조금 전에는 그대가 앉더니 지금은 그대가 일어나니, 어찌 그렇게 특정한 지조가 없는가." 곁 그림자, 즉 망양罔兩은 그림자 주위에 있는 희미한 그림자를 말한다.

　　곁 그림자가 그림자에게 자꾸 움직이는 이유에 대해 물었다. 이는 만물이 어떻게 존재하는가에 대한 물음이다. 이에 그림자는 "내가 물체에 의지함이 있어 그렇게 움직이는 것일까. 내가 의지하는 바의 물체도 또한 그 어떤 것에 의지함이 있어 그렇게 움직이는 것일까."

제물론　91

라고 했다. 즉 그림자 자신은 다른 물체로 인해 존재하고, 다른 물체는 또 다른 물체에 의해 존재하는 것이 아닐까라는 말이다. 그림자는 시종 단정적으로 말하지 않는다. 그러면서 그림자는 자신이 단독적인 존재가 아님을 "뱀이 비늘을 의지하여 기어가고 매미가 날개에 의지하여 나는 것과 같은 것이 아닐까."라고 하여 비유적으로 설명했다. 하나의 존재가 있으면 그 존재를 존재하게 하는 제2의 존재가 있고, 제2의 존재가 있으면 또 그것을 존재하게 하는 제3의 존재가 있고 … 이처럼 하나의 존재에는 그 배후자가 끝없이 이어져 있다. 하나의 일은 단순하게 이루어지지 않는다는 사실을 그림자는 말하고 있다.

하나의 결과에는 무수한 원인과 과정이 담겨있다. 이것을 나타낸 이론이 바로 대승불교의 화엄학華嚴學에서 말하는 중중무진연기重重無盡緣起이다. 이것은 세상의 모든 현상은 독립해서 존재하는 것이 없고 끝없이 다른 일들과 상관관계 속에서 이루어진다는 연기이론緣起理論이다. 예를 들어 '지금의 나'를 둘러싸고도 끝없는 연결고리가 존재한다. '내가 어떻게 태어났는가'에 대해 물으면 '나의 부모님을 만났기 때문'이라고 답한다. 그러면 '부모님은 왜 태어났고' 또 '왜 두 분이 만나게 되었나'를 물으면, 여기에는 헤아릴 수 없을 만큼의 여러 가지 인연이 겹쳐져 있다. 이처럼 하나의 일을 규명함에도 이루 헤아릴 수 없을 만큼의 인연의 끈이 연결되어 있다.

하나의 존재 또는 현상은 여러 차원의 복합적인 원인에 의지하여 나타난다. 그래서 만물의 존재원리와 그 구조는 알기 어렵다. 그래서 그림자는 "어찌 그렇게 되는 까닭을 알 것이며, 또 어찌 그렇게 되지 않는 까닭을 알 것인가."라고 말했다. 즉 그림자 자신은 단지 여러 원인에 의해 존재가 형성된다는 것만 알뿐, 그에 대한 구체적인 원인에 대해서는 알 수 없다는 것이다. 유소감劉笑敢 역시 『장자철학』에서 이에 대해 "사물은 층층이 서로 의지하고 고리마다 서로 걸려 있으며 끝없이 서로 이어져 있어서 인간은 궁극적인 까닭을 절대 인식할 수 없다고 생각했다."라고 했는데, 이 해석이 여러 해석들 중 원의에 가장 가깝다고 여겨진다. 여기서는 앎을 얻을 수 없는 이유를 인식 대상의 복잡성에서 찾고 있다.

세상의 일이나 물건이 존재하기까지는 다양한 요소들이 집합함으로써 존재한다. 그래서 그것의 실상을 단정적으로 말하기는 어렵다. 아니, 불가능하다. 그래서 「칙양則陽」에서는 "도를 본 사람은 사물이 사라지는 까닭도 따지지 않으며, 사물이 생겨나는 원인도 캐묻지 않는다. 이로써 논쟁이 사라진다."라고 한 것이다. 세상의 일이나 사물은 모두 여러 요인의 복합체이다. 아무리 따져보아도 단편적인 견해를 낳을 뿐이다. 그래서 시비를 가린다는 것은 무의미하다.

호랑나비가 된 장주莊周

옛날에 장주(莊周)가 꿈에 나비가 되었다. 훨훨 날아다니는 나비가 되고 보니 스스로 유쾌하고 뜻에 맞아 장주임을 알지 못했다. 문득 꿈을 깨고 보니 엄연히 장주였다. 알지 못하겠네. 장주가 꿈에 나비가 된 것인가, 나비가 꿈에 장주가 된 것인가. 장주와 나비는 분간이 있으니 (그러함에도 서로 뒤바뀌면서 변화하니) 이것을 '물화(物化)'라고 한다.

昔者(석자)에 莊周(장주) 夢爲蝴蝶(몽위호접)이라. 栩栩然(허허연)히 蝴蝶也(호접야)러니 自喩適志與(자유적지여)하야 不知周也(부지주야)러라. 俄然覺則蘧蘧然(아연교즉거거연)히 周也(주야)러라. 不知(부지)라 周之夢爲蝴蝶與(주지몽위호접여)아 蝴蝶之夢爲周與(호접지몽위주여)아. 周與蝴蝶(주려호접)은 則必有分矣(즉필유분의)니 此之謂物化(차지위물화)니라.

여기는 「제물론」의 마지막 부분으로 그 유명한 호접몽胡蝶夢 이야기가 등장한다. 호접몽 이야기는 '다른 것을 하나로 본다'는 「제물론」의 본지를 담고 있다. 유무劉武는 "스스로 피차가 없으면 어찌 시비가 있겠는가. 이와 같이 하면 서로 다른 '물론物論'들을 가지런히

할 수 있다."라고 했다. 박세당朴世堂도 역시 이와 같이 보았다.

장주莊子는 영원한 장주인줄 알았는데 꿈에서는 완전히 호랑나비로 변해버렸다. 호랑나비가 된 장주는 훨훨 날면서 좋아했다. 이 상황이 꿈이라고는 상상도 하지 못하였다. 장주는 영락없이 호랑나비가 되어버렸다. 그러다가 장주는 덜컥 꿈에서 깨어나 버렸다. 깨어나고 보니 호랑나비가 장주로 다시 변해버렸다. 이때, 장주와 호랑나비는 겉으로는 분간이 있어 보이지만 실상은 장주와 호랑나비는 하나이다. 즉 하나의 존재가 꿈이냐 생시냐의 상황에 따라, 걸림 없이 장주로도 변하고 나비로도 변했던 것이다. 이것이 바로 '물화物化'이다. '물화'는 '만물의 변화'를 의미한다.

'물화'는 이것과 저것은 영원한 대립자가 아니라 상황에 따라 서로의 위치가 뒤바뀐다는 뜻을 품고 있다. 만약 이처럼 '이것'과 '저것'의 구분이 공허한 것이라면 '이것'과 '저것'을 근거로 하여 생겨난 시비 또한 무의미한 것 아니겠는가. 이런 의미의 글은 이미 「제물론」의 앞부분에서 여러 번 보았다. 즉 "만물은 여기서 볼 때 '저것'이 아님이 없고, 만물은 저기서 볼 때 '이것'이 아님이 없다."와 "'이것'은 '저것'이요 '저것'은 '이것'이다."라는 구절들이 그것이다. 여기서 '이것'과 '저것'은 고정된 위치를 가지는 것이 아니라, 상황에 따라 수시로 뒤바뀐다는 사실을 깨달을 수 있다.

사람들은 '피'와 '차'를 명확히 구분하여 끝없이 시비다툼을 벌인다. 그러나 나비와 장주가 본래 하나이듯 시비의 쌍방인 '피'와 '차'는 하나이다. '피'와 '차'는 영원한 대립자가 아니다. '피'와 '차'는 본래 하나이므로 둘로 보아서는 안 된다. 마치 장주와 호랑나비가 둘이 아닌 것처럼.

양생주

무한의 것을 다 알려고 하면 위태하다

> 우리의 일생은 유한한데 알아야 할 것은 무한하다. 유한한 일생으로 무한한 것을 다 알려고 하면 위태할 뿐이다.
> 吾生也(오생야) 有涯(유애)하고 而知也(이지야) 無涯(무애)라. 以有涯(이유애)로 隨無涯(수무애)면 殆已(태이)니라.

　여기서 말하는 앎의 대상은 「제물론」에서처럼 도道가 아니라, 세상에 끝없이 펼쳐져 있는 구체적인 사물과 현상들이다. 일반적인 인간의 인식기능은 타고난 기질과 경험에 따라 차별성을 가진다. 이것은 인간의 인식기능이 절대적인 척도를 가지지 못했음을 의미한다. 더욱이 앎의 대상인 우주는 무한차원으로 이루어져 있다. 그러므로 일반적인 인간이 세상의 모든 것을 안다는 것은 근원적으로 불가능하다. 애초에 이룰 수 없는 일을 무모하게 이루려 한다면 심신의 에너지가 고갈되어 결국에는 위태한 지경에 빠지고 만다.

　인간이 과연 무한차원으로 이루어진 저 우주의 실상을 다 알 수 있을까. 현생인류는 시각·청각·후각·미각·촉각·생각 등을 주된 인식기관으로 삼는다. 과연 이러한 몇 종류의 인식기관으로 우주의 실상을 다 포착해낼 수 있을까. 흙속에 사는 지렁이가 허공을 인식하지 못한다고 해서 허공이 없는 것이 아니다. 이처럼 우주에는 현생인류의 인식기관이 포착할 수 없는 세계가 무수히 존재한다. 미래에는 인간의 인식기능이 어느 수준까지 향상될지 모르지만 여하튼 현재의 인간이 가진 인식능력으로는 무한차원의 저 우주를 다 안다는 것은 불가능하다. 그래서 장자는 말한다. "우리의 일생은 유한한데 알아야 할 것은 무한하다. 유한한 일생으로 무한한 것을 다 알려고 하면 위태하다." 이 말에서는 앎의 대상이 무한하다는 점과 인간의 인식능력과 인식범위가 근원적인 한계를 가졌다는 점을 알려주고 있다. 또한 이 말이 「양생주養生主」편에 실려 있다는 점에서 볼 때, 이 말은 무한의 지적욕구는 양생養生의 도에 위배된다는 사실을 전하는 메시지로도 이해할 수 있다. 동양의학에서는 앎을 구하고자 정신력을 너무 많이 소모하면 선천의 정기精氣가 고갈되어 몸이 손상을 입는다고 한다.

인류가 참된 인식을 할 수 없는 이유가 또 있다. 그것은 인식의 대상이 고정된 것이 아니라 계속 변화하기 때문이다. 지금의 인류가 가진 인식기관이 포착할 수 있는 차원의 대상은 가변적이기에 그 값을 정확히 측정할 수 없다. 그래서 「대종사大宗師」에서 "대저 인식은 그 대상이 있은 이후에야 가능한데, 그 인식의 대상은 특히 그 실상이 정해지지 않았다."라고 하여, 인식의 대상이 되는 모든 사물이나 현상들은 불변의 실체를 가지지 않았음을 지적했다. 모든 사물이나 현상은 고정된 실체를 가지지 않아 순간순간 변해간다. 우리의 인식대상은 실로 광대할 뿐 아니라, 고정된 실체를 가지지 않는다. 그러기에 보통의 인간이 천지만물의 이치를 다 안다는 것은 이룰 수 없는 꿈에 불과하다.

앎의 대상을 구체적인 사물이나 현상으로 삼을 때는 그 범위가 무한하다. 게다가 사물이나 현상은 끝없이 변해간다. 그뿐 아니라 인간의 인식능력은 불완전하다. 인간은 무엇을 얼마나 알 수 있을까. 불완전한 인식기관을 가진 어리석은 인간들이 무한의 세계를 다 알고자 한다면, 심신心身이 모두 불타는 위험에 빠지고 말리라.

천리天理에 의지하여 소를 잡는 포정庖丁

제[臣]가 좋아하는 것은 도(道)이니 이것은 기술보다 뛰어난 것입니다. 제가 처음 소를 잡을 때에는 눈에 보이는 것이 온통 소였지만 3년 뒤에는 온통 소로 보이는 현상은 나타나지 않았습니다. 지금에 이르러 저는 정신(精神)으로써 소를 대하고 눈으로는 보지 않습니다. 감각적 지각기능이 멈추고 정신의 작용이 발동하면 '천연적인 고기의 결[天理]'을 따라 커다란 틈새를 치고 커다란 빈 공간에 칼을 움직이되 본래 그러한 형세를 따를 뿐입니다.

臣之所好者(신지소호자)는 道也(도야)니 進乎技矣(진호기의)니이다. 始臣之解牛之時(시신지해우지시)에 所見(소견)이 無非牛者(무비우자)러니 三年之後(삼년지후)에는 未嘗見全牛也(미상견전우야)니이다. 方今之時(방금지시)에 臣(신)은 以神(이신)으로 遇(우)하고 而不以目(불이목)으로 視(시)하야 官知(관지) 止(지)하고 而神欲(이신욕)이 行(행)이어든 依乎天理(의호천리)하야 批大郤(비대각)하고 導大窾(비대관)호대 因其固然(인기고연)이라.

이것은 포정庖丁이 신통한 능력으로 문혜군文惠君을 위하여 소를 해부할 때 한 말이다. 이 말 속에 양생법의 핵심 내용이 녹아있다.

양생법의 원리는 간단하다. 바로 '자연한 이치를 따르는 것'이다. 장자는 그것을 '천연적인 고기의 결을 따른다[依乎天理]'라는 말로 표현했다. 특정 조직이 가진 천연적인 결을 '천리天理'라고 한다. 한 마리의 소는 뼈와 살이 뒤엉켜서 이루어져 있다. 소를 해부할 때는 당연히 뼈와 살 사이에 나있는 결에다 칼을 넣고 갈라내어야만 뼈와 살, 그리고 칼이 상하지 않는다. 그리고 발라낸 살덩이를 가를 때도 역시 살이 가진 결을 따라 칼을 놀려야만 고기와 칼이 상하지 않는다. 이처럼 소 잡는 일을 쉽게 해내자면 당연히 조직의 결을 찾아내어 그 결을 따라 칼을 놀려야 한다. 이때의 결이 바로 천리이다. 양생의 도 역시 천리를 따라 사는 가운 가운데서 성취할 수 있다.

'천리를 따르는 양생법'이란 몸에 맞는 환경에서 생활하는 것, 또 인체의 각 기관이 순리적으로 작동할 수 있게 하는 것, 특정의 감정이 격동됨이 없도록 하는 것 등을 들 수 있다. 그리고 인식하는 방식을 텅 빈 정신에 의거해서 하는 것 역시 양생의 도에 포함된다. 사실 이것이 양생의 도에 있어 가장 중요한 조건이라고 할 수 있다. '인식하는 방식을 정신에 의거한다는 것'은 바로 눈이나 귀 등의 신체의 감각기관으로만 인식하는 태도에서 탈피하여 활성화된 정신능력으로 인식행위를 수행하는 것을 말한다. 이렇게 해야만 천리를 보는 눈이 열릴 수 있다. 그래서 포정은 "지금에 이르러 저는 정신精神으로써 소를 대하고 눈으로는 보지 않습니다. 감각적 지각기능이 멈추고 정신의 작용이 발동하면 천연적인 고기의 결을 따라 커다란 틈새를 치고 커다란 빈 공간에 칼을 움직이되 본래 그러한 형세를 따를 뿐입니다."라고 말한 것이다. 감각기관으로 소를 볼 때는 그냥 소만 보였을 뿐이었는데 정신으로 소를 보자 마치 투시경을 쓴 것처럼 고기와 살

사이에 나있는 결, 살과 살 사이에 나있는 결이 훤히 보였다. 포정은 결에 따라 나 있는 틈 속에 칼을 넣고 움직이니 힘들이지 않고 순식간에 소를 해부할 수 있었던 것이다.

눈이라는 감각기관으로 인식을 하면서 소를 잡는 것은 작은 기술에 불과하다. 이 방식으로는 아무리 오랜 세월동안 재주를 연마한다고 해도 결코 포정처럼 신묘하게 소를 해부할 수 없다. 포정처럼 정신으로 소를 대하여 해부하는 것이 바로 도이다. 도에 의지하는 것과 기술에 의지하는 것은 그 차원이 하늘과 땅 사이처럼 다르다. 이러한 현상은 소를 해부하는 일뿐만이 아니라, 무술을 익힌다거나 예능을 연마한다거나 깨달음을 구한다거나 등등의 일에서도 공통적으로 볼 수 있다. 그러므로 양생의 도를 성취함에 있어 가장 우선시해야 할 점은 바로 정신능력을 활성화시켜 거울 같은 인식능력을 갖추는 것이다. 정신능력을 활성화시킨 사람은 자연적으로 양생의 도를 알아차려 그에 맞는 삶을 살아간다.

포정의 소 잡는 능력이 3년 만에 비약적으로 진화한 근본적인 원인은 바로 인식방식의 차이에서 찾을 수 있다. 즉 감각적 인식을 하는가, 아니면 정신을 통한 인식을 하는가의 차이에 있다는 것이다. 결국 포정이 3년 동안 한 것은 바로 정신능력을 개발하는 수련이었다. 포정이 남다른 능력을 갖게 된 것은 바로 여기에 있다. 포정이 신묘하게 소를 해부하는 모습을 본 문혜군은 정신능력을 발휘하여 자연한 삶이 무엇인가를 본능적으로 알아차리고 그것에 의지하여 살아가는 가운데 양생의 도가 있다는 사실을 깨달아버렸다.

야생 꿩은 편안히 사육되기를 바라지 않는다

> 못 가의 꿩은 열 걸음을 옮겨야 한 번 먹이를 먹을 수 있고, 백 걸음을 옮겨야 한 번 물을 마실 수 있다. 그러나 울타리 속에 사육되기를 바라지 않는다. 사육되면 정신은 비록 편하겠지만 좋아하지 않는다.
>
> 澤雉十步一啄(택치십보일탁)하고 百步一飮(백보일음)이나, 不蘄畜乎樊中(불기축호번중)이라. 神雖王(신수왕)이나 不善也(불선야)니라.

천성대로 사는 것이 양생의 비결이다. 만물은 자기대로 삶의 방식을 가진다. 그런데 만약 이것을 무시하고 특정한 형식의 삶을 강요한다면, 결국에는 파국으로 치닫고 만다. 열대지방의 생물은 한대지방에서 생존하기 어렵고, 한대지방의 생물은 열대지방에서 생존하기 어렵다. 대자연 속의 만물은 다 자기에게 맞는 방식으로 삶을 살아간다. 그렇게 함으로써 만물은 서로 다툴 필요 없이 서로 조화를 이루면서 건강하게 오래오래 살아갈 수 있다.

세상 사람들의 의식구조는 크게 두 부류로 나눌 수 있다. 그중 하나는 획일적이면서 집단적이어야 한다고 생각하는 부류이다. 다른 하나는 이와 반대로 모든 개체는 서로 다르므로 개별성을 중시해야 한다고 여기는 부류이다. 물론 이 두 부류는 서로 밀고 당기다가 중용中庸의 길로 나아가도록 해야 한다. 만약 한 쪽으로만 일방적으로 치달리면 결국 편협의 구렁텅이에 빠지고 만다. 그러나 대부분의 사람들은 안정되고 일정한 것을 좋아하기에 전자를 따를 가능성이 많다. 이러한 삶의 방식은 세상을 경직시킬 위험이 있다. 장자가 염려하는 바는 바로 이러한 점이다.

대부분의 사람들은 차별성을 인정하는데 인색하다. 그래서 자기와 다른 것에 대해서는 혐오의 눈초리로 바라본다. 그러나 서로 차별적인 모습을 가진 것은 그만의 개성이다. 결코 잘못된 것이 아니다. 인체의 세계를 보면 사람마다 체질이 다르고, 또 각 기관마다 그 기능이 서로 다르다. 그런데 체질을 고려하지 않고 똑같은 방법으로 몸을 관리한다든지, 또는 동일한 약으로 모든 기관을 똑같이 치료를 하려고 한다면 현명한 처사라고 하겠는가.

만물은 제각기 성질도 다르고 삶의 방식도 다르다. 그래서 장자는 "못 가의 꿩은 열 걸음을 옮겨야 한 번 먹이를 먹을 수 있고, 백 걸음을 옮겨야 한 번 물을 마실 수 있다. 그러나 울타리 속에서 사육되기를 바라지 않는다. 사육되면 정신은 비록 편하겠지만, 좋아하지 않는다."라고 하였다. 꿩은 야생 동물이므로 천성이 산과 들판에서 자유롭게 살도록 되어 있다. 그래서 먹이를 구하러 다니느라 몸은 비록 고단하지만, 울타리 안에 갇혀 주인이 주는 모이를 받아먹으면서 편안히 살기를 바라지 않는다.

만물은 천성대로 살아야만 심신을 건강하게 유지할 수 있고 또 수명도 늘일 수 있다. 소에게 말처럼 빨리 뛰게 하고 말에게 천천히 밭을 갈게 하면 어떻게 될까. 천성대로 살지 못하게 된 저 소와 말은 결국 심신이 병들고 만다. 최상의 양생법은 천성대로 살아가는 속에서 찾을 수 있다.

생사는 기의 이합집산

> 세상에 옴은 그가 태어날 때가 되어서요, 세상을 떠남은 그가 형세를 순종하는 것이다.
> 適來(적래)는 夫子時也(부자시야)오, 適去(적거)는 夫子順也(부자순야)니라.

장자는 생사를 초탈하라고 했다. 그는 생사는 실체가 있는 것이 아니라, 다만 기氣의 자연스런 운동이 낳은 결과일 뿐이라 여겼다.

장자는 「지북유知北遊」에서 말했다. "사람의 태어남은 기氣의 모임이다. 기가 모이면 태어나고 기가 흩어지면 죽는다." 기는 물질의 원초적인 재질이다. 장자는 이것이 모이면 물질이 되고 이것이 흩어지면 물질도 해체된다고 보았다. 그리고 「대종사大宗師」에서는 "죽고 사는 것은 명命이다. 밤과 아침이 바뀜이 있는 것처럼 자연스러운 것이다."라고 했다. 생사는 기의 모임과 흩어짐에 의해 생겨나는 자연현상인데, 기는 모이면 필연적으로 흩어지게 되어있다. 이것은 운명이다. 장자는 '생사'란 기의 자연한 운동에 의해 운명적으로 나타나는 현상이므로 애착할 게 없다고 보았다.

장자의 생사관生死觀은 불교의 생사관과 흡사한 면이 있다. 불교에서는 생사의 문제를 사대설四大說을 통하여 설명한다. 사대는 물질을 이루는 기본 요소로 지地·수水·화火·풍風 네 가지를 말한다. 이 사대는 물질적인 성질을 가진다. 장자의 기는 물질의 근원이다. 전국시대 이후의 도가道家에서는 노장의 기와 음양 개념을 기초로 하여 추연鄒衍의 오행 개념을 결합함으로써 '기→ 음양 → 오행→ 만물'로 이어지는 우주만물의 생성도식을 수립하였다. 오행은 물질을 만드는 직접적인 요소이다. 이는 음양에서 파생된 것으로 보고, 음양은 기에서 파생된 것으로 본다. 오행은 수·화·목·금·토를 말하는데, 도가에서는 이 다섯 원소의 결합에 의해 만물이 이루어진다고 본다. 불교에서는 지·수·화·풍 사대가 인연에 의해 가합假合하면 만물이 태어나고 인연이 다하여 흩어지면 만물은 소멸된다고 본다. 장자 역시 오행의 기초 요소인 기의 이합집산에 의해 만물의 생사가 있다고 본다. 불교와 노장철학의 생사관에서 공통적으로 볼 수 있는 바는 생명의 기본 요소를 공히 물질로 보며, 또한 물질적 요소들이 상황에 따라 모이고 흩어짐으로써 생사가 있게 된다고 보는 점이다. 이런 관점에서 본다면 만물은 고정된 실체를 가지지 않으며, 또 그로써 무상無常한 것일 수밖에 없다는 결론에 도달한다.

생사와 관련하여 장자가 들려주는 이야기 한 토막을 보자. 노담老聃이 죽자 노담의 친구 진일秦失이 조문을 하러가서는 세 번 곡을 하고 나와 버렸다. 이에 제자가 의아해 하면서 "노담은 선생님의 친구가 아닙니까."라고 했다. 이에 "그렇다."라고 답했다. 제자가 다시 물었다. "그렇다면 조문을 이렇게 대충 해버려도 되는 겁니까." 이에 진일이 대답했다. "그렇다. 처음에는 그가 훌륭한 사람이라 여겼다. 그러나 지금은 아니다. 조금 전에 내가 들어가서 조문을 하니, 노인은 곡하기를 아들을 잃어버리듯 하고 젊은이는 곡하기를 부모를 잃은 것 같이 했다. 저들이 그렇게 하는 것은 반드시 조문해달라고 안 해도 그렇게 하게 만든 것이고, 곡하라고 하지 않아도 곡하게 만든 것이다. 이것은 자연을 어기고 참됨을 등진 짓이며 분수를 잊은 짓이다. 옛날에는 이것을 '자연을 어긴 죄[遁天之刑]'라고 한다. 세상에 옴은 그가 태어날 때가 되어서요, 세상을 떠남은 그가 형세를 순종하는 것이다." 이는 노담이 사람들로 하여금 생사에 집착을 하게 만들었고, 더 나아가서는 자신의 덕을 감추지 못해 자취를 사람들이 알아차리게 한 것에 대한 불만을 드러낸 말이다.

장자는 생사에 초연하기를 주장했다. 그랬기에 과연 그는 자기의 아내가 죽었을 때도 기가 흩어져 근원의 세계로 되돌아갔다면서 항아리를 치며 노래를 불렀다. 큰 범위에서 보면 '생사'란 기의 이합집산에 의한 간단한 물리적인 현상인 것이 맞다. 그러나 그 속을 면밀히 살펴보면, 장자의 말대로 생사의 이치가 그렇게 간단한 것만도 아니다. 육체는 거친 기이므로 속히 흩어지지만, 정신精神은 미세한 기이므로 속히 흩어지지 않고 무형으로 계속 남아있다. 원시종교나 고등종교 모두 이 '미세한 기'의 문제를 심각하게 다루고 있다. 미세한 기는 바로 정신이요, 죽어서는 귀신이 된다.

하늘이 내린 속박을 벗다 - 현해縣解

> 삶의 순간을 편안히 받아들이고 죽음에 순응하는 자세로 처신하면, 슬픔이나 즐거움 따위가 끼어 들 수가 없다. 옛날에는 이것을 '하늘의 속박에서 벗어남[帝之縣解]'이라 말한다.
> 安時而處順(안시이처순)이면 哀樂不能入也(애락불능입야)라. 故者(고자)에 謂是帝之縣解(위시제지현해)이니라.

　　생사生死는 사람에게 있어 가장 큰 사건이다. 생명이 태어나면 모든 지인들이 축원해주고 죽으면 모든 지인들이 슬퍼한다. 인류의 모든 종교는 삶과 죽음의 문제를 해결하는 과정 중에서 탄생했다. 생사의 문제는 모든 사람이 해결해야 할 인류 공동의 화두이다.

　　사람은 누구나 살기를 좋아한다. 그러나 그중에는 삶을 싫어하는 사람도 있다. 삶에 애착하는 것도 문제이지만 삶을 싫어하는 것도 역시 문제이다. 그러면 어떻게 삶을 대해야 할까. 바로 '안시安時'하는 것이다. 안시는 '주어진 순간[時]을 편안히 맞이하는 것'을 말한다. 주어진 삶을 원망하거나 거역하지 않고 편안히 받아들이는 것이 삶을 잘 맞이하는 태도이다. 이는 '주어진 운명을 잘 수용하는 삶'이라고 말 할 수 있다.

삶이 어렵다고 하여 자신을 원망하거나 남을 원망하면 정신에 한恨이 쌓인다. 한은 집착과 미혹이 불러온 것으로 정신을 치명적으로 손상시키는 요인 중 하나이다. 생사의 문제를 전문적으로 다루는 무속巫俗에서는 살아있는 사람의 정신이 죽으면 귀신이 된다고 한다. 그러면서 한이 쌓인 귀신은 생전에 입은 정신적 상처 때문에 죽어서도 저승으로 가지 못하고 저승과 이승 사이에서 방황하면서 고통을 받는다고 한다. 여기서 볼 때, 죽음을 잘 맞이하자면 살아 있는 동안에 정신에 한을 남기지 말아야 한다는 결론이 나온다. 한을 남기지 않으려면 생각을 비워 정신에 상처가 없게 해야 한다. 생각을 비우는 방법 중 하나가 바로 용서이다. 못난 자기를 용서하고 미운 남을 용서하고 남에게 지은 잘못에 대해 용서를 빌면 이것도 원한을 해소하는 훌륭한 방편이 된다. 사후 뿐 아니라 생시에도 고통을 맛보지 않으려면, 자신에게 주어진 삶이 비록 가혹하더라도 편안히 수용해야 한다. 그래야만 정신을 맑고 편안하게 유지할 수 있다. 이것이 삶을 잘 이끌어나가는 사람의 태도이다. 이렇게 하면 살아서나 죽어서나 늘 행복 속에 머물 수 있다.

사람은 누구나 죽기를 싫어한다. 그렇지만 태어난 자는 반드시 죽는다. 영생의 꿈을 꾸며 불로초를 구하던 진시황秦始皇도 결국 죽고 말았고, 천상의 이슬을 먹고 불사不死를 꿈꾸던 한무제韓武帝도 결국 생사의 수레바퀴를 멈추게 하지는 못했다. 장자는 생사를 기氣의 이합집산으로 설명한다. 기가 뭉쳐지면 태어남이요 뭉쳐진 기가 흩어지면 죽음을 맞는다. 그래서 도연명陶淵明은 「귀거래사」에서 "조화를 타고서 죽음으로 돌아갈 것이니 천명을 즐기기를 어찌 의심하랴.[聊乘化以歸盡 樂夫天命不奚疑]"라고 하였다. 장자는 기가 다른 것으로 변하는 것을 죽음으로 보았다. 그러므로 죽음을 큰일로 보지 않고 순순하게 받아들여야 한다고 보았다. 이것을 '순응으로 처신함[處順]'이라 한다.

생사를 편안히 받아들이면 생사 앞에 슬퍼하거나 즐거워하지 않는다. 이것이 바로 '속박에서 풀려남[縣解]'이다. 이는 생각이 생사에서 벗어나 자유를 얻음을 말하는 것으로 '장자의 해탈법'이라 말할 수 있다.

인간세

도에 이르게 하는 심재心齋

> 기(氣)는 텅 비움으로써 사물에 응하는 것이다. 도는 오직 텅 비울 때 응집되니, 비우는 것이 바로 심재(心齋)이다.
> 氣也者(기야자)는 虛而待物者也(허이대물자야)라. 唯道集虛(유도집허)하니, 虛者(허자)는 心齋也(심재야)라.

　공자의 제자인 안회顔回가 위衛나라로 가서 위나라의 포악한 임금을 교화하려 했다. 이에 공자는 안회에게 아직 수양이 부족한 상태에서 위나라 임금을 교화하려 하다가는 도리어 화만 입고 말 것이라고 경고했다. 그러면서 공자는 안회에게 수양을 더 하라고 권하면서 심재心齋에 대해 말해주었다. 심재는 장자의 수양론에서 핵심적인 위상을 가진다.

　장자는 공자의 입을 빌려 심재에 대해 논하기 전에 먼저 이렇게 말했다. "너는 뜻을 하나로 모아라. 그리하여 귀로 듣지 말고 마음으로 들으며, 마음으로 듣지 말고 기氣로 들어라. 귀는 소리만 듣는데 그치고 마음은 사물의 겉과 부합함에 그친다." 여기서는 먼저 심재공부에 들어가기 전에 선행해야 할 과제에 대해 말했다. 그 첫 번째의 것이 바로 '뜻을 하나로 집중시키는 것[一志]'이다. 뜻이 분산되면 인식을 담당하는 정신이 산란해진다. 반드시 뜻을 집중시켜야만 바른 인식의 문이 열리기 시작한다. 이어서 공자는 배제해야 할 2가지의 인식방식에 대해 말했다. 공자는 인식행위를 함에 있어 눈이나 귀 등의 감각기관을 통하는 방식은 물론, 마음을 사용하는 인식도 물리치도록 권했다. 눈이나 귀 등을 사용하는 경험적 방식의 인식은 육체적 기관에 의지하므로 존재의 표피만 파악할 수 있다. 분별하는 마음을 사용하는 이성적 방식의 인식은 존재의 실상을 직접적이고 전면적으로 파악할 수 없다. 그래서 공자는 완전한 인식을 이루자면 기를 통한 직관적 인식방식을 사용해야 한다고 했다. 그 방법은 무엇인가. 이에 대해 장자는 공자의 입을 빌려 '심재心齋'라고 하는 수양법을 설파하였다.

심재의 '재齋'자는 본래 제사를 지내기 3일 전부터 미리 재계齋戒하여 심신을 청결히 하는 의식을 말한다. 그러나 공자는 여기에다 더 많은 의미를 부여하여 '심재'라고 하는 새로운 형식의 수양이론을 창안하였다. 공자가 말하는 심재는 '마음을 가다듬어 텅 비게 하여 최고 인식으로서의 도道에 도달하도록 하는 것'을 의미한다. 물론 공자가 제시한 심재의 '재齋'자는 제사하기 전에 '재계'한다고 할 때의 '재'자가 가지는 의미를 초월해있지만, 그러나 제사할 때의 '재'자가 가진 '삼가고 깨끗이 한다'는 그 원초적인 의미는 여전히 함유하고 있다. 마음이 텅 빈 허虛의 세계에 도달하려면 마음을 삼가고 깨끗이 해야 한다. 이렇게 하는 것이 심재 수양의 구체적이고 실천적인 방법이다.

심재의 핵심 내용은 "기氣는 텅 비움으로써 사물에 응하는 것이다. 도는 오직 텅 비울 때 응집되니, 비우는 것이 바로 심재心齋이다."라고 하는 말에서 엿볼 수 있다. 여기서의 기는 정신을 말한다. 정신을 텅 비울 때 완전한 인식을 방해하는 정보들이 다 제거되어 인식능력이 극도로 활성화된다. 이때 기를 텅 비울 수 있도록 해주는 수양법이 바로 심재이다. 심재를 성취하면 내면이 텅 비워져 정신[氣]이 최대로 활성화된다. 이것은 빈 거울에 비유할 수 있다. 거울은 현재 나타난 사물만 집중하여 비춰주기에 지나간 것의 잔상殘像을 남겨두지 않는다. 그래서 거울은 늘 텅 비워져 있어 사물을 있는 그대로 아주 정확히, 그리고 끝없이 비춰줄 수 있다. 이러한 방식의 인식방법은 「지북유知北遊」의 "그대는 재계하여 마음을 씻고 정신을 맑게 하고 지식을 배격하라."라고 한 말에서도 볼 수 있다.

장자는 공자의 입을 빌려 감각기관과 이성을 통한 인식을 배격하고 그 대신 직관적 방법으로 인식행위를 수행하기를 권했다. 이것이 가능하게 하는 것이 바로 심재이다. 이것은 최고 인식으로서의 도에 도달하게 해주는 튼튼한 뗏목이다.

텅 빈 세계를 바라보면 마음에서 빛이 나온다

> 저 텅 빈 세계를 바라보면 비워진 마음에서 밝은 빛이 나오나니, 길함과 상서로움이 여기에 머문다.
>
> 瞻彼闋者(첨피결자)하면 虛室生白(허실생백)하나니 吉祥止止(길상지지)니라.

공자는 안회顔回에게 심재心齋에 대해 부연설명을 해준다. 심재는 마음을 텅 비움으로써 도를 얻는 수양법이다.

심재공부를 통하여 마음을 텅 비우면 어떤 현상이 벌어질까. 분별과 대립이 사라져 절대 평등의 인식경지를 확보할 수 있다. 보통사람에게 분별과 대립이 생기는 이유는 '나'라고 하는 존재를 내세웠기 때문이다. 나를 내세우면 상대도 동시에 등장한다. 나와 상대가 함께 생겨나면 반드시 상대적 시비가 나온다. 상대적 시비에는 절대성이 결여되어 있다. 결국 바른 인식을 성취하자면 반드시 나를 텅 비우는 공부를 먼저 성취해야 한다. 나를 비워 허虛의 경지에 도달하게 하는 공부가 바로 심재이다. 감각기관에 의한 인식과 이성에 의한 인식을 모두 버려버리고 나면, 그때 허의 경지에 도달한다. 허의 경지에 이르고 나면, '나'라고 하는 존재는 사라진다. 그와 동시에 '상대'라고 하는 존재도 사라진다. 그리하여 피아양망彼我兩忘의 지경에 이른다. 피아의 대립이 사라져야 상대적 인식을 떠나 절대평등의 인식에 이를 수 있다.

안회顔回는 심재에 대한 공자의 가르침을 받고 이렇게 말했다. "제가 심재에 대한 가르침을 받기 전에는 참으로 제가 있다고 여겼습니다. 그러나 선생님의 가르침을 받고나자 이제 저를 몽땅 잊어버렸습니다. 이것을 '텅 비움[虛]'이라고 할 수 있겠습니까."라고 했다. 안회는 마침내 심재 수양법을 통달한 것이다. 이에 공자는 안회에게 "극진한 곳에 도달했구나."라고 하였다. 공자는 안회가 드디어 자기를 몽땅 잊어버려 텅 빈 경지에 도달하였음을 인정해주었다. 여기서 눈여겨 볼 점은 바로 안회가 「제물론」에 등장한 남곽자기처럼 자기를 잊어버렸다는 점이다. 자기를 잊어버리면, 상대도 곧바로 잊어버리게 된다. 이럴 때 피아를 떠난 완전한 인식을 성취할 수 있다.

그리고 공자는 또 "저 텅 빈 세계를 바라보면 비워진 마음에서 밝은 빛이 나오나니, 길함과 상서로움이 여기에 머문다."라고 하면서, 비움의 수양을 통하여 얻을 수 있는 무한의 이득에 대해 말했다. 즉 자기를 비우면 완전한 인식을 성취할 수 있을 뿐 아니라, 밝은 빛과 길함과 상서로움을 얻을 수 있다는 것이다. 또 "귀와 눈의 지각을 내면內面을 따라 통하게 하고 잡된 생각이나 분별적인 지식에서 벗어나면, 귀신도 장차 와서 감응을 할 것이거늘 하물며 사람에게 있어서는 어떻겠는가. 이것이 바로 만물의 조화造化에 따르는 길이다."라고 했다. '관찰의 방향을 안으로 되돌림[廻光返照]'과 동시에 일체의 사려작용을 끊고 속을 텅 비우고 또 비우면 문득 새로운 정신세계를 맞이할 수 있다. 새로운 정신세계가 열리면 만물을 감화할 수 있는 능력을 얻게 된다. 이 구절은 심재의 수양법이 가져다 준 효험을 극적으로 표현한 부분이다.

심재는 최고의 인식, 그리고 신령하고 안정된 최상의 정신경지에 오르도록 인도해주는 최상의 수양법이다.

신인神人은 남다른 재능을 가지지 않는다

> 이는 참으로 재능이 없는 나무이다. 그래서 이렇게까지 클 수 있었다. 오호라! 신인(神人)은 이 때문에 재능을 가지지 않는다.
> 此果不材之木也(차과부재지목야)니, 以至於此其大也(이지어차기대야)라. 嗟乎(차호)라! 神人以此不材(신인이차부재)로다.

    보물을 자랑하는 사람은 어리석은 사람이다. 자랑하여 자기의 위상을 높이려 하다가 도리어 보물을 도둑질 당할 수 있다. 그러므로 현묘한 덕을 가진 사람은 자신을 드러내고자 하지 않는다.
    장자는 남백자기南伯子綦를 등장시켜 쓸모없다고 흉한 것이 아니라, 도리어 쓸모없는 것이 더 유익할 수도 있음을 설파했다. 남백자기가 하루는 상구商丘 땅에 유람을 갔다가 큰 나무를 보았는데, 그 모양이 아주 특이했다. 4천 마리의 말을 그 나무에 매어 놓아도 그늘로 그 말들을 다 덮을 수 있을 정도였다. 그래서 남백자기가 말했다. "이게 무슨 나무인가. 이것은 반드시 특이한 재목감이 될 것이다."라고 하면서 머리를 들어 가지들을 바라보았다. 가지들은 모두 주먹을 쥔 것처럼 굽어 있어 기둥으로 쓸 수가 없었다. 머리를 숙여 그 나무의 큰 뿌리를 쳐다보니, 속이 텅 비어있어 관을 만들 수도 없었다. 잎

사귀를 씹어보니 입 속이 화끈거려 상처가 났으며, 냄새를 맡아보니 사람을 취하게 하여 사흘이나 깨어나지 못했다. 그제야 남백자기는 그 나무가 장수하여 크게 자랄 수 있었던 이유를 알았다. "이는 참으로 재능이 없는 나무이다. 그래서 이렇게까지 클 수 있었다. 오호라! 신인神人은 이 때문에 재능을 가지지 않는다."라고 했다. 남백자기가 본 괴상한 모습의 나무는 쓸모가 없어 사람이 아무도 베어가지 않았기 때문에 저처럼 크게 자라날 수 있었다. 만약 그 나무가 미끈하게 자랐다면 목수의 도끼에 잘려나갔을 것이요, 만약 그 잎사귀가 맛있었다면 사람들의 먹이가 되고 말았을 것이다.

어부가 고기를 잡을 때도 맛있는 어종을 먼저 노리고 도적이 물건을 훔칠 때도 금은부터 먼저 챙긴다. 남다른 장점을 가졌다고 해서 좋아할 것이 없다. 평화 시에는 그것으로 이득을 볼 수도 있겠지만, 세상이 혼란해졌을 때는 그것이 도리어 몸을 죽이는 도끼가 될 것이다.

당랑거철螳螂拒轍

> 그대는 사마귀를 알지 못하는가. 어깨에 힘을 주어 수레바퀴와 맞서 대항하여 자기가 이길 수 없다는 사실을 알지 못한다. 이는 자기의 재주가 뛰어나다고 믿기 때문이다.
> 汝不知夫螳螂乎(여부지부당랑호)아. 怒其臂以當車轍(노기비이당거철)하야 不知其不勝任也(부지기불승임야)라. 是其才之美者也(시기재지미자야)라.

'당랑거철螳螂拒轍'이란 말은 누구나 들어 알 것이다. 이는 약한 자가 자기의 재주를 믿고 큰 상대에게 무모하게 대항함을 이르는 말이다. 강력한 자에게는 자신의 실력과 현실의 상황을 잘 헤아린 다음 대응해야 한다.

안합顔闔이 장차 위령공衛靈公의 태자를 가르치는 사부師傅로 가려하였다. 이때 현자인 거백옥蘧伯玉에게 이렇게 물었다. "어떤 사람이 있는데, 그 천성이 살벌합니다. 무도함으로써 그와 사귀면 우리나라가 위태해지고, 바른 도로써 그와 사귀면 저의 몸이 위태해집니다. 그의 지혜는 남의 잘못을 아는 데는 유능하지만, 자기의 잘못에 대해서는 알지 못합니다. 이런 사람은 제가 어떻게 대하면 되겠습니까."라고 했다. 안합이 말한 '어떤 사람'이란 위령공의 태자인 괴외蒯聵로 천성이 난폭하다. 안합이 그의 스승이 되자 그를 어떻게 다뤄야 할지를 거백옥에게 완곡히 물었던 것이다. 태자 사부의 직책을 거절해버리면 더 고민할 게 없으나 안합은 태자를 잘 인도하여 세상을 바로잡아 보려는 마음을 품고 있기에 곧바로 거절할 수도 없었다.

이에 거백옥이 대답하기를, "좋은 질문입니다. 경계하고 삼가여 먼저 그대의 몸을 바르게 하십시오. … 그에게 순종하는 것처럼 하지만 동화되어서는 안 되며, 온화하게 하되 드러나지 않게 해야 합니다. 순종하다가 동화되어버리면 멸함을 당하고 전복되며, 온화함이 지나치게 드러나게 되면 구설수가 생기고 재앙이 생깁니다. 그가 아이처럼 행동하면 그를 따라 아이같이 행동하고, 그가 분별없이 행동하면 그를 따라 분별없이 행동하고, 그가 종잡을 수 없게 행동하면 그를 따라 종잡을 수 없게 행동하십시오, 이것을 통달하면 어딜 가도 허물이 없을 것입니다." 상대에 따라 인도하는 방법이 다르다. 난폭한 자를 교화하자면, 먼저 그의 뜻에 순종하는 척 하면서 환심과 신임을 얻은 다음, 자극적이지 않게 서서히 착한 사람이 되도록 인도해야 한다. 물론 난폭자에게 유연한 태도를 취하다가 도리어 난폭자에게 동화되어버릴 수도 있다. 이렇게 되면 이 사람은 '간신姦臣'이란 오명을 얻는다. 그러므로 포악한 자를 인도하자면 반드시 외유내강外柔內剛한 덕을 지녀야 한다.

포악한 자는 온화함으로 다스려야 한다. 얼음으로써 얼음을 녹일 수는 없다. 포악한 권력자와 정면 대결을 하는 것은 수레바퀴와 대결하려는 사마귀와 다를 바 없다. 그러므로 포악한 자를 상대해야 할 상황이라면 우선은 그를 따라주는 척하여 환심을 산 다음 서서히 교화해나가는 방법을 택해야 한다.

기형의 몸으로도 행복한 지리소支離疏

> 기형(奇形)의 몸을 가진 사람이 오히려 자기의 몸을 더 잘 보양할 수 있고, 또 그 타고난 수명을 다 누릴 수 있다.
> 夫支離其形者(부지리기형자)는 猶足以養其身(유족이양기신)하며 終其天年(종기천년)이니라.

　　매 상황마다 일희일비一喜一悲하는 것은 어리석은 짓이다. 지금은 흉하지만 흉한 것이 오히려 행복을 불러 올 수도 있고 지금은 길하지만 그것이 빌미가 되어 불행을 불러올 수도 있다.

　　장자는 이런 우화寓話를 소개한다. 심한 기형의 몸을 가진 사람이 있었는데, 그 이름은 지리소支離疏이다. 턱이 배꼽 아래에 감추어져 있고 어깨가 머리보다 높으며, 머리끝이 하늘을 향해 치솟아 있고 오관五管이 위쪽에 있으며, 양쪽 다리가 옆구리에 와 있다. 그는 보통 사람들과 너무나 다른 모습을 하고 있다. 이 사람은 바느질로 생계를 충분히 유지했으며, 키질을 하여 곡식을 가르는 일로 열 식구를 족히 먹여 살렸다. 나라에서 군인을 징집해도 지리소는 팔을 흔들며 한가히 노닐었으며, 나라에 큰 부역이 있어도 지리소는 고질병 때문에 끌려가지 않아도 되었다. 도리어 나라에서 병자들에게 배급을 주면, 삼종三鍾의 곡식과 열 다발의 땔감을 받았다.

앞의 우화를 통하여 장자는 단점이 도리어 장점으로 변할 수도 있음을 일깨워주었다. 만약 육신이 멀쩡한 사람이었다면 전쟁에 불려 나가 죽거나, 나라의 부역에 차출되어 고생만 실컷 하다가 죽었을 것이다. 그러나 지리소는 그 모습이 너무나 기형적이기에 자기 집에서 편안히 생업에 종사하고, 또 나라로부터 배급도 받았다. 그러므로 장자는 "기형奇形의 몸을 가진 사람이 오히려 자기의 몸을 더 잘 보양할 수 있고, 또 그 타고난 수명을 다 누릴 수 있다."라는 말로 기형의 몸이 가진 장점을 말하였다.

'새옹지마塞翁之馬'라는 고사성어가 있다. 변방에 사는 노인의 말이 밖으로 도망을 쳐버리자 그 노인은 슬픔에 젖어있었다. 그런데 얼마 후에 도망친 그 말이 한 필의 준마를 데리고 왔기에 너무나 기뻤다. 어느 날 노인의 아들이 그 말을 타다가 땅에 떨어져 절름발이가 되자 노인은 또다시 슬픔에 빠졌다. 그때 마침 전쟁이 발발하여 나라에서 젊은이들을 징집하는데, 노인의 아들은 절름발이가 되었기에 전장으로 나가지 않아 생명을 보존할 수 있었다. 여기서 본다면 단점이 도리어 장점이 될 수도 있다는 사실을 알 수 있을 것이다.

세상 사람들은 지금 당장 드러난 현상을 중시하지만 장자는 그것이 변해간다는 사실에 주의하여 사유했다. 겉은 못나고 또 당장은 불행해 보여도 그것이 계속 그렇게 되는 것은 아니다. 상황에 따라 못난 것이 도리어 귀해지고 불행이 도리어 행복을 주는 씨앗으로 변할 수도 있다.

덕충부

마음을 안정시켜 사람을 모으는 왕태王駘

> 사람들은 흐르는 물에 비춰보지 않고 멈춰있는 물에 비춰본다.
> 오직 멈춰있기에 남도 멈추게 한다. 그래서 사람들이 모여든다.
> 人莫鑑於流水(인막감어유수)요, 而鑑於止水(이감어지수)라. 唯止(유지)라
> 能止(능지)니, 衆止(중지)니라.

  티끌이 모두 사라져 참마음을 가지면 지혜가 나온다. 지혜를 가진 마음은 신비로운 작용을 일으킨다. 그래서 사람들이 모여든다. 마치 자기를 비춰보고자하는 사람들이 거울 앞에 모여드는 것과 같다.
  노魯나라에 형벌로 한쪽 발을 잃은 사람이 있었다. 그의 이름은 왕태王駘이다. 그는 공자만큼이나 많은 추종자를 거느리고 있었다. 이는 그가 큰 교화능력을 가졌음을 의미한다. 그래서 상계常季가 공자에게 그 이유를 물었다. 이에 공자가 말하기를, "그는 생사生死를 큰 일로 여기긴 하지만 그에 따라 동요되지 않으며, 비록 천지가 뒤바뀌어도 또한 그에 따라 동요되지 않는다. 의지할 데가 없어도 사물을 따라 변해가지 않으며, 만물의 변화를 능동적으로 이끌면서 참 자기를 지키는 분이다."라고 했다. 이 말에서 볼 때, 왕태는 이미 자연의 변화를 능동적으로 따르며, 더 나아가서는 그것을 자유롭게 조절할

줄 아는 경지에 간 사람이다.

　이어서 공자가 말하기를, "서로 다르다고 본다면 한 몸의 간과 담도 초楚나라와 월越나라처럼 먼 것이고, 서로 같다는 관점에서 본다면 만물은 모두가 하나이다. 이런 사람은 눈과 귀에 좋아 보이는 것을 찾지 않으며, 마음을 덕의 조화로움에 노닐게 하여 만물이 하나인 것만 볼 뿐, 만물이 서로 어긋난 점을 보지 않는다. 그래서 그는 자기의 다리 하나를 잃어버린 것을 몸에 묻은 흙을 털어 낸 것처럼 대수롭지 않게 여긴다."라고 했다. 그는 자기를 마음대로 조절할 지혜를 가졌을 뿐 아니라, 자기와 만물을 하나로 바라보는 만물일체의 경지에도 도달했다. 그래서 심지어 자기 다리가 하나 잘려나가도 아무 일도 없었던 것으로 여길 수 있었다.

　상계가 나름대로 왕태를 평가하기를, '그는 지혜로써 참 마음을 얻었고, 또 참 마음을 얻음으로써 한결같은 마음을 얻은 것 같다'고 하자, 공자가 이 말에 수긍하면서 대답했다. "사람들은 흐르는 물에 비춰보지 않고 멈춰있는 물에 비춰본다. 오직 멈춰 있기에 남도 멈추게 한다. 그래서 사람들이 모여든다." 공자는 한 쪽 다리가 잘린 왕태에게 사람들이 모여드는 이유는 왕태 자신이 지혜로써 흔들림 없는 마음을 얻었고, 또 만물과 자기를 차별하지 않는 마음을 얻었기에, 그래서 사람들이 그를 믿고 그와 하나가 되려 했기 때문이라 하였다.

　왕태는 마치 「대종사大宗師」에 나오는 기인畸人에 가깝다. "기인은 인간에 견주어 본다면 달라 보이지만, 도[天]에 견주어본다면 닮은 바가 있다. 그래서 '도의 세계에서 소인으로 치는 사람은 인간 세상에서는 군자가 되고, 인간 세상에서 군자로 치는 사람은 도의 세계에서는 소인이 된다'라고 했다." 기인은 세상 사람들의 눈에는 도저히 이해가 되지 않을 정도로 이상한 형태의 삶을 살아가지만 그는 도와 하나가 되었다. 그래서 인위에 찌든 인간세상의 눈으로 보았을 때는 괴상망측해 보이나 도의 입장에서 본다면 도 그 자체이다. 이런 사람이야 말로 진정으로 위대한 사람이다.

지혜를 얻어 자기를 초월하면 피아의 벽이 사라진다. 그렇게 되면 사람은 물론, 천지만물과 하나가 되어 함께 호흡하게 된다.

도의 세계에는 귀천이 없다

> 지금 당신은 나와 몸 안에 있는 마음을 가지고 사귀는데, 당신은 도리어 몸을 가지고 나의 허물을 찾으려하니 지나친 처사가 아니오.
> 今子與我遊於形骸之內(금자여아유어형해지내)나 而子索我於形骸之外(이자색아어형해지외)하니 不亦過乎(불역과호)아.

　사람의 가치는 지위의 고하高下나 외모에 달린 것이 아니라, 오직 깨어있는 삶을 사는가의 여부에 달려있다.

　신도가申徒嘉와 자산子産은 모두 백혼무인伯昏無人의 제자이다. 그런데 신도가는 벼슬도 없고 게다가 형벌로 다리도 하나 잘린 처지에 있었다. 그러나 자산은 정鄭나라의 재상이었으며, 몸도 또한 멀쩡하였다. 두 사람의 처지를 세속적인 안목으로 따져 본다면 천양지차天壤之差가 난다.

　하루는 두 사람이 한 방에 머물게 되었다. 이에 자산이 신도가에게 자신은 재상의 신분인데, 자기에게 길을 비키지 않는다고 핀잔을 주었다. 이에 신도가가 말했다. "스승님의 문하는 오직 공부를 하는 곳입니다. 여기에 본시부터 재상이란 신분이 의미가 있었소. 당신은 당신이 재상이란 신분을 내세우면서 사람을 무시하고 있소. 듣건대, 거울이 맑은 것은 먼지와 때가 묻지 않았기 때문이오. 만약 때가 묻으면 거울이 밝지 않게 되오. 오랫동안 현인賢人과 생활하면, 허물이 적어진다고 했소. 지금 당신이 크게 높이는 분이 바로 우리들의 스승님이시오. 그런데도 이런 말을 하다니, 너무 지나친 것 아니오." 스승 밑에 같이 공부를 하려고 왔으면 공부로만 사귀어야 한다. 그런데 정나라 재상인 자산은 공부하는 곳에서 자신의 신분을 내세워 벼슬 없는 신도가를 괄시하였다. 이에 신도가는 그러한 자산에게 공부하는 곳에 와서 세속의 신분을 내세우는 것은 야비한 짓이라고 나무랐다. 글씨 쓰는 곳에 와서는 글씨에 대해서만 논할 뿐이고, 거문고를 배우는 곳에 왔으면 거문고에 대해서만 논할 뿐이다.

당唐나라 제7대 황제인 숙종肅宗이 당시의 위대한 고승인 혜충국사慧忠國師에게 말을 걸었다. 그러나 혜충국사는 돌아보지도 않고 대답도 하지 않았다. 이에 숙종이 불쾌한 기색을 보이면서 말했다. "짐朕은 당나라의 천자이거늘 어찌하여 국사는 나를 돌아보지 않는 것이오." 이에 혜충국사가 반문했다. "황제께서는 허공을 보았습니까." 황제가 말했다. "보았소." 혜충국사가 말했다. "그러면 허공이 눈을 찡그리고 폐하를 쳐다보던가요." 허공이 황제를 알아볼 턱이 없다. 황제도 이 물음 앞에 할 말을 잊고 말았다. 혜충국사는 이미 도를 깨쳤다. 그래서 마음이 허공이 되어버렸다. 허공은 사람을 알지 못한다. 천자든 뭐든 아무 상관이 없다. 허공처럼 텅 빈 마음은 세상의 그 어떤 것도 의식하지 않고, 또 거기에 걸리지도 않는다. 자산이 재상의 신분을 가졌다고 하여 공부하는 장소에 나와서 위세를 부리는 것은 마치 숙종이 혜충국사에게 황제대접을 받으려하는 꼴과 같다. 본래

도의 세계와 부귀의 세계는 차원이 서로 다르다. 그래서 애당초 겨룰 상대가 되지 않는다.

이번에는 신도가의 몸이 성치 않은 것을 가지고 자산이 무시하는 태도를 보이자 신도가는 이렇게 말했다. "사람들 중에는 자기의 다리가 완전하다고 나의 불완전한 다리를 비웃는 사람들이 많소. 나는 화가 났지만 스승님의 처소에 가게 되면 시원한 마음으로 돌아오게 되오. … 나는 선생님께 공부한 지 19년이 되었지만, 내가 절름발이란 사실을 의식해 본 적이 없소. 지금 당신은 나와 몸이 아니라 속의 마음을 가지고 사귀는데, 당신은 도리어 몸을 가지고 나의 허물을 찾으려하니 지나친 처사가 아니오." 신도가는 몸의 세계를 초월하고, 더 나아가서는 자기 자신을 초월했다. 이런 신도가의 눈에는 몸의 상태를 가지고 사람을 평하는 자산이 가소로워 보였다. 외모나 부귀는 인간의 진정한 가치를 측량하는 기준이 아니다. 오직 도를 얻어야만 참된 가치를 가진 사람이 된다. 이 도 가운데는 미남미녀도 무의미하다.

몽매한 속인들은 신분과 외모로 사람의 격을 따지지만, 신분이나 외모는 사람의 본질이 아니다. 그것들은 결국 다 사라지고 마는 안개이며 물거품이다.

천형天刑을 받으면 똑똑해진다

> 어찌하여 그에게 죽음과 삶이 하나이고, 가(可)함과 불가(不可)함이 하나라고 하는 도리로써 깨우쳐주지 않았는가. 그랬더라면 그는 질곡에서 풀려날 수 있을 것인데.
> 胡不直使彼以死生爲一條(호불직사피이사생위일조)오, 以可不可爲一貫者(이가불가위일관자)아. 解其桎梏(해기질곡)이 其可乎(기가호)인져.

　　장자는 자기의 생각을 펴면서 공자를 자주 등장시킨다. 어떤 곳에서는 긍정적으로, 또 어떤 곳에서는 부정적으로 묘사했다. 여기서는 인위적인 지식을 가득 채운 공자를 부정적인 사람으로 묘사하고 있다.

　　장자의 우화寓話 한 토막을 보자. 형벌로 다리를 잘린 숙산무지叔山無趾가 지혜의 말을 듣고자 공자를 찾아왔는데, 공자는 숙산무지가 범법犯法하여 몸을 상한 것에 대해 핀잔을 주었다. 이에 숙산문지는 노담老聃을 찾아가 공자를 이렇게 비평하였다. "또한 그는 특이하고 뛰어나다는 명성을 얻고자 다니는데, 지극한 사람은 도리어 이것을 질곡桎梏으로 삼는다는 것을 모르고 있는 듯합니다." 이에 노담이 말했다. "어찌하여 그에게 죽음과 삶이 하나이고, 가可함과 불가不

可함이 하나라는 도리로써 깨우쳐주지 않았는가. 그랬더라면 그는 질곡에서 풀려날 수 있을 것인데." 공자는 늘 시비를 가르고 선악을 나누는 분별적 사고방식에 젖어있었다. 노자는 이것을 어리석은 태도로 보았다. 노자는 모든 대립자들은 상대적으로 생겨나는 것이므로 대립하는 양자는 고유한 실체를 가지고 실존하는 것이 아니라고 보았다. 그래서 대립하는 양자를 모두 초월하여 하나로 보는 사고를 추구하였다. 장자는 이것을 더욱 구체화하여 「소요유」에서는 소대지변 小大之辯을 통하여, 그리고 「제물론」에서는 이명以明·조지어천照之於天 등을 통하여 누차 밝힌 바가 있다. 의식이 진화하면 상대적 관점이 만든 허울의 세계에서 훌훌 벗어나 모든 것을 하나로 보는 순간을 맞이할 수 있게 된다.

　세상 사람들은 분별하여 대립적 형세를 만드는 사고에 익숙하다. 이것은 이른 바, '똑똑하다'고 하는 사람일수록 더 심하다. 산중의 노인들은 '네 것'과 '내 것'을 덜 따진다. 그래서 삶의 분위기가 자연스럽고 태평스럽다. 그러나 도심의 엘리트들은 나와 상대를 철저히 가려 서로 경쟁적인 관계를 형성한다. 그래서 그들의 삶은 부자연스럽고 또 위태하다. 숙산무지는 현대의 엘리트들처럼 분별적 사고에 젖어 사는 공자를 두고 '천형天刑을 받아서 그렇게 된 것'이라고 평했다. 현대의 엘리트들은 열악한 여건 속에서 살아남기 위한 고육지책으로 분별적인 사고를 통하여 대립적인 삶의 구조 속에서 살아간다. 이러한 방식의 삶은 비록 몸은 풍요하게 할 수 있을지 몰라도 귀중한 마음의 세계는 손상시키고 만다. 이야말로 소탐대실小貪大失의 우를 범하는 짓이 아니고 무엇이겠는가.

　사람들이 분별의식 속에 사로잡혀 사는 이유는 무엇인가. 그것은 인식의 눈이 상대세계의 수준에 맞추어져 있기 때문이다. 만약 인식의 눈이 획기적인 진화를 성취하여 상대적 관점에서 벗어나 위에서 굽어보는 경지에 올라있으면, 상대세계의 사물들이 모두가 평등해 보인다. 측면에서 보면 고하高下가 대립적으로 보이겠지만 높은 곳에 올라가 아래로 내려다보면 고하의 구분이 깨끗이 사라진다.

무위無爲의 덕으로 사람을 감화시키는 애태타哀駘它

> 화합하되 자기주장을 부르짖지 않으며 앎이 사방 내의 것에서 벗어나지 못하지만, 남녀들이 그 앞에 모여들었습니다.
> 和而不唱(화이불창)하며 知不出乎四域(지불출호사역)이나, 且而雌雄合乎前(차이자웅합호전)이라.

　　최상의 경지에 있는 사람은 특별한 재능이나 덕이 없는 것 같지만 은근히 큰 영향력을 발휘하는 사람이다. 무술에 있어서도 최상의 고수는 별다른 몸짓을 짓지 않으면서 조용히 상대를 제압한다.

　　노魯나라 애공哀公이 공자에게 물었다. "위衛나라에 추하게 생긴 사람이 있는데, 그의 이름은 애태타哀駘它입니다. 남자들이 그와 있으면 그를 사모하여 떠나지 못하고, 여자들이 그를 보면 부모들에게 다른 사람의 처妻가 되느니 차라리 그의 첩妾이 되겠다고 하는 사람이 수십이 넘소. … 그는 사람의 죽음을 구제해줄 임금의 직위도 없고, 사람들의 배를 불려 줄만한 재물도 없소. 거기에다 추해 보이기는 천하를 놀라게 할 정도입니다. 화합하되 자기주장을 부르짖지 않으며 앎이 사방 내의 것에서 벗어나지 못하지만, 남녀들이 그 앞에 모여들었습니다. … 얼마 후 그는 나를 떠나버렸는데, 나는 휑하니 뭔가를

덕충부　137

잃어버린 듯합니다. 이 나라에 함께 즐길 이가 없어진 것처럼 느껴지니 왜입니까." 여기서는 무위無爲의 덕을 가진 사람의 공덕을 말하고 있다. 애태타는 특별한 행위나 특별한 것을 갖지 않았지만 만물이 자연히 감화되는 신비한 힘을 가졌다.

이에 공자가 말했다. "애태타라는 사람은 말하지 않아도 남에게 믿음을 주었고, 공로가 없어도 남과 친합니다. 사람들이 자기 나라를 주면서도 오직 받지 않을까 두려워하게 만들었습니다. 그는 반드시 재질[心德]은 완전하면서도 덕을 겉으로 드러내지 않는 사람일 것입니다." 뛰어난 재질을 가진 사람은 인위적인 계교를 부리지 않지만 모든 일을 이룰 수 있다. 어떤 수단도 쓰지 않아도 사람들이 자연스럽게 모여든다.

앞에서 주고받은 대화에 의하면 사람들을 신비롭게 감화시키는 애태타는 건강하지도 못했고 지식인도 아니었고, 또 자기만의 주장을 내세우지도 않았다. 그렇지만 사람들은 자기도 모르는 사이 애태타에게 감화되어 있었다. 그것은 애태타가 '빛을 감추고 티끌과 하나 됨[和光同塵]'의 삶을 살았기 때문이다. 이에 공자는 그를 완전한 재질을 가지고서도 덕을 밖으로 드러내지 않는 자로 형용했다.

폭력과 협박으로 사람을 움직이는 자는 최하급의 지도자요, 법령과 제도 또는 선물로 사람을 움직이는 자는 중급의 지도자요, 무위의 덕으로 사람을 인도하는 자는 최상의 지도자다. 기교를 부리지 않고 무위의 덕으로 사람을 모여들게 하는 사람이 바로 애태타이다.

대종사

진인眞人과 진지眞知

> 옛날의 진인(眞人)은 잠을 자도 꿈을 꾸지 않고 깨어 있을 때는 근심이 없었다.
>
> 古之眞人(고지진인)은 其寢不夢(기침불몽)하며 其覺無憂(기교무우)라.

사람이 불안에 떨면 고함을 지르거나 생 땀을 흘리며 악몽을 꾼다. 만약에 깨어있을 때 마음이 텅 비워져 아무 근심이 없으면 당연히 아무 꿈도 꾸지 않는다.

장자는 마음을 텅 비워버리고 정신이 투명해진 사람을 '진인眞人'이라 칭한다. 진인은 진지眞知를 얻었기에 자기를 잊어버리고 우주만물과 하나가 되어 자유롭게 소요한다. '자기'라는 생각을 놓아버렸기에 자기만 위하려는 사심私心이 없어지고, 사심이 없기에 마음이 명경지수明鏡止水 상태로 돌아간다. 또한 자기를 잊어버렸기에 자기중심적인 생각이 사라진다. 계교도 부리지 않고 번뇌에 휩싸이지도 않는다. 그렇게 되면, 다시 무슨 고통이 있겠는가. 만약 이와 반대의 태도로 살아가면 삶의 고통이 만 가지로 밀려온다. 자기중심의 생각과 자기만 위하려는 사심이 강하면 강할수록 세상과의 부딪힘이 많고, 또 불만도 많아진다. 이렇게 되면 자연히 고통스런 삶을 살아갈 수밖에 없다.

그렇다면 진인이 되기 위해 얻어야 하는 '진지'란 무엇인가. 진지는 참된 지혜로 무지無知의 상태에 도달해야 얻을 수 있다. 무지한 사람은 인위적인 지식을 가지지 않기에 마음이 텅 비워져 있다. 그래서 사물의 모습을 있는 그대로 비춰보고, 또 거기에 응함으로써 삶을 자연스럽게 영위할 수 있다. 만약 인위적인 지식이 많이, 그리고 의식 속에 깊게 각인이 되어 있으면, 마침내 그것을 근거로 사물을 판단함으로써 갖가지 어리석은 행위를 한다. 세상 사람들은 아는 것이 너무 많아서 참 지혜를 얻지 못한다. 방해전파가 너무 많으면 진짜 들어야 할 소리는 듣지 못하는 법이다.

아무것도 모르는 사람이 더 위대한 사람일 수 있다. 그는 인위적인 지식에 의한 왜곡된 삶을 살지 않고 자연스러운 모습으로 삶을 살아간다. 그런데 아무것도 모르기란 쉽지 않다. 아무 것도 몰라야 참 지혜를 얻을 수 있고, 또 아무 것도 몰라야 인식기능이 순수해져 사물을 바로 볼 수 있다. 마치 아무 색도 칠해지지 않은 도화지가 색을 정확히 드러낼 수 있는 것과 같다. 이미 다른 색이 칠해진 위에다 새로운 색을 칠했을 때는 바른 색을 낼 수 없다.

마음을 말끔히 비워버리고 나면 인위적인 가치에 물들지 않아 사물을 정확히 볼 수 있고, 또한 삶도 자연스럽게 영위할 수 있다. 이렇게 되면 깨어있을 때는 근심이 없고, 잠을 잘 때는 꿈자리가 편해진다.

강호에서 서로를 잊어버리고 노니는 물고기

물이 고갈되면 고기들이 진흙 바닥에 서로 함께 살면서 서로 습기를 뿜어주고, 또 서로 거품으로 적셔준다. 그러나 이것은 강물이나 호수에서 서로를 잊어버리고 사는 것만 못하다.
泉涸(천학)이면 魚相與處於陸(어상여처어륙)하야, 相呴以濕(상구이습)하며 相濡以沫(상유이말)이나, 不如相忘於江湖(불여상망어강호)니라.

    손오공이 아무리 묘한 재주를 다 부려본들 부처님 손바닥 안에서 벗어날 수 없다. 말단의 기교로는 심원한 세계에 도달할 수 없다. 공자는 "군자는 근본에 힘쓴다.[君子務本]"라고 했다. 작은 재주를 부려 임시방편으로 일을 처리하면 우선에는 사람들의 주목을 받을 수 있겠지만, 그러나 문제를 근본적으로 해결한 것은 아니다. 공부나 정치나 기예는 물론, 세상의 그 어떤 일에서든 말단적인 일에 힘을 쓰기보다 근본에 힘을 기울일 때, 지극한 경지에 도달할 수 있다.
    최상의 정치는 선행을 하지 않는 정치이다. 지극한 정치가 펴지면 아무것도 할 것이 없다. 문제를 해결했다는 것은 이미 문제가 발생했음을 의미한다. 이미 발생한 문제를 무마하기 위해 동분서주東奔西走하면서 잘 해결해보려고 하기보다는 처음부터 문제가 생기기 않도록 하여 지도자가 선행을 할 것이 없도록 하는 것이 최상이다. 장자는 말했다. "물이 고갈되면 고기들이 진흙 바닥에 서로 함께 살면서 서로 습기를 뿜어주고, 또 서로 거품으로 적셔 준다. 그러나 이것은 강물이나 호수에서 서로를 잊어버리고 사는 것만 못하다." 서로를 위해 물기를 적셔주는 것은 미덕이긴 하지만, 애당초 물이 충분하여 서로 도와주고 말고 할 것이 없도록 하는 것이 최상의 경지이다. 이것이 근본을 튼튼히 하는 길이다. 습기를 뿜어주고 거품으로 적셔주는 것은 선행이긴 하지만, 아직 말단의 대책에 불과하다. 무슨 일에서나 근본을 튼튼히 하도록 힘써야 한다. 강이나 호수에 살면 고기들이 서로 도와주지 않아도 된다. 강과 호수에 사는 것이야말로 근본에 힘쓰는 길이다. 강과 호수는 완전한 세상이다. 여기에는 이미 모든 것이 갖추어져 있기에 서로 습기나 거품을 제공해주는 따위의 말단적인 선행을 하지 않아도 된다. 완전한 세상은 바로 도의 세계이다. 도의 세계에는 모든 것이 충족되어 더 이상 남을 위하려 할 필요도 없고, 더 나아가서는 너와 나를 의식할 필요도 없다. 세상을 잊어버리고 자유롭게 소요할 뿐이다.

최상의 지도자는 선을 추구하지도 않고 악을 추구하지도 않는다. 장자는 말했다. "성군인 요堯임금을 칭찬하고 폭군인 걸桀임금을 비방하기보다는 차라리 둘 다 잊어버리고 완전한 도에 동화되는 것만 못하다." 걸처럼 백성을 괴롭히는 폭군보다는 백성을 사랑해주는 요와 같은 성군이 더 선하다. 그러나 요임금의 선은 걸임금보다 상대적으로 선한 것이지 절대적인 선은 아니다. 절대적인 선은 요임금과 걸임금의 선악을 초월해 있다. 요임금의 선은 진흙 위에 사는 고기가 서로 습기와 거품으로 적셔주는 것에 해당한다. 그러므로 아직 최선의 정치라고는 할 수 없다. 호수의 물고기가 이웃의 고마움을 잊어버리게 하는 정치야 말로 최선의 정치가 된다. 그러므로 악한 걸임금은 물론 선한 요임금도 뛰어넘어야 한다. 선악을 뛰어넘은 세계가 곧 도의 세계이다. 도의 세계에 도달한 임금이 최선의 임금이다.

이미 도에 도달했으면 거기엔 아름다움도 추함도 없다. 세상 사람들은 추함을 버리고 아름다움을 취하려하지만 그 또한 부질없는 짓이다. 아름다움도 추함도 모두 과감히 내려놓아버려야 한다. 그때서야 비로소 절대의 아름다움이 나타난다.

죽음을 잘 맞이하는 길 1

> 대지(大地)는 몸으로써 나를 존재하게 하고 생활로써 나를 수고롭게 하며, 늙음으로써 나를 편안하게 하고 죽음으로써 나를 휴식하게 한다. 그래서 나의 삶을 잘 영위하는 것이 곧 나의 죽음을 잘 맞이하는 길이 된다.
> 夫大塊(부대괴)는 載我以形(재아이형)하고 勞我以生(노아이생)하며, 佚我以老(일아이노)하고 息我以死(식아이사)라. 故(고)로 善吾生者(선오생자)는 乃所以善吾死也(내소이선오사야)라.

사람이 세상에 태어나 젊어서는 열심히 일하여 삶을 영위하고, 늙어서는 편히 노닐고, 죽어서는 긴 휴식에 들어간다. 그러나 죽음이 누구에게나 휴식이 될 수는 없다. 삶을 잘 영위한 자라야만 죽음을 휴식으로 맞을 수 있다.

그러면 죽음을 편안히 맞이하는 길은 과연 무엇인가. 장자는 '삶을 잘 영위함[善吾生]'에 있다고 답하였다. 장자는 삶을 잘 영위하는 방법을 바른 인식의 획득과 무위무욕無爲無慾의 삶을 성취하는 데서 찾았다. 이 점은 「재유在宥」에 잘 요약되어 있다. "오호라! 마음을 수양하라. 그대가 참으로 무위에 머문다면, 만물이 저절로 화생化生할

대종사 145

것이다. 그대의 몸을 이완시키고 그대의 총명을 토해내면, 물아物我를 모두 잊어 자연의 기운과 크게 하나가 될 것이다. '마음과 정신을 해체하여[解心釋神]' '아득히 혼魂마저 사라지면[莫然無魂]' 무성한 만물이 원래의 상태로 돌아갈 것이다." 삶을 잘 영위하는 길은 우선 인위적인 집착에서 벗어나야 하고, 그 다음 심신을 이완시켜야 하고, 그 다음 그릇된 인식을 제거하여 미혹에서 벗어나야 한다는 것이다. 그렇게 수양을 쌓아 가면 물아양망物我兩忘의 경지에 이르러 천지의 큰 기운과 합일을 이룬다. 이렇게 되면, 개체적 분별심이 사라지고 정신도 텅 비워져 마침내 혼마저도 사라진다. 혼이 사라지면 영원한 해탈을 얻는다.

인식의 오류는 무지의 소산이다. 이는 그릇된 집착을 일으켜 원한과 애증을 낳는다. 이것은 영혼의 해탈을 막는 최고의 적이다. 수양의 최고 경지를 「재유」에서는 이렇게 말하였다. "나는 장차 그대를 떠나 무궁無窮의 문에 들어가 무극無極의 들판에 노닐 것이다. 내가 일월과 빛을 함께 하고 내가 천지와 영원히 함께 하리라. 나와 부딪쳐도 알지 못할 것이요 나와 멀어져도 알지 못할 것이다. 모든 사람들이 다 죽을지라도 나는 홀로 존재할 것이로다." 이러한 경지는 바로 삶을 잘 영위하였을 때 얻어진다. 그릇된 인식을 버리고 걸림 없는 무위의 삶을 영위하여 의식의 속박을 단절할 때 비로소 해탈을 얻을 수 있다.

살아서 해탈을 얻으면 죽어서도 해탈을 얻는다. 그래서 장자는 "나의 삶을 잘 영위하는 것이 곧 나의 죽음을 잘 맞이하는 길이 된다."라고 하였다.

죽음을 잘 맞이하는 길 2

> 대지(大地)는 몸으로써 나를 존재하게 하고, 생활로써 나를 수고롭게 하며, 늙음으로써 나를 편안하게 하고 죽음으로써 나를 휴식하게 한다. 그래서 나의 삶을 잘 영위하는 것이 곧 나의 죽음을 잘 맞이하는 길이 된다.
>
> 夫大塊(부대괴)는 載我以形(재아이형)하고 勞我以生(노아이생)하며, 佚我以老(일아이노)하고 息我以死(식아이사)라. 故(고)로 善吾生者(선오생자)는 乃所以善吾死也(내소이선오사야)라.

삶의 세계도 고단하고 죽음의 세계도 역시 고단하다. 그러나 삶을 잘 영위한다면, 살아서도 행복하고 죽어서도 행복하다.

모든 생명체는 진정한 의미에서 볼 때, 태어남도 없고 죽음도 없다. 태어나고 죽는 그 주인공은 실체가 없는 기운덩어리에 불과하다. 기는 끝없이 이합집산 운동을 함으로써 생사를 연출해낸다. 기운덩어리는 고정된 실체가 없으므로 기운덩어리로 된 나는 진정으로 '나'라고 할 것이 없다. 그러므로 본질적으로 볼 때, 나는 원래 없는 것이다. 원래 내가 없었으므로 죽음의 주체도 없다. 그러므로 생사는 허깨비가 장난삼아 만든 환영에 불과하다. 빨리 기의 근원에 복귀하여 생사의 수렁에서 벗어나야 한다.

생사 문제는 무속巫俗의 핵심적 관심사이다. 여기에 의하면, 살아 있는 정신이 죽으면 귀신이 된다. 귀신은 몸 없는 정신이다. 가장 좋은 것은 몸이 죽으면 정신도 함께 흩어져버리는 것이다. 이렇게 되면 죽어서 귀신이 되는 비극을 맛보지 않아도 된다. 그러나 정신은 육체보다 기의 조직 밀도가 더욱 강하고 또 치밀하다. 그래서 육체는 사후에 쉽게 소멸되어도 정신은 쉽게 소멸되지 않고 남아서 귀신이 된다. 그래서 누구도 귀신의 신세에서 벗어나지 못한다. 특히 삶을 잘못 영위한 사람의 경우에는 사후에 더 많은 문제점을 야기한다. 욕망과 집착에 이끌려 삶을 잘못 경영한 사람들의 경우에는 많은 한을 쌓으면서 살아간다. 한이 많이 쌓이면 기가 더욱 강하게 응집된다. 이러한 귀신을 '원귀寃鬼'라 한다. 원귀는 죽어서도 평안을 얻지 못한다. 평안을 얻지 못하면 한이 더욱 깊어진다. 이렇게 되면 마침내 근원의 세계로 복귀하지 못하고 고통 속에서 구천을 떠돌게 된다.

대개 욕망과 집착은 바른 앎을 얻지 못했기 때문에 생긴다. 바른 앎을 얻으면 욕망과 집착이 생기지 않는다. 따라서 죽어서 원귀가 되는 불행을 막을 수 있다. 더 나아가 원한이 없기에 정신이 자연스럽게 흩어져 근원의 세계로 복귀하게 된다. 장자는 「재유」에서 귀신이 소멸된 경지를 '아득히 혼魂마저 사라짐[莫然無魂]'이라고 표현했다. 사람이 정신을 쓰지 않을 수 없는데, 이때 하나의 사물에 집착하여 걸리지 말아야 한다. 『금강경金剛經』에서는 이것을 '무주상無住相'이라고 한다. 즉 정신을 사용하지만 그것이 지어낸 생각 속에 걸려들지 말라는 말이다. 어차피 우리의 정신은 물론, 그 정신이 만들어낸 '생각'이라고 하는 것도 본래는 없었다. 그러므로 생각에 휘둘려 살면 실상도 없는 허깨비에게 농락당하는 것과 다를 바가 없게 된다. 생각뿐 아니라 감정 등 일체의 심리적 현상은 모두 허깨비가 만들어낸 것이다. 진흙 속에 있어도 진흙에 젖지 않는 연꽃처럼, 현실 속에서는 현실에 응하여 정신을 활용해야 하겠지만 정신활동이 낳은 생각이나 감정 등을 실체화하거나 거기에 집착해서는 안 된다. 이러한 집착이 많이 쌓으면 죽어서 원귀가 된다. 한 번 원귀가 되고 나면, 설령 그가 생전에 만승천자萬乘天子였다고 하더라도 구천을 떠도는 신세를 면할 수 없다.

　욕망과 집착 때문에 잘못 살다가 죽은 원귀들은 어떻게 처리해야 할까. 무당의 역할은 바로 원한 때문에 가야할 곳으로 가지 못하는 귀신들을 위로하여 이승을 떠나게 하는 것이다. 그들은 귀신과의 대화를 통하여 그 귀신이 현재 처한 상태를 진단하고서 그에 맞는 의식을 치러줌으로써 귀신들의 원한을 치유해준다. 생시에 자기 수양을 잘하면 사후에 원귀가 되지 않는다. 수양이 아주 깊으면 누구의 도움이 없어도 근원의 세계로 곧바로 복귀한다. 자기수양을 잘하는 것이야말로 바로 장자가 말하는 삶을 잘 영위하는 길이다.

7단계의 득도법

> 조철(朝徹)에 이른 이후에 능히 견독(見獨)에 이르렀고, 견독에 이른 이후 고금(古今)이 없어졌고, 고금이 없어진 이후에 능히 불생불사(不生不死)에 들 수 있었다.
> 朝徹而後能見獨(조철이후능견독)이요, 見獨而後能無古今(견독이후능무고금)이요, 無古今而後能入於不死不生(무고금이후능입어불사불생)이라.

장자철학의 궁극적 목표는 바로 도를 얻는데 있다. 도를 얻는 데는 구체적인 방법과 과정이 있다. 「대종사大宗師」에서는 이렇게 설명했다.

남백자규南伯子葵가 여우女偶에게 말했다. "선생은 나이가 많은데도 피부가 어린아이 같군요." 여우가 답했다. "나는 도道를 들었다네." 남백자규는 다시 물었다. "그 도를 배울 수 있겠습니까." 이 말을 듣자 여우는 이전에 복량의卜梁倚에게 도를 가르쳤던 과정을 말해주었다. "내가 방법을 일러주고 그것을 지키게 했더니, 그는 3일 만에 천하를 잊었다. 이미 천하를 잊었기에 내가 또 그것을 지키게 했더니, 7일 만에 만물을 잊었다. 이미 만물을 잊었기에 또 내가 그것을 지키게 했더니, 9일 만에 삶을 잊었다. 이미 삶을 잊은 이후에 조철朝

徹에 이르렀고, 조철에 이른 이후에 능히 견독見獨에 이르렀고, 견독에 이른 이후 고금古今이 없어졌고, 고금이 없어진 이후에 능히 불생불사不生不死에 들 수 있었다." 여기서는 도를 얻는 방법에 대해서는 구체적으로 설명하지 않았다. 다만 '잊음[忘]'을 통하여 궁극의 세계에 도달한다고 하는 데서 본다면, 좌망坐忘을 수행의 핵심 방법으로 삼고 있다는 사실을 알 수 있겠다. 득도의 과정에 대해서는 총 7단계로 나누어서 설명했다. 그 내용을 도식화해본다면, '천하를 잊음[外天下]'→ '만물을 잊음[外物]'→ '삶을 잊음[外生]'→ '심경이 청명함[朝撤]'→ '절대세계를 봄[見獨]'→ '고금이 없어짐[無古今]'→ '불생불사에 들어감[入於不死不生]'으로 정리해 볼 수 있다. 진고응陳鼓應의 『장자금주금석』에서는 '조철'은 '망념이 사라져 심경이 청명해진 상태', '견독'은 '도를 깨달은 상태', '고금이 없어짐'과 '불생불사에 들어감'은 '도를 얻은 이후에 도래한 자유로운 정신경지를 형용한 말'로 풀이를 했다.

장자가 제시한 대표적인 득도법은 좌망坐忘이나 심재心齋 등을 들 수 있다. 물론 이러한 득도법의 뿌리는 노자에게서 찾을 수 있다. 『노자』, 제48장에 "도를 구하려면 나날이 덜어내어야 한다. 덜어내고 또 덜어내어 무위無爲에 이르러야 한다.[爲道日損 損之又損 以至於無爲 無爲而無不爲]"라고 하는 말이 있다. 정신의 최고 경지는 정신 속에 잠재해 있는 생각의 찌꺼기들을 덜어내고 또 덜어낼 때 얻어진다. 덜어낸다는 것은 모든 잡된 지식을 버리고 고하高下·장단長短·피아彼我 등 일체의 상대적 관점을 제거하며, 또 시간과 공간에 대한 구별의식을 넘어서는 것을 의미한다. 노자는 이렇게 수양하는 것을 제10장에서 "현묘한 거울을 씻음에 흠이 없는가.[滌除玄鑑 能無疵乎]"라는 말로 표현했다. 노자와 장자는 거울에 먼지를 완벽히 제거하는 것처럼 정신 속에 그 어떤 것도 남겨두지 않으면, 인간의 정신능력은 최고조에 도달하고 더 나아가서는 자기를 해체시키며, 마침내는 모든 것을 넘어서는 자유를 얻어 도에 이르게 된다고 했다.

장자철학에서의 도는 '존재의 근원', '최고의 인식', '최고의 정신경지'를 뜻하기도 한다. 장자철학에서의 득도의 경지는 바로 본래의 인식기능을 완벽히 회복하는 데서부터 시작된다. 그것은 궁극적으로 무한의 정신적 자유를 획득하여 우주시공을 초월하도록 해준다.

생사는 하나이다 1

> 누가 없음[無]을 머리로 삼고 태어남[生]을 척추로 삼고 죽음[死]을 엉덩이로 삼겠는가. 누구든 생사존망(生死存亡)이 한 가지임을 알고 있는 자가 있다면, 나는 그와 친구가 될 것이다. 孰能以無爲首(숙능이무위수)하며, 以生爲脊(이생위척)하며, 以死爲尻(이사위고)리오. 孰知死生存亡之一體者(숙지사생존망지일체자)리오. 吾與之友矣(오여지우의)리라.

　　장자는 생사존망生死存亡을 하나로 보았다. 생사존망의 현상은 마치 샘물이 시내와 강을 거쳐 바다에 이르는 것처럼 피치 못할 운명적 현상이다. 그러나 잘 생각해보면 이 물이나 저 물이나 물은 똑같은 물 아닌가. 그러므로 생사존망 역시 한 가지라고 말할 수 있는 것 아니겠는가. 이를 안다면 어찌 생사존망에 차별을 두며, 그에 따른 희비喜悲의 감정을 일으키겠는가.
　　자사子祀·자여子輿·자려子犁·자래子來가 이야기를 나누면서 "누가 없음[無]을 머리로 삼고 태어남[生]을 척추로 삼고 죽음[死]을 엉덩이로 삼겠는가. 누구든 생사존망이 한 가지임을 알고 있는 자가 있다면, 나는 그와 친구가 될 것이다."라고 했다. 그러자 모두가 그런 사람임을 자부하면서 서로 친구가 되었다.

그 후 갑자기 자여가 괴질을 얻었기에 자사가 문병을 갔다. 자여는 우물에 자기를 비춰보면서 "아! 저 조물자造物者는 나를 일부러 곱사등이로 만들려 하는구나."라고 중얼거렸다. 물론 여기서의 조물자는 자연의 조화를 의인화한 말일 뿐 특정의 인격신을 말하는 것은 아니다. 이에 자사는 자여가 중얼거리는 소리를 듣고 물었다. "그대도 그대의 그런 모습이 싫은가." 그러자 자여는 "그렇지 않다."라고 하면서 이렇게 말했다. "나의 왼팔이 변하여 닭이 되게 한다면 새벽을 알리는 닭이 될 것이고, 오른팔이 변하여 활이 되게 한다면 올빼미를 쏘아 올빼미 구이를 만들 것이고, 엉덩이가 변하여 수레바퀴가 되게 함과 동시에 나의 마음을 말이 되게 한다면, 나는 그 마차를 탈 것이다. … 대저 인간이 삶을 얻고 있는 것은 무한한 시간의 흐름 중 한 때이며, 그 삶을 잃는 것은 시간의 흐름을 따르는 것이다. 따라서 시간의 흐름에 마음을 맡기면 삶을 즐거워하고 죽음을 슬퍼하는 따위의 감정에 빠져들 염려가 없다. 이야말로 옛사람이 말하는 '묶임에서 풀려남[縣解]'의 경지일세." 자여는 자기가 괴질에 걸려 죽음을 앞두고 있지만, 자연의 흐름에 모든 것을 내 맡김으로써 희노애락의 감정에서 해방되었다고 했다. 예로부터 이것을 '묶임에서 벗어남'이라 했다. 이미 자여는 자연의 변화를 따름으로써 생사를 초월하는 의식상태에 도달하였다.

자연의 흐름과 일체가 되면 인위적 발버둥과 욕망에 의한 애착이 없어져 마음이 편해짐을 장자는 자여의 입을 빌려 전하였다.

생사는 하나이다 2

> 누가 없음[無]을 머리로 삼고, 태어남[生]을 척추로 삼고, 죽음[死]을 엉덩이로 삼겠는가. 누구든 생사존망(生死存亡)이 한 가지임을 알고 있는 자가 있다면, 나는 그와 친구가 될 것이다.
> 孰能以無爲首(숙능이무위수)하며, 以生爲脊(이생위척)하며, 以死爲尻(이사위고)리오. 孰知死生存亡之一體者(숙지사생존망지일체자)리오. 吾與之友矣(오여지우의)리라.

장자는 인간을 비롯한 만물은 모두 음양陰陽의 기氣가 자연스레 이합집산離合集散 함으로써 생멸한다고 말한다. 그리고 이것을 깨달을 때 생사를 초월할 수 있다고 한다.

장자는 한 토막의 우화寓話로써 자신의 생사관生死觀을 설파했다. 자사子祀·자여子輿·자려子犁·자래子來 네 사람은 '없음'과 '태어남'과 '죽음'이 모두 하나임을 동의하면서 친구가 되기로 결의했다. 얼마 후 자여가 괴질怪疾에 걸려버렸다. 이에 자여는 시간의 흐름에 따라 필연적으로 생사가 있는 것임을 수용함으로서 평온을 유지할 수 있었다.

자여 다음으로 이번에는 자래가 병이 들어 죽음을 앞두고 있었다. 이에 자려가 위문을 와서 자래의 가족들에게 "어허, 저리 비키시오. 변화를 두려워 마시오."라고 하면서, 문에 기대어 자래에게 말했다. "위대하다, 조화여! 이번엔 장차 그대를 무엇으로 만들려는 걸까. 그대를 쥐의 간으로 만들려는 걸까, 벌레의 팔로 만들려는 걸까."라고 말했다. 여기서는 기氣의 순환에 따라 생명의 모습이 변화를 맞게 된다는 사실을 말하고 있다. 이 말을 듣고 자래가 말했다. "음양陰陽의 조화가 사람에게 미치는 영향은 부모의 명 보다 더 강력하다네. 음양의 기가 나에게 죽음을 요구하는데 내가 따르지 않는다면, 내가 반역자가 될 것이지만 음양의 기에게야 무슨 허물이 있겠는가." 자래는 생사를 기의 이합집산에 의해 나타나는 자연적인 현상으로 보았다. 이 때문에 자래는 죽음 앞에서 초연할 수 있었다.

자래는 이어서 말했다. "지금 쇠를 녹여 물건을 만드는 장인이 있는데, 쇠가 갑자기 '나는 막야검鏌鋣劍이라는 칼이 될 테야'라고 한다면, 그 장인은 그 쇠를 상서롭지 못하다고 여길 것이네. 지금 내가 한 번 사람으로 태어났다하여 '사람으로만 남을 테야'라고 외친다면, 조물주는 반드시 나를 상서롭지 못한 사람이라 생각하리라. 천지를 큰 용광로로 여기고 조물주를 쇠를 다루는 장인으로 여긴다면, 내가 그 무엇이 된들 어떠하랴. 생사는 깜박 잠들었다가 문득 깨어남과 같은 것일 뿐이네." 만물은 기의 응집에 의해 생겨난다. 기를 응집하는 힘이 모두 풀리면 다시 원기元氣로 되돌아가 또 다른 생명으로 태어난다. 장자는 순환적 생명관을 가지고 있다. 마치 불가에서 전생·현생·후생으로 윤회한다는 이론과 흡사하다. 다만 장자는 현생에서의 윤회만 인정했다. 그것은 현세의 자연세계를 삶의 궁극처窮極處로 보는 노장철학의 특성 때문이다.

장자는 음양의 기가 이합집산함에 따라 존재의 생멸현상이 나타난다고 했다. 무형의 기와 유형의 물질은 본질상 동일한 것이다. 바다와 파도가 본래 하나이듯이 생사의 본질 역시 하나이다. 아인슈타인은 '에너지와 질량은 등가等價'라고 하는 법칙을 제시하였다. '등가'란 '모양은 서로 다르지만 본질은 똑같음'을 의미하는 말이다. 장자는 기와 물질은 성질상 동일한 것으로 서로 호환互換된다고 보는 물질관을 가지고 있다. 생사의 문제 역시 이 원리에서 벗어나지 않는다고 보았다.

생사를 잊고 무극無極에서 소요하다

> 누가 능히 관여하지 않는 가운데 서로 관여하며, 돕지 않는 가운데 서로 돕겠는가. 누가 능히 하늘에 올라 안개 속에 노닐며 무극(無極)에서 소요하겠는가. 그리하여 살아 있음을 잊어버려 끝이 없는 존재가 되겠는가.
> 孰能相與於無相與(숙능상여어무상여)하며 相爲於無相爲(상위어무상위)아. 孰能登天遊霧(숙능등천유무)하며 撓挑無極(요도무극)하야, 相忘以生(상망이생)하야 無所終窮(무소종궁)이리오.

미혹한 사람은 생사生死를 둘로 보고, 지극한 사람은 생사를 하나로 본다. 눈앞의 작은 변화로 볼 때는 생과 사는 '있음'과 '없음'의 두 모습으로 분명히 나누어져 있지만, 큰 눈으로 바라본다면 생사는 원래 하나이다.

자상호子桑戶·맹자반孟子反·자금장子琴張 세 사람이 서로 친구가 되었다. 누군가 말하기를, "누가 능히 관여하지 않는 가운데 서로 관여하며, 돕지 않는 가운데 서로 돕겠는가. 누가 능히 하늘에 올라 안개 속에 노닐며 무극無極에서 소요하겠는가. 그리하여 살아있음을 잊어버려 끝이 없는 존재가 되겠는가."라고 하면서, 서로 바라보고서 흐

못한 미소를 지었다. 장자가 말한 이 이야기 속에는 두 가지의 메시지가 들어있다. 하나는 노자의 '하는 것 없이 함[無爲而爲]'의 사상이다. 존재의 생멸 등등 모든 운동은 의지나 목적을 가지고 의식적으로 이루어지는 것이 아니다. 서로 영향을 주고받으면서 자연스럽게 변화를 구사해갈 뿐이다. 그러므로 지혜로운 사람은 자연스러운 변화를 탈 뿐, 인위적인 계교에 의지하지 않는다. 또 하나의 메시지는 무극無極의 세계에 소요하는 것이다. 무극의 세계는 시간으로나 공간으로나 그 끝을 알 수 없다. 이 무극의 세계는 별다른 곳에 특별히 존재하는 것이 아니라, 미혹과 속박을 모두 끊어버리고 나면 지금 서 있는 이 자리에서 바로 만날 수 있다. 이 순간에는 생과 사가 다 무의미해진다.

　의식이 깨어있는 자는 생사의 본질을 안다. 생사는 본래 기의 변화가 일으키는 물리화학적인 현상일 뿐이다. 생은 참된 것이 아니며 죽음도 참된 것이 아니다. 마치 구름이 뭉쳤다가 흩어짐과 같다. 구름이 뭉쳐져 있는 그 상태를 참된 세계라 할 수 없고 구름이 흩어져 있는 모습을 역시 참된 실체라 할 수 없다. 참됨이 없는 생사를 참된 것처럼 여기는 것은 미혹한 의식이 만든 착각이며 생사를 참된 것으로 여기는 것은 어리석음이 조작해낸 망상이다. 이것은 기의 변화에 의해 나타나는 일시적인 현상일 뿐임을 자상호의 친구들은 잘 알고 있다. 만약 의식이 미혹에서 깨어나 버린다면 무극의 세계에서 영원히 소요할 수 있다.

고요한 천일天一에 들다

> 변화에 편안히 맡겨 조화를 따라 가면 곧 고요한 천일(天一)의 세계에 도달한다.
> 安排而去化(안배이거화)면, 乃入於廖天一(내입어료천일)이니라.

　　삶과 죽음은 기氣의 변화운동 속에서 나타나는 일시적인 현상이다. 그래서 엄밀히 말한다면 생사란 본래 없는 것이다. 그래서 지극한 사람은 삶을 기뻐하지도 않고 죽음을 싫어하지도 않는다. 오직 자연의 흐름에 자신을 내맡길 뿐이다.
　　장자는 공자와 안회顔回를 등장시켜 자신의 생사관을 피력했다. 안회가 공자에게 물었다. "맹손재孟孫才가 그 어머니가 죽거늘 곡을 하지만 눈물이 없었고, 마음속으로 슬퍼하지도 않았으며, 초상을 치름에 애통해함도 없었습니다. 이 세 가지가 결여되었음에도 초상을 잘 치렀다는 소문이 노魯나라에 자자합니다. 진실로 그 실상이 없음에도 그 명성을 얻을 수 있는 것입니까. 저는 참으로 괴이하다는 생각이 듭니다." 맹손재는 자기 어머니가 죽자 겉으로는 당시의 예법대로 상례를 치렀지만, 속으로는 슬퍼하는 마음이 전혀 없었다. 그런데도 사람들이 모두 맹손재에게 상례를 잘 치렀다고 칭찬하였다. 공자의 문하에서 가장 모범적인 학생으로 꼽히는 안회로서는 이렇게 된 이유를 도저히 알 수가 없었다.

이에 공자가 말했다. "맹손재는 '태어남'이라는 개념도 알지 못하고 '죽음'이라는 개념도 알지 못하며, 태어남과 죽음 중 무엇이 먼저이고 무엇이 뒤인 줄도 알지 못한다. 다만 변화를 따라 사물이 되었다가 미지의 힘이 자기를 변화시키는 대로 따라갈 뿐이다." 맹손재는 천지간의 만물이 불변의 존재가 아니므로 상황에 따라 계속 모습을 변화시켜 가는 걸로 보았다. 맹손재는 사물의 본질을 기로 보았다. 기가 뭉쳐지면 생이 되고 기가 흩어지면 사가 된다. 외형상으로는 기가 뭉쳐지고 흩어짐의 차이가 있지만, 그러나 그 본질인 기는 그대로이다. 기의 속성은 변하지 않는다. 이렇게 본다면, 진정한 의미에서의 생사는 없다. 생사가 없다고 보는 맹손재이기에 당연히 어머니가 죽어도 슬퍼하지 않았던 것이다.

맹손재에게는 남다른 위대성을 하나 발견할 수 있다. 그는 생사가 덧없기에 죽음을 보내는 예법이 부질없는 짓인 줄 알지만, 그냥 세상이 중시하는 예법을 따라 주었다. 또한 그는 자신이 득도得道를 했다고 해서 세상의 예법을 무시하지 않았다. 이러한 태도를 노자는 '화광동진和光同塵'이라는 말로 표현했다. '화광동진'이란 '자신의 광채를 어둡게 만들고 티끌과 함께 하는 것'을 말한다. 이는 이미 도의 세계에 깊숙이 들어온 사람만이 보일 수 있는 여유 있는 모습이다. 본래 큰 도를 얻은 사람은 괴이한 행동으로 자기를 나타내지 않고 남들이 하는 대로 따라한다. 그러나 세상이 만든 법을 절대적인 것으로는 여기지 않기에 거기에 속박은 당하지는 않는다. 세상을 무시하지도 않지만 세상에 걸리지도 않는다. 이렇게 하는 사람이야말로 세상이 만든 규범을 맹목적으로 따르는 도덕군자들이나, 도를 조금 얻었다고 하여 세상의 법을 거역하는 설익은 도인들보다 몇 길이나 높은 경지에 오른 대도인大道人이다. 알고도 속아주는 척하는 것이 바로 대도를 통한 사람의 태도이다.

원시종교에서는 물론, 유교·불교·기독교 등의 고등종교에서도 모두 생사의 문제를 중요하게 다룬다. 장자 또한 생사의 문제를 가볍게 여길 수 없었다. 그래서 생사의 문제에 대해 여러 차례 언급한 바 있다. 장자는 생사의 문제를 자연학적인 개념인 기를 토대로 하여 설명했다. 그는 생사는 원래 없는 것이고 다만 기의 변화만 있을 뿐이란 말로 생사문제를 정리했다. 생사의 이치를 분명히 안다면 생사 그 자체 및 생사 간에 일어나는 모든 일에 집착이 사라져 자연한 흐름에 자신을 내맡길 수 있다. 이렇게 되면 마침내 영혼이 자유로워져 근원의 세계인 천일天一에 도달할 수 있다. 천일에 도달하려면 일체의 집착을 없애고, 그래서 일체의 원한이 소멸되어 그 영혼을 허정虛靜하게 가꾸었을 때 비로소 가능해진다.

인의仁義를 들으면 묵형墨刑을 받는다 1

> 요(堯)임금이 이미 그대에게 인의(仁義)로써 얼굴에 먹으로 문신을 새기는 형벌을 내렸고, 그대에게 시비(是非)로써 코를 베어내는 형벌을 내렸다. 그대는 장차 어떻게 소요하면서[遙蕩] 마음대로[恣睢] 변화[轉徙]하는 경지에서 노닐 수 있겠는가.
> 夫堯(부요) 旣已黥汝以仁義(기이경여이인의)하고 而劓汝以是非矣(이의여이시비의)라. 汝(여)는 將何以遊夫遙蕩恣睢轉徙之塗乎(장하이유부요탕자휴전사지도호)아.

장자는 인류가 가치 있게 여기는 일체의 인위적 문화를 위험하기가 뜨거운 물과 같으므로 조심스럽게 대하라고 경고했다.

『노자』 제18장에 "대도大道가 사라지니 인의仁義가 나왔고, 지혜가 출현함에 큰 거짓이 생겼다.[大道廢 有仁義 知慧出 有大僞]"라고 하는 말이 있다. 원래의 자연하고 질박한 본성이 손상된 결과로 나타난 것이 바로 '인의'라는 덕목이다. 이러한 입장에서 본다면 인의는 결코 최상의 덕목이 될 수 없다. 물이 가득 찬 호수에서 물의 고마움을 잊어버리고 무심히 살아가는 물고기가 가장 행복한 물고기이다. 물이 고갈된 진흙땅 위에서 이웃 물고기끼리 서로 습기를 뿜어주면서 연명을 해가는 물고기는 불행한 물고기이다. 호수 속의 물고기는 도道 속에서 서로를 잊고 사는 물고기이고, 이웃 물고기끼리 서로 돕는 마음으로 습기를 뿜어내어 겨우 공생을 유지하는 물고기는 도에서 이탈하여 인의를 따르는 물고기이다. 도야말로 우리에게 진정한 충족과 평안을 준다.

　노자와 장자는 인류에게 도를 따르며 살라고 외쳤다. 그러면서 그들은 인간들이 중시하는 덕목을 모조리 부정해버렸다. 그럼 도대체 무얼 믿고 그랬을까. 노장철학에서 제시한 우주관과 인간관은 모두 기론氣論에 입각해 있다. 그들의 이러한 생각은 오늘날의 과학에서 내놓은 주장과 유사한 바가 있다. 현대과학에서는 빅뱅설을 통하여 우주의 시원을 설명했고, 진화론을 통하여 인간의 시원을 말했다. 『장자』에서 빅뱅설에 해당하는 내용은 「지락」편의 '망홀芒芴'로 시작하는 글에서 볼 수 있다. 이러한 내용은 『노자』, 제42장에 '도생일道生一'로 시작하는 글에서도 볼 수 있다. 진화론에 해당하는 내용은 「지락」편에 나오는 열자列子와 해골 간의 대화에서 볼 수 있다. 현대과학과 노장철학에서는 공히 생명현상이 특정의 법칙이나 누구의 의지에 의해 이루어진다고 보지 않으며, 또한 생명의 근원적 속성을 물질로 단정하고 있다.

　노장철학에서는 도·우주·만물이 정해진 법칙에 의해 움직이는 것이 아니라고 본다. 이점은 『노자』, 제25장에서는 '도는 자연을 본받는다[道法自然]'라고 한 말에서 알 수 있다. 이는 무위자연이 세계를 운영하는 원리임을 천명한 말이다. 일월성신과 기타 만물들은 본래 없었다가 기가 결합함으로써 탄생되었는데, 이때 여러 조건들에 의해 조직의 패턴과 운동의 법칙이 후천적으로 만들어진다. 그런데 만물이 가진 조직의 패턴이나 운동의 법칙은 누가 인위적으로 만들거나 조절하는 것이 아니라 상항에 따라 만물 자신이 자발적으로 설정·변화시켜 나간다. 만약 태양 속의 수소가 모두 고갈되면 태양은 결국 사라지고 만다. 태양이 사라지고 나면 연쇄반응을 일으켜 태양계의 여러 별들은 운동회로를 새롭게 조정하거나 아니면 태양과 함께 몽땅 소멸되어버릴 수도 있다. 그리고 태양계 밖의 세계에도 영향을 주어 그쪽의 환경도 바뀌게 한다. 이처럼 하나의 사건이 주위의 여러 상황과 연계되어 전개되는 현상을 불교에서는 '연기緣起'라고 한다. 조직의 패턴이나 운동의 규칙은 영원불변하는 것이 아니라 상황에 따라 자율성과 자연성에 의지하여 변화한다. 인체도 마찬가지다. 인체의 구조도 상황에 따라 진화와 퇴화를 거듭한다. 인간의 윤리도 마찬가지다. 절대적인 윤리적 법칙은 없다. 다만 필요에 따라 상황에 따라 인간이 만들고 조절해갈 뿐이다. 절대불변의 법칙은 세상에 존재하지 않는다. 우주자체도 본래부터 존재했던 것이 아닌데, 하물며 거기에 무슨 영원불변의 절대적 법칙이 존재했겠는가. 본래는 혼돈의 상태가 있었을 뿐이다. 「지락」에서는 이것을 '망홀芒芴 속에 뒤섞여 있음[雜乎芒芴之間]'이라고 표현했다.

　　노자와 장자는 우주만물이 특정의 법칙이나 누구의 의지에 의해 존재하는 것이 아님을 직관하였다. 노장은 생명의 본질을 기로 보았다. 그리고 기는 자연함에 의거하여 생명활동을 영위한다고 보았다. 그러므로 인간은 인의 등의 특정한 덕목이 아니라, 무위자연의 자연법을 따라야 한다고 주장을 하는 것이다. 자연함을 운동의 법칙으로 보는 노장의 기론적 세계관에서 보면, 생명체의 삶에는 특정의 목적이나 의지가 개입될 여지가 전혀 없다. 노자는 "천지는 어질지 않아 만물을 풀 강아지처럼 여긴다.[天地不仁 以萬物 爲芻狗]"라고 했다. 여기서의 천지는 도를 말한다. 천지[道]는 만물을 사랑하여 낳은 적이 없다. 만물이 스스로 태어나 스스로 살아갈 뿐이다. 천지는 만물에게 무관심하다. 마치 사람이 제사를 지낼 때 위패 대신으로 사용했다가 제사가 끝나면 가차 없이 불에 태워버리는 '풀로 만든 인형[芻狗]'쯤으로 여긴다. 천지는 만물에 대해 무관심하기에 그들에게 특별한 의지나 이념을 부여하지 않았다. 천지도 무위자연이고 인간도 무위자연이다. 인의는 결코 자연스러운 본성이 아니다.

그러면 현실적으로 인간에게서 볼 수 있는 그 선한 의지는 어디서 온 것인가. 이를테면 불쌍한 사람을 보면 자비심을 일으키고 악인을 보면 의분을 일으키는 등의 현상은 어디서 나온 것인가. 장자는 당연히 자비심이나 의분 등을 인간의 본성으로 보지 않는다. 장자가 말하는 본성은 '생명체가 생명활동을 영속시키고자하는 본능'이라고 해석할 수 있다. 현대과학에서는 인간이 가진 자비심이나 의분 등의 도덕성은 인간의 원초적인 본성이 아님을 체계적으로 설명한다.

현대과학에서는 인간의 도덕성을 진화의 산물로 본다. 즉 생명체가 원시적인 상태였을 때부터 자신의 생존을 도모하기 위한 전략 중 하나로 이타적인 행동양식을 선택하였는데, 이것이 유전자를 통하여 지금의 인류에게 전해져 도덕성이 되었다고 한다. 현대과학에서는 도덕성뿐 아니라, 초월감이나 안락감 등의 특별한 감정들도 역시 진화의 산물로 본다. 이렇게 본다면 인간이 가진 도덕성이나 초월감 등은 모두 몸이 빚어낸 자연현상일 뿐이다.

과학의 입장에서 본다면 인간이 기필코 지켜야할 절대불변의 윤리적 법칙은 세상에 존재하지 않는다. 영국의 생물학자인 리처드 도

킨스는 『만들어진 신』에서는 창조신의 존재를 철저히 부정했다. 이것은 윤리의 배후자를 부정하는 의미를 가진다. 절대적 권위를 가진 특정의 배후자가 있다면 당연히 거기에 근거한 윤리는 절대적인 권위를 가진다. 그러나 현대과학과 노장철학에서는 이러한 견해를 배척한다. 장자는 인간들 스스로가 자신들에게 특정의 본성 또는 윤리적인 법칙이 존재한다고 믿고, 또 그것을 따라야 한다고 하는 인문적 행위를 아주 위험스럽게 여겼다. 그래서 그는 이러한 행위를 '얼굴에 문신을 새기고 코를 베어내는 형벌[黥劓]'로 표현했던 것이다.

인의仁義를 들으면 묵형墨刑을 받든다 2

> 요(堯)임금이 이미 그대에게 인의(仁義)로써 얼굴에 먹으로 문신을 새기는 형벌을 내렸고, 그대에게 시비(是非)로써 코를 베어내는 형벌을 내렸다. 그대는 장차 어떻게 소요하면서[遙蕩] 마음대로[恣睢] 변화[轉徙]하는 경지에서 노닐 수 있겠는가.
> 夫堯(부요) 旣已黥汝以仁義(기이경여이인의)하고 而劓汝以是非矣(이의여이시비의)라. 汝(여)는 將何以遊夫遙蕩恣睢轉徙之塗乎(여장하이유부요탕자휴전사지도호)아.

태초에는 천지도 없었고 인간도 없었다. 그러므로 인간이 강조하는 인의仁義 등의 덕목들은 참답지 못하다. 그러나 세상은 이미 타락하였기에 인의를 빌리지 않을 수도 없다. 만약 인의의 덕목이 가진 한계점을 알고서 인의를 쓰면, 인의를 통해서도 유익함을 얻을 수 있다.

장자의 이야기 한 토막을 들어보자. 요堯임금을 만나고 온 의이자意而子가 허유許由를 방문하였다. 허유가 의이자에게 말했다. "요임금이 그대에게 무엇을 가르쳐 주던가." 의이자가 답했다. "요임금이 저에게 '너는 반드시 인의仁義를 몸소 실천하고 시비是非를 밝게 말하라'고 했습니다." 이에 허유가 말했다. "그렇다면 그대는 여기엔 무엇 하러 왔는가. 요임금이 이미 그대에게 인의仁義로써 얼굴에 먹으로 문신을 새기는 형벌을 내렸고, 그대에게 시비是非로써 코를 베어내는 형벌을 내렸다. 그대는 장차 어떻게 소요하면서[逍遙] 마음대로[恣睢] 변화[轉徙]하는 경지에서 노닐 수 있겠는가." 양자 간에 주고받은 대화 속에는 심대한 뜻이 녹아 있다.

요임금은 세상에서 성인聖人으로 추앙하는 사람이고, 허유는 장자의 생각을 대변하는 은자이다. 요임금은 의이자에게 인의를 투철히 실천하고 시비를 밝게 가리는 사람이 되라고 가르쳤다. 세상의 안목으로 본다면 이런 말을 듣는 것은 참으로 가치 있는 일이 아닌가. 그러나 허유는 요임금의 가르침을 들은 의이자에게 무서운 형벌을 받았다고 단정해버렸다. 참으로 놀라운 상황이 벌어졌다. 허유의 말 속에는 인간세상의 문명을 모조리 파괴해버릴 만큼의 무서운 폭발력이 담겨 있다.

아득한 태초에는 인간도, 인간이 만든 문명도, 우주도 없었다. 모든 것의 본 모습은 어떤 것도 없는 무無이다. 무의 세계를 두고 무슨 왈가왈부曰可曰否를 할 것인가. 우주의 본질은 인의나 시비가 아니다. 우주는 어떠한 이념도 사상도 가지지 않았다. 우주는 허공에 구름이 흐르듯 무위자연으로 움직인다. 그러한 우주를 인간이 재단하여 특정의 행동양식을 만들어 내고자 한다면, 그것은 어리석고 무모한 짓이다. 작은 꾀를 가진 인간이 어떻게 저 큰 우주를 헤아리겠다는 것인가. 그러나 여기서 깊이 생각해볼 점이 있다. 인간은 물거품 같은 존재이지만, 불행히도 욕심과 지능을 소유한 상태에서 이미 이 세상에 현존하고 있다. 그들은 가지지 말아야 할 것을 가져버렸다. 이로부터 세상에는 끝없는 혼란과 불행이 밀려오기 시작했다. 인간들이 가진 욕심과 지능은 자신들의 이기심을 충족시키는 도구로 전락해버렸다. 인간들은 그것을 사용하여 타 생명체는 물론 동족들까지도 주저 없이 헤친다. 이러한 점에서 본다면, 결코 인간들의 삶을 원초적인 자연성에만 내맡길 수 없다는 결론에 도달한다. 인간이 지식과 욕심을 버리고 무위자연의 삶을 산다면, 인간 세상에는 아무 혼란도 일어나지 않을 것이다. 그러나 인간은 이미 욕심과 지능을 가져버렸기에 무위자연의 삶을 살기는 어려운 처지에 있다. 이러한 상황을 읽어 낸 사람들이 바로 공자이다.

공자가 몸담고 살았던 춘추시대에는 천하가 서로 빼앗고 죽이는 전쟁에 휩싸여 있었다. 사람들은 불안과 고통의 도가니 속에 빠져있었다. 공자는 이 혼란스러운 상황을 빨리 종식시키고 싶었다. 그는 천하를 돌며 욕망과 간지奸智로 무장된 당시의 제후와 지도층 인물들에게 인의의 덕을 베풀기를 권했다. 물론 공자는 열심히 노력하였지만 그들을 설득시키지는 못했다. 그러나 살육과 약탈을 일삼는 저들에게 공자는 인의를 소리 높여 외칠 수밖에 없었다. 공자가 인의를 외친 것은 당시로서는 부득이不得已한 일이었다. 노자도 제18장에서 "대도大道가 사라지니 인의仁義가 나왔다.[大道廢 有仁義]"라고 하였다. 무위자연의 도가 무너지면 인의의 덕목이 요청될 수밖에 없다. 인의마저 없으면 세상에는 약육강식 현상이 더 만연해질 것이다. 만약 세상이 극도로 혼란해져 인의로도 구제하지 못할 최악의 상황에 빠지면, 그때는 결국 형벌을 통치의 수단으로 사용하는 법가法家가 등장할 수밖에 없다.

대도가 무너져 무위자연이 통하지 않는 세상에서는 어쩔 수 없이 인류의 조상들이 획득하여 전해준 이타적 본성을 활용할 수밖에 없다. 이타성은 남을 배려해주는 마음으로 이것은 '인의'라고 부를 수 있다. 인의를 기반으로 하는 인의정치仁義政治가 극치에 도달하면, 무위정치無爲政治는 저절로 이루어진다. 공자도 무위정치를 그리워하였다. 그래서 공자는 『논어』, 「위령공衛靈公」에서 "무위로 정치를 한 자는 그 오직 순임금이로다. 그는 무엇을 했던가. 자기를 공손히 하여 임금 자리만 지켰을 뿐이다.[無爲而治者 其舜也與 夫何爲哉 恭己正南面而已矣]"라고 말했던 것이다. 순임금은 공자가 가장 이상적으로 여기는 인물이다. 순임금은 몸가짐을 공손히 하여 일없이 임금 자리에 앉아있기만 하였다. 그래도 천하는 저절로 잘 다스려졌다. 공자는 순임금이 무위정치로 천하를 안정시켰기에 그래서 그를 최고의 인물로 추앙을 하였던 것이다. 여기서 본다면 공자도 무위정치를 최상의 정치로 여겼다는 사실을 알 수 있다. 이 점은 맹자孟子에 있어서도 마찬가지이다. 그러나 공자의 시대에는 약탈과 살육이 여기저기서 예사로 벌어지고 있었다. 이 상황에서는 공자도 어쩔 수 없이 인의를 내세울 수밖에 없었다. 천하가 이처럼 혼란한데 하루아침에 무위정치로 나아간다는 것은 현실적으로 불가능한 일이다. 필자는 무위정치와 인의정치의 관계가 이러한 점을 살펴서 「인의가仁義歌」를 지었다.

惚恍中無性與理	황홀한 도 속에는 성품도 리법도 없으니
홀 황 중 무 성 여 리	
唯法自然獨逍遙	오직 자연을 법 삼아 홀로 소요할 뿐.
유 법 자 연 독 소 요	
仁義雖非天然性	인의가 비록 천연의 성품은 아니지만
인 의 수 비 천 연 성	

道廢之世何無要　대도가 사라진 지금에는 어찌 필요가 없으랴.
도 폐 지 세 하 무 요

　　무위자연의 도를 깨닫고 나면 공자가 불쌍해 보일 수 있다. 그가 일생동안 외친 말이 모두 헛소리에 불과해 보일 것이다. 그러나 거기서 한 발 더 나아가서 다시 깨달으면 공자는 군더더기 말을 한 사람이 아님을 알게 된다. 무위자연의 도가 우주의 보편의 대 진리임은 더 이상 의심할 것이 없다. 그러나 욕심과 지능을 가진 인간들이 모여 사는 이 세상에는 무위자연 도가 전적으로 통용되기는 어렵다. 그러므로 어쩔 수 없이 공자는 인의의 도를 외칠 수밖에 없었다. 공자가 외친 인의는 우주의 대 진리는 아니지만, 인간세상을 태우고 있는 급한 불을 끄는 데는 유용하다. 그 한계를 알면 거기에 속박되지 않는 법이다. 공자의 도가 가진 한계점을 알면 그것에 속박되지 않으면서 능동적이고 자율적으로 활용할 수 있다. 이렇게만 한다면, 공자의 도는 더 이상 흉기가 아니라 바로 진리의 보도寶刀가 된다. 이야말로 육조대사六祖大師의 "마음이 미혹하면 『법화경』이 그대를 굴리고 깨달으면 그대가 『법화경』을 굴린다.[心迷法華轉 心悟轉法華]"라고 한 법어法語에 정확히 부합한다. 그 실체를 깨달아버리면 어떻게 하더라도 이익만 있을 뿐 해악이 없다. 무위의 도와 인의의 도를 모두 깨달아버리면 근본의 세계를 통하게 됨은 물론 현실의 문제도 조화롭게 해결할 수 있다. 공자의 가르침을 절대시하는 자도 바보이고 버리는 자도 바보이다. 무위의 근본 위에 인의를 그때그때 가져다 쓰면 지혜로운 자가 될 수 있다. 우리는 장자에게도 공자에게도 얽매이지 말아야 한다. 그들의 입장을 생각해 줄 필요가 없다. 그들의 맹목적 추종자가 되어서는 안 된다. 우리는 자유다. 우리는 우리를 우리 자신을 위해 살아야 한다. 우리만 행복하면 된다.

사실 노자와 장자도 세상의 도덕을 완전히 폐기처분한 것은 아니다. 그들이 세상의 도덕을 숭상하지 않은 것은 사실이지만, 그렇다고 해서 세상의 도덕을 전혀 무가치한 것으로는 보지 않았다. 노자의 경우『노자』, 제67장에서 "나에게 세 가지 보물이 있으니, 첫째는 자애요, 둘째는 검소함이요, 셋째는 감히 천하보다 앞서지 않음이다.[我有三寶 持而保之 一曰慈 二曰儉 三曰不敢爲天下先]"라고 했다. 자애는 생명을 사랑하는 덕이고, 검소는 소박함을 지키는 덕이고, 천하보다 앞서지 않음은 겸손의 덕이다. 검소함과 겸손은 공자와 노자가 공히 내세우는 덕목이지만, 인仁의 다른 말인 자애는 공자의 전유물로 알려져 있다. 그런데 노자 또한 자애를 삼보 중 하나로 여겼다.『노자』, 제17장에서는 "가장 높은 경지는 임금이 존재하는 줄 알지 못하고, 그 다음은 친히 여겨 칭송하고, 그 다음은 두려워하고, 그 다음은 업신여긴다.[太上 不知有之 其次 親而譽之 其次 畏之 其次 侮之]"라고 하였다. 여기서 볼 때, 최상의 경지는 무위정치를 하는 임금이고 그 다음은 인의정치를 하여 백성들로부터 사랑과 칭찬을 받는 임금이다. 그 아래 두 단계는 폭군暴君과 혼군昏君에 해당한다. 여기서 볼 때, 노자는 인의를 비록 최상의 덕목은 아니지만, 최하의 덕목으로도 보지 않았다는 사실을 알 수 있다.

장자도 노자처럼 인의를 비판적인 시각으로 바라보았다. 그가 이런 태도를 취한 것은 철학적인 이유 때문이기도 하겠지만, 장자가 살았던 당시에 인의를 외치는 유가儒家의 세력이 너무 커진데 대한 반감도 한 원인이 되었으리라 본다. 장자는 시종일관 인의가 인성의 본질이 아님을 지적하면서 궁극적으로는 무위의 덕으로 나아가야 한다고 외쳤다. 이처럼 장자가 유가의 인의를 극렬히 공격했지만 그러나 사실은 인의를 진정으로 미워한 것은 아니다. 일부 학자들은 장자를 친유가적인 인물로 보기도 한다. 그 대표자가 진晉의 곽상郭象이다. 곽상은 장자를 공자의 후학으로 간주하였다. 그는 장자가 공자와 유가의 성왕聖王들을 비판한 것은 당시 사람들이 성인들의 속뜻을 살려내지 못하여 유학 자체가 형식화되고 이데올로기화되는 것을 우려해서라고 하였다. 곽상 이후에도 장자를 공자의 후학으로 간주하는 학자들이 나왔는데, 그 대표자로는 당唐의 한유韓愈, 송宋의 임희일林希逸, 조선의 박세당朴世堂, 중국의 곽말약郭沫若 등을 들 수 있다.

　장자가 아무리 인의에 대해 부정적인 시각을 가졌다고 하더라도 막상 눈앞에서 벌어지는 악행에 대해서는 호의적이지 않았다. 「인간세」에 장자가 공자를 내세워 포악한 위衛나라 임금을 교화하는 방법에 대해 논한 글이 보인다. 여기서 본다면 장자는 적어도 악행을 미덕으로는 여기지 않았음을 알 수 있다. 그리고 불구자인 신도가申徒嘉에게 거만한 태도를 보이는 정鄭나라 재상 자산子産을 부정적으로 묘사한 예에서도 본다면, 장자가 유가적인 덕목을 완전히 무시하였다고는 보이지 않는다. 현실사회에 살면서 사회적인 덕목을 완전히 무시하고는 살아가기 어렵다. 그래서 장자 후학들 중 현실정치에 큰 관심을 가졌던 황로파黃老派에서는 인의를 내세우는 유가에 대해 호의적인 자세를 취하기도 했다. 황로파의 사상은 주로『장자』의 「천지」·「천운」·「천도」·「천하」 등에 담겨져 있다. 유소감劉笑敢은 장자 후학들 가운데 장자의 본의를 계승한 술장파述莊派, 개인의 삶을 중시하는 무군파無君派, 그리고 현실정치에 관심을 보였던 황로파黃老派로 분류한 바 있다.

　장자는 인간을 기에 의해 만들어진 존재로 보았다. 본래 기는 의

지나 이념을 가지지 않는다. 따라서 장자는 기의 화합으로 만들어진 인간이 기필코 행해야 할 절대적인 규범을 가지지 않았다고 믿었다. 장자가 세상에서 특정의 덕목을 강조하는 것에 대해 강한 거부반응을 보인 것은 바로 이 때문이다. 도가 무너져 약육강식의 풍조가 가득 찬 세상에서는 인의가 긍정적인 역할을 하는 면도 있다. 그러나 아무리 그렇다고 해도 인의는 우주의 대도가 아니다. 인의를 지나치게 강조하다보면 본말本末이 전도되어 말末에 해당하는 인의가 인간의 영혼을 속박할 수 있다. 그래서 장자는 허유를 내세워 인의나 시비 등의 인위적인 규범을 마음으로 수용하면, 그 순간 곧바로 '얼굴을 먹으로 문신하는 형벌'과 '코를 베는 형벌'을 받게 된다고 경고를 했던 것이다.

도통道通의 길 − 좌망坐忘 1

> 사지(四肢)의 욕구를 버리고 총명을 내치며, 몸의 구속을 떠나고 앎을 버려 대통(大通)과 하나 되는 것을 '좌망(坐忘)'이라 합니다.
>
> 墮枝體(타지체)하고 黜聰明(출총명)하며 離形去知(이형거지)하야 同於大通(동어대통)을 此謂坐忘(차위좌망)이니이다.

장자는 인간이 궁극적으로 가야할 곳을 도의 세계로 보았다. 그러면 도의 세계로 가는 방법은 무엇인가. 장자는 그 방법 중 하나로 좌망坐忘을 제시했다. 장자는 공자와 안회顏回를 등장시켜 좌망에 대해 말한다.

공자는 안회가 인의仁義를 잊었다고 해도 아직 부족하다고 했고, 예악禮樂을 잊었다고 해도 또 부족하다고 했다. 그러자 안회는 더 공부하여 마침내 "저는 좌망에 이르렀습니다."라고 선언했다. 이에 공자가 그게 뭐냐고 물으니, 안회는 이렇게 말했다. "사지四肢의 욕구를 버리고 총명을 내치며, 몸의 구속을 떠나고 앎을 버려 대통大通과 하나 되는 것을 '좌망'이라 합니다." 여기서의 '대통'은 도를 말한다. 도는 인식 및 정신수양의 최고 경지를 말한다. 여기야말로 인간의 진정한 고향이다. 여기에 돌아오면 고통 속에 방황하는 방랑자의 삶을 청산할 수 있다. 사람은 누구나 고향을 그리워하는 본능을 가졌다. 그러나 그 길을 알지 못하니 안타까울 뿐이다. 이에 대해서는 장자가 잘 설명하고 있다.

인의를 핵심으로 하는 윤리도덕은 세상의 안녕을 유지하는데 도움이 되는 면도 있다. 그러나 그것이 우주에 본래부터 존재했던 것은 아니다. 그러므로 지극한 도를 얻고자 한다면 우선의 상황에만 만족을 주는 일시적 방편인 윤리도덕의 세계에서 벗어나야만 한다. 그리고 세상의 윤리도덕보다 더 근원적인 세계에 도달해야 한다. 근원적 세계에는 윤리도덕만 없는 것이 아니라, 어떠한 분별도 관념도 존재하지 않는다. 마치 허공과 같은 세계이다. 이 세계는 모든 것을 비움으로써만 도달할 수 있다. 「경상초庚桑楚」에서는 "마음이 바로 서면 고요해지며 고요해지면 밝아지며 밝아지면 텅 비워지며 텅 비워지면 함이 없으나 하지 않음이 없게 된다."라고 했다. 도의 세계는 육체적 이끌림에서도 벗어나야 하고 미혹의 이끌림에서도 벗어나야 한다. 도를 잃어버리는 주요 원인은 분별적 인식활동 뿐 아니라, 육체적 욕망의 노예가 된 탓도 있다. 장자철학에서는 육체적 욕망 그 자체를 부정하지는 않는다. 그러나 이것에 탐착하면 욕망에게 자유를 박탈당하게 된다. 그래서 장자는 '사지四肢의 욕구를 버려라[墮枝體]'라고 말했던 것이다. 장자는 지적 오류는 물론 육체적 욕망이 주는 속박에서 벗어남으로써 비로소 '좌망'에 이를 수 있다고 보았다.

'좌망'은 도의 세계로 들게 하는 최상의 공부법이다. 공자는 "대통과 하나가 되어버리면 어떤 것을 특별히 좋아할 것도 없고, 대통의 경지로 변화해버리면 하나의 기준에 집착하지 않는다."라고 했다. 좌망을 통해 도와 합일을 이루면 마음이 특정한 곳에 치우침도, 또 걸림도 없어져 절대평등의 자유를 누리게 된다는 말이다. 이는 일체의 인위적인 지적활동을 벗어남으로써 얻을 수 있는 경지로, 정신의 수준이 근원적인 자연 상태에 도달했음을 의미한다.

도통道通의 길 - 좌망坐忘 2

> 사지(四肢)의 욕구를 버리고 총명을 내치며, 몸의 구속을 떠나고 앎을 버려 대통(大通)과 하나 되는 것을 '좌망(坐忘)'이라 합니다.
> 墮枝體(타지체)하고 黜聰明(출총명)하며 離形去知(이형거지)하야 同於大通(동어대통)을 此謂坐忘(차위좌망)이니이다.

　　정자철학에서는 좌망坐忘이 가지는 비중이 아주 크다. 좌망은 최고의 인식경지와 최고의 정신경지를 동시에 확보하게 하는 수양법으로 장자철학의 최종점에 이르게 해준다.

　　장자철학에서는 도·기·음양 등의 개념을 통해 우주의 존재원리를 말하기도 하지만 궁극적인 관심사는 인간세계, 더 구체적으로는 인간의 정신적 해탈 문제에 있다. 정신적 해탈은 관심의 초점을 자기 속으로 돌림으로부터 시작된다.

　　의식이 밖을 향하면 도는 구할 수 없다. 도를 구하자면 밖으로 향하는 생각을 모두 거두어들여야 한다. 회광반조回光返照해야 한다. '회광반조'란 임제선사臨濟禪師의 『임제록臨濟錄』에 보이는 말로 '빛을 안으로 되돌려 내면을 비춘다'는 뜻이다. 이렇게 할 때, 문득 도를 얻을 수 있다는 것이다. 『노자』, 제47장에서는 "더욱 멀리 나갈수록 앎은 더욱 적어진다.[其出彌遠 其知彌少]"라고 했다. 도는 밖으로 찾으러 나설 때 얻어지는 것이 아니라 자기 속으로 되돌아와야 얻을 수 있다. 생각을 버리고 또 버려야 한다. 이것이 바로 망忘이다. 부질없이 생각의 화살을 멀리 날리면 결국 도에서 멀어지고 만다. 0(zero)은 '없음'을 뜻하지만 모든 수의 출발점이다. 여기서 뻗어나간 수는 그 끝을 알 수 없다. 그러므로 차라리 0으로 되돌아와야 한다. 0 속에 모든 것이 다 들어있다. 0이 바로 도의 자리이다.

좌망론에서는 '몸을 떠나고 앎을 버려라[離形去知]'라고 한다. 육체적 제한과 일체의 지식활동을 멈추어야만 도에 도달할 수 있다는 것이다. 여기서의 도는 인식 및 정신의 최고경지를 동시에 의미한다. 사려를 통해 얻은 일체의 지식을 버림으로써 얻어지는 최고의 인식은 우리의 정신을 자동적으로 최상의 경지에 도달하게 해준다. 단 여기서 주의할 점은 육체적 제한에서도 벗어나야 한다는 것이다. 즉 육체가 욕망이나 긴장에서 해방이 되어 있어야 한다는 것이다. 육체가 자유롭지 못하면 정신이 영묘하게 작용할 수 없기 때문이다.

좌망론은 「인간세」의 심재론心齋論과 함께 장자의 수양론에서 가장 큰 비중을 차지하는 수양법이다. 좌망과 심재는 공통적으로 비움을 추구한다. 도의 자리는 텅 비었기에 마음 역시 텅 비워야만 한다. 이러할 때 온갖 묘용이 나타나 '인간'이라는 종種이 가진 정신능력을 최대치로 끌어올릴 수 있다. 도는 이러한 상황에서 문득 얻어진다.

응제왕

자기를 말로도 여겼다가 소로도 여기는 태씨泰氏

> 태씨(泰氏)는 잘 때는 평안하고 깨었을 때는 명하였다. 한 번은 자기를 말[馬]로 여기고 한 번은 자기를 소로 여긴다. 그 지혜는 참되고 그 덕은 진실하여 애초부터 사물[非人]에 걸리지 않았다.
>
> 泰氏(태씨)는 其臥徐徐(기와서서)하며 其覺于于(기교우우)라. 一以己爲馬(일이기위마)하고 一以己爲牛(일이기위우)라. 其知情信(기지정신)하고 其德甚眞(기덕심진)하야 而未始入於非人(이미시입어비인)이라.

득도得道한 사람의 마음은 허공과 같다. 그래서 어떠한 틀에도 걸리지 않아 이렇게도 변화하고 저렇게도 변화한다. 그는 고정된 틀에 자기를 가두지 않는다.

『노자』, 제20장에 이런 말이 있다. "속인은 밝고 밝지만 나는 홀로 어둡고 어둡다.[俗人昭昭 我獨昏昏]" 세인世人들은 세상사에 밝다. 그들은 영리한 두뇌와 번쩍이는 눈을 가지고 남의 빈틈을 노린다. 그러나 도를 얻은 사람의 뇌리엔 아무 따짐이 없다. 그래서 늘 어리석은 듯하다. 잡념도 없고 분노도 없고 갈구함도 없고 쫓김도 없기에 잠잘 때는 꿈을 꾸지 않는다. 도를 얻은 자는 분별적인 사고를 하지 않는다. 승찬대사의 『신심명』에 "지극한 도는 어렵지 않으니, 오직 분별하여 선택함을 꺼려할 뿐이라네.[至道無難 唯嫌揀擇]"라고 하였다. 도를 얻은 사람은 자기의 생각을 고집하지 않고, 또 '이것이다', '저것이다'를 분별하지 않는다. 분별심을 버렸기에 그는 모든 것을 수용한다. 그래서 얼핏 보기엔 생각이 없는 사람처럼 보인다.

빠르고 힘차게 흐르는 폭포수가 고요한 호수를 두고 물이 아니라고 비난해서는 안 된다. 폭포수는 빠르고 힘차게 흐르지만 아무 것도 담지 못하고 흘러갈 뿐이다. 그러나 호수는 고요하여 흐르지 않는 것처럼 보이지만 풀과 고기, 벌레 등의 다양한 생명체들을 품고 있다. 폭포수처럼 빠르고 강한 사람의 눈에는 득도한 사람이 무지한 듯 보인다. 그러나 득도한 사람의 정신은 넓고 깊기에 세상의 모든 것을 수용한다. 그래서 어떨 때는 자기를 소로 여겼다가 어떨 때는 말로 여겼다가, 또 어떨 때는 양으로 여기기도 한다. 이미 생각의 틀을 벗어던졌기에 자기를 특정의 사물로 규정하지 않는다. 태씨泰氏야말로 이런 부류의 사람이다.

장자는 태씨에 대해 이렇게 말했다. "태씨는 잘 때는 평안하고 깨었을 때는 멍하였다. 한 번은 자기를 말[馬]로 여기고 한 번은 자기를 소로 여긴다. 그 지혜는 참되고 그 덕은 진실하여 애초부터 사물[非人]에 걸리지 않았다." 태씨는 일체의 상相을 벗어던졌다. '상'이라고 하는 것은 자의적인 생각으로 의미를 규정하여 그것을 실체화하는 것을 말한다. 사실은 득도하지 못한 사람이 내는 생각은 모두 상이다. 제각기 이렇고 저렇고 의미 규정을 하여 그것으로 자기는 어떻고 남은 어떻고 등으로 판단을 한다. 득도한 사람은 애당초 상을 세우지 않는다. 그는 이미 허공이 되었기에 특정한 모양을 가지지 않는다.

그러므로 득도한 사람은 생각을 내어도 사실은 상이 되지 않는다.

　　세인들은 자아를 가졌다. 자아의식이 강하면 자신의 주장을 절대시한다. 자기 혼자 재판관이 되어 자기 마음대로 자신을 규정하고 또 남을 규정한다. 자신을 비우고 자신의 주장을 버리면 허공이 된다. 태씨는 자신을 허공처럼 비웠다. 그래서 자신을 하나의 틀에 가두지 않고 자유자재로 변화시켰다.

천하를 살려놓고 자취를 감추다

밝은 임금의 정치는 공로가 천하를 덮어도 자기가 하지 않은 것처럼 하며, 교화가 만물에 베풀어져도 백성들이 알지 못하게 한다. 자신의 명성이 들어나지 않도록 하여 만물들이 스스로 기뻐하게 하며, 자기는 헤아릴 수 없는 곳에 서서 아무 것도 없는 세계에 노닌다.
明王之治(명왕지치)는 功蓋天下(공개천하)나 而使不自己(이사부자기)하며, 化貸萬物(대화만물)이나 而民不恃(이민불시)니라. 有莫擧名(유막거명)하야 使物自喜(사물자희)하며 立乎不測(입호불측)하야 而遊於無有者也(이유어무유자야)니라.

지극한 사람은 흔적을 남기지 않는다. 서예에 갓 입문한 사람은 먹물을 여기저기에 튀게 한다. 그러나 고수는 하루 종일 붓글씨를 쓰지만 옷에 먹물 한 방울 묻지 않도록 한다.
구성원들이 그의 존재나 필요성을 알지 못하도록 하는 지도자가 최상의 지도자이다. 이렇게 된 것은 지도자가 그 자신을 드러내려고도 하지 않았을 뿐더러 애당초 일을 흔적 없이 완벽히 처리해버렸기 때문이다. 최상의 지도자는 백성을 즐겁게 해주는 정치를 펴지만 자기를 나타내지 않는다. 그래서 얽매임 없이 도의 세계에 자유롭게 소요한다.

불교에 해박한 지식을 가진 춘원 이광수의 『원효대사元曉大師』에 이런 이야기가 나온다. 원효대사가 유랑생활을 하던 중 감천사에 잠시 머물게 되었다. 이때 원효대사는 자신의 신분을 철저히 숨기고 부엌에서 밥 짓는 일을 담당하였다. 감천사 귀퉁이에 독성각獨聖閣이 있었는데, 거기에 노스님 한 분이 주석하고 계셨다. 사람들은 그를 '방울스님'이라고 부른다. 방울스님은 끓인 누룽지를 좋아하기에 하루는 원효대사가 누룽지 죽을 그릇에 담아 방울스님의 처소로 찾아갔다. 이야기를 나누는 가운데 방울스님은 원효대사의 본색을 진작부터 알고 있었다고 했다. 자신의 신분을 감추려고 했었지만, 방울스님에게 자신의 본색을 들켜버린 원효대사는 깜짝 놀라 "소승이 과연 원효입니다. 그런데 스님께서 어떻게 소승이 원효인 줄 아십니까."라고 물었다. 이에 방울스님은 원효대사에게 '그대는 아직도 자신을 내세우는 아상我相을 가지고 있기에 신장神將에게도 들키고 나에게 들킨 것이다'라고 말했다. 사실은 며칠 전에 원효대사가 학승들이 공부하는 방 앞을 지나다가 자신이 지은 책을 가지고 공부하는 소리를 들었다. 그때 원효대사는 '아, 학승들이 내가 지은 책을 가지고 공부를 하다니, 나는 과연 대단하구나'라고 하는 마음을 내었었다. 그때 한 순간 일으켰던 아만심을 감천사의 신장도, 방울스님도 마치 레이더로 전파를 감지하듯이 포착해버린 것이다. '나'라고 하는 생각이 없을 때의 나는 우주 그 자체이다. 그러나 만약 '나'라고 하는 생각을 내면, 그 순간 나는 곧바로 우주와 분리되는 비극을 맞는다. 방울스님은 물러가는 원효대사에게 '상相에 머물지 말라'는 가르침을 들려

주었다. '나'라고 하는 생각을 만들어내어 거기에 사로잡혀있는 것이 바로 상에 머무는 것이다. '나'라고 하는 생각을 턱 놓아버리면 곧바로 상을 떠나 부처가 된다. 방울스님의 설법을 들은 원효대사는 자신의 미혹을 크게 뉘우쳤다.

　진정한 고수高手는 흔적을 남기지 않는다. 그래서 남의 칭찬도 남의 공격도 받지 않는다. 노자는 "옛날의 훌륭한 선비는 미묘하고 현통玄通하기에 너무 깊어 알 수 없다.[古之善爲士者 微妙玄通 深不可識]"라고 했다. 남의 눈에 포착되었다는 것은 아직 지극한 경지에는 이르지 못했다는 뜻이다.

거울 같은 지인지심至人之心

> 지극한 사람의 마음 씀씀이는 거울과 같다. 대상을 억지로 가라고도 않고 억지로 오라고도 않으며, 단지 응하기만 할 뿐 잔상(殘像)을 남겨두지 않는다. 그래서 능히 사물이 비춰져 오는 것을 감당하되 기능이 손상되지 않는다.
> 〈至人之用心(지인지용심)은 若鏡(약경)이니, 不將不迎(부장불영)하고 應而不藏(응이부장)이라. 故(고)로 能勝物而不傷(능승물이불상)이니라.

    장자는 지인지심至人之心을 완전한 인식이 가능한 마음으로 이해한다. 지인지심은 어떤 것도 담고 있지 않는 텅 빈 거울과 같으므로 사물의 실상을 바로 비춰볼 수 있다. 원문에서는 '지인지용심至人之用心'이라 했지만, 사실은 이것은 '지인지심'을 뜻한다. 장자철학에서의 지인지심은 우리를 최고의 인식에 이를 수 있도록 해준다.
    장자는 지인지심을 거울에 비유했다. 거울은 도가道家와 유가儒家에서 모두 마음의 이상적인 상태를 나타내는 상징물이다. 사람의 마음이 거울과 같으면 정신이 맑고 편안할 뿐 아니라, 사물의 참모습을 바로 비춰볼 수 있다. 이러한 사람을 장자는 '지인至人'이라고 칭한다.

현대사회는 각박하다. 사람들은 이런저런 생각으로 자신의 마음을 스스로 괴롭히고, 또 사람들과 관계를 이루면서 살아가야 하기에 남 때문에 마음의 상처를 많이 받는다. 마음이 이렇게 병들고 나면 판단능력도 자연히 저하된다. 그리고 마음의 병은 몸의 병까지 유발시킨다. 요즈음 세상에는 심신의 부조화 때문에 고통을 받는 사람이 많다. 그럼 도대체 어떻게 살아야 하는가. 이왕에 살아야 할 삶이라면 행복하게 살아야할 것 아닌가. 세인들은 행복하게 살고자 하면서 도리어 자신의 마음을 괴롭힌다. 그러면 행복한 삶을 가꾸자면 어떻게 해야 할까. 그것의 첩경捷徑은 바로 마음을 거울처럼 만드는 것이다. 그렇게 하면 사물을 인식하는 능력도 고양시킬 수 있고 또 정신의 안정을 통해 마음의 병도 막을 수 있다.

　　장자는 마음을 거울처럼 쓰면 지극한 사람이 될 수 있다면서 거울의 작용에 대해 이렇게 말했다. "사물을 억지로 가라고도 않고 억지로 오라고도 않으며, 단지 응하기만 할 뿐 잔상殘像을 남겨두지 않는다. 그래서 능히 사물을 비출 수 있어 오는 것을 맞이하되 그 기능이 손상되지 않는다."라고 했다. 여기서 잔상을 남겨두지 말라는 말은 곧 '지난 일에 집착하지 않음'을 의미한다. 거울은 사물이 나타나면 그 모습을 비춰준다. 그러나 그 사물이 지나가고 나면 거울은 다시 텅 빈 상태로 돌아간다. 그로써 거울은 맑은 상태를 유지할 수 있으며, 뒤이어 찾아오는 사물을 또렷이 비춰줄 수 있다. 마음은 거울과 같아야 한다. 그래야만 마음이 고달프지 않고, 또 사물의 실상을 제대로 비춰낼 수 있다. 마음속에 지나간 사물이 저장되어 있으면 이것을 '집착'이라 한다. 집착을 하면 마음이 하나에 묶여 제 구실을 다할 수 없다.

거울은 어떤 것에도 집착하지 않는다. 오직 앞에 나타나는 것을 비출 뿐이다. 이것을 '집중'이라 한다. 집착을 버리면 집중을 이룰 수 있어 인식능력이 비약적으로 상승된다. 만약 마음을 거울처럼 쓴다면 심리적 안정도 얻을 수 있고, 또 인식능력도 높일 수 있다. 지인지심至人之心은 거울 같은 마음이다. 누구든 이 마음을 얻으면, 마침내 득도의 경지에 이른다.

7일 만에 혼돈混沌이 죽다

숙(儵)과 홀(忽)이 혼돈(混沌)의 덕을 갚기로 모의하여 말했다. "사람은 다 일곱 구멍이 있어 보고 듣고 먹고 숨 쉰다. 그러나 오직 혼돈에게만 그것이 없으니 구멍을 뚫어주자." 이렇게 말한 후, 하루에 한 구멍씩 혼돈의 몸에 구멍을 뚫어주자 칠일 만에 혼돈은 결국 죽고 말았다.

儵與忽(숙여홀)이 謀報渾沌之德(모보혼돈지덕)하야 曰(왈), 人皆有七竅(인개유칠규)하야 以視聽食息(이시청식식)한데 此獨無有(차독무유)하니 嘗試鑿之(상시착지)라하고, 日鑿一竅(일착일규)하니 七日而渾沌死(칠일이혼돈사)라.

큰 인식은 특별한 지적 활동을 하지 않는다. 그냥 온 몸으로 전체를 느끼고 또 수용할 뿐이다.

장자는 도의 세계를 혼돈混沌의 우화를 통해 드러내었다. 남해 임금인 숙儵과 북해 임금인 홀忽이 중앙의 임금인 혼돈을 방문하였다. 혼돈은 그들을 잘 대접해주었다. 그런데 혼돈에게는 보고 듣는 등의 감각기관이 없어 멍청한 것처럼 보였다. 이 상황을 안타깝게 여긴 숙과 홀은 혼돈이 자기들에게 베풀어준 호의에 보답하고자 사람들처럼 보고 들을 수 있게 하루에 하나씩 일곱 개의 감각기관을 뚫어주었다. 그러자 혼돈은 칠일 만에 죽고 말았다.

혼돈은 도를 비유한다. 혼돈은 감각기관이 없기에 감각기관을 통한 분별적 인식방법을 쓰지 않는다. 그는 몸 그 자체의 직관으로 천지를 인식한다. 그런데 어느 날 숙과 홀이 두 눈과 두 귀 및 두 콧구멍과 한 개의 입을 뚫어 주었다. 7구멍의 감각기관은 밝고 편하게 사물을 인식하도록 해줄 것 같지만, 그것은 필시 분별적인 인식활동을 불러온다. 그래서 도의 세계에서는 떠날 수밖에 없다. 마치 네온사인이나 가로등이 현란한 도시에서는 밤하늘의 별을 쉽게 볼 수 없음과 같다. 도는 소소하게 분별하는 인식방법을 버리고 큰 직관을 활용하여야만 얻을 수 있다. 도는 가장 높은 경지의 인식 및 정신경지를 말하는데, 이것은 감각기관의 유혹에서 벗어날 때 얻을 수 있다. 이것이 곧 좌망坐忘의 경지이다. 좌망은 '총명을 내침[黜聰明]'으로써 이루어진다.

육체적 욕망은 마음을 어지럽게 하고 이목구비의 감각기관은 작은 지식을 만들어낸다. 마음이 어지럽고 지식이 많으면 참된 지혜는 사라진다. 공중에 방해 파장이 많으면 정작 들어야 할 방송은 듣지 못하게 됨과 같다. 「천지天地」에 이런 이야기가 있다. 황제가 곤륜산崑崙山에 올랐다가 돌아오는 길에 현주玄珠를 잃어버렸다. 이에 지식이 많은 지知, 눈 밝은 이주離朱, 논리에 밝은 끽후喫詬에게 찾도록 했으나 찾지 못하고 오직 아무 재주도 없는 상망象罔이 그것을 찾아왔다. 여기서 본 것처럼 겉이 밝으면 안이 어두워져 도를 얻을 수 없다. 내면의 지혜는 겉이 어두울 때 도리어 밝아진다.

사물을 분별하는 감각기관을 갖게 된 혼돈은 결국 자신의 본 모습을 잃어버렸다. 작은 재주는 큰 지혜를 잃게 한다.

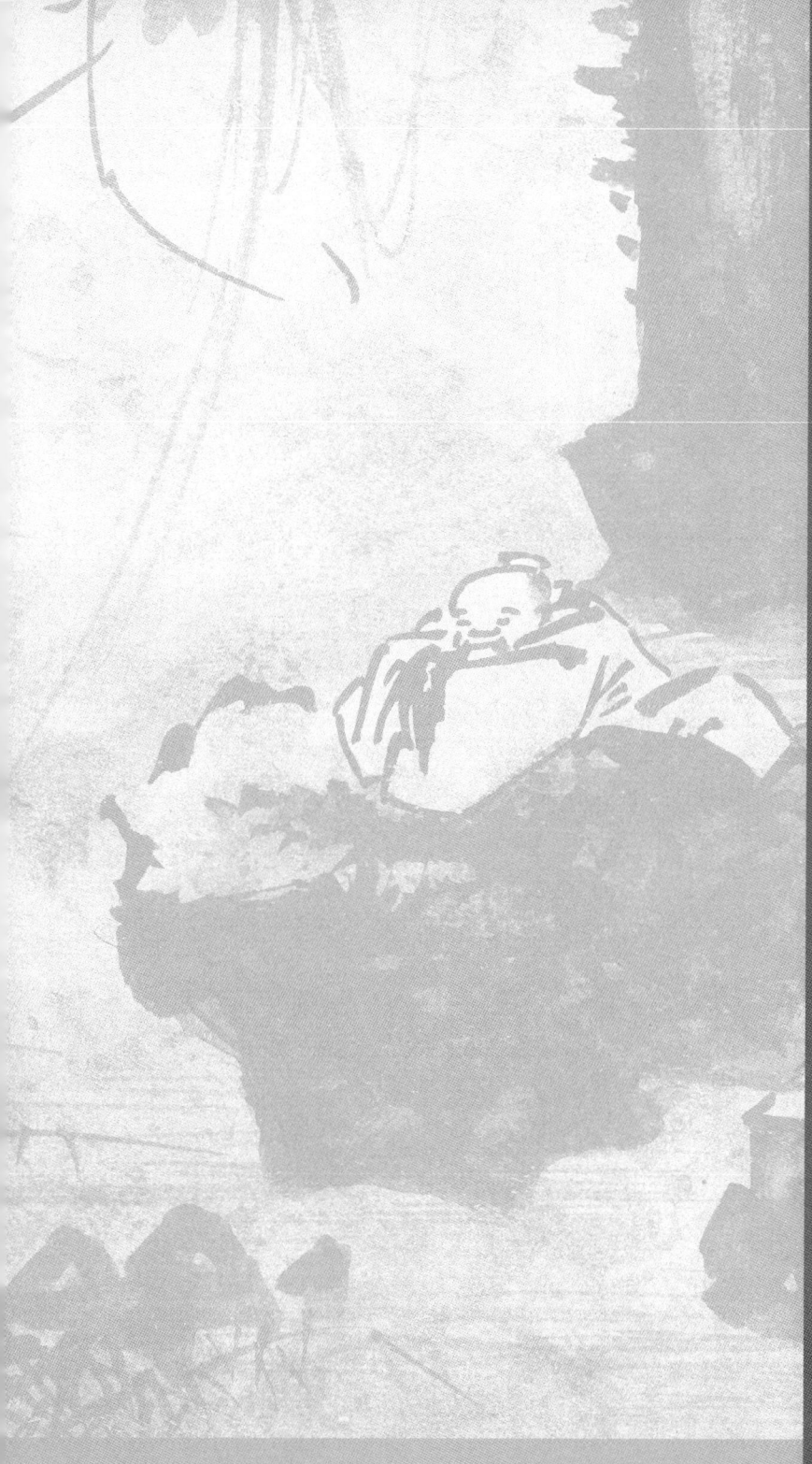

莊子 외편

변무

인의仁義는 도덕의 군더더기이다

엄지와 둘째가 붙어 네 발가락이 된 변무(騈拇)와 손가락이 한 개 더 있는 육손이는 태어나면서부터 그러한 것이니 일반인의 모습에서 보면 지나침이 있다. 사마귀나 혹덩이는 몸에서 생긴 것이지만 본래의 모습에서 보면 군더더기이다. 인의(仁義)를 다양하게 활용하는 자들은 인의를 오장(五藏)에 배열하기도 하지만 인의는 도덕의 바른 모습이 아니다.

騈拇枝指(변무지지)는 出乎性哉(출호성재)나 而侈於德(이치어덕)이오
附贅縣疣(부췌현우)는 出乎形哉(출호형재)나 而侈於性(이치어성)이니라.
多方乎仁義而用之者(다방호인의이용지자)는 列於五藏哉(열어오장재)나
而非道德之正也(이비도덕지정야)니라.

　　장자철학에서는 유가儒家의 최고 덕목인 인의仁義를 인간의 본성이 아니라, 도리어 인간이 인위적으로 만들어낸 규범으로 여긴다.
　　인의를 부정적으로 보는 시각은 『노자』 제18장에 잘 나타나 있다. 노자는 "대도大道가 폐함에 비로소 인의가 나왔다.[大道廢 有仁義]"라 하고, 또 "인을 끊고 의를 버리면 백성이 저절로 효도와 자애에 돌아온다.[絶仁棄義 民復孝慈]"라고 하였다. 노자는 자연론에 입

각하여 사유하기에 인간이 숭상하는 인의를 진정한 덕으로 보지 않았다. 자연세계에는 이념도 필요 없고 도덕도 필요 없다. 오직 천지자연은 자기들끼리 서로 영향력을 주고받으며 스스로 삶을 꾸려갈 뿐이다. 세상을 이러한 시각으로 본다면 유가의 성인들이 내놓은 가르침들은 저절로 무의미해지고 만다.

유가의 성인들이 제시한 인의를 내세우다가 일생을 그르친 사람들도 많다. 인의를 강조하는 사람들을 세상에서는 '도덕군자'라고 부른다. 일부 영악한 사람들은 자신의 도덕성을 의식적으로 부각시키기도 한다. 그리하여 도덕성을 부귀를 얻는 수단으로 활용한다. 그러나 여기에는 위험이 따른다. 왜냐하면 칼로 일어선 자는 칼로 망하듯이 도덕으로 일어선 자는 도덕으로 망할 수 있기 때문이다. 도덕장사는 아주 위험하다. 잘못하면 영원히 망할 수도 있다. 아무리 도덕군자의 길을 가겠다고 다짐을 해도 인간인 이상 반드시 실수를 하게 되어 있다. 단 한번이라도 실수를 하여 '도덕군자'라는 칭호에 흠이 생기면, 이번에는 도리어 실망에 빠진 군중들로부터 돌팔매질을 당한다. 기대가 큰 만큼 실망도 큰 법이다. 이렇게 되는 이유는 세상에서 말하는 도덕은 참다운 도덕이 아니기 때문이다. 참다운 도덕은 해를 주지 않는다.

장자는 본래 신체적 불구를 각자의 개성으로 볼 뿐, 비정상적인 상태라고는 생각하지 않는다. 그러나 「변무」의 첫머리에서는 '네 발가락'과 '여섯 손가락'은 '지나친 것'으로 표현했고, '사마귀'와 '혹'은 '군더더기'로 간주하였다. 만물의 모습을 있는 그대로 인정해주던 장자가 여기서는 남과 다른 모습을 비정상적인 걸로 여겼다. 장자가 이렇게 표현하는 속셈은 바로 유가의 인의도 '네 발가락'과 '여섯 손가락',

'사마귀'나 '혹'처럼 비정상적인 덕목임을 부각시키기 위해서이다. 장자는 인의를 천연의 덕목으로 보지 않았다.

생물학에서는 노장의 도가와 마찬가지로 인간을 도덕론에 근거하여 규명하지 않으며, 모든 생명체는 자기생존과 자기복제를 가장 중요한 삶의 목적으로 삼는다고 본다. 그렇다면 생물학에서는 인간에게 주어진 도덕성의 근원을 어떻게 설명할까. 인간은 현재 상태로 진화해오기 이전의 원시생물체 시절부터 자신의 생존을 위해 이웃과 협력하는 태도를 취하여 왔다. 그 이유는 종種의 생존 가능성을 높이기 위해서이다. 인류의 조상들은 진화과정 중에 종의 생존율을 높이기 위하여 서로 돕는 전략을 선택했고, 그것이 유전자를 통하여 오늘날의 인간에게까지 전수된 것이다. 인간의 도덕성은 절대자가 내려준 무형의 신비한 물건이 아니라 다만 인류의 조상들이 살아남기 위해 고안한 도구일 뿐이다. 생물학의 이러한 관점 위에서 본다면 인의를 비웃는 노장의 태도를 좀 더 쉽게 수용할 수 있을 것이다.

인간의 본성을 자연론의 입장에서 보았을 때는 노장의 무위자연설이 타당성을 가진다. 그러나 무리를 지어 꾸려가는 현재의 인간사회에서 볼 때는 이미 유전자를 통해 전수되어 있는 이타성利他性을 활성화시키는 것을 꼭 나쁘게만 볼 것이 아니다. 다만 인의 등의 유가적 덕목을 절대시함으로써 그것에 속박을 당하지 않도록 주의할 필요는 있다.

물오리의 다리가 짧지만 이어주면 근심한다

> 지극히 바른 자는 그 성명(性命)의 바름을 잃지 않는다. 그래서 발가락이 붙어도 붙었다고 하는 생각이 없고 손가락이 갈라져도 갈라졌다고 하는 생각이 없으며, 길어도 남음이 있다고 여기지 않고 짧아도 부족하다고 여기지 않는다. 그러므로 물오리 다리가 짧지만 이어주면 근심하고 학의 다리가 길지만 잘라주면 슬퍼한다.
> 彼正正者(피정정자)는 不失其性命之情(불실기성명지정)이라. 故(고)로 合者不爲騈(합자불위병)이요 而枝者不爲跂(이지자불위지)라. 長者不爲有餘(장자불위유여)요 短者不爲不足(단자불위부족)이라. 是故(시고)로 鳧脛雖短(부경수단)이나 續之則憂(속지즉우)요, 鶴脛雖長(학경수장)이나 斷之則悲(단지즉비)니라.

자연의 세계가 최상의 세계이다. 사람이 자연세계를 재단하여 좌지우지하면 전체의 조화가 파괴된다. 인의(仁義)를 인성으로 간주하여 내세우는 것이야말로 자연을 어기는 짓이다.

만물은 제각기 자기만의 존재가치를 가지고 살아간다. 그러나 고지식한 사람은 세상 모든 것을 마음대로 조작하여 자기 뜻에 맞추려

한다. 이로 말미암아 세상은 경직되고 인간의 마음은 편견과 고정관념에 물들어 제 기능을 다하지 못하게 된다. 지혜로운 자는 성명性命의 바름을 잃지 않는다. 주역에 "천도天道가 변화하자 만물이 각각 그 성명을 바르게 한다.[乾道要化 各正性命]"라고 하는 말이 있다. 이 말은 천지가 변화하여 만물을 생산하면, 그 만물은 각각의 성명을 받아가지게 된다는 말이다. 여기서의 성명은 '타고난 자연스러운 성향'을 말한다고 하겠다. 지극한 사람은 만물이 제각기 가진 성향을 존중해주고, 자신 또한 자신의 타고난 모습대로 살아간다.

인성 역시 억지로 규정하여 사람을 속박시켜서는 안 된다. 인의 등의 유가적 덕목은 모두 사람들이 필요에 따라 인위적으로 만든 것이다. 이것을 세상에 적용시키면 부조화가 따른다. 그래서 「변무」에서는 말했다. "본래 긴 것은 짧게 자르면 안 되고 본래 짧은 것은 길게 이어줘서는 안 된다. 이렇게 하면 근심을 제거할 수 없다. 생각건대 인의는 사람의 본래 성정이 아니다. 저 인仁을 닦는 자는 어찌 그렇게도 근심이 많은가." 사람에게 인의를 강요하는 것은 물오리의 다리를 억지로 이어주고 학의 다리를 억지로 잘라버리는 것처럼 어리석은 짓이다.

자연함이야말로 최상의 덕이다. 억지로 도덕규범을 만들어 세상을 억압하고 혼란스럽게 해서는 안 된다. '학장부단鶴長鳧短'이라는 사자성어는 바로 이 점을 깨우쳐주기 위해 제시된 것이다.

지극한 사람은 선악을 초월한다

> 이로써 위로는 감히 인의(仁義)의 지조를 지키지 않고 아래로는 감히 음벽(淫僻)한 행동을 하지 않는다.
> 是以(시이)로 上不敢爲仁義之操(상불감위인의지조)하고 而下不敢爲淫僻之行(이하불감위음벽지행)이니라.

 지극한 사람은 선행도하지 않지만 악행도 하지 않는다. 선과 악을 모두 떠난다.
 싸우지 않고 이기는 사람이 최상의 전사戰士이다. 그래서 『노자』, 제68장에서는 "적을 잘 이기는 자는 적과 뒤엉켜 싸우지 않는다.[善勝敵者 不與]"라고 하였다. 이미 뒤엉켜 싸웠다고 하면 설령 이겼다 손 치더라도 이미 상대의 적수가 되었던 탓에 상대와 동급의 사람이 되고 만다. 어른이 아이와 싸우면 아이와 같은 격의 사람이 되고 만다. 「변무骈拇」에서는 인의仁義든 음벽淫僻이든 본성을 잃기는 한 가지라고 말한다. 선善을 악惡과 상대시켰다면 그 선은 악의 상대자일 뿐이다. 그래서 격에 있어서는 악과 다르지 않다. 인의는 음벽을 초월한 덕목이 아니라, 음벽과 상대되는 덕목일 뿐이다. 인의와 음벽은 같은 차원에 놓여있다. 그래서 지극한 사람은 인의를 붙잡지도 않고 음벽을 배척하지도 않는다. 양자를 모두 떠난다.

장자철학에서는 선악 모두가 자연함에서 벗어난다고 본다. "하인과 하녀가 둘이서 양羊을 치러갔다가 둘 다 자기 양을 잃어버렸다. 그래서 하인에게 양을 잃어버린 이유를 묻자 '책을 읽다가 그랬다'라고 했다. 또 하녀에게 양을 잃어버린 이유를 묻자 '주사위 놀이를 하다가'라고 했다. 이 두 사람이 했던 일은 서로 달랐지만 양을 잃어버린 것은 똑같다." 한 사람은 착한 일에, 또 한 사람은 나쁜 일에 빠져 자신의 본분을 잊어버렸다. 착한 놀이이든 악한 놀이이든 자기의 본분을 잊기는 모두가 마찬가지이다. 가장 바람직한 세계는 선과 악이 나누어지기 이전의 원초적인 세계이다. 이것이 바로 도의 세계이다.

선가禪家에 '불사선불사악不思善不思惡'이라고 하는 유명한 법어가 있다. 달마대사達磨大師의 법통이 대대로 전해져 오조대사五祖大師에게 이르렀다. 오조대사의 법통은 다시 육조대사六祖大師에게로 전해졌다. 오조대사로부터 법통을 전해 받은 육조대사가 길을 떠나자 오조대사의 문하에 있던 혜명상좌惠明上座가 육조대사를 다급히 추격해 왔다. 이때 육조대사는 전법傳法의 상징물인 의발衣鉢을 내려놓고 이렇게 말했다. "그대는 무슨 일로 왔는가. 의발을 구하기 위함인가, 법을 구하기 위함인가." 이에 혜명상좌는 법을 구하러 왔다고 했다. 그러자 육조대사는 "선도 생각하지 말고 악도 생각하지 말지어다. 이때를 당하여 어떤 것이 혜명상좌의 본래면목인가.[不思善不思惡 正當恁麼時 那箇是上座本來面目]"라고 했다. 혜명상좌는 육조대사의 이 말이 끝나는 순간 곧바로 대오大悟했다. 양단을 가르는 첨예한 내적 분열 상태 속에서 살다가 일순간에 분열의 주체가 흔적도 없이 사라져버린 것이다. '쾅!' 하는 소리와 함께 혜명상좌는 무한의 허공

속에 녹아들어버렸다. 이 순간에는 선악뿐 아니라 모든 대립적 허상이 존재하지 않는다. 여기에 대해서는 더 이상 말할 필요도 없고 또 말할 수도 없다.

「변무」에서는 또 말한다. "백이伯夷는 수양산 아래서 명예를 위해 죽었고, 큰 도적인 도척盜跖은 동릉東陵에서 이익을 구하려다 죽었다. 둘이서 죽는 방법은 달랐지만, 자신의 삶을 해치고 자기의 본성을 손상시킨 점에 있어서는 마찬가지다." 이 말은 뜻밖에도 공자의 '과유불급過猶不及'이란 말과 그 뜻이 상통한다. 이는 '지나침[過]'과 '미치지 못함[不及]'이 모두 중용에 도달하지 못했다는 점에서 동일하다는 말이다. 백이는 과하고 도척은 불급한 사람에 해당한다. 도의 세계에는 선악이 없고 중용의 세계에는 과불급過不及이 없다.

노장의 입장에서는 삶을 제대로 누리지 못함과 인위적인 목표나 욕망을 추구하다가 죽는 것을 '잔생상성殘生傷性'이라 하여 자연의 진정한 도덕을 위배한 것으로 본다. 노장이 말하는 '진정한 도덕'이란 바로 인위적인 목적의 노예가 되지 않고 자연의 본성을 따라 사는 것을 말한다. 인의를 최고의 덕목으로 여기는 유가의 관점에서 볼 때, 이런 주장은 절대 용인될 수 없다. 유가적 세계관에서 볼 때 선은 좋고 악은 나쁜 것이다. 그러나 노장에서 말하는 참 도덕의 입장에서 볼 때는 이미 선과 악을 나누었다고 하면, 이때의 선은 악의 상대가 되어 악과 동급의 덕목일 뿐이다. 그래서 완전한 도덕이라 할 수 없다. 그래서 「변무」의 마지막 글에서도 "위로는 감히 인의仁義의 지조를 지키지 않고, 아래로는 감히 음벽淫僻한 행동을 하지 않는다."라고 했다. 이 말에는 '선도 하지 않고 악도 하지 않는다'라는 뜻이 담겨져 있다. 궁극적으로 선악의 세계에서 벗어남을 의미한다. 장자는 선악의 세계에서 벗어나 주어진 삶을 자연스럽게 누리면 그 속에 진정한 도덕이 있다고 보았다.

    선악과를 따먹고 선악을 구분할 줄 아는 순간부터 인간은 사망의 길을 걷기 시작하였다. 선과 악의 대립이 존재하지 않는 세계가 바로 도의 세계요 에덴동산이다.

거협

胠篋

지자知者와 성자聖者가 도둑을 키웠다

> 세상에서 '지자(知者)'라고 불리는 사람으로 큰 도둑을 위해 재물을 쌓아두지 않은 자가 있는가. '성자(聖者)'라고 불리는 사람으로 큰 도둑을 보호해 주지 않은 자가 있는가.
> 世俗之所謂知者(세속지소위지자)는 有不爲大盜積者乎(유불위대도적자호)아. 所謂聖者(소위성자)는 有不爲大盜守者乎(유불위대도수자호)아.

　　지자知者와 성자聖者들은 나름대로 인간들에게 보탬을 주고자 한 사람들이다. 그러나 그들은 유감스럽게도 인위문화를 조장하여 결과적으로는 인간을 간교하게 만들었고, 인위적인 문화가 만연하도록 조장하였으며, 또 탐욕스러운 자들을 착한 자로 위장시킬 수 있도록 가면을 장만해주었다.

　　지자와 성자들은 인간들에게 '인간이 최고'라고 하여 인간 중심의 사고를 가지도록 했고, 또 인간에게 생각의 문을 열어주었다. 그러나 이것은 큰 실수였다. 열지 말아야 할 판도라의 상자를 열어버린 것이다. 판도라가 상자를 열게 된 것은 지적 호기심 때문이다. 그 호기심을 실천에 옮기자 그때부터 인간은 불행의 늪에 빠졌다. 인간이 무지無知할 때는 완전한 삶을 누렸었다. 그러나 앎을 얻게 되자 점차 재앙의 늪으로 빠져들기 시작하였다. 제우스신이 호기심 많은 여자인 판도라와 해악을 가득 담은 상자를 인간 세상에 함께 보내면서 판도라에게 상자를 절대 열어보지 말라고 당부했다. 그러나 호기심 많은 판도라는 제우스신이 준 상자 속에 어떤 물건이 있는지 궁금해서 도저히 견딜 수가 없었다. 그래서 판도라는 제우스신의 경계를 무시하고 상자를 열어버리고 말았다. 그러자 그 순간부터 상자 안에 있던 온갖 재앙이 인간세상으로 끝없이 쏟아져 나왔다. 이로부터 인간들은 고통 속에서 행복에 대한 희망만 가지고 하루하루를 살아가는 신세로 전락했다. 지적 호기심을 참지 못함으로써 얻는 결과물은 바로 '재앙'이라는 독물이다.

인간에게 무서운 재앙을 가져다 준 것은 지적 호기심이다. 생각의 문을 열어 그 호기심을 채워감으로부터 인간들은 우주만물과 자신들을 분리 시켜 자신들은 저들보다 월등히 고귀한 존재라는 망상에 젖어들기 시작하였다. 그리고 생각의 기능을 발전시켜 천지만물을 해치는 도구를 제작하여 자신들의 이기심을 채우기에 골몰하였다. 인간은 마침내 천지자연만 파괴할 뿐 아니라, 동족을 속이고 살육하는 짓을 예사로 하는 지구상의 불청객으로 전락해버렸다. 「천운天運」에서는 성자이면서 지자인 삼황三皇을 극렬하게 비판한다. "삼황의 지혜는 위로 일월의 광명을 거역했고, 아래로는 산천의 정기를 배반했고, 가운데로는 사철의 순환을 무너지게 했다." 장자철학에서는 삼황이 자연을 거역하면서 인문을 개발함으로부터 천지는 부조화에 빠져들기 시작하였다고 진단했다. 성자도 지자도 없는 원시시대 사람들은 스스로 인간이 최고라는 생각도 없고 남을 속일 줄도 모르고 천지자연을 파괴할 줄도 몰랐다. 그렇지만 그들은 순수성을 지키면서 긴 세월동안 행복한 삶을 영위해왔다.

세상의 지자와 성자들은 큰 도둑들의 보호막 역할을 했다. 제齊나라의 경우를 보자. 제나라는 본래부터 강태공姜太公의 자손들이 대대로 제후 노릇을 해왔었다. 그러다가 제나라의 일개 대부였던 전성자田成子가 국권을 찬탈하여 강씨姜氏의 나라였던 제나라를 전씨田氏의 나라로 만들어버렸다. 제나라를 빼앗은 전씨 정권은 성인聖人의 예악과 학문을 빌려와 자신들의 부도덕을 감추면서 문화와 도덕을 숭상하는 나라로 이미지 전환을 꾀하였다. 전성자의 본색은 나라를 훔친 큰 도둑이지만 성인과 지자의 가르침을 내세워 그럴듯하게 정치를 하자 아무도 그를 비난하지 않았다. 뿐만 아니라 12대가 내려가도록 그의 자손들은 당당하게 제나라의 임금 노릇을 했다. 이렇게 본다면 지자와 성자는 나라를 훔친 큰 도둑인 전성자를 보호해주는 방패막이의 역할을 해준 셈이 된다.

또한 성자와 지자는 도둑이 재물을 쉽게 훔쳐가게끔 재물을 미리 한 곳에 모아둔 사람이나 다름없다. 미혹한 사람들은 '성자'라고 하거나 '지자'라고 하면 처음부터 경외심을 가지고 그들을 대한다. 그 경외심은 성자와 지자를 넘어서서 성자와 지자들의 가르침을 전하는 사람에게로 연장이 된다. 가르침을 전하는 사람들 중 일부는 성자와 지자에 대한 경외심을 더욱 조장하고, 그 경외심을 이용해 세속적인 부귀를 추구하는 사람들도 더러 있다. 이런 사람들은 성자와 지자의 권위를 훔쳐 개인의 이익을 추구한다는 데서는 나라를 훔친 전성자와 다를 바 없는 종류의 인간이다. 이렇게 보면 지자와 성자는 후세에 출현할 도둑을 위해 미리 재물을 모아준 사람이라고 말할 수 있다.

장자철학에서는 인간이 만든 사상이나 철학을 부정적으로 바라

본다. 왜냐하면 이것들이 인간의 자연스러운 본성을 파괴한다고 보기 때문이다. 그래서 성인이나 지자는 물론, 그들의 가르침을 전하는 사람들까지도 부정적인 시각으로 바라본 것이다.

재유

음양陰陽이 조화를 잃으면 병이 온다

> 사람이 크게 기뻐하면 양(陽)으로 치우치고 크게 노하면 음(陰)으로 치우친다. 음과 양이 함께 치우쳐지면 사철이 오지 않는다. 추위와 더위가 조화를 이루지 못하면 도리어 몸을 상하게 되리라.
> 人大喜邪(인대희야)면 毗於陽(비어양)하며 大怒邪(대노야)면 毗於陰(비어음)이라. 陰陽幷毗(음양병비)면 四時不至(사시부지)라. 寒暑之和不成(한서지화불성)이면 其反傷人之形乎(기반상인지형호)인져.

　장자철학에서는 음양을 통하여 자연현상은 물론 양생에 대한 문제도 논한다. 양생의 비법은 음양의 조화에 있다.
　사람에게는 희로애락의 감정이 있다. 이 감정은 인체에 직접적인 영향을 준다. 의학서인 『황제내경』에서는 인간의 감정과 인체의 오장五臟은 밀접한 관계를 가진다고 본다. 이 이론은 오행설을 기반으로 하여 성립된 것이다. 구체적으로 보면 목: 간-분노[怒], 화: 심장-기쁨[喜], 토: 비장-생각[思], 금: 폐-슬픔[悲], 수: 신장-두려움[懼]으로 상응시킨다. 화를 과도하게 내면 간이 손상되고, 기쁨이 지나치면 심장에 병이 오고, 생각이 많으면 비위가 상하여 소화가 안 되고, 슬품이 과도하면 폐기가 약해지고, 지나치게 두려워하면 신장의 기능이 약해진다. 이처럼 인간의 감정은 인체에 직접적으로 영향을 끼친다. 그래서 양생을 잘 하려고 하는 사람은 반드시 감정을 잘 다스려 늘 중화의 상태에 있도록 해야 한다.『황제내경』은 음양설은 물론 오행설도 수용하였다. 앞에서 소개한 내용은 감정과 오장의 관계를 오행의 차원에서 논한 것이다.

한편「재유在宥」에서는 감정을 음양의 차원에서 논하면서 양생의 이치를 말한다. 여기서는 기쁨을 양에, 분노를 음에 상응시키고 있다. 아마 기쁨은 편안과 긍정의 감정이기에 '양'이라 하고 분노는 불안과 부정의 감정이기에 '음'이라고 했을 것이다. 편안하면 기운이 고요하고 불안하면 기운이 움직인다. 기운은 균형이 중요하다. 그래서 너무 평안하면 기운이 정체되고 너무 움직이면 기운이 흩어진다. 기운이 너무 정체되어도 문제가 되고, 너무 움직여도 문제가 된다. 그러므로 기쁨(양)과 분노(음)는 늘 극도에 이르지 않도록 해야 한다. 만약 이 두 감정이 조화를 이루지 못하면, 마치 춘하추동이 순리적으로 흐르지 않을 때 자연계에 나타나는 부작용과 똑같은 현상이 인체에서도 일어난다. 그러므로 양생을 잘 하기 위해서는 반드시 양성의 기쁨과 음성의 분노를 조화롭게 조절해야 한다.

그러면 음양의 조화는 어떻게 이루는가.「재유在宥」에 이런 말이 있다. "천하는 있는 그대로 놓아두어야 한다는 말은 들었지만 천하를 다스려야한다는 말은 듣지 못했다." 자연계는 자연함으로 움직이기에 참되고 영원하다. 인위적인 계교를 부리면 자연계의 질서는 파괴된다. 인간의 몸과 감정의 세계에 있어서도 마찬가지이다. 장자는 이렇게 경계했다. "자연한 덕을 어기면서도 장구하게 살아가는 자는 천하에 없다." 장구하게 사는 비법은 바로 자연한 덕을 기르며 사는 것이다. 인간은 안 되는 일을 되도록 만드는 사람을 훌륭하게 본다. 그러나 이러한 방식의 삶에는 많은 무리수가 따르며, 반드시 기쁨과 분노가 수시로 발동한다. 이렇게 되면 음양의 기운이 치우쳐져 몸과 정신을 장구히 유지할 수 없다. 음양을 잘 다스리는 비법은 바로 '자연스러운 삶의 태도'를 지키는 속에 있다. 매사에 억지로 함 없이 순리적으로 살아갈 때 양생의 도를 그 속에서 찾을 수 있다. 대개 세상사에 너무 적극적이고 정렬적인 사람들은 오래 살기가 어렵다. 그 이유는 세상사에 따라 감정이 기복이 심하기 때문이다. 감정의 기복이 심하면 음양의 조화는 쉽게 무너진다.

모든 것은 조화로워야 한다. 인간의 몸이나 감정의 세계는 물론 자연계의 한난寒暖·조습燥濕 등도 마찬가지이다. 인위적인 행위에 의해 이런 것들이 조화를 잃으면, 인체에도 자연계에도 반드시 재앙이 따라붙는다.

정신을 전일專一하게 하는 것이 최고의 장생법이다

> 그대의 몸을 삼가 지킬 것이니 만물은 놓아두면 스스로 강해진다. 나는 정신을 전일하게 지켜 조화로움에 머물도록 했다. 그래서 내가 몸을 수련한 지 1,200년이지만 내 몸은 일찍이 쇠하지 않았노라.
>
> 愼守女身(신수여신)이니, 物將自壯(물장자장)이니라. 我守其一(아수기일)하야 以處其和(이처기화)니라. 故(고)로 我修身二千百歲矣(아수신이천백세의)나 吾形未嘗衰(오형미상쇠)로다.

사람은 누구나 장생長生을 추구한다. 정상적인 생활환경 속에 있으면서 빨리 죽기를 원하는 사람은 없다. 그러면 장생의 도는 무엇인가. 황제黃帝와 광성자廣成子 간에 있었던 대화 내용을 살펴보자.

황제가 천자天子가 된지 19년 만에 천하가 안정되자 신선神仙인 광성자가 공동산空同山에 산다는 말을 듣고 그를 찾아갔다. 황제가 말했다. "제가 듣건대 선생께서는 지극한 도를 통달하셨다고 하는데, 지극한 도의 정수精髓를 묻고자 합니다. 저는 천하의 정기를 취하여 오곡의 생산을 도와 백성들을 먹여 살리려 합니다. 저는 또 음양을 다스려 모든 생물들이 성장할 수 있게 하려합니다." 이에 광성자는 '그대가 하려는 것은 말단의 일에 불과하다'라는 등의 말로 황제를 힐난했다. 황제는 인위적인 방법으로 백성과 만물을 살리려 하였다. 그러나 광성자가 볼 때 이것은 유치한 짓이었다. 광성자의 눈에는 인위적인 방법을 사용하려는 것도 문제이지만, 애당초 '백성과 만물을 살리고자 욕심을 내는 것' 그 자체도 잘못된 짓으로 비쳐졌다.

광성자로부터 힐난을 들은 황제는 천하를 남에게 물려주고 별실을 지어 석 달 동안 고요히 머물다가 다시 광성자를 찾아갔다. 황제는 무릎을 꿇고 나아가 절하고서 말하였다. "제가 듣건대 선생께서는 지극한 도에 도달하셨다고 하니 감히 몸 닦는 법에 대해 묻겠습니다. 어쩌면 장생을 얻을 수 있습니까." 이에 광성자는 누워 있다가 벌떡 일어나 "좋은 질문이로다. 이리 오게나. 내가 그대에게 지극한 도를 말하리라."하고 장생의 도를 설파했다.

광성자가 말한 장생의 도는 이렇다. "지극한 도의 정수는 깊숙하고 까마득하며 지극한 도의 극치는 어둡고 고요하다. 보지도 듣지도 말아서 정신을 끌어안고 고요히 하면 몸이 절로 바르게 된다. 반드시 고요히 하고 반드시 맑게 하여 그대의 몸을 수고롭게 하지 말며 그대의 정신을 요동하게 하지 말아야만 장수할 수 있다." 이목구비의 감각기관을 어지럽게 사용하여 정신을 혼란케 말며 몸을 함부로 놀려 피곤에 지치지 않게 하라는 말이다. 그리고 광성자는 '아는 것이 많으면 재앙을 만날 수 있다'라고 하여 지식을 탐하는 짓을 금하는 한편, 황제에게 음양의 근원 세계에까지 도달하게 해주리라고 약속을 하면서 말을 이었다. "그대의 몸을 삼가 지킬 것이니 만물은 놓아두면 스스로 강해진다. 나는 정신을 전일하게 지켜 조화로움에 머물도록 했다. 그래서 내가 몸을 수련한 지 1,200년이나 되었지만 내 몸은 일찍이 쇠하지 않았노라." 정신과 몸을 혼란케 하지 말고 자연함을 따라 움직일 때 조화로움을 얻을 수 있게 된다는 말이다. 이것이 광성자가 전해준 장생법의 핵심 비법이다.

노자도 장생의 도에 대해 제59장에서 "'뿌리를 깊게 하고 근원을 견고히 하는 것[深根固柢]'이 장구長久하게 사는 도이다.[長生久視之道]"라고 말한 바 있다. 세상사에 집착하여 억지로 일을 만들려고 하지 말며 몸의 기운을 헛되이 낭비하지 말며 정신을 고요하고 전일하게 하여 깊숙한 곳까지 이르게 하는 것이 바로 노자가 말하는 '뿌리를 깊게 하고 근원을 견고히 함'의 구체적인 방법이다.

광성자의 수양법과 노자의 수양법은 크게 다르지 않다. 육체의 힘을 함부로 과도하게 쓰지 말 것이며, 정신을 고요히 모아 근본에 돌아가도록 하는 것이 양자가 말하는 장생법의 대체大體이다.

무궁無窮의 문에 들어가 무극無極의 들판에 노닌다

> 장차 그대를 떠나 무궁(無窮)의 문에 들어가 무극(無極)의 들판에 노닐 것이다. 내가 일월(日月)과 더불어 빛을 함께 하고 내가 천지와 더불어 항상 함께 하리라. 나와 부딪쳐도 알지 못하고 나와 멀어져도 알지 못하리라. 다른 사람은 다 죽을지라도 나는 홀로 존재하리라.
>
> 余將去女(여장거여)하야 入無窮之門(입무궁지문)하야 以遊無極之野(이유무극지야)하리라. 吾與日月參光(오여일월참광)하고 吾與天地爲常(오여천지위상)이라. 當我緡乎(당아민호)하고 遠我昏乎(원아혼호)인저. 人其盡死(인기진사)나 而我獨存乎(이아독존호)인저.

이는 광성자廣成子가 전해주는 장생법의 클라이맥스 부분에 해당한다. 진정한 장생은 도와 하나를 이루는 가운데 성취할 수 있다.

이에 앞서 광성자는 황제에게 "그대의 몸을 삼갈 것이니, 만물은 놓아두면 스스로 강해질 것이다. 나는 정신을 전일하게 하여 조화로운 데 머물도록 했다. 그래서 내가 몸을 수련한 지 1,200년이지만, 내 몸은 일찍이 쇠하지 않았노라."라는 말을 했었다. 이 말이 끝나자 황제는 재배하고 머리를 조아리며 "광성자께서는 하늘이십니다."라고 찬탄을 했다. 이에 광성자는 황제에게 인간들의 어리석음을 지적하면서 이렇게 말했다. "장차 그대를 떠나 무궁無窮의 문에 들어가 무극無極의 들판에 노닐 것이다. 내가 일월日月과 더불어 빛을 함께 하고 내가 천지와 더불어 항상 함께 하리라. 나와 부딪쳐도 알지 못하고 나와 멀어져도 알지 못하리라. 다른 사람은 다 죽을지라도 나는 홀로 존재하리라." 무궁한 무극의 세계에 들어가 천지일월과 동체가 됨으로써 사람이 자기의 존재를 깨닫지 못하게 하고, 또 영원한 삶을 누릴 것이라는 말이다. 이는 자기를 무화無化시켜 도리어 지극하고 영원한 삶을 누릴 수 있다고 하는 장생법의 최고 경지이다.

지극한 경지는 남이 나를 알아보지 못하며, 또한 생멸生滅이 없는 경지이다. 노자는 "나를 아는 자가 드물기에 내가 귀하다.[知我者希 則我者貴]"라고 하였다. 이미 남이 나를 알아버렸다면 나는 남에게 간파를 당할 만큼 한계를 가진 존재로 전락해버리고 만다. 그러므로 도의 경지에 들어간 사람은 무無의 모습으로 노닌다. 그리고 도에 들어간 사람은 수양을 통해 수명의 한계를 초월한다. 그래서 시간의 한계를 뛰어넘어 무시무종의 세계 속에서 소요할 수 있다. 이렇게 될 때 장생의 도는 비로소 완성된다.

『장자』에서 제시한 불로장생법 요체는 『노자』의 '포일抱一'을 계승한 '아수기일我守其一' 속에 있다. '아수기일'은 '수일守一'을 말하는데, 이는 정신을 순수하게 하여 하나로 모으는 수양법이다. 진한시대秦漢時代를 지나면서 방사方士들에 의해 장생법은 계속 연구되었다. 후한後漢에 이르러 위백양魏伯陽은 『참동계參同契』를 지어 불로장생법을 논하기도 하였다. 이후에도 불로장생법에 대한 연구는 지속되었다. 불로장생의 도는 현대인들에게도 큰 관심꺼리가 되고 있다. 오늘날의 의학이나 생명공학이 바로 불로장생법을 연구하는 학문이다. 그러나 『장자』에서 말하는 장생법은 단순히 육체를 단련하거나 단약을 복용함으로써 성취하자는 것이 아니다.

장자와 장자 후인들의 관심은 언제나 의식의 해탈에 있었다. 그들은 의식을 해탈하는 법으로 '수일'을 말하였다. 정신을 하나로 모아 극도에 이르면 문득 자아를 초월하여 무극의 세계에 도달한다. 그래서 누구도 그의 존재를 알지 못하는 투명인간처럼 된다. 투명인간이 되었다는 것은 물질계를 초월했음을 의미한다.

아득히 혼魂마저 사라지다

> 그대의 형체를 버리고 그대의 총명을 토해내면, 자신과 만물을 모두 잊어 자연의 기와 크게 하나가 된다. 마음과 정신을 놓아 버려 아득히 혼(魂)마저 사라지면 무성한 만물이 원래대로 돌아간다.
> 墮爾形體(타이형체)하고 吐爾聰明(토이총명)하면, 倫與物忘(윤여물망)하야 大同乎涬溟(대동호행명)이라. 解心釋神(해심석신)하야 莫然無魂(막연무혼)하면 萬物云云(만물운운)이 各復其根(각복기근)이니라.

인간의 인위적인 꾀는 천지자연의 질서를 파괴하여 갖가지 재앙을 초래한다. 그러면 재앙을 잠재워 천지만물이 장구한 평화를 누리게 하는 길은 무엇인가.

사람의 덕이 지극하면 천지만물을 편안하게 해준다. 『중용』에 "중화中和의 덕을 지극히 하면 천지가 제자리를 지키고 만물이 길러진다.[致中和 天地位焉 萬物育焉]"라고 하였다. 인간이 중화中和의 덕을 극진히 닦으면 천지가 제 기능을 다하고 만물이 제각기 행복을 누리도록 해줄 수 있다는 것이다. 사실 인간은 만물에게 큰 영향력을 발휘한다. 난초는 인간의 관심을 받으면 더 잘 자라고 젖소는 주인의 사랑을 받으면 우유를 더 많이 생산한다. 이처럼 인간의 기운은 만물에 그대로 전달이 된다. 물론 거꾸로 인간 역시 천지만물로부터 지대한 영향을 받는다. 천지만물이 화평을 얻지 못하면 인간세계는 온전할 수 없다. 인간과 천지만물은 서로 아름다운 관계를 유지하도록 노력해야 한다. 인간이 천지만물과 좋은 관계를 유지하게 하는 길은 무엇인가. 바로 인간이 수양을 통해 도를 얻는데 있다.

구름을 주관하는 운장雲將이 동으로 날아가다가 자연의 원기인 홍몽鴻蒙을 만났다. 이때 운장은 천지의 기운이 화순和順하지 못하고, 육기六氣와 사시四時가 고르지 못하니, 어찌하면 되겠는가를 물었다. 이에 홍몽은 대답하지 않았다. 그래서 운장은 홍몽을 떠났다. 그러다가 3년 뒤에 운장은 홍몽을 다시 만났다. 몇 마디 대화를 하다가 홍몽이 말했다. "천지의 큰 법을 어지럽히고 생물의 참모습을 거스르면 자연이 조화를 이루지 못한다. 짐승의 무리는 흩어지고 새들은 밤중에 울어 그 재앙이 초목과 곤충에게까지 미친다." 홍몽은 천지만물이 조화를 잃어 불행해진 이유를 '천지의 큰 법을 어지럽히고 생물의 참모습을 거스름'으로 진단하였다. 인간이 자신의 욕망을 채우고자 천지의 법을 어기고 만물의 본성을 학대하면, 천지는 조화로움을 잃고 만다는 것이다.

이에 운장이 안타까워하면서 어떻게 해야 할지를 물었다. 홍몽이 대답했다. "오호라! 마음을 수양하라. 그대가 참으로 무위無爲에 머문다면 만물이 저절로 화생化生한다. 그대의 형체를 버리고 그대의 총명을 토해내면 자신과 만물을 모두 잊어 자연의 기와 크게 하나가 된다. 마음과 정신을 놓아버려 아득히 혼魂마저 사라지면 무성한 만물이 원래대로 돌아간다." 인위적 행위를 버리고 몸과 지식을 다 잊을 때, 마침내 물아양망物我兩忘의 경지에 이를 수 있다. 이 경지에서 더 나아가면 마침내 도와 하나가 된다. 도와 하나가 되면 자연스럽게 천지만물의 삶을 도울 수 있다. 홍몽은 천지 사이에 일어나는 재앙은 사람의 인위적인 행위 때문이므로 사람이 마음을 수양하여 도를 얻으면 자신과 천지만물 모두가 행복해진다고 했다. 여기서 특히 관심을 가지고 보아야 할 부분은 "마음과 정신을 놓아버려 아득히 혼魂마저 사라진다.[解心釋神 莫然無魂]"이다. 이것은 인간의 마음과 정신이 다 사라져 영혼조차도 없는 완벽한 무아의 경지에 도달했음을 뜻한다. 여기에 이르면 혼연히 도와 합일을 이루어 영원한 삶을 누림과 동시에 천지의 조화에도 참여할 수 있다. 인간이 도와 합일하지 못한 상태에서 천지만물을 돕겠다고 나서는 것은 도리어 천지만물을 해치는 행위이다. 자신을 완벽히 버리고 도와 합류하는 것이야말로 천지만물을 위하는 최선의 길이다.

인간은 회개해야 한다. 천지자연의 질서를 교란하는 행위를 중지해야 한다. 인간이 어찌 무한의 시간과 무한의 공간이 얽혀서 이루어진 저 광대한 천지를 지배하겠다는 것인가. 이 헛된 욕망이야말로 대재앙의 씨앗이다. 이제라도 인간은 마음을 수양하여 인생의 진정한 가치를 체득하고 또 천지와 함께 호흡하는 삶을 살도록 노력해야 한다.

도는 잡으려 하면 더욱 멀어진다

> 멍멍하기에 근본에서 영원히 떠나지 않지만 만약 그 근본을 알려하면 근본에서 벗어난다. 그 이름도 묻지 말고 그 모습도 엿보려하지 말라. 만물은 다 자연히 생겨난다.
> 渾渾沌沌(혼혼돈돈)이라야 終身不離(종신불리)하나니, 若彼知之(약피지지)면 乃是離之(내시리지)니라. 無問其名(무문기명)하며 無闚其情(무규기정)이니, 物固自生(물고자생)이니라.

구하려 할수록 구할 수 없는 것이 바로 도이다. 구하려 하는 그 생각과 욕구야말로 도를 구하지 못하게 하는 최대의 적이다. 이렇게 하기보다는 차라리 무심히 물마시고 밥 먹는 것이 상책이다.

물고기가 연못 속에서 자유롭게 노닐 때는 물고기와 연못은 일체이다. 그러나 물고기가 자기와 연못을 분별하여 연못의 정체가 무엇인지 알고 싶다하여 연못에서 뛰쳐나오면, 그 순간 물고기와 연못은 둘이 된다. 그러다가 물고기는 고통을 받으면서 서서히 죽어 간다. 무심히 있으면 어떤 허물도 없다. 도가 자신이고 자신이 도이다. 그대로 완전하다. 그러나 만약 자기와 이미 하나인 그 도를 자기와 분리시켜 그 정체를 따져보려 한다면, 그 순간 곧바로 도에서 벗어나게 된다. 그래서 "명명하기에 근본에서 영원히 떠나지 않지만 만약 그 근본을 알려하면 근본에서 벗어난다."라고 하였다. 도는 구하려 하면 달아난다. 분별하는 마음과 구하려는 마음이 사라져 멍멍한 상태에 있을 때, 그 순간 도와 나는 문득 하나가 된다. 그래서 『신심명』에서는 "한 마음이 생기지 않으면 만법이 허물이 없다.[一心不生 萬法無咎]"라고 하였다. 마음 작용이 일어나지 않아 텅 비어 있으면, 도는 그 순간 거기에 있다. 소란을 떨지 말아야 한다. 도는 얻고자 하는 그 생각조차 놓아버릴 때 문득 얻어진다. 그래서 "그 이름도 묻지 말고 그 모습도 엿보려하지 말라. 만물은 다 자연히 생겨난다."라고 한 것이다. 도의 세계는 엿보려 하여도 엿볼 수가 없다. 그러므로 굳이 엿보려 할 필요가 없다. 천지만물은 '도'라고 하는 것이 있거나 말거나 상관하지 않고 스스로 오고간다. 도는 애당초 염두에 두지 말아야 한다. 까마득히 잊어버려야 한다. 이렇게 하는 순간 도와 나는 문득 하나가 된다. 만약 잊지 못하면 결국 도의 그림자만 볼 뿐이다.

영가永嘉 스님의 『증도가證道家』에 이런 말이 있다. "배움도 끊고 할 일도 없는 한가한 도인道人은 망상을 제거하려고도 하지 않고 진리를 구하려고도 하지 않는다.[絕學無爲閑道人 不除妄想不求眞]" 제거하려 하거나 구하려 한다면 이는 바람 없는 호수에 공연히 풍파를 일으키는 짓이다. 도는 구하려는 생각을 일으키는 그 순간 곧바로 꼬리를 감춘다. 망상은 제거하려는 생각을 일으키는 그 순간 곧바로 일어난다. 도는 생각을 끊어야 얻을 수 있는 것인데, '구하려하는 마음' 그 또한 생각의 소산이다. 그래서 도는 구하려는 마음을 강하게 낼수록 더욱 얻기 어려워진다. 망상은 허깨비이므로 당연히 제거해야 한다. 그러나 '망상은 나쁜 것이다'라고 규정하여 그것을 제거하려는 생각을 내면 망상은 그 순간 더 강력하게 일어난다. 마치 불량배에게 '나쁜 놈이다'라는 생각을 내어 먼저 쳐다보면 그 불량배는 곧바로 싸움을 걸어옴과 같다. 차라리 망상은 놓아두는 편이 상책이다. 그러므로 도를 구하려는 생각도, 망상을 제거하려는 생각도 모두 놓아버려야 한다. 어떤 생각이든 생각을 일으키면 그 순간 도는 달아나고 망상이 찾아온다.

현현묘묘玄玄妙妙한 저 세계는 있다고도 할 수도 없고 없다고도 할 수 없다. 이름을 지으려 해도 지을 수 없고 잡으려 해도 잡을 수 없다. 부질없이 심력을 쓰느니, 차라리 놓아둠이 현명한 태도이리라.

홀로 존재하는 사람, 독유지인獨有之人

우주[六合]를 출입하며 구주(九州)에 노닐면서 홀로 갔다가 홀로 오나니, 이를 일러 '홀로 존재함[獨有]'이라 한다. 홀로 존재하는 사람을 '지극히 귀한 사람[至貴]'이라 한다.
出入六合(출입육합)하며 遊乎九州(유호구주)하야 獨往獨來(독왕독래)하나니, 是謂獨有(시위독유)라. 獨有之人(독유지인)을 是之謂至貴(시지위지귀)라.

彌天大業紅爐雪 하늘을 채우는 큰 사업도 붉은 화로 위의 눈송이요
미천대업홍로설
跨海雄基赫日露 바다 뒤덮는 큰 기틀도 밝은 태양 앞의 이슬이네.
과해웅기혁일로
誰人甘死片時夢 뉘라서 잠깐의 꿈처럼 살다가 죽기를 달게 여길까
수인감사편시몽
超然獨步萬古眞 만고의 진리 향하여 초연히 홀로 걸어가노라.
초연독보만고진

성철종사性徹宗師의 「출가시出家詩」이다. 진정한 구도자는 헛된 세상을 떠나 광막한 세계를 혼자 오간다. 그러나 외롭지 않다. 무한의 진리가 그와 함께하기 때문이다.

구주九州는 하夏의 우禹임금이 나눈 아홉 개의 행정구역을 말한

다. 세상에서는 이것을 '천하天下'라고 칭하기도 한다. 우주를 홀로 오락가락할 수 있다면 이러한 사람이야말로 홀로 존재하는 지극한 귀인貴人이다. '홀로 존재한다[獨有]'는 말은 여러 가지 뜻으로 해석할 수 있다. 성현영成玄英은 '무리들과는 달리 홀로만 이러한 능력을 가졌다'는 뜻으로 해석했다. 적총충赤塚忠은 '독존獨存', 즉 '홀로 존재한다'는 뜻으로 해석했다. 여기서는 후자의 뜻에 따라 해석한다. 깨달은 자는 홀로 존재하고, 홀로 존재하는 자는 무한의 자유를 누린다.

지극한 귀인이 되는 길은 집착을 놓는 데서부터 시작된다. 정신 능력이 최고조에 이르자면 그 어떠한 사물이나 이론에도 집착하지 말아야 한다. 그래야만 정신이 점차 고요하고 깊어져 허령虛靈해진다. 이 상태에 이르면 친구도 없고 적도 없으며 고운 사람도 없고 미운 사람도 없어진다. 호호막막浩浩漠漠한 가운데 오직 홀로만 존재할 뿐이다. 여기에 무한의 자유가 있다. 「재유」에서는 이렇게 말한다. "큰 물건을 둔 자는 물건을 물건으로 여기지 말아야 한다. 물건을 물건으로 여기지 않음으로써 그 물건을 자기 물건으로 삼을 수 있다. 물건을 보존하는 자가 물건을 물건으로 여겨 집착하지 않을 줄 안다면, 어찌 오직 천하만 다스릴 수 있겠는가. 우주[六合]를 출입하며 구주九州에 노닐면서 홀로 갔다가 홀로 오나니, 이를 일러 '홀로 존재함[獨有]'이라 한다. 홀로 존재하는 사람을 '지극히 귀한 사람[至貴]'이라 한다." 귀중한 그릇을 너무 움켜잡으면 도리어 그릇을 깨트릴 수 있다. 모든 병통은 강한 집착 때문에 일어난다. 집착을 내려놓으면 도리어 천하를 보존할 수 있고, 더 나아가서는 광막한 우주를 홀로 노니는 경지에도 도달할 수 있다.

모든 집착을 턱 놓아버릴 때, 큰 도를 얻을 수 있다.『육조단경六

祖壇經』에 이런 말이 있다.『법화경法華經』을 입으로만 외우는 법달法達에게 육조대사六祖大師는 "마음이 미혹하면『법화경』이 그대를 굴리고 마음이 깨달으면 그대가『법화경』을 굴린다.[心迷法華轉 心悟轉法華]"라고 하는 게송을 읊어주었다. 그러자 법달이 홀연히 깨침을 얻었다고 한다. 즉 집착이 가득한 마음으로 경전經典을 읽으면 사람이 경전의 종이 되어 끌려 다니고, 깨달은 마음으로 경전을 보면 경전의 뜻을 자유자재로 가져 놀 수 있게 된다는 뜻이다. 집착을 털어내어 심경이 탁 트이면 자유자재한 지혜를 얻어 법화法華를 마음대로 굴리듯이 우주를 마음대로 들었다 놓았다 할 수 있게 된다.

큰 도를 얻는 길은 집착을 버리는 데서부터 시작된다. 집착을 버리면 일체의 것에서 해방된다. 아무 것에도 걸리지 않아 홀로 우주간을 자유롭게 왕래할 수 있다. 도에 들어가는 문은 지극히 좁아 둘이 함께 들어갈 수 없다. 오직 스스로 닦아 홀로 갈 뿐이다. 이러한 사람을 '지극히 귀한 사람[至貴]'이라 한다.

무기無己에 이르면 존재가 없어진다

> 언어와 몸이 모두 대동(大同)에 합하나니 대동에 합해지면 자기가 없어진다. 자기가 없어지면 어찌 존재가 있겠는가. 존재가 있음을 보는 자는 옛날의 군자요, 없음을 보는 자는 천지의 벗이니라.
>
> 頌論形軀(송논형구) 合乎大同(합호대동)하나니, 大同而無己(대동이무기)라. 無己(무기)면 惡乎得有有(오호득유유)리오. 覩有者(도유자)는 昔之君子(석지군자)요 覩無者(도무자)는 天地之友(천지지우)니라.

　시비를 따지는 분별심이 치성하고 또 자신의 몸에 강한 집착을 보인다면, 이러한 사람은 도에서 이탈된 정신적 방랑자에 불과하다. 그러나 시비분별과 몸에 대한 집착을 떠나면 문득 도의 세계에 이른다.

　사람들은 명철한 지혜를 가지고 세상의 선악을 판별하며, 또 주체성을 확립하고 자존심을 지킬 줄 알아야만 똑똑한 사람으로 여긴다. 그리고 자기를 내세워 남과 대립하여 남을 짓눌러야만 강한 사람이 된다고 여긴다. 그렇다. 저런 사람은 똑똑하고 강한 사람임에 틀림없다. 그러나 그들의 내면은 이기적인 욕망과 분별하는 습성에 의해 이미 부패되어 있다. 그래서 그들을 '속인俗人'이라 하고 그들이 사는 곳을 '속세俗世'라 한다.

그러면 이 세상에 산다고 해서 모두다 속인이 되는 것은 아니다. 한 번 생각을 되돌리는 찰라 지금 앉아있는 이 자리에서 곧바로 속인의 신세를 면하여 대동大同의 세계에 들어갈 수 있다. '대동'이라는 말은 '크게 하나 됨'을 뜻한다. 여기서는 천지자연과 하나 됨을 뜻한다. 대동은 각 종교에서 말하는 '궁극의 자리'를 의미한다고 볼 수 있다. 그러나 『장자』에서 말하는 대동은 주관적 정신활동에 의해 만들어진 추상적 관념의 세계가 아니라, 바로 우리가 지금 몸담고 있는 이 천지 속에서 추구한다. 자아를 버리고 바른 인식을 얻으면 지금 숨 쉬고 있는 이 속세가 곧바로 궁극의 대동세계로 변화한다.

노장철학에서는 인위적인 생각으로 만든 것을 헛된 것으로 보고 그 진실성을 부정한다. 그러므로 지자知者들이 만든 교리와 각자의 뇌리에 저장되어 있는 잡다한 정보 등 인간의 생각을 왜곡시키는 요소들을 다 비우고, 더 나아가서는 이미 이루어진 인식의 틀조차 부숴버려야 한다. '자기를 없앤다는 것[無己]'의 본질적인 뜻은 바로 이것이다. 이렇게 해야만 존재의 실상을 바로 볼 수 있다.

본래 천지만물은 청황적백靑黃赤白과 고저장단高低長短 등의 특정한 모습을 가지지 않는다. 다만 자기의 입장을 내세우면서 외형을 보는 데만 그쳐있는 인간의 눈이 그렇게 볼 뿐이다. 자기가 없는 경지에 이르면 천지만물이 무無로 보인다. 무는 존재의 본질이다. 그러나 '자기'라는 것에 사로잡혀있는 세인世人의 눈에는 존재의 본질이 보이지 않는다. 그리고 천지만물을 자신과 분리된 자로 바라본다. 나와 천지만물은 본래 없었던 것이다. '없음' 속에서 천지만물과 나는 하나이다. '나'라는 존재가 있고 천지만물이 있으면 피아가 대립을 이루어 서로 하나가 될 수 없다. 모든 부조화는 나로부터 나온 것이므로 나를 없애는 것이 먼저이다. 나를 없애면 천지만물도 저절로 없어진다. 결국 나와 천지만물은 무를 통하여 하나가 된다.

천지만물과 나의 구분이 서 있으면 명철하게 잘 따지는 세속의 군자요, 천지만물과 나의 구분이 사라지는 순간 나는 천지만물과 벗이 되어 한 몸을 이룬다. 속인은 자아의식이 강하여 전체와 자신을 구분하기에 전체와 단절되어 고립된 상황 속에 빠져든다. 자기가 없어지면 천지만물도 무로 돌아간다. 천지와 나는 무 속에서 하나가 된다. 거기에는 모든 것이 완전하다.

천지

현주玄珠를 찾은 상망象罔

> 황제가 적수(赤水) 북쪽에 노닐고 곤륜산(崑崙山) 언덕에 올라갔다가 남쪽을 보며 돌아오는 길에 현주(玄珠)를 잃어버렸다. 그래서 지식 많은 지(知)에게 찾게 했으나 못 찾았고, 눈 밝은 이주(離朱)에게 찾게 했으나 못 찾았고, 논리에 밝은 끽후(喫詬)에게 찾게 했으나 못 찾았다. 이에 생각이 모자라는 듯한 상망(象罔)에게 시켰더니 상망이 그것을 찾자, 황제가 "이상하군. 상망이 그것을 찾다니."라고 하였다.
>
> 黃帝(황제) 遊乎赤水之北(유호적수지북)이라가 登乎崑崙之丘(등호곤륜지구)하야 而南望還歸(이남망환귀)에 遺其玄珠(유기현주)라. 使知(사지)로 索之而不得(색지이부득)하고 使離朱(사이주)로 索之而不得(색지이부득)하고 使喫詬(사끽후)로 索之而不得(색지이부득)이라. 乃使象罔(내사상망)하니 象罔得之(상망득지)라. 皇帝曰(황제왈) 異哉(이재)라. 象罔(상망)이 乃可以得之乎(내가이득지호)아.

마음을 비워 거울처럼 만들 때, 직관력이 살아나고 감응능력이 활성화된다. 도는 이러한 순간에 얻을 수 있다.

똑똑한 사람은 도를 얻지 못한다. 그들은 지적인 기교를 부린다.

지적인 기교를 많이 부리면 정말 알아야 할 것은 알지 못한다. 마치 잡된 전파가 많이 섞여들면 전화 소리를 선명히 들을 수 없음과 같다. 지적인 기교를 모두 내버려야만 도를 얻을 수 있다. 그래서 도를 구하는 수도자들은 알음알이 지식을 내치기 위해 책을 소각해버리기도 한다. 무巫의 도를 닦음에 있어서도 지식을 멀리해야 한다. 지식이 많거나 분별심이 많거나, 또는 외물에 정신을 파는 무당들은 신령들과의 감응 능력이 떨어져 신통력이 약화된다. 머릿속이 복잡하면 정보를 탐색하는 안테나가 제 기능을 다할 수 없다. 무지무욕無知無慾으로 정신이 영명한 상태를 유지하도록 해야만 도를 깨달을 수 있다.

황제의 현주玄珠 이야기는 이 점을 잘 말해주고 있다. 현주는 '현묘한 구슬'이란 말로 도를 비유한다. 황제가 적수赤水 북쪽에 노닐고 곤륜산崑崙山 언덕에 올라갔다가 남쪽을 바라보며 돌아오는 길에 현주를 잃어버렸다. 현주를 잃어버린 까닭은 정신을 안팎으로 너무 많이 소모했기 때문이다. 이렇게 해서 잃어버린 구슬을 지식 많은 지知, 눈 밝은 이주離珠, 논리에 밝은 끽후喫詬에게 찾아오게 했으나 그들은 모두 찾지 못했다. 분별심이 많거나 마음속에 잡다한 정보가 많이 입력되어 있거나 외물을 낱낱이 명철하게 살피면, 정신에 거친 물결이 일어나 존재의 실상을 바로 비춰볼 수 없다. 그래서 황제는 마지막으로 지식도, 시력도, 논리력도 없어 모습이 있는 듯 없는 듯 어릿한 상망象罔에게 현주를 찾아오게 하자 상망은 금세 현주를 찾아와버렸다. 상망은 생각을 텅 비우고 외물로부터의 정신적 교란을 물리침으로써 순식간에 현주를 찾을 수 있었다.

현대인들은 상망같은 사람을 바보로 취급한다. 그 대신 지식이 많은 '지'라는 사람, 눈 밝은 '이주'라는 사람, 논리에 밝은 '끽후'라는 사람들을 위대하게 본다. 그러나 도의 세계에서 본다면 상망과 같은 사람이 더 위대하다. 그는 어리석고 단순하지만 똑똑한 세상 사람들이 찾지 못한 도를 찾아내었기 때문이다. 현대인들, 특히 진리를 구한다고 하는 학자들은 사실은 진리와 멀어지는 삶을 살고 있다. 그들은 따지고 분석하고 어려운 글을 쓰는 것을 학문이라 여긴다. 그리고 자신들이 새로운 진리를 발견하고 체득하려 하기보다는 남이 뱉어놓은 말들을 분석하고 평론하기만 좋아한다. 이러한 방식으로 공부하여 도를 얻으려 한다면, '모래를 쪄서 밥을 짓는 것[蒸沙作飯]'처럼 불가능하다.

이른 바 '똑똑한 사람'들은 세속적인 명성은 얻을 수 있을지 몰라도 도는 얻기 어렵다. 밖이 밝으면 안은 자연히 어두워지는 법이다.

복을 구함도, 복을 물리침도 어리석은 짓

> 아들이 많으면 근심이 많아지고 부유하면 일이 많아지고 장수하면 치욕이 많아진다. 이 세 가지는 덕을 기르지 못하게 하므로 사양하노라.
>
> 多男子則多懼(다남자즉다구)요, 富則多事(부즉다사)요, 壽則多辱(수즉다욕)이라. 是三者(시삼자)는 非所以養德也(비소이양덕야)라. 故(고)로 辭(사)하노라.

사람들이 좋아하는 것을 나만 일부러 나쁘게 생각할 필요는 없다. 오지 않는 것을 억지로 구하려 해서도 안 되지만 오는 것을 굳이 마다할 필요도 없다. 억지로 구하는 것도, 굳이 물리치는 것도 자연스럽지 못하기는 모두 마찬가지이다.

행복한 삶을 누릴 수 있는 법은 무엇인가. 한번은 요堯임금이 화華 지역에 유람을 갔다. 그곳의 국경을 지키는 봉인封人이 요임금에게 장수하게 하고 부자가 되게 하며 또 아들을 많이 낳게 축원해 주겠다고 했다. 이에 요임금이 대답했다. "아들이 많으면 근심이 많아지고 부유하면 일이 많아지고 장수하면 치욕이 많아진다. 이 세 가지는 덕을 기르지 못하게 하므로 사양하노라." 사람들이 복으로 여겨 좋아하는 것을 요임금은 거부했다. 요임금은 큰 덕을 기르는데 이것들이 방해가 된다고 여겨 사양했다. 여기서 볼 때 요임금은 아직 의식이 자유로운 경지에 들지 못하였다. 그는 여전히 '복은 속된 것'이라고 하는 수도자의 기초적 계율에 걸려 있는 것이다. 사실 지극한 사람은 복을 복이라고 여기지 않는다. 복이 오면 쾌히 받아들이고 가면 쾌히 놓아버린다. 그래서 "오는 사람 잡지 말고 가는 사람 쫓지 말라.[來者勿去 去者勿追]"라고 하는 말도 있는 것이다. 왕래往來에 자유롭고 수수授受에 얽매이지 않아야 '대도인大道人'이라 할 수 있다.

이에 국경을 지키는 봉인이 말했다. "처음 나는 당신을 성인이라 생각했습니다. 지금 보니 당신은 군자君子 정도이군요. 하늘이 만물을 낳으면 반드시 직분을 줍니다. 아들이 많아도 모두 직분을 줄 것인데 두려워할게 무엇입니까. 부유하면 사람에게 재물을 나누어주면 될 것인데 무슨 큰 일이 있겠습니까." 사람은 누구나 자기가 먹을 복은 가지고 태어나며, 또 재물이 많으면 남과 나누어 쓰면 된다. 그런데 무엇 때문에 결벽증 환자처럼 '덕을 닦는 자는 복을 탐해서는 안 된다'라고 하는 생각에 걸려 삶을 부자유하게 만들 것인가. 복을 무조건 거부하는 것은 아직 '복됨'과 '복되지 않음', 그리고 '된다'와 '안 된다'를 구분하는 분별적 사고에서 자유롭지 못한 상태에 있음을 의미한다.

춘원 이광수의 소설 『원효대사元曉大師』에 의미심장한 이야기가 나온다. 경주 남산에 도가 높은 대안대사가 살고 있었다. 원효대사는 틈날 때 마다 대안대사를 찾아가곤 하였다. 하루는 요석공주가 원효대사에게 승복을 보내주었다. 이에 원효대사는 출가사문은 여인이 주는 옷을 입으면 안 된다고 하면서 그 옷을 입지 않으려 했다. 이에 대안대사가 이런 투로 말했다. "어떤 사람이 어떤 사람에게 주었다고 생각하면 될 것이지요." 이 말에는 '이것은 되고 저것은 안 된다'라고 분별하는 것을 나무라는 뜻이 숨어있다. 여자와 남자를 분별하지 말고 사람이 사람에게 준 것이라고 생각한다면, 요석공주의 성의를 굳이 무시하지 않아도 되었을 것이다.

　복을 거부하는 것은 복을 즐기는 것만 못하다. 공자 제자 자공子貢은 '가난하지만 아첨하지 않는다[貧而無諂]'라고 하여 이것을 큰 미덕으로 여겼다. 이에 대해 공자는 '가난하지만 즐거워한다[貧而樂]'라고 하였다. 자공의 경우는 아직 '가난함'과 '부유함'의 차별이 있는 세계에 속해 있다. 그러기에 가난할 때는 부자에게 아첨하지 않도록 주의해야 한다고 한 것이다. 세상의 눈으로 보면 이러한 경지도 훌륭하지만, '가난함'과 '부유함'의 분별을 이미 떠나버린 공자의 경지에 비하면 완전하지 못하다. 공자의 경우는 빈부의 세계에서 벗어났기에 빈부와는 상관없이 늘 즐거움을 누렸다. 공자야말로 깨달은 도인의 경지에 도달하였다고 할 수 있다.

　도인道人은 복의 세계에서 초월해 있다. 그래서 일부러 취하려고 하지도 않고 버리려 하지도 않는다. 오직 불행을 자연스럽게 받아들이듯 복 또한 자연스럽게 받아들일 뿐이다.

자기를 잊어야 하늘에 들어간다

> 사물을 잊어버리고 하늘을 잊어버리면, 이를 '자기를 잊음[忘己]'이라 한다. 자기를 잊은 사람을 '하늘에 들어간 사람[入於天]'이라 한다.
>
> 忘乎物(망호물)하고 忘乎天(망호천)이면 其名爲忘己(기명위망기)라, 忘己之人(망기지인)을 是之謂入於天(시지위입어천)이니라.

나를 잊으면 대상도 사라진다. '나'라는 존재가 있기에 '저'라는 대상이 나타난다. 그래서 나를 잊으면 나의 눈앞에 있는 모든 대상도 없어진다. 나와 대상 모두를 잊으면 그때 진정한 도의 세계인 하늘에 저절로 녹아든다.

하루살이는 말 그대로 하루밖에 살지 못한다. 80년의 수명을 가진 인간의 입장에서 볼 때 하루는 아주 짧은 시간이다. 그러나 하루살이에게는 하루의 시간도 인간의 80년 세월에 못지않게 긴 세월이다. 북극의 곰은 차가운 날씨를 도리어 편안하게 여긴다. 만약 북극곰을 배려한다고 따뜻한 지방으로 옮겨 놓으면 북극곰은 도리어 괴로워한다. 이처럼 모든 기준은 절대적인 성격을 가지지 않는다. 이러한 맥락에서 볼 때 사람들은 모두 제 나름의 기준으로만 사물을 판단할 수 있을 뿐 절대성을 가진 완벽한 판단을 내리기는 어렵다는 사실을 알 수 있다.

그러면 어떻게 해야 사물의 모습을 바로 볼 수 있을까. 그것은 바로 현재 우리가 가진 의식구조를 해체하는 데서부터 시작된다. 즉 환경에 따라 후천적으로 형성된 의식구조를 허물어트려야 한다는 말이다. 그 방법이 바로 '자기를 잊음[忘己]'이다. 자기를 몽땅 잊어버리면 바른 인식을 방해하는 후천적인 요인들을 몰아낼 뿐 아니라 상대도 함께 잊어버려 물아양망物我兩忘의 상태에 도달한다. 「제물론」에 등장한 남곽자기南郭子綦는 명상을 통하여 '자기를 잊음[喪我]'과 '상대를 잊음[喪耦]'의 경지를 모두 성취하였다. 그로써 그는 절대적인 인식경지에 들어갈 수 있었다. '나'라는 존재는 '저'라는 존재가 있으므로 생겨나고, '저'라는 존재는 '나'라는 존재가 있음으로 생겨난다. 남곽자기는 나를 잊고 또 상대를 잊음으로써 피아가 사라진 절대의 경지에 당당히 올라섰다. 이럴 때 비로소 바른 인식을 얻고, 또 도의 세계에 소요할 수 있다. 이것은 상대적 존재로서의 자기를 초월함으로써 얻어진 것이다.

상대적 세계에 있는 나는 여러 정보들을 선입견과 편견을 가지고서 분석함으로써 사물을 그릇되게 인식한다. 그릇된 인식은 자아를 더욱 견고하게 만들어 자신을 구속시킨다. 그릇된 인식을 버리는 것이야말로 바로 자기를 초월하는 길이다. 자기를 잊어 자기가 가진 작은 생각과 정보들을 깨끗이 몰아낼 때, 자기초월을 이루고 또 그로써 상대초월을 이루어 드디어 도의 세계에 도달할 수 있다.

기계는 정신을 불안하게 한다

> 기계를 가진 자는 반드시 기계를 쓸 일이 생기고 기계를 쓰는 자는 반드시 '기교를 부리는 마음[機心]'을 가지게 된다. 기교를 부리는 마음이 가슴 속에 있으면 순수한 본 모습을 갖출 수 없고 순수한 본 모습을 갖출 수 없으면 정신이 불안정해진다.
> 有機械者(유기계자)는 必有機事(필유기사)요, 有機事者(유기사자)는 必有機心(필유기심)이요, 機心存於胸中(기심존어흉중)이면 則純白不備(즉순백불비)요, 純白不備(순백불비)면 則神生不定(즉신생부정)이니라.

인위적인 지식을 활용하여 편리함을 추구하면 우선에는 편리함을 얻을 수도 있겠지만 그 끝에는 재앙이 기다리고 있다. 자연을 거역하여 편안함을 추구했으면 그만큼의 대가를 지불해야 한다.

『주역周易』의 곤괘坤卦에 "서리를 밟으면 굳은 얼음이 이른다.[履霜堅氷至]"라고 하는 말이 있다. 서리가 내리고 나면 장차 얼음이 응결되는 계절이 온다. 서리는 음기가 처음으로 엉겨서 만들어지는 것인데, 그 음기가 더 강하게 엉기면 마침내 얼음이 된다. 이 말이 주는 교훈은 불운의 씨앗이 처음에는 미미하지만 나중에는 큰 재앙으로 다가오므로 미리 그 씨앗을 제거해야 한다는 것이다.

인류의 문명은 인간이 편리함을 추구하는 과정 가운데 발전한다. 그런데 편리함을 얻었으면 반드시 그에 따른 부작용을 수반한다. 지구의 환경오염과 인간성의 황폐화가 바로 그 대표적인 부작용이다. 이것들은 앞으로 인간세계에 큰 재앙을 가져다 줄 수 있는 요인들이다. 또한 편리한 삶을 위해 발전시키는 기계문명도 우리를 위협하는 무서운 요소가 될 수 있다. 그 중 하나가 로봇이다. 인간이 자신의 삶을 편리하게 영위하기 위해 로봇을 만들었지만 나중에는 인간이 가진 능력과 별 차이 없을 정도의 로봇, 더 나아가서는 인간이 가진 한계점과 단점을 보완한 로봇이 나올 수도 있다. 그렇게 되면 인간이 로봇에게 지배를 당하는 공상 과학 영화에서나 볼 수 있을 법한 장면을 미래의 인류들은 직접 체험하게 될 것이다. 천지자연의 자연스러운 운영시스템을 인간이 과학문명을 앞세워 조절하려 한 그 무모한 행위의 대가는 인류를 멸망시키는 데까지 이르게 할 수도 있다.

장자철학에서는 물질문명의 발전은 인간세계를 위험하게 만들 뿐, 진정한 행복을 가져다주지는 못한다고 보았다. 하루는 자공子貢이 한수漢水 남쪽을 지나면서 항아리를 힘겹게 끌고 가서 밭에 물을 주는 늙은 농부를 보았다. 그래서 자공이 "여기에 기계가 있으면 하루에 백 이랑의 밭에 물을 줄 수 있습니다."라고 했다. 이에 농부가 어떻게 하는 것인지를 묻자, 자공은 "나무에 구멍을 뚫어 만든 기계인데 뒤는 무겁고 앞이 가볍습니다. 물을 퍼냄이 하도 빨라 마치 물이 끓어 넘치는 것 같습니다. 그것을 '물틀'이라 합니다."라고 했다. 이 말이 끝나자 농부는 성난 얼굴을 짓더니 곧 표정을 바꾸어 말했다. "내가 우리 선생님께 들으니 기계를 가진 자는 반드시 기계를 쓸 일이 생기고 기계를 쓰는 자는 반드시 '기교를 부리는 마음[機心]'

을 가지게 된다. 기교를 부리는 마음이 가슴 속에 있으면 순수한 본 모습을 갖출 수 없고 순수한 본 모습을 갖출 수 없으면 정신이 불안정해진다. 정신이 불안정해지면 도道가 깃들지 않는다. 나는 기계를 쓸 줄 몰라서가 아니라 부끄러워서 쓰지 않는 것이다." 농부는 기계를 사용하기를 권하는 자공을 비천하게 여겼다. 도에 뜻을 둔 농부는 몸이 편하기보다는 마음이 안정되기를 원했다. 그래서 기계를 쓰는 것을 좋아하지 않았다. 기계를 만들어 쓰다보면 결국 기교를 부리는 마음이 생겨나고, 그러다보면 간교한 지식이 늘어나 정신이 혼잡해져 도에 이를 수 없게 될 것이라 염려하였다.

농부의 말을 다 들은 자공은 몸의 편리를 위해 도를 저버린 자신의 속됨이 부끄러워 몸 둘 바를 몰라 했다. 문명세계를 이끌어 가는 주체들은 모두 자공과 같은 종류의 사람들이다. 문명의 발전은 생활의 편리를 가져다주지만, 결국에는 인간을 천지자연과 분리시켜 인간 스스로를 왜소화시킨다. 우주는 복잡하다. 작은 꾀를 가진 인간이 거기에 끼어들어 우주만물을 좌지우지하려 한다면 결국 당랑거철螳螂拒轍의 우를 범하고 만다.

천도

성인聖人의 마음은 천지의 귀감

> 물이 고요하면 눈썹을 밝게 비출 수 있으며, 평평함이 수평기에 들어맞으면 큰 장인이 그것을 법도로 취한다. 물이 고요해도 오히려 밝거늘 하물며 정밀하고 신령한 성인(聖人)의 마음이 고요할 때는 어떠하겠는가. 천지의 귀감이요 만물의 거울이니라.
> 水(수)가 靜(정)하면 則明燭鬚眉(즉명촉수미)하며 平(평)이 中準(중준)하면 大匠(대장)이 取法焉(취법언)이라. 水靜猶明(수정유명)이어늘 而況精神聖人之心靜乎(이황정신성인지심정호)아. 天地之鑒也(천지지감야)며 萬物之鏡也(만물지경야)니라.

고요하고 평평한 거울은 만물을 정확히 비춰준다. 우리의 마음도 거울과 같은 상태를 유지한다면 최고의 인식에 도달할 수 있다.

성인聖人의 마음은 고요하고 잔잔한 물과 같다. "성인의 고요함은 고요함을 좋게 여겨서 고요하게 한 것이 아니다. 그렇기 때문에 정말 고요해진 것이다. 성인의 마음을 흔들리게 할 수 있는 만물은 없다. 그 때문에 정말 고요해진 것이다." 마음을 고요하게 만들 수 있는 비법은 무엇일까. 바로 '억지로 고요함을 구하지 않음'이다. 고요함을 얻어야 함은 사실이다. 그러나 고요함이 좋다고 하여 고요함을 추구하면 고요함을 추구하는 그 마음 때문에 도리어 고요함을 얻을 수 없다. '고요히 하겠다'는 그 생각조차 놓아버려야 진정으로 고요한 경지에 들 수 있다. 성인이 고요함을 얻을 수 있는 또 하나의 원인은 외부의 환경에 영향을 받지 않기 때문이다. 성인의 마음은 천 길의 불속에서도 흔들리지 않고 사자의 아가리 앞에서도 흔들리지 않는다.

성인의 마음은 늘 고요함을 유지할 뿐 아니라 항상 평정되어 있다. 마음은 본래 고요해지면 평정이 이루어지고 평정이 이루어지면 고요해진다. "물이 고요하면 눈썹도 밝게 비추며, 평평함이 수평기에 들어맞으면 큰 장인이 그것을 법도로 취한다. 물이 고요해도 오히려 밝거늘 하물며 정밀하고 신령한 성인聖人의 마음이 고요할 때는 어떠하겠는가. 천지의 귀감이요 만물의 거울이니라." 마음을 고요한 물처럼 유지하고 또 수평기에 맞을 만큼 평정을 유지하면 완전한 인식에 도달할 수 있다. 성인의 마음은 고요함과 평평함을 늘 유지하고 있기에 천지만상을 밝게 비춰볼 수 있다. 그래서 성인의 마음을 '천지의 귀감이요 만물의 거울이다'라고 했다. 일반 사람들이 처음부터 거울 같은 성인의 마음을 가질 수는 없다. 심재心齋나 좌망坐忘 같은 수양을 쌓을 때, 정신적 진화가 일어난다. 「경상초庚桑楚」에서는 "마음이 바로 서면 고요해지고 고요해지면 밝아지며, 밝아지면 텅 비워지고 텅 비워지면 함이 없지만 하지 않음이 없게 된다."라고 했다. 수양을 쌓을 때, '마음이 바로 섬'→'고요해짐'→'밝아짐'→'비워짐'→'인식함 없이 인식함'의 단계로 인식능력이 진화한다. 결국 마음을 평정시키고 고요히 하면 저절로 완전한 인식을 성취할 수 있게 된다는 말이 된다.

마음이 고요하고 평평한 거울처럼 되었을 때는 존재의 실체를 통찰할 수 있다. 이러한 상태의 마음을 '성인지심聖人之心', 또는 '지인지심至人之心'이라고 한다. 거울 같은 마음으로 사물을 인식하는 것을 '직관直觀'이라 한다. 직관은 대상을 전체적이면서 직접적으로 파악하는 인식법이다.「경상초庚桑楚」에서는 "분별지分別智를 가진 자가 세상을 다 알지 못하는 것은 마치 세상을 곁눈질하듯이 부분적으로 보기 때문이다."라고 했다. 분별과 분석을 통하여 앎을 얻으려 한다면, 곧바로 인위적인 인식이 되어 버린다. 쪼개고 나누면 존재의 완전한 모습은 파괴된다. 마음을 이렇게 사용하면 고요와 평정을 얻을 수 없다. 고요와 평정을 유지할 때 비로소 직관능력이 살아나 존재의 전모를 깨달을 수 있다.

장자의 인식이론에서는 앎[知]을 보통사람이 가진 소지小知와 지인이 가진 진지眞知로 나누어 설명한다. 소지는 극복의 대상이요 진지는 공부하는 자가 궁극적으로 얻어야 할 바이다. 진지를 얻지 못하는 이유는 인식기관이 오염되어 있기 때문이다. 그러므로 장자철학에서는 인식기관을 오염시킨 근원을 제거하면 인식의 거울이 투명하고 신령해져 진지를 얻을 수 있다고 말한다.

무엇이라 지칭하든 본질은 그대로다

> 지난날 그대가 나를 소라고 여겼기에 '소'라고 불렀고 나를 말이라 여겼기에 '말'이라 불렀다. 진실로 그 실상이 있어 이름을 붙여준 것인데도 받지 않는다면, 명(名)과 실(實)을 다 잃어버리는 재앙을 받는다.
> 昔者(석자)에 子呼我牛也而謂之牛(자호아우야이위지우)요, 呼我馬也而謂之馬(호아마야이위지마)라. 苟有其實(구유기실)하야 人與之名而不受(인여지명이불수)면 再受其殃(재수기앙)이니라.

사람들은 무엇에 대해 정의定意를 내리기를 좋아한다. 그러나 그것은 과연 의미가 있는 것일까. 냄새는 귀를 울리지 못하고 소리는 눈을 자극하지 못한다. 뛰어난 사람은 세상의 평가에 흔들리지 않는 법이다.

사성기士成綺가 노자老子를 만나보려고 멀리서 찾아왔다. 노자에게 말했다. "지금 선생님을 뵈오니 성인聖人이 아닌 듯합니다. 쥐구멍 앞에는 먹을 것이 남아있음에도 우매한 사람들을 돌보지 않고, 날 것과 익힌 것들이 눈앞에 무진장 있으나 한없이 쌓아두기만 합니다." 노자를 만난 사성기는 노자를 어질지 못한 사람으로 단정하고 그 실망감을 앞의 말로 표현을 하였다. 이에 노자는 아무 말도 하지 않았다.

사성기는 다음날 또 찾아와 노자에게 말하였다. "어제 저는 선생님을 공격했는데, 오늘은 달라졌습니다. 왜 그럴까요." 이에 노자는 대답하였다. "교묘한 지혜를 지닌 세속적인 성인의 경지를 나는 초탈했다. 지난날 그대가 나를 소라고 여겼기에 '소'라고 불렀고, 나를 말이라 여겼기에 '말'이라 불렀다. 진실로 그 실상이 있어 이름을 붙여준 것인데도 받지 않는다면, 명名과 실實을 다 잃는 재앙을 받는다. 나는 항상 같은 행동을 할 뿐이지, 특정한 형태의 행동을 위해 행동하지 않는다." 노자의 이 말이 끝나자 사성기는 노자의 그림자를 밟지 않도록 공경히 걸어가서 가르침을 청했다. 이에 노자는 사성기를 약삭빠르고 잘 따지고 교묘하여 믿기 어려운 사람이라고 힐난하였다.

여기서 볼 때 노자는 교묘한 분별심을 가진 이가 자신을 어떻게 평가하든 그 평가에서 자유로워진 사람이라는 사실을 알 수 있다. 그래서 자기를 소라고 여겼으면 '소'라고 하고, 말이라고 여겼으면 '말'이라고 불러도 상관없다고 하며 오히려 그것을 거부하는 것을 허물로 여겼다. 아무리 이름을 붙여본들 이름은 어차피 실물 그 자체가 아니고 지나가는 객일 뿐이다. 그래서 「소요유」에서는 "이름은 실체의 객이다[名者 實之賓也]"라고 말했다. 허공은 아무리 부수어본들 늘 그 모습 그대로이다. 본질은 언제나 변함이 없다. 『금강경오가해金剛經五家解』에 이런 게송이 있다. "대 그림자 계단을 쓸어도 먼지가 일지 않고, 달빛이 못 밑을 꿰뚫어도 물에는 흔적이 없네.[竹影掃階塵不動 月穿潭底水無痕]" 비본질非本質은 본질을 어찌할 수 없는 법이다.

세상의 상식으로는 당연히 어진 행위를 해야만 성인으로 본다. 그러나 노자는 인간의 진정한 가치는 어진 덕을 베푸는 것에 달린 것이 아니라고 보았다. 그는 인간의 진정한 가치는 모든 행위를 비의도적으로 해야 하고, 또 그 행위에 대해 세상의 평가에 흔들리지 않는 당당한 자세를 가지는데 있다고 보았다.

책은 옛사람이 남겨놓은 찌꺼기이다

> 옛사람이 죽자 글로써는 전할 수 없는 그 깨달음의 내용도 함께 사라져버렸습니다. 따라서 임금께서 읽고 계신 책은 옛사람이 남겨놓은 찌꺼기일 뿐입니다.
>
> 古之人(고지인)은 與其不可傳也(여기불가전야)로 死矣(사의)니이다. 然則君之所讀者(연즉군지소독자)는 古人之糟魄已夫(고인지조백이부)인져.

　사물의 본 모습은 어떤 방법으로도 전하기 어렵다. 더욱이 형상을 가지지 않는 마음의 세계는 더 전하기 어렵다. 그 세계는 어떤 문학자가 어떠한 미사여구를 동원한다고 해도 드러낼 수 없다.
　「천도」에 이런 이야기가 보인다. 하루는 제환공齊桓公이 대청 위에서 책을 읽고 있었다. 이때, 목수인 윤편輪扁이 대청 아래서 수레바퀴를 만들다가 망치와 끌을 놓고 환공에게 물었다. "감히 묻건대, 임금께서 읽고 계신 책에는 무슨 말이 적혀있습니까." 환공이 대답했다. "성인聖人의 말씀이다." 윤편이 말했다. "성인이 지금 살아계십니까." "이미 죽었다." 이에 윤편이 말했다. "그렇다면 임금께서 읽는 것은 옛사람이 남겨놓은 찌꺼기일 뿐입니다." 이 말이 끝나자 제환공은 벌컥 화를 내며 말했다. "과인이 독서를 하는데 수레바퀴나 만드는 목수 따위가 웬 참견이냐. 너의 말이 타당하다면 괜찮겠지만, 그렇지 않다면 죽을 줄 알아라." 수레바퀴나 만드는 목수 따위가 임금인 자기를 가르치려 든다고 생각을 한 제환공은 분노를 폭발시키고 말았다. 제환공이 읽는 책을 옛 사람이 남겨놓은 찌꺼기에 불과하다고 말한 그 이유를 설명하지 못하면 윤편은 목숨을 내어놓아야 할 절체절명의 상황에 처하게 되었다.

이에 윤편이 차분히 자신의 논리를 폈다. "저는 저의 일로써 보건대 바퀴를 다듬을 때 헐렁하게 하면 다루기는 쉽지만 단단하지 못하고 좁게 하면 빡빡하여 들어가지 않습니다. 헐렁하지도 않고 좁지도 않게 하는 것은 손으로 하지만 그러나 그 묘법妙法은 마음의 감응에 의해 이루어집니다. 그래서 입으로는 능히 말할 수가 없습니다. 거기엔 방법이 존재하긴 합니다만 저는 저의 자식에게 가르쳐줄 수도 없고 저의 자식 또한 그 방법을 저에게 배울 수도 없습니다. 그래서 일흔 살이 되어버려 늙었지만 바퀴 다듬는 일을 계속하고 있습니다. 그러므로 옛사람이 죽자 말로써는 전할 수 없는 그 깨달음의 내용도 함께 사라져버렸습니다. 따라서 임금께서 읽고 계신 책은 옛사람이 남겨놓은 찌꺼기일 뿐입니다." 윤편의 논리 정연한 해명에 환공은 할 말을 잊었다.

윤편의 말대로 기술의 미묘한 부분은 그 어떤 것으로도 전달이 불가능하다. 옛사람들은 악보 없이 악기를 배웠다. 이렇게 하면 비록 배우기는 어려우나 스승의 가락을 한 호흡도 놓치지 않을 수 있다. 하지만 악보를 만들고부터는 스승의 기술을 섬세하게 배우기 어렵게 되었다. 악보를 만듦으로써 대강의 가락은 전할 수 있지만 미묘한 부분은 다 담지 못한다. 의술이나 무술 등 심도 있는 기예에는 모두가 언어로써 다 드러낼 수 없는 미묘한 부분이 있다. 특히 주관성이 강하고 또 포착하기 어려운 성향을 가진 정신세계에는 더더욱 전해 주기도 어렵고 전해 받기가 어렵다.

    미묘한 세계의 소식을 체득하자면 반드시 언어문자 너머의 세계로 눈을 돌려야 한다.

천운

어리석음으로 도에 이르게 하는 함지악咸池樂 1

> 음악은 두려움에서 시작한다. 두려움 때문에 재앙이 있는 것처럼 느낀다. 그 다음으로는 나른함으로써 이어간다. 나른함 때문에 물러서는 것처럼 보인다. 끝으로는 멍멍함으로써 한다. 멍멍함 때문에 어리석어진다. 어리석어지기 때문에 도(道)에 이르러 도와 함께 할 수 있다.
>
> 樂也者(악야자)는 始於懼(시어구)니 懼故祟(구고수)라. 吾又次之以怠(오우차지이태)니 怠故遁(태고둔)이라. 卒之於惑(졸지어혹)이니 惑故愚(혹고우)라. 愚故道(우고도)니 道可載而與之俱也(도가재이여지구야)라.

　장자는 삶을 예술적으로 영위한 사람이다. 그는 예술의 본질을 철저히 꿰뚫어 알고 있다. 그래서 그는 도道를 체득하는 과정을 예술적인 안목으로 능숙하게 표현할 수 있었다. 장자는 깨달음을 통해 얻어지는 도의 세계를 예술의 궁극적 경지로 비유하고, 또 도를 얻는 과정을 최고의 미美를 얻는 과정에 빗대어 설명을 했다. 그렇기에 장자철학은 예술 철학의 성격을 가지고 있다고 말할 수 있다.
　장자의 예술론은 유가儒家의 그것과는 다르다. 유가의 문화예술이론을 총합總合한 『예기禮記』에서는 음악의 기능을 '음악을 통하여 마음을 다스린다[致樂以治心]'라고 하였다. 후대에 편찬된 성리학적 수양론의 핵심 교재인 『심경心經』에서도 『예기』의 음악론을 그대로 수용하고 있다. 물론 유가에서 마음 다스림의 궁극적 목표는 바로 유가적 윤리를 원만히 성취할 수 있도록 하는 것을 그 목표로 삼는다.

장자철학에서는 음악론 뿐 아니라 모든 예술론이 유가의 그것과는 전혀 다르다. 장자의 음악론에서는 특정의 형식이나 틀, 그리고 인위적인 목적을 정하지 않는다. 그저 자연하고 순수한 미美의 세계에 유영遊泳하기를 원할 뿐이다. 장자철학에서 이러한 예술론이 나오게 된 배경은 장자철학의 최고 덕목이 바로 무위자연無爲自然이기 때문이다. 장자의 예술론에서는 무위자연의 형태를 미의 본질로 파악했다. 결과적으로 말한다면 예술의 극치와 도의 세계는 둘이 아니며, 그것은 모두가 무위자연을 근거로 할 때 도달할 수 있다는 것이다.

장자철학에서의 예술론, 특히 음악론에 있어서는 아름다움을 향유하는 주체를 정신으로 보고 있다. 그의 음악론은 아름다움을 추구하고 있지만 결국엔 아름다움도, 더 나아가서는 아름다움을 느끼는 자기도 다 망각해버림으로써 궁극의 경지에 도달하는 것을 최종의 목표로 삼는다. 이것은 바로 장자의 예술론이 도를 대상으로 펼쳐졌음을 의미한다. 장자는 뛰어난 심미적인 안목을 가지고 도를 이야기 했다. 그래서 그를 '도의 예술가'라고 말해도 틀림이 없을 것이다. 그는 음악의 본질에 대해 '어리석어지므로 도에 이른다[愚故道]'라는 말로 결론을 내렸다.

어리석음으로 도에 이르게 하는 함지악咸池樂 2

> 음악은 두려움에서 시작한다. 두려움 때문에 재앙이 있는 것처럼 느낀다. 그 다음으로는 나른함으로써 이어간다. 나른함 때문에 물러서는 것처럼 보인다. 끝으로는 멍멍함으로써 한다. 멍멍함 때문에 어리석어진다. 어리석어지기 때문에 도(道)에 이르러 도와 함께 할 수 있다.
>
> 樂也者(악야자)는 始於懼(시어구)니 懼故祟(구고수)라. 吾又次之以怠(오우차지이태)니 怠故遁(태고둔)이라. 卒之於惑(졸지어혹)이니 惑故愚(혹고우)라. 愚故道(우고도)니 道可載而與之俱也(도가재이여지구야)라.

　　장자의 음악론은 함지악咸池樂을 논하는 속에서 그 핵심을 살필 수 있다. 함지악은 인간을 도의 세계로 인도하는 방편이다.

　　북문성北門成이 황제黃帝에게 동정洞庭의 들판에서 제왕의 음악인 함지악을 듣고서 느낀 소감을 황제에게 말하였다. "제가 처음 들었을 때는 두려웠고, 잠시 뒤에 들으니 나른해졌고, 마지막에 들으니 멍멍해졌습니다. 그래서 아득하고 캄캄하여 어찌할 바를 몰랐습니다." 북문성은 함지악을 듣자 영문도 모르는 사이 누차에 걸쳐 심경의 변화를 겪었다. 두려움, 나른함, 멍멍함, 어리석음에 빠졌다가 마침내는 어찌할 바를 모를 지경에 도달하였다. 북문성이 그 이유를 알지 못해 어리둥절해하자 황제는 그 이유를 차례대로 말해주었다.

두려움을 느낀 이유에 대해서는 이렇게 말했다. "사철이 엇바뀌어 일어나고 만물이 차례로 생겨나듯이, 한 번 성했다가 한 번 쇠했다가 하면서 문文과 무武로써 조리 있게 다스리게 하고, 한 번은 맑고 한 번은 흐리게 음양으로써 조화시켜 그 소리를 널리 흐르게 한다. … 그 변화는 무궁하여 하나도 예측할 수가 없다. 그래서 그대는 두려워하였다."라고 했다. 음악이 대자연의 세계와 흐름을 같이 하기에 평범한 인간으로서는 그 소리를 들으면, 감당할 수가 없어 당연히 두려움을 느낄 수밖에 없다는 의미이다.

이어서 나른함을 느낀 이유에 대해서 말하였다. "대저 형체가 공허한데 가득 차면 이에 여유롭고 편안하게 된다. 그대가 여유롭고 편안하게 되니 그래서 그대는 나른해졌다." 음악이 순조롭고 광활하여 귀를 자극하지 않기에 마음이 이완됨으로써 나른함을 느끼게 되었다는 말이다.

다음으로 멍멍해진 이유에 대해 말하였다. "소리를 펴지만 억지로 함이 없고 깊어서 소리가 없는 것처럼 느껴진다. 일정한 방향이 없게 움직이고 그윽한 곳에 머무는 것처럼 한다. … 그대가 듣고자 하지만 들을 수가 없으니, 그래서 멍멍해졌다." 무위의 음악에 빠져들어 의식이 멍멍해져버린 것이다.

끝으로 멍멍해진 상태 이후의 경지에 대해 말하였다. "멍멍함 때문에 어리석어진다. 어리석어지기 때문에 도道에 이르러 도와 함께 할 수 있다." 멍멍해지면[惑] 생각이 사라져 어리석은[愚] 상태로 들어간다. 마치 혼돈混沌이나 상망象罔처럼 되어버린다. '혼돈'이라는 사람은 눈·귀 등의 감각기관을 두지 않음으로써 도에 머물렀고, '상망'이라는 사람은 멍청함으로써 황제의 현주玄珠를 찾아내었다. 어리석음에 이르러 사려분별이 사라질 때 홀연히 도의 세계에 도달할 수 있다.

장자는 도를 체득하는 과정을 음악을 통하여 설명하였다. 함지악은 의식을 멍멍하게 만들고 더 나아가서는 사람을 어리석게 만든다. 완전한 어리석음에 이를 때, 비로소 도와 합일을 이룰 수 있다. 그래서 장자는 '어리석어지므로 도에 이른다[愚故道]'라고 하였다. 필자는 이러한 의미를 한 수의 고풍시古風詩에 담아보았다.

眞美嫌巧法自然 참된 아름다움은 기교를 꺼리고 자연함을 법 삼으니
진 미 혐 교 법 자 연
彩霞任意繡暮天 고운 노을은 뜻 가는대로 움직여 저녁 하늘 수놓네.
채 하 임 의 수 모 천
惑更愚故合大道 멍멍했다가 다시 어리석어지면 대도에 합하게 되나니
혹 갱 우 고 합 대 도
解心釋神遊永年 마음을 풀고 정신을 놓아 영원한 세월에 노니네.
해 심 석 신 유 영 년

각의

刻意

허무虛無와 염담恬惔

> 잠을 자도 꿈을 꾸지 않고 깨어 있어도 근심이 없으며 정신은 순수하고 혼은 피곤하지 않다. 허무(虛無)와 염담(恬惔)으로써 하니 이에 천덕(天德)과 합한다.
> 其寢不夢(기침불몽)하고 其覺無憂(기교무우)하며, 其神純粹(기신순수)하고 其魂不罷(기혼불피)라. 虛無恬惔(허무염담)하니, 乃合天德(내합천덕)이라.

극락은 어디며 천국은 어딘가. 바로 안락한 이 마음속에 있다. 마음이 편안하면 자연의 흐름을 따라 살 수 있다. 반대로 자연의 흐름을 따라 살면 마음이 편안해진다.

최상의 행복을 얻은 성인聖人의 마음은 허무虛無와 염담恬惔의 상태에 있다. '허무'와 '염담'이라는 말은 세상 사람들이 노장철학을 공격할 때 흔히 활용한다. 즉 허무를 허무주의의 씨앗으로, 또 염담을 쾌락주의의 씨앗으로 간주하고 세상을 썩게 하는 백해무익한 사상이라고 비판을 한다. 그러나 그것은 비판을 위한 비판일 뿐이다.

『장자』에서의 허무는 허무주의자들이 말하는 그 허무와는 다르다. 여기서의 허무는 어리석은 식견과 인위적인 생각을 버리고 오직 자연함을 따르는 행동양식을 말한다. 만약 사람이 자연함을 따르지 않고 살아간다면 그 사람과 그 사람이 속한 세상은 파탄 속에 빠져들고 만다. 이렇게 본다면 여기서의 허무는 긴 행복의 세계로 인도하는 징검다리이다.

그리고 '염담'이란 마음속의 온갖 욕망과 잡념을 다 비워냄으로써 얻어지는 안락을 말한다. 여기서의 안락은 분명히 욕망과 잡념을 제거한 후에 얻어지는 심리현상을 말한다. 이러한 심리현상을 '염담'이라고 한다. 염담은 감각적 쾌락과는 성질상 동일하지 않다. 감각적 쾌락은 구하지 못했을 때는 그것을 구하고자 사람을 해치기까지도 하지만 막상 그것을 구하고 나면 금방 염증을 느낀다. 하루야마 시게오의 『뇌내혁명』에 의하면 육체적 욕망은 만족을 얻고 나면 그 욕망이 사라져버린다고 한다. 식욕이나 성욕 등은 만족을 얻고 나면 한동안 그 욕망이 일어나지 않는다. 이는 그러한 욕망이 지속되면 몸이 망가지게 됨을 인체 스로가 알기 때문이다. 진정한 안락[恬惔]은 도리어 욕망과 잡념을 단절함으로써 얻어진다. 이것은 인간을 행복의 세계로 몰아가는 봄바람과 같다.

허무와 염담에 이르면 그는 곧 자연의 흐름과 합일을 이루어 행복한 삶을 누릴 수 있다. 그래서 "잠을 자도 꿈을 꾸지 않고 깨어 있어도 근심이 없으며, 정신은 순수하고 혼은 피곤하지 않다."라고 말했다. 개체로서의 자기가 사라져버렸기에 있어도 있음이 없는 경지에 도달한다. 고통을 받을 주체가 사라져버린 꼴이 된 것이다.

허무염담의 덕을 가진 성인은 천지자연과 일체를 이루어 생사의 틀에서 벗어난다. 그리고 화와 복에서도 자유로워져 늘 평안하고 담담한 삶을 살아간다. 그래서 또 말하기를, "살아서는 자연의 운행을 따르고 죽어서는 만물과 함께 변화한다. 고요할 때는 음陰과 덕을 함께 하고 움직일 때는 양陽과 파동을 함께 한다. 복을 구하지도 않지만 화를 일으키지도 않는다. 느낌이 있은 이후에 응하고 상황이 된 이후에 움직이며 부득이할 때 일어난다. 지혜와 기교를 버리고 자연의 이치를 따르게 된다."라고 했다. 허무염담은 자연을 따를 수 있게 하는 덕목이다. 인위적이고 억지로 함이 없고 오직 자연한 흐름을 따를 뿐이다. 자연의 도를 완전히 따를 때, 비로소 완전한 삶을 누릴 수 있다.

 정신과 몸은 둘이 아니다. 정신이 해방되면 몸도 해방을 맞는다. 이러한 상황에 도달한다면, 언제 어디서나 태평가太平歌 소리를 듣게 되리라.

선성

즐거움을 누리는 삶

> 옛날에 이른 바 '뜻을 얻은 자'는 벼슬을 얻은 것을 말함이 아니라, 그 즐거움을 더할 수 없이 얻은 자를 말할 뿐이다.
> 古之所謂得志者(고지소위득지자)는 非軒冕之謂也(비헌면지위야)라. 謂之無以益其樂而已矣(위지무이익기락이이의)라.

『장자』를 '낙경樂經'이라고 이름 지어도 무방할 것이다. 그것은 『장자』를 관통하는 주제가 바로 즐거움이기 때문이다. 심지어 「선성」에서는 '정신[根]을 깊게 기르고 극단을 편하게 여긴다[深根寧極]'라고까지 하였다. 이는 '정신을 깊게 길러 극단의 고통 속에서도 즐거움을 얻어야 한다'는 의미의 말이다. 세상 모든 사람들은 즐거움을 추구한다. 그러나 막상 즐거움을 얻기란 결코 쉽지 않다. 더 큰 문제는 사람들이 누리는 즐거움이 진정한 즐거움인지 장담할 수 없다는 점이다.

『장자』에서는 즐거움을 얻는 법으로는 무위無爲를 제시하였다. 「지락至樂」에 "지극한 즐거움으로 몸을 윤택하게 함은 오직 무위로써만 가능하다."라고 한 말이 보인다. 무위를 정情의 측면에서 말한다면, '무욕無慾'이라고 말할 수 있다. 사람들이 즐거움을 누리지 못하는 것은 바로 욕망 때문이다. 욕망도 정의 일종이다. 이 욕망은 즐거움을 파괴하는 최대의 독소이다. 욕망은 끝없이 충족을 요구한다. 아무리 먹어도 갈증이 사라지지 않는 것처럼 충족을 모르는 욕망은 끝없이 고통을 불러온다. 그러므로 참된 즐거움을 얻고자 한다면 욕망을 초월하지 않고서는 다른 방법이 없다.

삶의 의미를 성취한 사람을 '뜻을 얻은 자[得志者]'라고 한다. 여기서의 '뜻을 얻음'이란 무엇인가. 참 즐거움은 외물外物에 대한 욕망을 채움으로써 얻어지는 것이 아니라, 도리어 욕망을 모두 제거함으로써 정신의 깊숙한 곳에서 얻을 수 있다. 사람들은 부귀나 주색 등으로 즐거움을 구하려 하지만 그러한 즐거움은 늘 근심을 대동한다. 밖에서 얻은 즐거움은 불완전한 즐거움이다. 반대로 욕망을 버리면 즐거움을 얻을 수 있다. 만약 욕망이 모두 사라지면 더 구할 것이 없어져 그때야 비로소 참 즐거움을 얻을 수 있다. 참 즐거움은 내면에서 고요히, 그리고 외부와는 상관없이 자발적으로 피어난다.

'욕망 없이 어떻게 살지?'라는 의문이 생길 수 있다. 그러나 욕망을 두고서는 참 즐거움을 얻을 수 없다. 마치 문이 닫혀있으면 바람이 들어올 수 없음과 같다. 참 즐거움은 고통을 수반하지 않아야 한다. 욕망은 남에게도 나에게도 고통을 준다. 만약 욕망을 다 채우면서도 즐거움을 누릴 수 있다면 이야말로 『장자』에서 말하는 즐거움보다 더 높은 경지의 즐거움이라 할 수 있다. 그러나 이것은 애당초 이룰 수 없는 소망이다. 욕망과 즐거움은 공존하지 못한다. 빛과 어둠이 어떻게 동행同行할 수 있겠는가.

참 즐거움을 막는 최대의 적은 바로 욕망이다. 만약 즐거움을 추구한다면 이 역시 욕망이다. 즐거움을 구하려는 마음조차 내려놓을 때 참 즐거움이 문득 찾아온다. 그래서 「지락至樂」에서는 "지극한 즐거움은 즐거움이 없는 것이다.[至樂無樂]"라고 했다. 즐거움조차도 놓아버릴 때, 그때서야 비로소 지극한 즐거움에 도달할 수 있다.

추수

우물 안의 개구리 1

우물 안의 개구리에게 바다를 말하지 못하는 것은 한 곳의 공간에 구속되었기 때문이요, 여름 벌레에게 얼음을 말하지 못하는 것은 한 순간의 시간만 알기 때문이요, 옹졸한 학자에게 도(道)를 말하지 못하는 것은 하나의 가르침에만 속박되었기 때문이다.

井蛙不可以語於海者(정와불가이어어해자)는 拘於虛也(구어허야)오, 夏蟲不可以語於氷者(하충불가이어어빙자)는 篤於時也(독어시야)오, 曲士不可以語於道者(곡사불가이어어도자)는 束於敎也(속아교야)라.

'자기만의 틀에 갇혀 사는 옹졸한 학자'를 '곡사曲士'라고 한다. 곡사는 오로지 자기가 아는 특정의 이론만 맹신한다. 그들은 자신과 다른 생각을 가진 사람들을 적대시한다. 자기만의 앎 속에 갇히면, 자신은 물론 세상 모두에게 해를 준다.

가을이 되자 수백 개의 개천이 하수河水에 모여들었다. 강이 넓어져서 양쪽 언덕끼리는 소와 말을 구분하지 못할 정도였다. 이에 하수의 신神인 하백河伯이 흔연히 기뻐하면서 천하의 아름다움이 자기에게 다 모여 있는 것으로 여겼다. 그리고 물길을 따라 동쪽으로 가다가 북해北海에 이르렀다. 그 곳에서 사방을 둘러보았으나 그 끝을 볼 수가 없었다. 이에 하백이 북해의 신神인 약若에게 "속담에 '백 가지 정도의 도道만 듣고서 자기만한 사람이 없다고 여긴다'고 하는데, 이는 저를 두고 하는 말 같군요."라고 했다. 하수의 신이 더 넓은 세계인 바다에 도달해보니, 자기가 천하제일이 아니라 보잘 것 없는 존재임을 알게 되었다. 사실 세상에는 하백처럼 작은 것을 알고서 스스로 큰 진리를 깨달은 양 목청을 돋우는 사람들이 많다. 세상은 이들 때문에 늘 혼란스럽다. 이에 북해의 신이 말했다. "우물 안의 개구리에게 바다를 말하지 못하는 것은 한 곳의 공간에 구속되었기 때문이요, 여름 벌레에게 얼음을 말하지 못하는 것은 한 순간의 시간만 알기 때문이요, 옹졸한 학자에게 도道를 말하지 못하는 것은 하나의 가르침에만 속박되었기 때문이다. 지금 그대는 양쪽 언덕 사이를 빠져나와 큰 바다를 보고서 비로소 그대 자신의 초라함을 알았으니, 그대는 이제야 함께 대도大道를 논할 만하다." 우물 안의 개구리와 여름 벌레처럼 편협에 빠진 의식을 가진 곡사는 큰 진리를 깨달을 수 없다. 수중의 물고기는 지상의 세계를 알지 못하고, 지상의 동물은 공중의 세계를 알지 못한다. 인간은 인간이 현재 가진 인식기관에 포착되는 세계에 대해서만 알 수 있을 뿐이다.

    큰 깨달음을 얻자면 곡사가 되어서는 안 된다. 개방적인 자세로 모든 가르침을 두루 배워 더 나은 자기가 되도록 노력해야 한다. 하나의 이론만 따르기를 강요하는 사람들을 경계해야 한다. 필시 그는 우리의 영혼을 포획하려는 나쁜 사냥꾼이리라.

우물 안의 개구리 2

> 우물 안의 개구리에게 바다를 말하지 못하는 것은 한 곳의 공간에 구속되었기 때문이요, 여름 벌레에게 얼음을 말하지 못하는 것은 한 순간의 시간만 알기 때문이요, 옹졸한 학자에게 도(道)를 말하지 못하는 것은 하나의 가르침에만 속박되었기 때문이다.
> 井蛙不可以語於海者(정와불가이어어해자)는 拘於虛也(구어허야)오, 夏蟲不可以語於氷者(하충불가이어어빙자)는 篤於時也(독어시야)오, 曲士不可以語於道者(곡사불가이어어도자)는 束於敎也(속어교야)라.

하수河水의 신神인 하백河伯은 자신을 위대하게 여겼다. 그러나 바다에 이르러 그 크기가 한없음을 보고 큰 충격을 받았다. 이에 북해北海의 신인 약若에게 자신의 협소함을 고백하자, 북해의 신은 "지금 그대는 양 언덕 사이를 빠져나와 바다를 보고 비로소 그대 자신의 초라함을 알았으니, 그대는 이제야 함께 대도大道를 논할 만하다."라고 했다. 자신의 한계를 아는 데서부터 참된 깨달음은 시작된다.

개구리와 여름 벌레가 공간의 장애와 시간의 장애에서 벗어나야 하듯이 대도大道를 얻으려는 사람은 반드시 인식의 장애에서 벗어나야 한다. 인간은 자신의 지적 한계를 먼저 알아야 한다. 만약 특정의 이론에 사로잡혀버리면 곧바로 곡사曲士가 되고 만다. 곡사는 자신이 신봉하는 사람만이 '성인聖人'이라고 우긴다. 그러나 그 '성인'이라는 사람이 과연 완전한 앎을 얻은 사람일까. 사실 모든 성인은 자신이 처한 상황 속에서 자신의 관심사를 자신만의 방식으로 앎을 터득한 사람들이다. 그러므로 성인이라 하여 모든 부분, 모든 차원의 문제를 다 알 수는 없다. 만약 특정의 성인만 맹목적으로 숭배만 한다면, 이러한 증세를 '성인병聖人病'이라고 칭할 수 있다. 성인병에서 벗어나야만 우리의 영혼은 비로소 새 생명을 얻을 수 있다.

북해의 신인 약이 말했다. "스스로 생각하건대, 내 몸은 천지에서 받았고 기운은 음양陰陽에서 받았다. 나는 나 자신을 천지간에 있는 작은 돌멩이, 또는 산에 있는 하나의 작은 나무처럼 여긴다. 바로 이렇게 나는 나의 존재를 작게 보고 있거늘, 어찌 내 자신을 대단하다 여기겠는가."라고 했다. 바다는 지구상의 모든 골짜기와 개천, 강의 물이 다 모이는 물의 집결지이다. 바다보다 더 넓은 물은 세상에 없다. 그러함에도 바다신인 약은 스스로를 크게 여기지 않았다. 바로 이 때문에 바다는 세상에서 가장 넓은 물이 될 수 있었다. 사람 또한 자신이 알고 믿는 세계가 전체가 아님을 인정할 때 비로소 큰 깨달음의 길로 나아가는 것이 가능해진다.

북해의 신은 앎이 지극히 크지만 자신의 앎을 절대시 하지 않았다. 자신의 앎을 절대시하면 결국 자신이 만든 지적인 틀 속에 갇히고 만다. 대도는 자신의 앎을 절대시하는 데서 벗어나야만 얻을 수 있다.

사물의 실체는 규정할 수 없다

> 시와 비는 본래 가릴 수 없는 것이며 세밀함과 굵음은 원래 나눌 수 없는 것임을 알아야 한다.
> 知是非之不可分(지시비지불가분)과 細大之不可倪(세대지불가예)라.

우리는 과연 완전한 앎을 얻을 수 있을까. '아무 것도 알 수 없다'는 사실을 아는 것이야말로 진정한 앎에 나가가는 출발점이다.

하백河伯이 물었다. "세상의 논객들은 '지극히 정밀한 것은 형체가 없고 지극히 큰 것은 감싸 안을 수 없다'라고 하는데 사실입니까." 하백이 북해北海의 신인 약若에게 정밀하거나 거대한 사물들은 올바로 측정할 수가 없는 것이 아닐까라고 물었다. 이에 북해의 신이 대답했다. "커서 말로 논할 수 없는 것과 정밀하여 뜻으로 살필 수 없는 것은 '미세하다'거나 또는 '굵다'로 단정지울 수 없다." 즉 사람들은 '미세하다'거나 '굵다'는 것을 확정적으로 힘주어 말하지만, 그러나 그것이 참으로 그러한 것인지는 단정 지을 수 없다는 의미이다. 우리가 인식한 정보와 존재의 실체는 일치하지 않을 수 있다. 우리의 인식능력이 지극히 제한적이기에 존재의 참다운 모습은 우리가 아는 것과는 전혀 다른 모습을 하고 있을 수 있다.

북해의 신이 계속 말했다. "대인大人의 행위는 사람을 해치지도 않지만 은혜 베푸는 것을 훌륭히 여기지도 않는다. … 재물을 다투지도 않지만 사양하는 것을 훌륭히 여기지도 않는다. … 시와 비는 본래 가릴 수 없는 것이며 세밀함과 굵음은 원래 구분할 수 없는 것임을 안다." 북해의 신이 말한 대인은 시비나 장단 등에 대해 올바른 판단을 내린다는 것이 애당초 불가능한 것임을 알기에 어떤 것에 대해서도 단정적인 태도를 취하지 않는다. 보통사람들의 인식기관은 편견과 선입견에 오염된 상태에 있어 인식의 절대적인 척도를 확보할 수가 없다.

고전물리학에서는 관찰자와 관찰 대상이 철저하게 분리되어 있다고 보았다. 그리고 나의 관찰 도구는 절대적인 척도를 가졌으며 관찰되는 대상은 고정된 실체를 가졌다고 여겼다. 그래서 관찰자인 나는 관찰 대상을 정확히 측정할 수 있다고 믿었다. 그러나 20세기 초에 탄생한 양자물리학에서는 관찰대상의 모습도 일정하지 않고 관찰 주체가 가진 척도도 완벽하지 않다고 본다. 그래서 관찰 결과를 확정된 수치가 아니라 확률로 나타낸다. 양자물리학의 이러한 특성은 북해의 신이 한 말 속에서도 찾아볼 수 있다.

장자는 북해의 신을 등장시켜 일반 사람들의 인식능력이 불완전함을 말하였다. 장자가 이렇게 말한 것은 미혹된 인간으로 하여금 자신의 앎이 불완전하다는 사실을 깨닫도록 하기 위해서이다. 자신의 무지를 알 때, 참다운 앎을 얻을 수 있다.

도에서 보면 귀천이 없다

> 도(道)의 입장에서 본다면 만물에는 귀천이 없으며, 사물의 입장에서 본다면 자기는 귀하고 상대는 천하며, 세상의 입장에서 본다면 귀천은 자기에게 달린 것이 아니다.
> 以道觀之(이도관지)면 物無貴賤(물무귀천)이요, 以物觀之(이물관지)면 自貴而相賤(자귀이상천)이요, 以俗觀之(이속관지)면 貴賤不在己(귀천부재기)니라.

　도道의 세계에는 귀천이 없다. 귀천은 도가 부수어진 다음에 생긴 파편일 뿐이다.

　하수河水의 신이 북해의 신 약若에게 물었다. "물건의 외면과 내면에 있어 무얼 기준으로 귀천을 따지고, 무얼 기준으로 대소大小를 따지는가요." 하수의 신은 한 개의 강만을 관장하는 신이므로 너와 나를 구분하는 사고를 한다. 즉 강둑을 중심으로 안쪽은 나의 세계요 바깥쪽은 너의 세계로 본다는 말이다. 그래서 하수의 신은 피차는 물론 귀천이나 대소 등으로 사물을 구분하는 습관을 가지게 되었다. 이에 북해의 신은 우선 귀천의 문제에 대해 3단계로 나누어 설명했다.

첫 번째 단계는 '도의 입장에서 보면 만물에는 귀천이 없다'이다. 도는 절대적이다. 도의 세계에는 피차의 분별이 없다. 도의 세계는 완전한 인식을 확보해야만 도달할 수 있다. 완전한 인식을 가능하게 하자면 반드시 인식기관이 거울처럼 텅 비어 있어야 한다. 그래야만 대상의 실체를 그대로 비춰볼 수 있다. 완전한 인식에 이르면 대립된 피차가 하나로 보인다. 큰사랑을 가진 부모의 눈에는 모든 자식이 똑같이 사랑스러워 보인다. 여기에는 차별이 존재하지 않는다. 상대적 차별을 뛰어넘은 큰 눈으로 사물을 비춰보는 것을 '이도관지以道觀之'라고 한다. 이도관지는 '도로써 만물을 본다'는 뜻으로 이는 대상을 분별함이 아니라, 도리어 분별의식을 제거하여 모든 상대적인 개념들을 하나로 융해시켜 보는 것을 의미한다.

두 번째 단계는 '사물의 입장에서 보면 자기는 귀하고 상대는 천하다'이다. 도를 잃으면 '자기'라는 기준이 생긴다. 이때부터는 바른 판단을 얻는 것이 불가능해진다. 왜냐하면 자기중심적인 관점에서 타자他者를 보기 때문이다. 이렇게 되면 남과 자기를 분별한 뒤 남보다 자기를 더 귀하게 여기는 오판을 초래한다. 그리고 인식기관 속에 '자기'라는 의식이 생겨나 피아를 하나로 보는 완전한 인식을 등지게 된다.

세 번째 단계는 '세상 입장에서의 귀천은 자기에게 달린 것이 아니다'이다. 두 번째 단계에서는 귀천의 기준이 자기에게 있었기에 스스로를 귀하게 여길 수 있지만, 세상 속에서의 귀천은 세상의 권력이 관장한다. 나의 신분을 귀하게 하거나 천하게 만드는 주체는 바로 세상의 권력이다. 세상의 조직 내에서는 자기 마음대로 자기를 귀하게 만들거나 또는 천하게 만들 수 없다.

북해의 신은 이처럼 귀천을 3단계로 나누어 설명하였다. 도의 세계에는 귀천이 없다. 그러나 도에서 벗어난 세계에서는 귀천이 엄연히 존재한다. 그러므로 '귀천'이라는 말 그 자체는 도로부터 이탈된 세계에서만 통용된다. 귀천이 있는 곳은 상대적인 세계로 늘 불완전하다. 거기에는 갈등의 샘이 끝없이 솟아난다.

입장을 버리면 사물이 바로 보인다

> 차별적인 입장에서 볼 때, 크게 여기는 입장에 의거하여 크게 여기면 만물이 크지 않음이 없으며, 작게 여기는 입장에 의거하여 작게 여기면 만물이 작지 않음이 없다. 이렇게 본다면 천지도 싸라기 같이 작게 보임을 알 것이요, 털끝도 산처럼 크게 보임을 알 것이다. 이는 차별적 수치로써 사물을 보는 태도이다. 以此觀之(이차관지)면 因其所大而大之(인기소대이대지)면 萬物莫不大(만물막부대)하며, 因其所小而小之(인기소소이소지)면 萬物莫不小(만물막불소)라. 知天地之爲稊米也(지천지지위제미야)하며 知毫末之爲丘山也(지호말지위구산야)는 差數覩矣(차수도의)라.

앞에서 북해北海의 신은 귀천의 구분이 허구적인 것임을 말했다. 이를 이어서 여기서는 대소大小의 구분도 헛된 것임을 말한다.

아인슈타인의 상대성 원리에서는 시간은 절대치를 가지지 않는다고 했다. 즉 상황에 따라 시간의 속도는 수시로 변한다는 것이다. 쌍둥이 중 한 사람은 빛의 속도로 달리는 우주선을 타고 우주 공간을 오랫동안 여행을 했었고, 또 한 사람은 그냥 지상에 살았다면 두 사람이 사용한 시간의 양은 서로 다르다. 우주선이 지상에 착륙했을 때, 우주선을 탄 쌍둥이는 별로 늙지 않지만 지상에 있었던 쌍둥이는 아주 늙어 있었다. 이것을 '쌍둥이의 역설'이라고 한다. 우주에는 절대적인 시간이 없고 다만 상황에 따라 시간의 속도가 달라질 뿐이다. 유독 시간만 절대치가 없는 것이 아니라 모든 것이 다 그러하다.

대소의 판단은 기준에 따라 달라진다. 그래서 "차별적인 입장에서 볼 때, 크게 여기는 입장에 의거하여 크게 여기면 만물이 크지 않음이 없으며, 작게 여기는 입장에 의거하여 작게 여기면 만물이 작지 않음이 없다. 이렇게 본다면 천지도 싸라기 같이 작게 보임을 알 것이요, 털끝도 산처럼 크게 보임을 알 것이다. 이는 차별적 수치로써 사물을 보는 태도이다."라고 했다. 대소의 차이가 있다는 입장에서 사물을 본다면, 사물이 가진 참다운 실상, 즉 대소의 참모습을 헤아릴 수 없다. 본래 사물의 대소는 보는 사람의 관점에 따라 달라지는 법이다.

북해의 신은 이밖에도 공功의 유무를 논하면서 있다는 입장에서 보면 만물이 있지 않음이 없고, 없다는 입장에서 보면 만물이 없는 것처럼 보인다고 했다. 또 주장으로 인한 시비의 실상에 대해서도 논하였다. 여기서 그는 '그렇다고 보면 그렇게 보이고 그렇지 않다고 보면 그렇지 않게 보인다'라는 말로 시비의 본질적 속성에 대해 논했다. 세상의 모든 판단은 특정의 입장에 의거하여 내려진 것이기에 절대치를 낼 수 가 없다. 관점은 사람에 따라 다르고 또 때와 장소에 따라 달라진다.

입장을 버리는 것이야 말로 바른 인식을 얻는 지름길이다. 특정의 입장을 버리면 인식기관이 텅 빈 거울처럼 된다. 이때는 사물의 실체를 그대로 비춰볼 수 있다.

반연反衍과 사시謝施 1

> 도(道)로써 보면 무엇을 귀하다고 하고 무엇을 천하다고 하겠는가. 이를 일러 '반연(反衍)'이라고 한다. 그대의 뜻을 귀천에 구속시키지 말 것이니, 구속시키면 도와 더불어 크게 이지러지게 된다. 또 무엇을 적다고 하고 무엇을 많다고 하겠는가. 이를 일러 '사시(謝施)'라고 한다. 그대의 행위를 한 편에 고착되지 않게 할 것이니, 고착되게 하면 도와 어긋나게 된다.
> 以道觀之(이도관지)면 何貴何賤(하귀하천)이리오 是謂反衍(시위반연)이니라. 無拘而志(무구이지)니 與道大蹇(여도대건)이니라. 何少何多(하소하다)리오 是謂謝施(시위사시)니라. 無一而行(무일이행)이니 與道參差(여도참치)니라.

'도로써 본다[以道觀之]'는 말의 의미는 무엇일까. 이는 「제물론齊物論」에서 본 도추道樞·조천照天·이명以明 등과 유사한 의미를 가진다. 이는 모두 양 극단에서 벗어나 절대의 눈으로 사물을 인식하는 것을 말한다. 절대의 눈으로 사물을 인식하는 것이 바로 도의 인식이다.

'도로써 본다'고 할 때의 '도'는 분별적 사고가 만들어낸 생각의 파편들을 모두 씻어내어 인식기관이 텅 비워진 상태에서 획득된 절대적이고 완벽한 인식을 말한다. 도로써 사물을 보면 더 이상 외물이 가져다주는 편견이나 환상에 이끌리지 않고 우리의 정신은 절대적 독립과 절대적 자유를 누릴 수 있게 된다. 그래서 북해의 신인 약若이 하수의 신에게 귀천은 영원하지 않아 어느 입장에 있느냐에 따라 뒤바뀐다고 했다. 그러면서 이것을 '반연反衍'이라고 말함과 함께 생각을 귀천에다 매달아두지 말라고 충고했다. 인간세계에서는 귀와 천을 자의적으로 정하고 그것을 절대시하여 세상을 속박으로 이끈다. 본래 귀와 천은 없다. 다만 사물을 서로 비교시킴으로써 귀와 천이 인위적으로 탄생하게 된 것이다. 이처럼 귀와 천은 본래는 없다가 비교에 의해 등장한 것이므로 허깨비 놀음이 조작해낸 허상에 불과하다. 세상에 절대적인 귀천이란 없다. 모든 것은 본질적으로 평등하다. 다만 차별적인 눈을 가진 사람들이 귀천을 나눌 뿐이다.

또 북해의 신은 많고 적음은 절대적인 수치가 아니라 관점에 따라 뒤바뀌는 것인데, 이를 '사시謝施'라 한다고 했다. 그러면서 많고 적음에 따라 행동이 속박되지 않도록 하라고 충고했다. 많음과 적음은 절대적인 개념이 아니다. 100개는 많을 수도 있고 적을 수도 있다. 10개에 비교해보면 많고 200개에 비교해보면 적다. 이처럼 많음과 적음은 상대적으로 출현한 개념들이다. 노자는 "장단長短이 서로 비교되게 하고 고하高下가 서로 의지하게 한다.[長短相較 高下相傾]"라고 하였다. 많음과 적음뿐 아니라, 길고 짧음과 높고 낮음 등 세상의 모든 값은 서로 비교할 때만 생겨나는 성질을 가졌다. 이것들은 모두 허망무실虛妄無實한 것들이므로 여기에 휘둘려서는 안 된다.

우리의 의식이 귀함과 천함 또는 많음과 적음 등의 상대적인 개념에 얽매이면 도와는 멀어진다. 도의 세계에는 차별과 분별이 없다. 만약 사람이 차별하고 분별하는 의식에 사로잡히면 결국 도를 등진 사람이 되고 만다.

반연反衍과 사시謝施 2

> 도(道)로써 보면 무엇을 귀하다고 하고 무엇을 천하다고 하겠는가. 이를 일러 '반연(反衍)'이라고 한다. 그대의 뜻을 귀천에 구속시키지 말 것이니, 구속시키면 도와 크게 이지러지게 된다. 또 무엇을 적다고 하고 무엇을 많다고 하겠는가. 이를 일러 '사시(謝施)'라고 한다. 그대의 행위를 한 편에 고착되지 않게 할 것이니, 고착되게 하면 도와 어긋나게 된다.
> 以道觀之(이도관지)면 何貴何賤(하귀하천)이리오 是謂反衍(시위반연)이니라. 無拘而志(무구이지)니 與道大蹇(여도대건)이니라. 何少何多(하소하다)리오 是謂謝施(시위사시)니라. 無一而行(무일이행)이니 與道參差(여도참치)니라.

'도로써 본다[以道觀之]'는 말은 특정의 관점에 사로잡히지 않고 있는 그대로의 모습을 보는 것을 뜻한다.

북해의 신은 '도로써 사물을 본다'에 대해 이렇게 설명했다. "엄연히 나라에는 임금이 있어 사사로운 덕이 없는 듯하고, 유유히 제사에는 사직단이 있어 사사로운 복이 없는 듯하고, 아득히 사방이 끝없어 경계선이 없는 것과 같다. 성인聖人은 만물을 모두 사랑하니, 그 누가 편애를 받으랴. 이를 일러 '무방無方'이라 한다."라고 했다. 이는 어느 한 편에 치우치지 않는 사유를 하여 도에 도달했음을 나타낸 말이다. 임금은 공인이므로 만민을 똑같이 사랑해야 하고, 사직단은 공공의 제사 장소이므로 특정인에게만 복을 주지 않으며, 넓은 공간은 공적인 장소이므로 경계선이 없고, 성인은 모두를 사랑하므로 특정한 사람만 감싸지 않는다. 이처럼 어느 한 편에 치우침 없이 공평히 사물을 대하는 것을 '무방'이라 했다. '무방'이란 '치우침이 없는 것'을 말한다. 치우침 없는 사유를 할 때 비로소 완전한 인식을 성취할 수 있다.

북해의 신은 도가 모든 시비분별을 포용하여 하나로 녹인다는 사실에 대해 언급했다. 즉 "만물은 일제一齊하다. 무엇이 짧고 무엇이 길겠는가. 도에는 시始와 종終이 없으나 사물에는 생生과 사死가 있다."라고 했다. 대상 사물의 세계에는 시종始終이나 생사生死 등의 개념이 존재하지만, 도의 세계에는 만물이 모두 평등하기에 이러한 상대적 개념들이 존재하지 않는다. 「제물론齊物論」에서는 이러한 것을 '제일齊一'이라 했다. '제일'은 '가지런히 하나로 녹여서 봄'을 의미한다. 분별함이 있으면 온전한 것도 일부분의 것으로 전락하고 만다. 이렇게 나온 일부분의 것은 서로 대립적 형세를 취하게 된다.

의식이 높아진 사람의 눈에는 양극단이 저절로 하나로 보인다. 마치 비행기를 타고 위에서 아래를 보면 높은 산과 낮은 산의 구분이 모두 사라짐과 같다. 하늘에서 보면 높은 산과 낮은 산이 모두 평면으로 보일 뿐이다. 산의 높고 낮음은 산의 옆면에 있는 사람의 눈에만 보인다. 옆면에서 본다는 것은 아직 초월적 시각을 얻지 못했음을 의미한다. 초월적 시각을 얻는 수행법이 바로 좌망坐忘과 심재心齋 등이다.

인위로써 자연을 손상시키지 말라

> 인위로써 자연을 손상시키지 말고 일을 만들어 목숨을 해치지 말고 탐욕으로써 자신의 존재를 죽이지 말라. 자연함을 삼가 지키어 잃지 말 것이니, 이것을 '참됨으로 돌아감[反其眞]'이라 한다.
>
> 無以人滅天(무이인멸천)하며 無以故滅命(무이고멸명)하며 無以得徇名(무이득순명)하라. 謹守而勿失(근수이물실)을 是謂反其眞(시위반기진)이니라.

　가장 좋은 것은 자연함을 따르는 생활태도이다. 그러나 사람의 마음은 조급하고 탐욕스럽다. 그래서 자연함을 따르기란 쉽지 않다. 특히 현대인들은 대부분 자연함을 등지고 살아간다. 그래서 지구 곳곳에는 파열음이 끊어지지 않는다.

　북해의 신인 약若은 하수의 신인 하백河伯에게 자연과 인위에 대한 질문을 했다. 이에 북해의 신이 말했다. "소와 말은 발이 네 개인데 이것을 '자연'이라 한다. 말의 머리에 낙인을 찍거나 소의 코에 구멍을 뚫는 것을 '인위'라 한다." 이것은 하나의 비유인데, 북해의 신이 말하는 '자연'이란 천연 그대로의 놓아두는 것을 말하고, '인위'란 사람이 의도적으로 모양을 바꾸고 꾸미는 것을 말한다. 말머리에 낙인을 찍고 소의 코에 구멍을 뚫는 것은 사람의 입장에서 봤을 때는 필요한 일인지 모르지만, 말이나 소의 입장에 봤을 때는 자신의 본 모습을 파괴시킨 폭거이다. 이것이 심해지면 말이나 소는 반항을 하다가 결국 죽고 만다. 소와 말은 천지자연이다. 천지자연을 인간이 마음대로 재단하고 조절하다가는 결국 천지자연도 망가지고, 그 속에 깃들어 사는 만물도 소멸하고 만다. 인위적인 행위 뒤에는 항상 파멸이 그림자처럼 따라붙는다.

사자가 잠을 자는 동안에는 들판이 고요하지만 한 번 깨워 놓으면 기필코 피를 보고야 만다. 천지자연도 마찬가지다. 천지자연의 운영 시스템은 장구한 세월을 거치면서 오늘날과 같은 형태로 이루어졌다. 그러나 근·현대에 들어와 그 속에 사는 한 생명체인 인간들이 인위적인 꾀로 장구한 세월동안 조절하여 만든 자연한 질서를 급격히 파괴하기 시작했다. 그래서 지금의 지구촌 곳곳에는 이상기온 때문에 생태계가 기형적으로 변해가고 있다. 그리고 인류의 인위적인 문화가 낳은 첨단의 과학기술 역시 인류 자신들의 운명을 위험한 구렁텅이로 몰아갈 것이다. 인류학자들은 머지않아 인간보다 더 강한 힘과 정교함을 가진 고성능 로봇이 지구촌의 주인공이 될 것이라고 말한다. 이러한 상황은 모두 인간의 인위적인 행위가 초래한 것이다. 참으로 제 발등 제가 찍는 격이다. 노자는 "천하는 신기神器이므로 인위적으로 다루어서는 안 된다. 하는 자는 패하고 잡는 자는 잃는다.[天下神器 不可爲也 爲者敗之 執者失之]"라고 했다. 천하는 신령한 물건이니 함부로 다룬다면, 사람으로서는 막을 수 없는 재앙을 맞게 된다는 의미의 말이다. 노자의 이 가르침을 절대 예사로 여겨서는 안 된다.

　인위는 위험을 대동하고 다닌다. 자연함을 따르면서 살아갈 때 참되면서도 안전한 삶을 누릴 수 있다. 그래서 '참됨으로 돌아가라[反其眞]'라고 하는 것이다.

궁窮과 통通

> 궁벽함도 운명에 달려있음을 알고 형통함도 때가 있음을 알아 큰 어려움을 만나도 두려워하지 않는 것은 성인(聖人)의 용기이다.
>
> 知窮之有命(지궁지유명)하고 知通之有時(지통지유시)하야 臨大難而不懼者(임대난이불구자)는 聖人之勇也(성인지용야)라.

운명의 길이 막히는 것을 '궁窮'이라 하고 운명의 길이 열리는 것을 '통通'이라 한다. 『주역周易』에서는 상호간에 기운이 소통이 되지 않는 상태를 천지비괘天地否卦로 표현하고 소통이 이루어지는 상태를 지천태괘地天泰卦로 표현한다. 자연계에도 인간계에도 궁통窮通과 태비泰否는 늘 있어왔다. 궁과 통은 번갈아 오가고 태와 비는 계속 뒤바뀐다. 마치 추위가 가면 더위가 오고 더위가 가면 추위가 오는 것처럼 궁과 통, 태와 비는 끝없이 순환한다. 이 순환의 이치를 알면, 불행과 행복을 만나도 일희일비—喜—悲하지 않고 늘 태평한 자세로 살아갈 수 있다.

『주역』, 「계사전繫辭傳」에 '낙천지명樂天知命'이란 말이 있다. 이 말은 '운명을 알고 천연으로 주어진 삶을 즐긴다'는 뜻이다. 자신이 타고난 그릇과 운명의 흐름에 맞추어 처신하면 낙천적인 삶을 영위할 수 있다. 한 번은 공자가 광匡 땅에서 송宋나라 사람들로부터 포위를 당했다. 이때 공자는 태연히 거문고를 타며 노래 불렀다. 이에 공자 제자 자로子路가 화를 내어 공자에게 말했다. "선생님께서는 뭐가 그리 즐거우십니까." 공자가 대답했다. "내가 궁한 것을 꺼린 지가 오래였지만 그것을 면치 못하는 것은 운명이었고, 형통하기를 구한 지 오래였으나 그것을 얻지 못함은 시세時勢였다. 요순堯舜의 시절을 맞아 천하에 궁한 사람이 없었던 것은 지혜가 있었기 때문이 아니요, 걸주桀紂의 시절을 맞아 천하에 형통한 사람이 없는 것은 지혜를 잃었기 때문이 아니다. 시세가 그렇게 만든 것뿐이다." 장자는 공자를 등장시켜 운명의 이치에 대해 말했다. 누구나 궁벽하기 보다는 형통하기를 바라지만 시운을 만나지 못하면 바라던 바와 다른 결과를 얻게 된다. 운명의 수레바퀴는 인간의 선악이나 지식이나 노력과는 전혀 상관없이 굴러간다.

공자는 계속해서 말했다. "궁벽함도 운명에 달려있음을 알고 형통함도 때가 있음을 알아 큰 어려움을 만나도 두려워하지 않는 것은 성인聖人의 용기이다. 자로야! 물러가라. 나의 운명은 이미 정해졌느니라." 진정한 용기는 운명을 알아 인생을 달관하는 자세로 대할 때 얻어진다. 운명을 알면 담대膽大해진다. 그래서 구차하게 행동하지 않는다. 공자는 자신의 운명을 잘 알았고, 또 그것을 기꺼이 받아들였다. 그래서 달관의 경지에 도달하여 송나라 사람들의 위협 앞에서도 거문고를 타면서 초연한 할 수 있었다. 잠시 후 공자를 포위하여 위협했던 송나라 사람들은 스스로 포위를 풀고 물러났다.

「안분음安分吟」에서 말했다. "분수에 편안하면 몸에 욕됨이 없고 기미를 알면 마음이 저절로 한가해진다. 이렇게 되면 비록 인간 세상에 살더라도 도리어 인간 세상에서 벗어난 사람이 된다.[安分身無辱 知幾心自閑 雖居人世上 却是出人間]" 자신의 운명을 알 때, 맑고 한가한 삶을 누릴 수 있다.

지락

지극한 즐거움은 즐거움이 없다

> 나는 무위(無爲)로써 참 즐거움을 삼는다. 그러나 사람들은 이것을 도리어 어려워한다. 그래서 "지극한 즐거움은 즐거움이 없고 지극한 명예는 명예가 없다."라고 한다.
> 吾(오)는 以无爲(이무위)로 誠樂矣(성락의)나 又俗之所大苦也(우속지소대고야)라. 故曰(고왈) 至樂無樂(지락무락)이요 至譽無譽(지예무예)라.

무위無爲는 억지로 하지 않는 것을 말한다. 억지로 하지 않으면 마치 없는 것처럼 느껴진다. 그래서 즐거움이 없는 즐거움이야말로 진정 큰 즐거움이고, 명예가 없는 명예야말로 진정 큰 명예가 된다.

사람들은 감각기관을 자극함으로써 즐거움을 얻으려 한다. 좋은 소리, 좋은 색, 좋은 맛, 좋은 촉감을 접할 때 사람들은 즐거워한다. 그러나 이러한 즐거움은 인위적으로 조장한 즐거움이다. 그래서 오래도록 지속되지 않는다. 진정한 즐거움은 자기 속에서 샘물처럼 우러난다. 밖에서 얻은 즐거움은 내 것이 아니기에 내 뜻대로 지속적으로 누릴 수 없다. 설령 그것을 얻었다고 해도 잠시 후면 곧 싫증이 난다. 그래서 『장자』에서는 말했다. "지금 세속의 사람들이 즐거움을 구하는 것은 내가 그것이 진짜 즐거움인지 진짜 즐거움이 아닌지를 알지 못하겠다. 내가 세속 사람들이 즐기는 것을 보건대, 사람들은 무리를 지어 즐거움을 향해 달려가니 그 기세를 멈추게 할 수가 없다. 이렇게 하면서 모두들 즐겁다고 말하지만 나는 그것이 진짜 즐거움인지 아닌지 알 수가 없다. 과연 즐거움이란 있는 것인가 없는 것인가."
세속 사람들은 누구나 무리지어 즐거움을 찾으러 간다. 그들은 즐거움을 밖에서, 그리고 무언가를 통하여 구하려 한다. 이러한 즐거움은 모두 인위적인 것이다. 그래서 참된 즐거움이 될 수 없다.

사람들은 명예를 구하기 위해서는 무슨 짓도 마다하지 않는다. 이렇게 명예를 구하는 이유는 자기를 버리지 못했기 때문이다. 자기를 버려야만 지극한 사람이 된다. 자기를 지키고자하면 그 자기는 우주에서 분리된 왜소한 자기가 되고 만다. 결국 우주 그 자체였던 것이 하나의 개체에 불과해진다. 그러므로 진정한 명예는 자기를 버림으로써 대우주와 호흡을 함께 하는 데서 얻을 수 있다. 자기를 버리는 것이 바로 명예를 버리는 것이다. 명예를 버려버리면 곧바로 우주와 하나가 된다. 이것이야말로 인간이 얻을 수 있는 명예 중 가장 큰 것이다. 그러므로 '지극한 명예는 명예가 없다'고 말한 것이다.

인위적으로 꾸미는 마음을 버리고 나면 모든 것이 다 이루어진다. 진정한 즐거움과 진정한 명예도 마찬가지이다.

아내가 죽자 항아리를 치며 노래한 장자

> 망홀(芒芴) 속에 뒤섞여 있다가 변하여 기(氣)가 있게 되고, 기가 변하여 형질이 있게 되고, 형질이 변하여 생명이 있게 된다.
>
> 雜乎芒芴之間(잡호망홀지간)이라가 變而有氣(변이유기)하며 氣變而有形(기변이유형)하며 形變而有生(형변이유생)이라.

만물은 기氣가 응집될 때 잠시 존재했다가 기가 흩어짐에 따라 다시 사라진다. 영원한 존재는 이 세상에 없다.

장자의 부인이 죽었다. 이에 혜자惠子가 조문을 하러 갔다가 놀라운 광경을 목도했다. 장자는 곡을 하기는커녕 도리어 두 다리를 쭉 뻗고 앉아 항아리를 치며 노래를 하고 있었다. 이에 혜자가 깜짝 놀라 물었다. "부인과 함께 살면서 자식을 기르며 같이 늙어왔습니다. 부인의 죽음에 곡하지 않는 것은 그렇다손 치더라도, 항아리를 치며 노래까지 하는 것은 너무 심한 행동 아닙니까." 사람이 오래도록 함께 살다보면 정이 들게 된다. 그래서 이별에 임하여 슬픔을 일으키는 것은 인지상정人之常情이다. 그러나 장자는 부인의 주검 앞에 항아리를 두드리며 노래를 하는 상상도 못할 전혀 뜻밖의 행동을 하였다. 그러면 도대체 장자는 왜 저런 행동을 한 것일까. 장자의 말을 들어

보자.

장자는 말했다. "태초를 살펴보면 애당초 생명이 없었다. 한갓 생명만 없었던 게 아니라 애당초 형질도 없었다. 형질만 없었던 게 아니라 애당초에 기도 없었다. 망홀芒芴 속에 뒤섞여 있다가 변하여 기가 있게 되고, 기가 변하여 형질이 있게 되고, 형질이 변하여 생명이 있게 된다." 생명의 탄생에는 거쳐야할 과정이 있다. 생명은 형질에서 나왔고, 형질은 기에서 나왔고, 기는 망홀에서 나왔다. 망홀은 도를 지칭한다. 도는 헤아릴 수 없기에 '망홀'이라 했다. 결국 장자가 말하는 '죽음'이란 몸이 기로 되돌아가고 기는 존재의 근원인 도의 세계로 되돌아감을 의미한다. 죽음은 곧 원상복귀을 의미한다. 그러므로 장자는 부인의 주검 앞에서 슬퍼하기는커녕, 본래 자리로 되돌아갔다고 노래를 불러주었던 것이다.

생사生死는 무정無情한 기의 이합집산에 의해 일어나는 자연현상이다. 만약 이러한 상황을 냉철히 바라 볼 수 있다면, 생사에 대한 집착과 괴로움에서 벗어날 수 있다. 그러나 이것이 사실이라손 치더라도 사람들은 이 사실을 선뜻 받아들이기 어려워한다. 사실 우리의 몸은 덧없는 것이다. 몸이 덧없으면 몸에서 일어나는 희로애락喜怒哀樂 등의 감정들은 물론, 일체의 사유작용 또한 허망한 것이다. 기필코 붙잡아야 할 것은 이 세상에 아무 것도 없다. 삼라만상과 그 작용들은 본래 없었고, 그래서 필경에는 허물어진다.

장자는 죽음을 응결되어 생명을 이루었던 기가 흩어져 원래 자리로 되돌아가는 현상으로 보았다. 이러한 입장에서 본다면 부인이 죽자 항아리를 두드리면서 노래하는 장자의 행동은 조금도 이상할 것이 없다. 이때 장자가 부른 노래 가사는 아마 이러했으리라.

生也一片浮雲起 _{생 야 일 편 부 운 기}	삶은 한 조각의 구름이 일어남이요
死也一片浮雲滅 _{사 야 일 편 부 운 멸}	죽음은 한 조각의 구름이 사라짐이라.
浮雲自體本無實 _{부 운 자 체 본 무 실}	구름은 본래 실체가 없으니
生死去來亦如然 _{생 사 거 래 역 여 연}	죽고 살고 오고 감이 모두 그러하다네.

이는 생사의 허망함을 읊은 서산대사西山大師의 게송 중 일부이다.

사死의 찬미

> 죽음의 세계에는 위로는 임금도 없고 아래로는 신하도 없으며, 또한 사철의 변화도 없다. 태연히 천지를 봄과 가을로 삼나니 비록 임금 노릇을 하는 게 즐겁다고 하지만 이보다 더할 수는 없다.
>
> 死(사), 無君於上(무군어상)하고 無臣於下(무신어하)며, 亦無四時之事(역무사시지사)라. 從然(종연)히 以天地爲春秋(이천지위춘추)하니, 雖南面王樂(수남면왕락)이라도 不能過也(불능과야)니라.

「대종사大宗師」에서 "옛날의 진인眞人은 삶을 기뻐하지도 않고 죽음을 싫어하지도 않는다."라고 했다. 장자철학에서의 삶과 죽음을 평등하게 본다. 그래서 여기에서도 죽음을 도리어 찬양하는 것처럼 말하여 죽음을 미워하는 일반인들의 마음을 되돌려 생과 사를 균형 있는 시각으로 바라보도록 유도했다. 이런 내용은 「제물론齊物論」에서도 볼 수 있다.

장자는 해골과의 대화를 통해 죽음의 세계를 긍정적으로 형용했다. 장자가 하루는 초楚나라로 가다가 해골을 발견했다. 장자는 가련히 여기는 마음으로 해골에게 위로의 말을 해주었다. 그리고 태연히 해골을 베고 잠을 잤다. 그러자 꿈에 해골이 나타나서 장자에게 죽음의 세계에 대해 말했다. "죽음의 세계에는 위로는 임금도 없고 아래로는 신하도 없으며, 또한 사철의 변화도 없다. 태연히 천지를 봄과 가을로 삼나니 비록 임금 노릇을 하는 게 즐겁다고 하지만 이보다 더할 수는 없다." 죽음의 세계에는 계급도 없고 시간의 벽도 없으며, 더 나아가 '천지를 봄과 가을로 삼는다'라고 한 데서 보듯이 '천지'라는 공간과 '봄가을'이라는 시간이 하나로 뭉쳐지는 기이한 상황을 맞이한다. 해골이 알려준 죽음의 세계는 이승과는 차원을 달리하며 차원끼리 서로 걸림도 없으며 또한 언제나 즐거움이 넘쳐난다.

사실 장자는 생사生死의 문제를 심각히 바라보지 않는다. 그 이유는 생사를 기氣의 이합집산에 의해 이루어지는 자연스런 현상으로 보았기 때문이다. 그에게서 중요한 것은 살아서나 죽어서나 늘 즐거움을 누리는 데 있다. 그래서 장자는 미지의 세계인 사후 세계를 해골의 입을 빌려 즐거움의 세계로 표현하였다. 장자의 기론氣論에 입각해 죽음의 의미를 헤아려본다면, 죽음은 잠시 모였던 기가 다시 흩어지는 현상에 불과하다. 이때 기가 완전히 흩어지면 죽은 자의 실체는 도의 세계로 완전히 복귀한다. 「재유在宥」에서 '아득히 혼이 없으면[莫然無魂] 무성한 만물이 각각 그 근원에 돌아간다[各復其根]'라고 한 말이 이것을 뜻한다. 나를 구성한 기운이 흩어져 혼마저 사라지면, 나는 비로소 본래 자리로 돌아갈 수 있다. 이것이 완전한 죽음이다.

그러나 깊이 생각해본다면 완전한 죽음을 맞이하기란 결코 쉽지 않다. 이는 장자철학에서 제시한 수양을 철저히 쌓아야만 한다. 완전한 죽음은 정신이 다 사라지고 마침내 혼조차도 없는 상태에 이르러야 도달할 수 있다. 이렇게 할 때, 비로소 '어떤 것도 없는 세상[無何有之鄕]'에 이를 수 있다. 완전한 죽음을 맞이하기 전의 죽음은 불완전한 죽음으로 '몸만 죽은 죽음'이다. 몸만 죽은 죽음은 아직 완전한 죽음이 아니다.

큰 틀에서 보았을 때 생사는 기의 이합에 의한 것이므로 탐하거나 싫어할 대상이 아니다. 정신을 비우고 혼을 소멸시키는 지경에 이르고 나면 죽음이 도리어 큰 축복이 된다.

장자의 진화론

> 만물은 모두 틀[機]에서 왔다가 모두 틀 속으로 들어간다.
>
> 萬物(만물) 皆出於機(개출어기)라가 皆入於機(개입어기)니라.

인간은 어디서 온 것일까. 이 문제는 인류 전체의 관심사이다. 장자철학에서는 이 문제를 오늘날의 진화론적 관점에서 설명하였다.

장자는 인간을 진화의 산물로 보았다. "만물은 모두 틀[機]에서 왔다가 모두 틀 속으로 들어간다."라고 한 말에서 알 수 있듯 장자는 모든 생명체가 변화의 산물이라고 말했다. 그러면서 그 시작과 끝을 '기機'라는 글자로 표현하였다. '기'자는 '기계' 또는 '베틀'을 의미한다. 이는 '사물을 만드는 설비 또는 체계'라고 의역할 수 있다. 이것을 한 글자로 해석해본다면 '틀'이라고 말할 수 있다. 틀은 생명의 핵심적 원료이면서 동시에 생명현상을 운영하고 조절하는 시스템이다.

장자는 모든 생명체는 현재 상태로 정지해 있는 것이 아니라, 끝없이 질적인 변화를 이루어 간다고 본다. 이렇게 보면 사람조차도 지금과 다른 모습으로 변형될 수 있다는 논리가 성립된다. 장자는 열자列子를 등장시켜 인간의 탄생에 대해 말했다. 하루는 열자가 길가에서 밥을 먹게 되었다. 마침 백년쯤 지나 보이는 해골을 보고서 쑥대를 뽑아 가리키며 말했다. "오직 나와 그대만이 죽음도 없고 삶도 없다는 사실을 알 것이다. 죽어있는 그대가 슬픈 것인가, 살아있는 내가 기쁜 것인가. 종자種子 속에는 틀[機]만 있었는데, 물을 만나 물때로 변하고, 물이 흙과 함께 있으면 이끼가 된다. 이끼가 언덕으로 가게 되면 질경이가 되고, 질경이가 거름을 만나면 오족鳥足이 된다. 오족의 뿌리는 굼벵이가 되고, 그 잎은 호랑나비가 된다. … 죽순이 되고, 대나무는 자라서 청녕青寧을 낳고, 청녕은 표범을 낳으며, 표범은 말을 낳고 말은 사람을 낳는다. 사람은 다시 변화의 틀 속에 들어간다." 장자의 생명에 대한 이론은 찰스 다윈의 진화론과 그 맥을 같이 한다. 장자철학에서는 열자의 입을 빌려 생명의 기원은 생명의 틀이 물을 만남으로부터 시작되었다고 본다. 그리스의 탈레스와 중국 초묘楚墓에서 발견된 「태일생수太一生水」에서는 생명의 시작을 물과 관련시켜 말했다. 현대과학에서도 원시적 생명체는 원시 바다에서 시작되었다고 한다. 장자는 생명의 씨앗이 물을 만난 후, 여러 과정을 거치면서 포유류의 일종인 말이 되고, 말이 다시 변화하여 사람이 되었다는 설을 제시했다. 그리고 사람이 다시 변화의 틀 속에 들어가 다른 생명체로 변할 수 있다고 하였다. 이러한 맥락에서 볼 때 장자철학에서는 생명의 역사를 진화적 관점에서 보고 있다는 사실을 알 수 있다.

진화론은 찰스 다윈이 1859년에 『종의 기원』이란 책에 발표한 생명의 기원에 대한 이론이다. 다윈은 당시의 창조론과는 맥을 달리하는 새로운 내용의 생명이론을 제시하였다. 그는 오랜 생물학적 관찰을 통하여 모든 생명체는 자연적인 진화에 의해 나온 것임을 주장하였다. 그의 진화론은 생물학·유전학 등의 현대 자연과학 분야에 기초이론이 되었고, 심지어는 심리학과 윤리학 등의 인문학 분야에도 지대한 영향을 끼쳤다. 그의 진화론은 기존의 종교계에 지대한 충격을 주었으며 인간의 사고를 탈신학적인 입장에서 진행할 수 있도록 길을 열어주었다.

　장자철학에서는 생명의 씨앗이 물속에서 발아함으로써 최초의 생명체가 나왔고, 상황에 따라 계속 질적인 변화를 이룬다고 하는 진화론적인 견해를 가졌다. 그래서 일찍이 호적胡適과 조셉 니덤 등은 장자를 진화론자로 이해하기도 하였다.

달생

버리면 얻는다

> 일에 대한 집착을 버리면 몸이 피곤하지 않고 삶에 대한 집착을 버리면 정신이 손상되지 않는다. 대저 몸이 완전하고 정신이 회복되면 하늘과 하나가 된다.
> 棄事則形不勞(기사즉형불노)하고 棄生則精不虧(기생즉정불휴)라. 夫形全精復(부형전정복)이면 與天爲一(여천위일)이라.

우리의 삶은 유한하다. 그러나 영원한 삶을 누릴 길이 없는 것도 아니다. 그 방법은 바로 '버리기'를 잘 하는데 있다.

크게 버릴 때 크게 얻음이 있다. 버릴 줄 모르는 자는 큰 것을 얻을 수 없다. 잡다한 물건이 담긴 그릇에 새로 지은 밥을 담을 수 없다. 그러므로 만약 진정으로 몸의 안위를 위한다면 분수 밖의 일은 다 버릴 것이요, 진정으로 정신의 행복을 얻으려 한다면 삶에 대한 집착을 다 버려야 한다. 크게 이루지 못하는 것은 바로 분에 넘치는 욕심 때문이요, 정신이 안정을 찾지 못하는 것은 바로 삶에 대한 강한 집착 때문이다. 그러므로 이것도 버리고 저것도 버릴 때 진정으로 큰 것을 얻을 수 있다.

중국의 유명한 도인道人인 방거사龐居士는 원래 아주 큰 부자였다.

그런데 어느 날 구도심求道心이 발동하여 수행자의 길을 갈 작정을 하고 자신이 가진 재물들을 물에다 몽땅 내다버리려 했다. 이에 이웃사람들이 아까운 재물을 버리지 말고 자기들에게 나누어 달라고 했다. 그러자 방거사는 '재물은 본래 흉한 것이므로 나도 내다 버리려 하는데, 만약 이것들을 남에게 준다면 내가 나쁜 사람이 된다'라고 했다. 그러면서 재물을 남김없이 모두 물에 던져버렸다. 방거사가 모든 것을 과감히 버려버리는 그 순간 진정으로 사는 길의 문을 열었다. '필사즉생必死卽生'이라는 말이 있다. 과감히 자신을 던져버릴 때, 그때 활짝 열린 큰 세계를 맞이할 수 있다. 방거사는 재산을 모두 내다버린 다음 생활용품을 만드는 일을 하면서 생계를 꾸렸다. 그러면서 온 식구가 열심히 불도佛道를 닦아 마침내는 식구들 모두가 도통을 하였다. 여기서 보면 진정 크게 버리는 속에 큰 얻음이 있다는 사실을 알 것이다.

『장자』에서는 말한다. "일에 대한 집착을 버리면 몸이 피곤하지 않고 삶에 대한 집착을 버리면 정신이 손상되지 않는다. 대저 몸이 완전하고 정신이 회복되면 하늘과 하나가 된다." 참된 행복을 누리면서 영원한 도와 하나가 되는 삶을 살자면 반드시 집착을 버려야 한다. 집착 없이 취하면 취함으로써 얻어지는 부작용이 없다. 일과 삶에 대해 집착을 버린 후 그것에 임하면 삶의 고단함이 사라진다. 이를 통해 몸은 온전한 상태로 돌아가고 정신은 본래대로 회복되어 마침내 천지자연과 하나가 된다.

잡다한 일에 혼을 빼앗기지 말고 살고자하는 욕망을 내려놓으면 그 순간 크나큰 에너지가 콸콸 샘솟는다. 텅 빈 마음에는 온갖 묘용이 일어난다. 그래서 더 크고 영원한 삶을 누릴 수 있다.

밖을 의식하면 정신이 혼란해진다

> 밖을 중하게 여기는 자는 그 안이 졸렬하다.
> 凡外重者(범외중자)는 內拙(내졸)이라.

마음이 외물外物에 흔들리지 않아야만 명인名人이 될 수 있다. 외물에 흔들리는 마음은 제 기능을 다할 수 없기에 '죽은 마음'이라 할 수 있다.

안연顔淵이 공자에게 말했다. "제가 일찍이 상심觴深이라는 호수를 건널 때, 그 사공이 배를 귀신같이 몰았습니다. 그래서 제가 '배 모는 것을 배울 수 있습니까'라고 했더니, 그는 '됩니다. 수영을 잘하는 이는 빨리 익힐 수 있습니다. 그리고 잠수부는 일찍이 배를 보지 못했지만 배를 잘 몰 수 있습니다'라 했습니다. 제가 더 자세히 물었지만 그는 묵묵부답이었습니다. 사공의 말이 무슨 뜻입니까."

공자가 말했다. "수영을 잘 하는 이가 배 모는 일을 빨리 익힐 수 있는 것은 물을 의식하지 않기 때문이다. 그리고 잠수부는 일찍이 배를 보지 않았지만 배를 잘 몰 수 있다고 한 것은 잠수부는 호수를 언덕같이 여기고 배가 뒤집어져도 마치 수레가 조금 물러난 것처럼 대수롭지 않게 여길 뿐이다." 수영을 잘하는 사람은 애당초 물에 대한 두려움이 없다. 또 잠수부는 물을 육지같이 여기고 배를 육지의 수레처럼 여기기에 빠져죽을 것이란 두려움이 없다. 수영을 잘하거나 잠수를 잘하는 사람이 배 모는 것을 쉽게 배울 수 있는 이유는 바로 물에 대한 의식이 없기 때문이다. 마음을 정녕 잘 부리는 사람은 대상을 문득 잊어버린다. 그냥 자신의 혼을 다 할 뿐이다.

또 공자는 계속 말했다. "기왓장을 걸고 내기 활쏘기를 하면 잘 맞고, 주석 갈고리를 걸고 하면 맞추는 횟수가 줄어들고, 황금을 걸면 마음이 혼란하여 맞출 수 없다. 동일한 실력이지만 욕심을 내면 밖의 것을 중시하게 된다. 무릇 밖을 중하게 여기는 자는 그 안이 졸렬해진다." 귀한 황금을 상금으로 걸었기에 마음이 황금에 빠져버렸다. 외물을 탐하면 마음은 외물의 노예가 된다. 이렇게 되면 마음이 가진 큰 능력을 능동적으로 활용할 수 없다.

천 길의 절벽 위에 걸쳐진 외나무다리를 건너가다가 아래를 굽어보면 자기도 모르는 사이에 와들와들 떨려 한 발자국도 움직이지 못한다. 이럴 때는 당연히 조심해서 정신을 집중해야 하겠지만 그보다는 절벽을 의식하는 마음을 내려놓아버리는 것이 더 급선무이다. 대상을 잊어버려야 한다. 그렇지 않으면 주눅이 들어 행동을 정상적으로 할 수 없다. 많은 관중들 앞에 노래할 때 관중을 너무 의식하면 긴장이 되어 노래 실력을 다 발휘할 수 없는 법이다.

중도中道를 지키면 불로장생한다

> 들어가 숨지만 말 것이요 나와서 드러내지만 말 것이니, 그 중앙에 서라.
>
> 無入而藏(무입이장)이요 無出而陽(무출이양)이니, 柴立其中央(시립기중앙)이니라.

 심신心身을 닦아 불로장생不老長生을 얻는 것은 모든 이의 소망이다. 한 번 지나간 인생은 다시 오기 어렵기에 누구나 죽기를 싫어한다.
 고통 속의 유한한 현실 세계에 대해 절망을 느껴 그것을 극복하고자 탄생한 문화의 한 형태가 바로 종교이다. 각 종교가 추구하는 공통점은 바로 사후에 영원한 행복을 얻는 것이다. 그러나 「달생」에서는 사후가 아닌, 살아있는 몸으로 고통 없이 영원한 삶을 얻고자 한다.
 주周나라 위공威公이 생명을 보양하는 양생술養生術에 관심이 많았다. 마침 양생술 전문가인 전개지田開之가 방문했는데, 그는 축신祝腎에게 양생술을 배웠다. 이에 위공이 전개지에게 양생술에 대해 묻자 그는 말했다. "저의 선생님께 들으니, '양생을 잘 하는 자는 양羊을 치듯이 하여 뒤처진 양을 채찍질하여 앞으로 나가게 한다'고 하셨습니다." 이 말을 듣고 난 위공은 더 자세히 말해달라고 했다. 이에 전개지는 다음과 같은 요지로 말했다.

노魯나라의 단표單豹란 사람은 바위굴에 살면서 사람들과 이익을 다투지 않으며 심신을 잘 길러 70세가 되어도 어린아이와 같았다. 그러나 굶주린 호랑이를 만나 호랑이에게 잡아먹혀 버렸다. 또 장의張毅라는 사람이 있었는데 그는 사람들과의 사귐을 잘했다. 그러나 40세가 되자 열병에 걸려 죽어버렸다. 단표는 안을 잘 길렀으나 밖을 허술히 하여 호랑이 밥이 되었고, 장의는 밖은 잘 다스렸으나 안을 못 다스려 질병의 공격을 당했다. 이 두 사람은 모두 뒤로 처진 양을 채찍질하지 않은 허물을 범했다. 안과 밖은 균형이 있게 돌보아야 한다. 밖을 소홀히 한 단표는 밖을 더 신경 써야 했고, 안을 소홀히 한 장의는 안을 더 잘 관리했어야만 했다.

이처럼 양생을 잘 하자면 안으로 자신을 보살피는 한편 밖으로는 적당한 활동도 있어야 한다. 한쪽으로만 힘을 쓰면 단표나 장의처럼 양생의 도를 이룰 수 없다. 그래서 전개지는 공자를 가상적으로 내세워 이렇게 말했다. "들어가 숨지만 말 것이요 나와서 드러내지만 말 것이니 그 중앙에 서라." 양생을 잘 하자면 반드시 안과 밖 한쪽에만 치우치지 말고 중도中道를 지킬 줄 알아야 한다. 이런 이론은 「양생주養生主」의 '연독이위경緣督以爲經'이란 구절에서도 볼 수 있다. 이는 '중도[督]를 따름으로써 법을 삼는다'는 뜻의 말이다.

석가모니도 설산雪山에서 수행할 때 처음에는 당시의 고행자들 마냥 몸을 학대하면서 수행을 하다가, 나중에 그것이 잘못된 수행법임을 알았다. 그래서 안락하지도 극악하지도 않은 환경을 조성하여 공부를 함으로써 드디어 대각大覺을 얻게 되었다. 극단을 버리고 중도를 택했기에 석가모니는 속히 뜻을 이룰 수 있었다. 한쪽으로만 치우치면 반드시 부조화를 불러 삶을 파탄으로 몰아간다.

식색食色을 절제하는 것이 양생법의 기초이다

> 사람이 조심해야 할 것은 이부자리의 위와 음식을 먹는 사이에 있다. 그런데도 경계할 줄 모르니 이는 잘못이다.
> 人之所取畏者(인지소취외자)는 衽席之上(임석지상)과 飮食之間(음식지간)이나, 而不知爲之戒者(이부지위지계자)는 過也(과야)라.

심신의 원리를 탐구하여 그 원리에 따라 단련을 함으로써 인간이 가진 육체적 한계성을 탈피하고자 만든 학술이 바로 양생술養生術이다. 본래 장자는 양생술보다는 바른 인식을 통한 정신적 해탈을 추구했지만 장자의 후학들 중 일부는 여기에만 머물지 않고 육체적 해탈도 꿈꾸었다.

양생이론 중 일반인들도 쉽게 실천할 수 있으면서 또한 핵심이 되는 내용으로는 이부자리 위에서 성욕을 방사하는 것을 절제하고 또 밥상 앞에서 음식을 절도 있게 섭취하는 것을 들 수 있다. 음식은 공기 중의 기氣와 함께 생명을 유지해가는 데 있어 가장 중요한 요소이다. 음식을 통한 양생술은 소식小食과 체질에 맞는 음식을 섭취함이 그 핵심이 된다. 이렇게 함으로써 오장육부의 수고를 감소시켜 노화를 늦출 뿐 아니라 몸도 편안히 지킬 수 있다. 그리고 공기 중의 기와 음식 속의 기를 섭취함으로써 에너지가 생겨나는데, 이 에너지의 엑기스는 정精 속에 담겨있다. 남녀의 성관계를 무절제하게 함으로써 정이 고갈되면 정신 능력도 약화되고 몸의 노화도 빨리 찾아온다. 그러므로 적당히 먹고 마시는 것은 생명에너지를 공급하는 수단이 되고, 성관계를 절제하는 것은 생명에너지를 저축하는 수단이 된다. 생명에너지가 충만할 때 양생의 도는 성취된다.

양생을 통한 불로장생은 모든 이의 소망이다. 전국시대의 열국을 통일한 진시황秦始皇도 불로장생을 꿈꾸었다. 그래서 삼신산三神山의 신선을 만나고자 했고 서시徐市에게 동남동녀童男童女 수천을 이끌고 가서 신선을 찾게 했으며, 또 노생盧生을 시켜 선약과 선인을 찾아오게 했다. 그리고 한무제漢武帝 역시 불로장생을 꿈꾸며 많은 술사術士들을 고용하여 신선의 도를 구하려 했다. 그들의 꿈은 당대에는 이루지 못했다. 그러나 한무제 이후의 도가 학자들은 양생술을 끊임없이 연구하였다. 그 이론은 주로 한의학·기공술·연단술 등에 담겨있다. 불로장생을 추구하는 인간들의 염원은 오늘날까지 이어져 왔다. 현대의 유전공학 또는 생명공학 등의 첨단 과학기술은 불로장생의 꿈을 점차 현실화시켜가고 있다.

불로장생을 향한 고대인들의 도전은 헛된 짓이 아니었다. 어떤 일도 단번에 발전할 수는 없다. '불로장생'이라는 고대인들의 화두를 한 번도 놓치지 않았기에 오늘날의 인류는 생명을 다루는 과학기술을 비약적으로 발전시킬 수 있었다. 불로장생을 추구하는 현대과학자들의 모습에서 수은과 유황 등으로 불사약不死藥을 만들려했던 옛 도사道士들의 모습이 연상된다.

목계木鷄와 양생술

> 바라보면 나무로 깎은 닭처럼 되었으니 이제 덕이 완전해졌습니다.
>
> 望之似木鷄矣(망지사모계의)니 其德全矣(기덕전의)니이다.

　　양생의 주요 원리 중 하나가 바로 '망동하지 않음'이다. 몸과 마음을 망동시키면 기혈氣血이 격동되어 인체에 치명적인 손상을 입힌다. 「달생」편에서는 나무로 깎은 닭인 목계木鷄를 매개체로 삼아 양생 이론을 전개한다.

　　기성자紀渻者란 사람이 임금을 위해 싸움닭을 기르기 시작했다. 열흘이 지난 후 임금이 "이제 그 닭에게 싸움을 시켜도 되겠는가."라고 묻자, 기성자는 "안됩니다. 아직도 헛되이 교만을 부리며 기세를 믿고 있습니다."라고 했다. 다시 열흘이 지나자 또 물었다. 이에 기성자는 "안됩니다. 아직도 메아리나 그림자처럼 너무 예민하게 반응합니다."라고 했다. 그로부터 다시 열흘이 지난 후 임금이 또 묻기를, "이제는 싸움을 시켜도 되겠는가."라고 묻자, 기성자가 "안됩니다. 아직도 상대를 노려보고 기세를 올리고 있습니다."라고 했다. 싸움닭을 기르는 기성자는 임금이 세 번이나 싸움닭의 능력을 물었지만 매번 아직 부족하다고 말했다. 그 이유는 싸움에 나갈 싸움닭이 아직 자기를 비울 줄도 다스릴 줄도 모르면서 오직 기력氣力만 믿고서 상대를 얕보며 경솔히 싸우려 하기 때문이다. 그러면 닭이 어떻게 되어야 기성자는 싸움에 내보낼까. 다음의 문답을 보자.

열흘이 지나자 임금이 이제는 싸움에 내보내도 되겠는가를 물었다. 이에 기성자가 말하기를, "거의 다 되었습니다. 상대편 닭이 비록 소리를 쳐도 변화를 보이지 않습니다. 바라보면 '나무로 깎은 닭[木鷄]'처럼 되었으니, 이제 덕이 완전해졌습니다. 다른 닭들이 감히 덤비지 못하고 보기만 해도 다 달아납니다."라고 했다. 기성자는 이제야 자신이 기르던 싸움닭이 무적의 전사戰士가 되었음을 인정했다. 마음을 다 비우고 몸을 신중히 움직이며 상대에게 민감히 반응하지 않고 기운을 쌓아 태산같이 의연한 자세를 가지니, 마치 움직일 줄 모르는 나무 닭처럼 보였다. 이에 다른 닭들이 주눅이 들어 싸울 의지를 잃어버리고 말았다.

싸움에 있어 두려워함도 문제지만 흥분과 적개심과 조급함은 패배의 가장 큰 원인이 된다. 일류의 싸움꾼은 표정도 없고 동요도 없고 감정도 없다. 마치 싸움을 하지 않으려는 사람처럼 보인다. 최강의 싸움닭이 되는 원리는 몸을 보양하는 원리와도 통한다. 분노나 슬픔 등의 자극적인 감정을 폭발시키거나 조바심을 내거나 몸을 조급히 움직이면 노쇠현상이 빨리 찾아온다. 오직 목계처럼 텅 빈 마음으로 고요하면서 냉철한 자세를 가지어 기혈을 안정시킬 때 양생의 도를 성취할 수 있다.

신神이 서린 작품 만들기

> 나의 천성(天性)과 나무의 천성을 합하게 하였으니, 작품에 신(神)이 서리는 것은 바로 이 때문입니다.
> 以天合天(이천합천)하나니, 器之所以凝神者(기지소이응신자)는 其由是與(기유시여)니이다.

　명품名品을 만들자면 반드시 마음을 비우는 공부가 선행되어야 한다. 마음을 비우는 것이 바로 재계齋戒이다.
　'재계'란 마음을 비워 어떤 것에도 방해받지 않게 하여 마음의 능력을 극대화시키는 공부이다. 원래 재계는 신령에게 제사를 지내기 전 며칠간 심신心身을 정갈히 하는 의식이다. 그러나 재계는 비단 제사를 위해서만 소용되는 것이 아니라, 무슨 일이든 정성스럽게 하고자 한다면 반드시 선행되어야 할 필수 조건이다. 심신이 풀린 상태에 있으면 어떻게 일을 원만히 성취할 수 있겠는가.
　목공인 재경梓慶은 나무를 깎아 북틀을 만들었다. 북틀이 완성되자 보는 사람마다 모두들 귀신같은 솜씨라고 경탄했다. 노魯나라 임금이 그것을 보고 "그대는 무슨 도술로 이것을 만들었는가."라고 물었다. 이에 재경은 그 방법의 핵심적 내용에 대해 말했다. "저는 목수일 뿐인데 무슨 도술이 있겠습니까. 그러나 저에게 한 가지 방법이 있긴 합니다. 저는 북틀을 만들려 할 때는 감히 기운을 소모하지 않고 반드시 재계를 하여 마음을 고요히 합니다. 3일 동안 재계를 하면 감히 경사慶事와 상賞과 작록을 생각하지 않게 됩니다. 5일 동안 재계를 하면 감히 비난과 칭송과 공교함과 졸렬함에 대해 잊어버립니다. 재계 후 7일이 지나면 문득 사지四肢와 몸통을 잊게 됩니다. 이렇게 되면 조정朝廷도 잊어버립니다. 안으로는 재능이 집중되며 밖으로는 혼란이 없습니다. 이렇게 된 뒤에 산에 들어가 나무의 천성과 형체가 지극한 것을 살피며, 만들어야 할 북틀이 머리에 떠오른 연후에 비로소 일을 시작합니다. 그렇지 않으면 일을 하지 않습니다." 일체의 생각이 사라질 때 영감이 벼락 치듯 떠오른다. 이럴 때 신령함과 아름다움이 서린 작품을 만들 수 있다. 끝으로 목수 재경은 참으로 심오한 말을 했다. "나의 천성天性과 나무의 천성을 합하게 하나니 작품에 신神이 서리는 것은 바로 이 때문입니다." 즉 자신과 나무가 하나가 될 때 마침내 자유자재로 나무를 다듬을 수 있게 되었다고 한 것이다. 자신과 나무가 하나 되는 길은 바로 자신의 마음을 다 비워 내는 데 있다.

　　재경의 말에서 보면 입신의 경지에서 작품을 만들고자 한다면 일체의 잡념을 제거하여 자신조차도 잊을 수 있어야 한다. 그렇게 하면 다듬어야 할 대상과 일체를 이루어 내가 나무가 되고 나무가 내가 된다. 그래서 다듬어놓은 작품 속에 나의 정신이 녹아들어 마침내 신묘한 작품이 탄생하게 되는 것이다.

정신이 전일專一하면 신통력이 생긴다

> 공수(工倕)는 손가락을 빙 돌리면 그림쇠와 곡척보다 더 정확히 원이나 모서리를 잴 수 있다. 그의 손은 사물과 하나가 되어버려 마음으로 헤아리지 않는다. 그래서 그의 정신[靈臺]은 전일(專一)해져 막힘이 없다.
> 工倕(공수)는 旋而蓋規矩(선이개규구)하니, 指與物化而不以心稽(지여물화이불이심계)라. 故(고)로 其靈臺(기영대)는 一而不桎(일이부질)이니라.

달인達人은 마음대로해도 걸림이 없다. 공자는 이 경지를 "마음이 하고픈 대로해도 법도에 넘치지 않는다.[從心所欲不踰矩]"라는 말로 표현했다. 달인이 되자면 어떻게 해야 할까.

어떤 분야에서든 달인의 경지에 이르기 위해서는 물리적 기술 위에 영특한 정신 능력을 더해야만 한다. '백척간두진일보百尺竿頭進一步'라는 말처럼 백 자나 되는 높은 장대 위에 올라선 다음, 거기서 다시 한 걸음 더 나아가는 것과 같은 비장한 마음을 가져야 한다. 능력의 질적 변화는 특별한 자세와 극도의 정신활동을 통해서만 이룰 수 있다.

무예의 달인이 되자면 사지四肢가 몇 번이나 찢어지도록 몸을 놀리는 연습을 해야 한다. 피나는 노력을 통해 기능을 극도로 숙달시킨 다음, 거기에다 정신 능력을 최대한 활용하는 수련을 더해야 한다. 그때 비로소 수동식 기계가 자동식 기계로 바뀌는 것처럼 기술능력이 몇 배로 오묘해진다. 아무리 물리적 기술을 연마하여도 정신의 묘한 능력을 활용하지 못한다면 '잘 하는 사람'은 될 수 있을지언정 달인의 경지에는 이를 수 없다. 그래서 모든 분야의 옛 명인名人들은 기능의 수련과 정신의 수양을 겸하고자 했었다.

공수工倕는 원과 모서리를 재는 일에 있어 달인의 경지에 이른 사람이다. 그는 정신 능력을 극대화시킬 줄 알았다. 「달생」에서 말하기를, "공수는 손가락을 빙 돌리면 그림쇠와 곡척보다 더 정확히 원이나 모서리를 잴 수 있다. 그의 손은 사물과 하나가 되어버려 마음으로 헤아리지 않는다. 그래서 그의 정신[靈臺]은 전일專一해져 막힘이 없다."라고 하였다. 공수는 분별하고 따지는 마음을 제거해버림으로써 정신 능력을 극대화시켰기에 원이나 각을 정확히 잴 수 있었다. 무심無心할 때 직관直觀이 살아나는 법이다. 분별하고 따지는 마음을 내면 정신이 혼란하고 또 흐려진다. 마치 고요한 물에 파도가 일면 물 밑의 세상을 볼 수 없음과 같다. 잡념을 버리고 하나에 집중할 때 정신능력은 최고조에 이른다.

어느 분야에서든 달인이 되고자 한다면 각고의 물리적 노력과 함께 정신의 기능을 최대한 활용할 줄 알아야 한다. 이렇게 되면 무위의 경지에 도달할 수 있다. 일타一打에 건곤乾坤을 부수거늘 어찌 낱낱의 적을 대적하랴.

신이 발에 편하면 발의 존재를 잊는다

> 발을 잊음은 신이 편하기 때문이요, 허리를 잊음은 허리띠가 편하기 때문이요, 지혜가 시비를 잊음은 마음이 편하기 때문이다.
> 忘足(망족)은 履之適也(이지적야)오, 忘要(망요)는 帶之適也(대지적야)오, 知亡是非(지망시비)는 心之適也(심지적야)라.

　　최상의 경지는 있는 줄을 알지 못하는 것이다. 공기가 가득 있을 때는 공기의 존재를 알지 못한다. 공기가 떨어져갈 때, 공기의 존재를 비로소 깨닫는다. 자신의 역할을 남이 알지 못하게 하는 것이 최상의 처신법이다. 자신의 역할을 남이 알았다면 그것은 자신의 역할을 능숙히 하지 못했기 때문에 나타난 현상이다.

　　고기가 물이 가득한 연못에서 노닐 때는 물도 잊어버리고 자기 자신도 잊어버린다. 물이 마르면 괴로워하며 팔딱거리다가 물이 차오면 비로소 즐거워하며 꼬리를 흔들며 유유히 헤엄쳐 간다. 그러나 본래부터 물이 가득한 연못 속에 살던 고기는 괴로움도 즐거움도 알지 못하고 그냥 무심히 노닐 뿐이다. 지극히 편안한 상황에 있을 때는 자기도 물도 모두를 잊어버린다.

　　가장 바람직한 것은 있음을 알지 못하는 경지이다. 있음을 알지 못하게 하려면 가장 적절한 상태, 즉 이상적인 상태를 유지하고 있어야 한다. 그래서 "발을 잊음은 신이 편하기 때문이요, 허리를 잊음은 허리띠가 편하기 때문이요, 지혜가 시비를 잊음은 마음이 편하기 때문이다."라고 말했다. 편안함을 얻으면 불만이 없어진다. 신발이 발에 꼭 맞아 편안하면 신발의 크고 작음에 대한 갈등이 사라진다. 허리띠 역시 허리에 꼭 맞으면 허리띠의 존재를 알지 못한다. 마음도 역시 그렇다. 마음이 편안하고 즐거운 상태에 있으면 시비를 따질 생각이 저절로 사라진다.

세상 사람들은 모두가 현란하고 자극적인 것을 좋아한다. 그리하여 온갖 수단을 다 동원하여 남에게 돋보이는 삶을 살고자 한다. 그러나 사실은 이것은 최상의 삶이 아니라 도리어 남의 눈을 의식하여 남의 노예가 되어 살아가는 삶이다. 최상의 삶은 바로 남이 나를 알지 못하는 경지의 삶이다. 남이 나를 알지 못한다는 것은 내가 자연의 도에 꼭 맞게 살아가고 있음을 의미한다. 내가 도의 흐름에 꼭 맞게 살아가기에 세상 사람들의 눈에 띄지 않는 것이다.

꼭 알아야 할 것이 있다. 사람들은 남의 눈에 띄는 것을 좋아하지만 그것이 진정 최상의 것이 아닌 줄 알아야 하고, 그것에 심취한 사람 또한 최상의 격을 가진 사람이 아닌 줄 알아야 한다. 「재유在宥」에서는 "나와 부딪쳐도 알지 못할 것이요, 나와 멀어져도 알지 못할 것이다."라고 했다. 지극한 사람은 본래 자취가 없는 법이다. 이미 도·레·미·파·솔·라·시·도의 소리를 냈다면 그것은 소리의 한 부분에 불과할 뿐이다. 완벽한 소리는 소리 없는 소리이다.

산목

세상의 평가에서 벗어나야 안전하다

> 쓸 만한 재목과 쓸 수 없는 재목의 중간은 옳은 경지인 듯하지만, 그릇되어서 재앙을 면할 길이 없다. 만약 자연의 도덕(道德)을 타고 노닌다면 그렇지 않게 될 것이다.
>
> 材與不材之間(재여부재지간)은 似之而非也(사지이비야)라. 故(고)로 未免乎累(미면호루)라. 若夫乘道德而浮遊(약부승도덕이부유)면 則不然(즉불연)이라.

　안전하고 편안한 삶을 살자면 세상의 평가에서 벗어나야 한다. 세상의 평가 대상이 된다는 것은 아직 지극한 경지에 도달하지 못했음을 뜻한다. 그리고 세상의 평가는 항상 위험을 초래한다.
　장자가 하루는 산길을 가다가 아무도 베어가지 않는 못생긴 고목古木을 보았다. 이에 장자는 "이 나무는 재목감이 못되었기에 장수를 누릴 수 있었다."라고 했다. 장자는 산에서 막 나와 친구 집에 머물게 되었다. 친구가 하인에게 거위를 잡아 장자를 대접하라고 했다. 이에 하인이 묻기를, "둘 중 한 마리는 잘 울고 한 마리는 울지 못합니다. 둘 중 어느 놈을 잡을까요."하자 주인이 "울지 못하는 놈을 잡아라."고 했다. 이에 장자와 동행한 제자가 장자에게 물었다. "어제 산

중의 나무는 재목감이 못되었기에 장수를 누릴 수 있었는데, 친구 집의 거위는 우는 재주가 없기에 도리어 일찍 죽음을 당했습니다. 그렇다면 선생님께서는 재주 있는 사람이 되겠습니까. 재주 없는 사람이 되겠습니까." 제자의 질문에는 참으로 빈틈이 없다. 나무는 재주가 없기에 오래 살았고 거위는 재주가 없기에 일찍 죽었다. 그렇다면 어떻게 대답해야 할까.

이에 장자는 웃으면서 농담조로 이렇게 말했다. "나는 쓸 만한 재목과 쓸 수 없는 재목의 중간에 있을 것이다." 잠시 후 장자는 자신의 본심을 말한다. "쓸 만한 재목과 쓸 수 없는 재목의 중간은 옳은 경지인 듯 하지만, 이 또한 그릇되어서 재앙을 면할 길이 없다. 만약 자연의 도덕道德을 타고 노닌다면 그렇게 되지 않는다. 이렇게 되면 칭찬도 비방도 없으며 한번은 용으로 변했다가 한번은 뱀으로 변한다. 수시로 변하여 하나에 걸리지 않는다. 한 번은 올라갔다가 한 번은 내려가면서 조화調和로써 법칙을 삼는다. 만물의 근원에 노닐며 만물을 만물로 여기되 만물에게 만물로 취급당하지 않는 자유인이 되니 어찌 재앙이 있으랴." 세상살이를 하다보면, 너무 잘나도 화를 당하고 너무 못나도 화를 당한다. 그리고 그 중간에 있어도 역시 화를 당한다. 그러면 화를 당하지 않고 잘 살 수 있는 길은 무엇인가. 바로 세상 사람들의 평가 속에 들어가지 않는 것뿐이다.

사람이 평가의 대상이 되면 하나의 사물로 전락하고 만다. 그렇게 되면 언제 어떤 대접을 받게 될지 모른다. 그리고 중간에 있는 사람은 당장은 아니지만, 그 또한 언젠가는 평가의 대상이 되고 만다. 그러므로 몸은 비록 사람들 속에 살더라도 마음과 행동은 언제나 무위자연의 덕을 따라야 한다. 그렇게 하면 세상으로부터의 난도질을

산목 325

면할 수 있다. 어떤 보검도 허공은 베지 못한다.

    우리가 추구할 것은 행복이다. 무엇 때문에 세상으로부터 비교를 당하여 일희일비—喜—悲하고, 또 총애와 치욕 속에서 괴로워 할 것인가.

스스로 추하다고 여기는 추녀는 추하지 않다

> 행위가 현명하다고 해도 스스로 현명하다는 마음을 버린다면 어디를 가나 사랑받지 않으랴.
> 行賢而去自賢之心(행현이거자현지심)이면 安往而不愛哉(안왕이불애재)리오.

　치욕을 당하지 않으면서 공을 이루자면 공을 세우고도 공을 세웠다는 마음을 내지 않아야 한다. '마음을 내지 않음'은 수행의 마지막 경지이다.

　당唐나라의 육조 혜능대사慧能大師는 중국 선종의 대표적인 선사禪師이다. 그는 출가하기 전에 나무를 팔며 노모老母를 봉양하며 살았다. 하루는 나무를 파는 중에 어떤 객승이 『금강경金剛經』을 독송하는 소리를 들었다. 그 중에 "응당히 머무는 바 없이 그 마음을 내어라.[應無所住而生其心]"라는 구절이 있었다. 나무꾼이었던 혜능대사는 이 구절을 듣자 곧바로 큰 깨침을 얻었다. '머무는 바 없이 마음을 낸다'는 것은 바로 특정의 상相을 세우지도 않고, 거기에 걸리지도 않게 마음을 운용한다는 말이다. '상'이란 마음으로 '이렇다' 또는 '저렇다'는 생각을 내어 그것을 사실시하는 것을 말한다. 그러므로 상은 우리를 미혹으로 이끄는 도깨비이다.

　세상의 모든 물질적 또는 정신적인 존재들은 그 실체가 없다. 그러나 사람들은 그것들이 참으로 존재하는 것처럼 여김으로써 상을 만들어 환상 속에 빠져들어, 실체 없는 것에 의해 실체 없는 고통을 당하면서 살아간다. 이 상을 벗어던져버리면 누구든 곧바로 부처가 되어 열반에 이른다. 그래서 혜능대사는 『금강경』을 해석하면서 "네 가지 상이 있으면 곧 중생이요 네 가지 상이 없으면 곧 부처이다.[有四相 卽是衆生 無四相 卽是佛]"라고 하였다. 상을 버리면 마음이 어떤 것에도 사로잡힘이 없어 자유롭다. 그리고 존재의 본 면목을 바로 볼 수 있다. 이런 사람을 '부처'라고 한다. 이처럼 상을 버리면 부처도 될 수 있거늘 세상에 이루지 못할 일이 무엇이 있으랴.

　하루는 양자陽子가 송宋나라로 가서 어떤 여관에 머물렀다. 여관 주인에게 두 명의 첩이 있었는데, 한 사람은 미녀였고 또 한 사람은 추녀였다. 그런데 뜻밖에도 추녀는 사랑을 받고 미녀는 천대를 받고 있었다. 그래서 양자는 그 이유를 물었다. 이에 주인이 말하기를, "미녀는 스스로 예쁘다고 뽐내었기에 예쁜 줄 모르겠고, 추녀는 스스로 추하다고 여겼기에 추한 줄 모르겠습니다."라고 했다. 이 말을 듣고 양자는 제자들에게 "행위가 현명하다 해도 스스로 현명하다는 마음을 버린다면 어디를 가나 사랑받지 않으랴."라고 했다. 이 이야기에서 본다면 스스로 '이렇다' 또는 '저렇다'는 상을 세우면 사실의 모습이 사라져 버린다. 즉 아무리 예쁘고 현명하다 해도 스스로 '예쁘다'거나 '현명하다'는 상에 사로잡히면 그것이 모두 무효가 되어버리고 만다는 것이다.

　난초는 향기만 은은히 뿜을 뿐 스스로 향기로운 채 하지 않기에

만인의 사랑을 받는다. 그러므로 남다른 장점을 가진 사람들은 절대 그것을 믿고 스스로 뽐내지 말아야 한다.『노자』의 제7장에서는 "천지가 장구한 것은 스스로 '천지'라는 마음을 내지 않기 때문이다.[天地 所以能長且久者 以其不自生 故能長生]"라고 말했다. 자기의 공을 잊어버려야만 대인이 된다.

전자방

두려움을 버려야 신기神技를 얻는다

> 지인(至人)은 위로는 푸른 하늘을 들여다보고 아래로는 땅 속에 잠기며, 팔방을 휘젓고 다녀도 정신과 기운이 변치 않는다.
> 夫至人者(부지인자)는 上闚靑天(상규청천)하고 下潛黃泉(하잠황천)하며 揮斥八極(휘척팔극)이나 神氣不變(신기불변)이라.

남다른 일을 해내는 사람들은 집중력이 뛰어나다. 정신을 집중하면 강한 에너지와 특별한 능력을 이끌어 낼 수 있다.

열자列子가 백혼무인伯昏無人을 위하여 활쏘기 시범을 보였다. 활시위를 가득 당기어 팔꿈치 위에 물 잔을 올려놓고 쏘는데, 하나의 화살을 날렸나 했더니 어느 새 그 다음 화살이 활시위에 올라와 있었다. 참으로 신기한 재주라 하지 않을 수 없다. 그러나 백혼무인은 "이것은 기교를 부리는 활쏘기이지 기교를 초월한 활쏘기는 아니다. 시험 삼아 그대와 더불어 높은 산에 올라가 뾰족한 바위를 밟고 백 길 깊이의 연못을 앞두고도 그대가 활을 쏠 수 있는가를 보겠다."라고 했다. 그리고 백혼무인은 참으로 높은 산에 올라가 뾰족한 바위를 밟고 백 길 깊이의 연못 앞에 임했다. 그리고서 등을 세우고 여유 있게 나아가니 발의 3분의 2는 허공에 놓여있었다. 그리고 열자에게

손짓을 하며 그곳으로 오라고 하자 열자는 공포에 질려버렸다. 그래서 땅에 엎드려 발꿈치까지 이르도록 땀을 줄줄 흘렸다. 열자의 활쏘기는 바람에 일렁이는 작은 파도에 불과하다. 그러나 백혼무인은 바다 밑에서부터 움직이는 거대한 해류이다. 진정한 재능은 기교를 넘어서야 한다. 심원에서 움직이는 힘이야 말로 위대하다.

열자의 이 모습을 본 백혼무인은 이렇게 말했다. "지인至人은 위로는 푸른 하늘을 쳐다보고 아래로는 땅 속에 잠기며, 팔방을 휘젓고 다녀도 정신과 기운이 변치 않는다. 지금 그대는 두려움 때문에 눈까지 가물거리는 모양인데, 그대가 여기서 활을 쏘아 적중시킨다는 것은 아마 어려울 것이다." 정신의 집중력을 감소시키는 데는 여러 가지 요인이 있겠으나 공포심이야말로 가장 위력적이다. 여타의 감정이나 욕망은 잡념을 불러일으키긴 하지만 흐릿하게나마 정신이 활동을 한다. 그러나 공포심은 욕망이나 잡념과는 성질이 전혀 다르다. 사람이 공포에 질리면 정신과 몸이 얼어버려 모든 기능이 정지된다. 그래서 정작 취해야할 행동을 취하지 못한다. 그러나 정신의 집중력이 고도화되면 여타의 욕망이나 잡념은 물론 공포심조차도 극복할 수 있다. 오직 당면한 현실만 볼 뿐이기에 다른 생각을 할 틈이 없다. 이렇게 될 때 까마득한 바위 위와 백 길의 연못 앞에서도 밟아야할 곳만을 차근차근 밟아 나아갈 수 있다. 속담에 "호랑이에게 물려가도 정신만 차리면 산다."는 말은 바로 이를 두고 하는 말이다.

큰 에너지는 정신을 집중시킬 때 발생한다. 집중은 모든 것의 기초이다. 어떤 곳에서도 집중 상태를 유지하고 있다면 무슨 일이든 자유롭게 이룰 수 있다. 집중을 이루지 못하면, 결코 심오한 경지에 도달할 수 없다.

세상의 가치에 초연한 진인眞人

> 옛날의 진인(眞人)은 지혜로운 자도 설득시킬 수 없고 미인도 유혹하지 못하며, 도적도 겁주지 못하고 복희(伏戱)와 황제(黃帝)도 벗하지 못한다. 생사가 큰일이지만 괘념치 아니하거늘 하물며 작록(爵祿)에랴.
>
> 古之眞人(고지진인)은 智者不得說(지자부득세)하고 美人不得濫(미인부득람)하며, 盜人不得劫(도인부득겁)하고 伏戱黃帝不得友(복희황제부득우)라. 死生亦大矣(사생역대의)나 而無變乎己(이무변호기)어늘 況爵祿乎(황작록호)아.

허상은 진체眞體를 흔들지 못한다. 세상의 어떤 것에게도 움직임을 당하지 않는다면, 곧 '진인眞人'이라 할 수 있다. 진인은 자신과 세계의 실체를 모두 바로 깨달았기에 더 이상 자신에게도 세상에게도 흔들림을 당하지 않는다.

견오肩吾가 손숙오孫叔敖에게 물었다. "그대는 세 번이나 영윤令尹 벼슬에 나아가도 그것을 영광으로 여기지 않았고, 또 세 번이나 영윤 벼슬에서 쫓겨나도 근심하는 빛이 없었네. 그래서 처음에는 그대의 속마음도 과연 그럴까 의심했었네. 그런데 이제 그대의 코언저리의 상相을 보니 마음이 아주 편안해 보인다. 그대는 어떻게 수양을 했는가." 이에 손숙오가 말했다. "내가 남보다 나을 게 뭐가 있겠는가. 나는 그저 부귀가 오는 것을 물리치지도 않고 가는 것을 막지도 않았다. 그것을 얻고 잃음은 내가 주관하는 것이 아님을 알기에 근심하는 빛이 없다. 이러할 뿐이니 내가 남보다 나을 게 뭐가 있겠는가." 부귀빈천은 애당초 자신의 뜻대로 할 수 없는 것임을 알기에 거기에 연연하지 않게 되었고, 또 연연하지 않기에 안색이 편안해 보인다는 말이다.

또 말하기를, "알지 못하겠다. 부귀가 부귀 자체의 의지에 의해 좌우되는 것인가, 아니면 나의 의지에 달린 것인가. 부귀에게 달렸다고 한다면 부귀가 나하고는 상관없는 것이고, 나에게 달렸다고 한다면 내가 부귀와는 상관없는 것이다. 나는 장차 유유자적하고자 하고 또 사방으로 노닐고자 하거늘 어느 겨를에 인간 세계의 귀천에 마음을 쓰겠는가." 부귀는 부귀대로 자립해 있고 나는 나대로 독립해 있기에 부귀와 나는 본래 무관하다. 그래서 부귀에 마음을 매어두지 않는다는 것이다. 이 이야기를 들은 공자는 말했다. "옛날의 진인은 지혜로운 자도 설득시킬 수 없고 미인도 유혹하지 못하며, 도적도 겁주지 못하고 복희伏戱와 황제黃帝도 벗하지 못한다. 생사가 큰일이지만 괘념치 아니하거늘 하물며 작록爵祿에랴." 참다운 사람은 어리석은 애착을 버려 어떤 것에도 구속을 당하지 않는다. 그래서 자연히 세상의 부귀를 초연하게 보는 것이 가능해진다.

부귀를 억지로 거부할 것도, 억지로 탐할 것도 없다. 이것은 자기 뜻대로 되는 것이 아니다. 주어지는 대로 응하면 편안하다.

전자방

지북유

知北遊

아는 자는 말하지 않는다

> 아는 자는 말하지 않고 말하는 자는 알지 못한다. 그래서 성인(聖人)은 말 없는 가르침을 행한다.
> 夫知者不言(부지자불언)하고 言者不知(언자부지)라. 故(고)로 聖人(성인)은 行不言之教(행불언지교)니라.

　언어는 실상 그 자체가 아니다. 즉 '뜨겁다'라는 말은 뜨거움에 대한 표현일 뿐, '뜨겁다'는 말이 실제로 열을 발하여 얼음을 녹일 수 있는 것은 아니다.
　언어문자는 눈에 보이는 세계조차 다 담을 수 없다. 하물며 보이지 않는 진리의 세계에 있어서는 어떠하겠는가. 「지북유知北遊」에 이런 이야기가 있다. 하루는 지知가 북쪽으로 놀러가서 무위위無爲謂에게 '도道를 알 수 있는 법', '도에 편히 머물 수 있는 법', '도를 얻을 수 있는 법'에 대해 물었다. 이 세 가지 물음에 대해 무위위는 아무 대답도 하지 않았다. 그 이유는 어떻게 답해야 할지를 알지 못했기 때문이다. 지는 다시 광굴狂屈을 찾아가 앞에서와 같은 질문을 했으나 광굴은 "나는 그것을 알고는 있다. 그러나 그대에게 말하려 하니 할 말을 자꾸 잊어버리게 된다."라고 했다. 지는 두 곳에서 답을 얻지 못하고 황제黃帝를 찾아가 질문을 했다. 황제는 사색을 그쳐야 도를 알 수 있고, 처신함이 없어야 도에 편안할 수 있고, 길이 없어야 도를 얻을 수 있다고 당당히 말했다. 이에 지는 도에 대해 설명을 해준 황제와 황제의 설명을 들은 자기만이 도를 안다고 자부하면서 무위위와 광굴이 도에 대해 말해주지 않은 것에 대해 비난을 퍼부었다.

무위위와 광굴을 비난하는 지의 말을 듣는 순간 황제는 화들짝 놀랐다. 황제는 이제야 지극한 도는 말로 전할 수 없다는 사실을 깨달았다. 그러면서 도에 대해 한 마디도 하지 않은 무위위가 가장 높은 경지에 있고, 도는 언어로 드러낼 수 없다고 말한 광굴을 무위위 다음 경지에 있다고 평하면서, 도에 대해 아는 척하면서 말로 떠벌린 자신을 크게 반성했다. 그리고는 "아는 자는 말하지 않고 말하는 자는 알지 못한다. 그래서 성인聖人은 말 없는 가르침을 행한다."라고 하는 말을 남겼다.

언어문자로는 지극한 도를 드러낼 수 없음을 일깨워주는 가르침은 『유마경維摩經』에서도 볼 수 있다. 하루는 석가모니의 여러 제자들이 유마거사維摩居士의 처소에 이르렀다. 이때 유마거사가 대중들을 향하여 어떻게 해야 '둘 아닌 법문[不二法門]'에 들어갈 수 있는가를 물었다. '둘 아님[不二]'이란 상대적 차별을 떠난 경지, 즉 절대적 경지를 말한다. 유마거사의 질문에 대해 석가모니의 제자들이 차례대로 저마다의 소견을 말하였다. 끝으로 문수사리의 차례가 되었다. 문수사리는 "저의 생각으로는 일체법에 말도 없고 말할 것도 없고 보이는 것도 없고 알 것도 없어서 모든 문답問答을 버리는 것이 둘 아닌 법문에 들어가는 길이라고 하겠습니다."라고 했다. 문수사리는 상대를 넘어선 둘 아닌 법문에는 언어문자를 버릴 때 비로소 들어갈 수 있다고 말했다.

 이윽고 문수사리는 유마거사를 향하여 "저희들이 제각기 말하였으니 거룩하신 분이시여! 어떤 것이 둘 아닌 법문에 들어가는 것인지를 말해주소서."라고 말했다. 이에 유마거사는 한동안 아무 말 없이 묵묵히 있었다. 이 상황을 지켜본 문수사리는 깜짝 놀라고 말았다. 자기는 둘 아닌 법문을 말로 드러내어버렸지만, 유마거사는 말없이 침묵을 지키고 있었다. 이에 문수사리는 감탄하면서 "참으로 훌륭하고 훌륭하십니다. 문자도 언어도 전혀 없는 이것이야말로 진실로 둘 아닌 법문에 들어가는 길입니다."라고 하였다. 문수사리는 언어문자를 떠나야한다는 것까지는 알았지만, 그러나 그 사실을 언어문자로 드러내어버렸기에 한 발 차이로 지극한 경지에 도달하지 못한 것이다. 반면 유마거사는 언어문자를 완전히 떠나 깊은 침묵 속에 있었다. 이것을 '묵불이默不二'라고 한다. 이야말로 둘 아닌 법문을 완벽하게 드러낸 무언無言의 신묘한 설법이 아니고 무엇이겠는가. 유마의 침묵은 침묵이 아니라 산하대지를 놀라게 하는 우렁찬 벼락이었다. 그래서 후세의 선가禪家에서는 "유마의 일묵一默이 일만의 우레와 같다.[維摩一默如萬雷]"라고 평했던 것이다.

 무위위와 유마거사는 모두 무언의 가르침을 폈다. 그래서 완전한 가르침이 된 것이다. 존재의 실체를 알았다고 한다면 100% 틀렸고, 그것을 언어로 표현할 수 있다고 믿는다면 200% 틀렸다. 지적 활동에 의한 지식 및 언어의 기능을 맹신해선 안 된다. 그 속에는 실체가 담겨있지 않기 때문이다.

사려를 전일하게 하면 신명神明이 깃든다 1

> 그대는 그대의 몸을 단정히 하여 그대의 시선을 집중시키면 천연의 화기(和氣)가 장차 이를 것이요, 그대의 앎을 거두어 그대의 사려를 전일하게 하면 신명(神明)이 장차 깃들 것이다.
> 若正汝形(약정여형)하야 一汝視(일여시)하면 天和將至(천화장지)요, 攝汝知(섭여지)하야 一汝度(일여탁)하면 神將來舍(신장래사)라.

    마음을 수양하면 행복을 얻는다. 행복을 얻는 주체도, 그것을 느끼는 주체도 마음이다. 그래서 「덕충부德充符」에서 '마음을 덕의 조화에 노닐게 한다[遊心乎德之和]'라고 하였다.
    장자철학에 있어서 수양론은 도와의 합일을 추구한다. 이는 장자철학의 궁극적인 목표이다. 장자철학의 모든 이론은 도와의 합일을 이루어 정신적 자유와 평안을 느끼게 하는데 그 목적이 있다. 존재론에서의 도가 '우주만물의 근원'이란 의미를 가지는 것처럼, 수양론에서의 도 또한 모든 잡념이 철저히 사라진 '마음의 근원'이라고 말할 수 있다. 즉 도는 '정신의 고향'이며 '정신의 근원'인 셈이다.
    하루는 설결齧缺이 피의被衣에게 도를 물었다. 이에 피의가 말했다. "그대는 그대의 몸을 단정히 하여 그대의 시선을 집중시키면 천연의 화기和氣가 장차 이를 것이요, 그대의 앎을 거두어 그대의 사려를 전일하게 하면 신명神明이 장차 깃들 것이다. 덕은 장차 그대를 아름답게 해줄 것이고, 도는 장차 그대의 집이 되어 줄 것이다. 우두커니 보기를 갓 난 송아지의 눈동자처럼 하여야 할 것이요 까닭을 따지려 해서는 안 된다." 몸을 바로 하여 감각을 제어하면 평화로움이 깃들고 또 지적 활동을 멈추고 뜻을 전일하게 하면 망아지경忘我之境에 이른다. 여기서 더 넘어서면 덕과 도의 경지에 도달한다. 이렇게 되면 세상의 눈에는 정신이 나간 사람처럼 보일 수도 있다.

피의가 말을 다하기도 전에 도를 물었던 설결은 모든 것을 잊고 몽롱하게 조는 듯이 있었다. 이를 본 피의는 기뻐하면서 "몸은 마른 나무와 같고 마음은 식은 재와 같구나. 참다운 앎을 얻었기에 스스로 까닭을 따지지 않는구나. 멍멍하고 캄캄하여 마음이 없어졌으니 다시는 더불어 말을 할 수가 없구나. 아아, 저 사람은 어떤 사람인가."라는 말로 덕담을 해주고서 떠나갔다. 피의의 가르침을 듣고 있던 설결은 자기도 모르는 사이에 득도의 경지에 도달하였다. 자기를 철저히 무화無化시켜 작은 자기를 소멸시킴으로써 고통은 물론 즐거움조차도 사라진 정신의 근원지인 대도大道에 들어간 것이다.

장자의 수양론은 장자가 살았던 전국시대의 사회적 환경과 밀접한 관련이 있다. 전국시대의 끝없는 혼란과 고통은 사람들을 좌절에 빠지게 했다. 이에 장자는 정신수양을 통한 도와의 합일을 이룸으로써 좌절에 빠진 인간의 내면을 치유하고자 했다.

사려를 전일하게 하면 신명神明이 깃든다 2

> 그대는 그대의 몸을 단정히 하여 그대의 시선을 집중시키면 천연의 화기(和氣)가 장차 이를 것이요, 그대의 앎을 거두어 그대의 사려를 전일하게 하면 신명(神明)이 장차 깃들 것이다.
> 若正汝形(약정여형)하야 一汝視(일여시)하면 天和將至(천화장지)요, 攝汝知(섭여지)하야 一汝度(일여탁)하면 神將來舍(신장래사)라.

여기에 보이는 '신명神明이 장차 깃든다[神將來舍]'라는 말은 본래는 무당이 접신하는 현상을 드러낸 말이다. 장자는 이것을 자신의 수양론에 수용하여 망아지경忘我之境을 비유적으로 표현한 말로 사용하였다.

과학에서는 망아忘我의 초월적 느낌에 이르는 데는 자율적인 체험과 타율적인 체험 두 방식이 있다고 한다. 자율적인 체험의 본질은 뇌의 조작에 있다. 지극한 침묵에 빠지면 뇌는 과억제 상태에 빠져 대뇌로 가는 모든 정보가 차단된다. 또 노래와 춤 등으로 뇌를 흥분시키면 뇌는 과흥분에 빠져 역시 대뇌로 가는 정보가 차단된다. 대뇌로 가는 정보는 해마에서 차단이 되는데, 그렇게 되면 망아의 경험을 맛보게 된다. 심리학에서는 무의식이 의식의 세계를 넘어서게 되면 일종의 초월감 또는 예지력 등이 생긴다고 한다.

　타율적인 망아 체험은 영적인 차원과 연결이 된다. 이는 접신 현상에 의해 일어난다. 사람이 느끼는 신비감은 뇌가 만들어낸 현상으로 보기도 하지만 때로는 다른 차원의 생명체들, 즉 다양한 신들 또는 미확인 인격체들이 만들어내기도 한다. 그들이 인간의 정신에 영향을 주면 인간은 그들이 가진 정서나 능력에 따라 다양한 심리·물리적 현상을 일으킨다. 신앙생활에 열중하는 사람들 가운데는 특정의 인격자를 간절히 부르면 접신현상이 일어나 특별한 체험을 하게 되는 경우를 어렵지 않게 목도할 수 있다.

　장자가 생활했던 초楚나라 문화권에서는 접신현상을 흔히 볼 수 있었다. 남방의 초나라에는 무속문화가 특히 발달했었다. 초나라 굴원屈原의 문학작품집인 『초사楚辭』는 초나라의 무가巫歌들을 시로 정리하여 엮은 것이다. 장자는 무당들의 접신현상을 무아지경, 또는 망아지경忘我之境과 관련시켜 이해하였고, 이것을 도의 세계에 들기 위한 전제조건으로 여겼다. 그래서 장자의 수양론에는 '신명神明이 장차 깃든다[神將來舍]', 또는 '귀신이 들어온다[鬼入]'라는 등의 말이 등장하게 된 것이다. 물론 장자는 접신현상 그 자체를 추구하지 않았다. 다만, 도의 세계에 들어가자면 자기를 잊어야 하는데, 이때 자기를 잊는 현상을 접신현상으로 비유를 한 것이다. 망아지경에 이르지 못한 무당은 접신을 이룰 수 없다. 장자는 망아지경에서 접신이 이루어지는 무속의 원리를 망아지경에서 도를 얻는 것으로 변형시켜 자신의 득도이론을 전개시킨 것이다. 이에 대해서는 앙리 마스페로의 『도교』에 잘 설명되어 있다.

　자아를 두고서는 절대 장자의 도에는 들어갈 수 없다. 자신을 버리어 마음이 허공처럼 텅 비어져 있을 때, 문득 도를 볼 수 있다. 망아지경에 들지 않으면 득도는 정녕 불가능하다.

그대의 몸은 그대의 것이 아니다

> 그대의 몸도 그대의 소유가 아닌데 그대가 어찌 도를 소유할 수 있겠는가.
>
> 汝身非汝有也(여신비여유야)어늘 汝何得有夫道(여하득유부도)아.

나의 실체는 존재하지 않는다. 나는 환영의 산물이다. 그래서 도道는 물론이고 그 어떤 사물도 진정으로 소유할 수 없다.

순舜임금이 승丞에게 물었다. "도는 터득하여 소유할 수 있는 것입니까." 승이 대답했다. "그대의 몸도 그대의 소유가 아닌데 그대가 어찌 도를 소유할 수 있겠는가." 도는 형상이 없다. 『장자』에서는 노자를 앞세워 도에 대해 말했다. "도에 대해 널리 안다는 것은 반드시 옳은 지식이 아니며, 도에 대해 잘 논한다는 것은 반드시 옳은 지혜가 아니다. 참으로 도를 터득한 성인은 지식과 이론을 다 끊어버린다. 더해도 더해지지 않고 덜어내어도 덜어내어지지 않으니, 이것이 도를 지키는 성인의 태도이다. 도는 깊고 깊어 바다와 같으며 높고 높아 그 끝에 왔는가했는데 다시 시작이 된다. 만물을 운영하되 빠트림이 없으니 군자의 도는 그 밖에서 벗어나 있을 수 있겠는가. 만물은 모두 도에 의지하여 끝없이 움직이니 이것이 바로 도이다." 도는 모양이 없어 애초에 볼 수도 없고 가질 수도 없다. 그리고 그것에 대해 뭐라고 하던 올바른 표현이 아니며 더해지지도 줄어들지도 않는다. 그러면서 만물을 운영하므로 도는 어떻게 해보려 해도 어떻게 할 수가 없다.

사람이 도를 소유할 수 없는 근본적인 원인은 도를 구하는 주체인 사람에게 있다. 순임금이 승에게 다시 물었다. "내 몸이 내 소유가 아니라면 누가 내 몸을 소유하는 겁니까." 이에 승은 "이것은 천지가 형체를 준 것이다. 그대의 삶도 그대의 소유가 아니라, 천지의 변화에서 나온 것이다. … 천지의 움직이는 기氣에 의해 나온 것이다. 어찌 그대가 그대의 몸을 소유할 수 있을까."라고 했다. '나'라고 하는 존재는 우주의 수많은 기운 덩이들이 잠시 모임으로써 만들어졌다. 환경에 따라 기운들이 서로 만나 나를 만들고 이윽고 환경에 따라 다시 흩어지면 나는 사라진다. 잠시 모였다가 다시 흩어지는 안개와 같은 나는 진정한 실체를 가질 수 없다. 일찍이 석가모니는 '모든 존재는 진정한 실체가 없다'라고 하는 무아사상無我思想을 설파하였다.

천지만물은 무형의 기가 잠시 결합하여 이루어진 것이므로 누가 만약 "나는 실체를 가지고 존재한다."라고 한다면 그는 바보이다. 우리의 실체는 본래 없다. 그러므로 우리가 무엇을 소유하려 하는 것은 구름이 구름을 소유하려는 것과 같고, 도를 소유하려 하는 것은 구름이 허공을 소유하려는 것과 같다.

인생의 짧음, 흰 망아지가 좁은 틈을 스쳐 지나듯

> 사람이 천지 사이에 살아가는 것은 흰 망아지가 좁은 틈을 스쳐 지나는 것처럼 순간적인 일이다.
> 人生天地之間(인생천지지간)에 若白駒之過隙(약백구지과극)이니, 忽然而已(홀연이이)라.

소동파蘇東坡의 「적벽부赤壁賦」에 이런 구절이 있다. "하루살이 같은 인생을 천지간에 견주어보니, 아득한 창해 속의 한 톨 좁쌀과 같구나. 우리 인생이 잠깐임을 슬퍼하고 장강의 무궁함을 부러워하노라.[寄蜉蝣於天地 渺滄海之一粟 哀吾生之須臾 羨長江之無窮]" 소동파의 말처럼 우리 인생은 크고 장구한 저 천지에 견준다면 한 알의 좁쌀이요 하루살이에 불과하다. 그럼 우리는 어떻게 살아야 할까.

『장자』에서는 노자를 내세워 인생을 이야기한다. "중국中國에 사람들이 살고 있는데 사람은 양陽도 아니고 음陰도 아니면서 천지간에 존재한다. 그들은 잠시 동안 사람이 되었다가 다시 근원으로 돌아간다. 근본의 입장에서 본다면 삶이란 기가 모여서 된 물건일 뿐이다. 비록 장수함도 있고 요절함도 있지만 그 차이는 얼마나 될까. 잠시 간의 차이일 뿐이다. 그런데 어찌 요堯는 훌륭한 임금이고 걸桀은 포악한 임금이라는 시비를 할 것인가." 만물은 고유의 실체가 없다. 그래서 언젠가는 모두 흩어져 자연의 기로 되돌아간다. 지극히 단단한 다이아몬드도, 강력한 에너지를 가진 태양도 언젠가는 사라진다. 영원한 것은 없다. 그래서 석가모니의 삼법인三法印에는 '모든 것은 영원함이 없다[諸行無常]'라는 가르침이 들어있다. 시간의 세계도 또한 끝이 없다. 물리학에서는 천지가 열린 지 150억 년이 흘렀다고 하는데, 천지가 열리기 전의 세월까지 합한다면 시간의 시작은 도대체 어디인지 알 수가 없다. 그리고 앞으로 펼쳐질 것까지 모두 합한다면 시간의 세계는 무한대로 펼쳐진다. 이 무한의 시간 속에서 볼 때, 100년의 인생살이는 '무無'라고 해도 될 만큼 찰나적인 것이다.

시선詩仙 이태백李太白은 노래했다. "천지는 만물의 객사客舍요, 세월은 백대百代의 과객過客이로다. 인생이 꿈처럼 덧없는데 기쁨을 누릴 기회가 그 얼마이겠는가.[夫天地者 萬物之逆旅 光陰者 百代之過客 而浮生若夢 爲歡幾何]" 우리는 천지간에 잠시 몸을 붙였다가 세월이란 나그네를 동반하여 훌쩍 떠나게 된다. 인생은 이렇게 덧없이 흘러가므로 우리는 즐겁게 살기에도 시간이 부족하다. 그러니 어느 겨를에 어리석게도 다툼과 미움 속에서 세월을 보낼 것인가. 우주는 무심히 있거늘 자기만 홀로 괴로워한다면, 이는 정녕 어리석고 또 무의미한 짓 아닐까.

그러므로 우리는 주어진 삶을 즐겁게 살아야 한다. 그 출발은 바로 모든 존재는 실체가 없고, 그래서 삶이 유한하다는 사실을 절실히 아는 데서부터 시작된다. 이것을 알아야만 세상이 쳐놓은 덫과 어리석은 자신이 스스로 쳐놓은 덫에서 빠져나와 새처럼 자유롭게 날 수 있다. 이것이 바로 깨친 자의 삶이다.

무無도 없는 무에 도달해야 지극하다

> 아득하고 텅 비어 있어 종일토록 보아도 볼 수 없고 들어도 들을 수 없고 잡아도 잡을 수 없다.
> 窅然公然(요연공연)하여 終日視之而不見(종일시지이불견)하며 聽之而不聞(청지이불문)하며 搏之而不得也(박지이부득야)라.

정신이 지극한 경지에 이른 사람은 세인들이 그 정체를 측량할 수 없다.

어리석은 이들은 유有에 집착하고 조금 공부한 사람은 존재가 본래 없었음을 알아 무無에 빠진다. 그러나 지극한 경지에 도달한 사람은 유와 무 어디에도 빠지지 않으면서 양자를 동시에 포용한다. 이러한 도리를 불교에서는 '중도中道'라고 한다. 눈앞에 존재하는 사물을 두고서 '실체가 없다'고 하면 '없음'에 빠지고, '실체가 있다'고 하여 집착하면 '있음'에 빠진다. 그러므로 '있다'와 '없다'의 대립적 견해에 걸려들지 말아야 존재의 실상을 바로 볼 수 있다. 이렇게 보는 것이 바로 중도적 시각이다. 중도는 양단의 '중간점' 또는 '타협점'을 의미하는 것이 아니다. 의식이 비약적인 진화를 이루면, 평면 위에서 서로 대립하는 상황에서 벗어나 허공 위에서 대립하는 양자를 동시적으로 통찰하는 안목을 갖게 된다. 이것이 바로 중도적 시각이다. 중도적 시각에서 보면 평면에서 양자가 벌이는 논쟁은 당연히 무의미해진다.

광요光耀가 무유無有에게 물었다. "선생께서는 존재하는 겁니까. 존재하지 않는 겁니까." 광요는 기다려도 질문에 대한 답을 들을 수 없었다. 그래서 그 모습을 자세히 살펴보았다. 그 모습은 아득하고 텅 비어 있어 종일토록 보아도 볼 수 없고 들어도 들을 수 없고 잡아도 잡을 수 없었다. 마침내 광요가 말했다. "지극하도다. 그 누가 이런 경지에 이를 수 있겠는가. 나는 능히 무의 세계는 알았지만 무도 없는 경지는 알지 못했다. 겨우 무의 경지만 아는 사람이 어찌 이러한 경지에 이르겠는가." 이 이야기에서 보면 무유는 진인眞人의 경지에 든 사람으로 유는 물론 무에서도 떠났다. 그는 유에도 속하지 않고 무에도 속하지 않는다. 불교의 중도사상에 입각하여 본다면, '있음'과 '없음'의 양쪽 극단을 모두 떠난 절대평등의 경지에 도달한 사람이라 하겠다.

유와 무의 세계 중 어디에든 빠졌다고 하면 지극한 도에서 벗어난다. 지극한 도를 얻자면 백 척의 장대 위에서 과감히 한 발 더 나아가야 한다. 무의 세계에서 과감히 한 발 더 나아가 '무조차도 없는 경지'까지 나아가야만 한다. 무조차 없어지면 곧바로 새로운 경지가 나타난다. 이렇게 되면 마침내 없지만 참으로 없는 것도 아니고 있지만 참으로 있는 것도 아닌, 불교에서 말하는 진공묘유眞空妙有의 경지에 들어간다. 진공묘유는 중도의 또 다른 표현이다.

'없다'고도 할 수 없고 '있다'고도 할 수 없는 사람이 진인이다. 진인은 기화氣化를 타고 영원한 삶을 자유롭게 누리는 사람이다.

莊子
잡편

경상초

庚桑楚

갓난아이는 움직이고도 움직인 줄 알지 못한다

> 갓난아이는 움직이지만 자기가 하는 일을 알지 못하고, 걷지만 자기가 가는 길을 알지 못한다. 몸은 마른 나무의 가지와 같고 마음은 불 꺼진 재와 같다. 이러한 사람들에게는 재앙도 닥칠 수 없고 행복도 찾아올 수 없다. 재앙도 행복도 있지 않거늘 어찌 인재(人災)가 있을 수 있으랴.
>
> 兒子動不知所爲(아자동부지소위)하고 行不知所之(행부지소지)하며 身若槁木之枝(신약고목지지)하고 而心若死灰(이심약사회)라. 若是者(약시자)는 禍亦不至(화역부지)며 福亦不來(복역불래)라. 禍福無有(화복무유)니, 惡有人災也(오유인재야)라.

　물결을 따라가는 배는 순항을 할 수 있다. 양생의 원리도 여기에서 찾을 수 있다.
　남영주南榮趎라는 사람이 경상초庚桑楚의 소개로 노자를 만났다. 남영주는 노자로부터 '본심을 잃고 떠도는 사람', 또는 '근심에 잠긴 사람'이라는 지적을 받았다. 그래서 남영주는 돌아가 열흘 동안 좋아하는 것을 구하고 미워하는 것을 버리는 공부를 했다. 그런 후 노자를 다시 찾아갔다. 노자는 "너는 묵은 때를 완전히 씻었는가. 그러나 아직도 답답해 보이는구나. 네 마음에는 좋고 나쁨을 구별하는 나쁜 버릇이 아직 간직되어 있구나."라고 하면서 대상을 두고 좋음[好]과 나쁨[惡]으로 나누려는 분별심이 초래한 심리적 구속을 버리길 권했다. 지극한 도에 이르자면 좋고 나쁨뿐 아니라 옳고 그름, 길고 짧음 등 일체의 대립적 사고에서 벗어나야 한다.

이어서 남영주는 양생법에 대해 물었다. 이에 노자는 '어린아이처럼 되어야 한다'라는 말과 '자연의 흐름을 따라야 한다'라는 말을 했다. 남영주가 더 깊이 묻자 노자는 말했다. "얼음이 풀리거나 얼었던 것이 녹는 것처럼 할 수 있겠는가. 대저 지극한 사람은 사람들과 함께 땅에서 먹고살며 사람들과 함께 명命을 즐긴다. 사람과 물건의 이해로써 마음을 어지럽히지 않고 사람과 더불어 괴이함을 하지 않으며, 일을 꾀하지도 않고 일을 일으키지도 않아 무심히 오간다. 이것이 삶을 지키는 법칙이다." 이런 사람이야말로 바로 인위적인 삶의 태도를 버리고 걸림 없는 삶을 사는 사람이 아닌가. 양생의 기초는 '있는 듯 없는 듯 행동하여 걸림 없는 삶을 영위하는 데 있다'고 노자는 보았다.

남영주가 계속해서 물었다. "그러면 이것이 가장 지극한 법입니까." 노자가 답했다. "아니다. 갓난아이는 움직이지만 자기가 하는 일을 알지 못하고, 걷지만 자기가 가는 길을 알지 못한다. 몸은 마른 나무의 가지와 같고 마음은 불 꺼진 재와 같다. 이러한 사람들에게는 재앙도 닥칠 수 없고 행복도 찾아올 수 없다. 재앙도 행복도 있지 않거늘 어찌 인재人災가 있을 수 있으랴." 노자는 갓난아이처럼 인위성을 버리고 자연한 기운을 타서 움직이는 것을 최고의 양생법으로 여겼다. 무심의 상태로 천지자연의 기와 함께 움직이면, 자신의 주체가 존재하지 않게 되어 화복禍福이 붙을 곳이 없어진다. 허공에 무엇이 붙어있을 수 있겠는가. 그러나 갓난아이도 어른이 되면서 점차 자아가 강해지고, 또 욕심이 생겨나 천지자연의 기와 흐름을 함께 하지 못하게 된다.

노자는 갓난아이의 모습으로 돌아가는 것을 최상의 양생법으로 보았다.

서무귀

徐無鬼

명마名馬는 먼지를 일으키지 않는다

> 천하의 명마(名馬)는 재능을 이룸이 있습니다. 그 모습이 고요한 듯도 하고 마음껏 달리는 듯도 하며 자기 자신을 잊은 듯도 합니다. 이러한 말은 날듯이 달려 먼지를 일으키지 않기에 있는 곳을 알지 못합니다.
> 天下馬(천하마)는 有成材(유성재)하야 若卹若失(약술약실)하며 若喪其一(약상기일)이니이다. 若是者(약시자)는 超軼絕塵(초질절진)하야 不知其所(부지기소)니이다.

최상의 경지에 있는 사람은 남이 알아채지 못한다. 그 모습은 어수룩하고 몸놀림 또한 촌스러워 보인다. 그러나 그는 청천靑天의 구름처럼 걸림 없는 삶을 영위한다.

서무귀徐無鬼가 위魏나라 무후武侯를 만났다. 무후가 서무귀에게 말했다. "선생께서는 산 속의 열악한 환경에서 생활하느라 고생을 많이 하셨군요. 그렇기에 나를 이렇게 찾아온 것이겠지요." 서무귀가 답했다. "아닙니다. 임금님께서야 저에게 무슨 위로를 할 게 있겠습니까. 제가 도리어 임금님의 고생을 위로해야 할 것입니다. 임금께서는 욕망을 채우고 또 좋고 싫음을 따라 살아가시니 성명性命의 참 모습을 병들게 할 것입니다. 만약 지금 임금께서 억지로 욕망을 버리고 또 좋고 싫음의 감정을 버리려 한다면 힘이 들어 귀와 눈에 병이 생길 겁니다. 그러므로 제가 임금님의 고생을 위로해드릴지언정 임금께서 저에게 무슨 위로를 할 게 있겠습니까." 무후는 당당한 태도로 자신을 속물 취급하는 서무귀에 대해 불쾌한 마음을 가졌지만 아무런 말도 하지 못했다. 산야에서 사는 삶이 꼭 부귀하게 사는 삶보다 고통스러운 것이 아니고, 부귀하게 사는 삶이 꼭 산야에서의 삶보다 안락한 것도 아니다. 안락한 삶은 탐심을 버리는 데서부터 시작된다. 이것을 버리면 모든 고통은 저절로 사라진다.

무후가 계속 침묵을 지키자 이윽고 서무귀가 다시 말을 이어나갔다. "시험 삼아 제가 임금님께 개를 감정하는 법에 대해 말해보겠습니다. 최하급의 개는 배를 채워야 행동을 멈추나니 마치 이리의 성질과 같습니다. 중급의 개는 마치 태양을 바라보듯이 이상을 추구합니다. 최상급의 개는 자기 몸을 잊어버린 듯이 행동합니다." 최하등급의 개는 탐욕을 채우기 위해 살아가고 그 다음 등급의 개는 높은 이상을 향해 살아가며 최상급의 개는 갈등이 없어 마치 존재하지 않는 것처럼 살아간다. 사람의 품격도 여기에 준하여 나눌 수 있다. 부귀만 탐하고 사는 사람은 최하급의 인물로 이런 사람을 '속물'이라 칭한다. 이보다 나은 사람은 나름대로의 이념을 만들어내어 그것을 추구하며 사는 사람이다. 이런 사람은 태양을 바라보는 개에 비유할 수 있다. 그러나 세상의 모든 이념은 인간이 지어낸 것으로 절대적 진리일 수 없다. 특정의 이념에 사로 잡혀 사는 사람은 어리석고 가련한 사람이다. 최상의 사람은 생각을 놓아버림은 물론, 자기를 잊어버리고 사는 사람이다. 이런 사람은 멍멍해 보이지만 사실은 도와 하나가 된 사람이다. 이렇게 본다면 무후처럼 세상의 부귀를 탐하면서 살아가는 사람은 최하급에 속하는 사람이다.

    서무귀는 명마名馬를 평하면서 최상의 인간상에 대해 말했다. "천하의 명마는 재능을 이룸이 있습니다. 그 모습이 고요한 듯도 하고 마음껏 달리는 듯도 하며 자기 자신을 잊은 듯도 합니다. 이러한 말은 날듯이 달려 먼지를 일으키지 않기에 있는 곳을 알지 못합니다." 진정 뛰어난 명마는 자신을 드러내려 하지도 않는다. 그래서 달릴 때는 먼지도 일으키지 않고 흔적도 남기지 않는다. 자기를 내보이지 않고 흔적 없이 일하는 사람이야말로 지극한 경지에 간 사람이라 하겠다.

    밖이 화려하다고 해서 훌륭한 삶은 아니다. 진정 위대한 삶은 인간이 만든 가치에 결박당하지 않고 천지자연의 흐름을 따라 흔적 없이 살아가는 사람이다.

재주를 뽐내는 원숭이의 최후

> 이 원숭이는 그 재주를 자랑하고 그 능함을 믿고서 나에게 방자히 굴었다. 그로써 죽음을 당함에 이르렀으니 경계할지어다.
> 之狙也(지저야) 伐其巧(벌기교)하고 恃其便(시기편)하야 以敖予(이오여)라. 以至此殛也(이지차극야)니, 戒之哉(계지재)어다.

　　자신의 재능을 믿고 경솔히 처신하면 언젠가 한 번은 큰 코 다칠 때가 있다. 싸움 잘하는 사람은 싸우다가 죽고 말 잘하는 사람은 말 때문에 화를 당하고 도덕을 자랑하는 사람은 도덕 때문에 망한다.
　　「서무귀徐無鬼」편에 이런 이야기가 있다. 하루는 오왕吳王이 강에 배를 띄워 가다가 원숭이가 사는 저산狙山에 올랐다. 여러 원숭이들이 사람들을 보고서 놀라 달아나 깊은 숲 속에 숨었다. 그러나 그 중에 한 원숭이는 달아나지 않고 나무를 타면서 오왕에게 재주를 뽐내었다. 오왕이 이것을 보고 화살을 쏘았다. 그러자 원숭이는 민첩히 화살을 손으로 잡아버렸다. 오왕은 다시 좌우의 신하를 시켜 계속 화살을 쏘게 했다. 마침내 원숭이는 손에 몇 개의 화살을 쥔 채로 사살 당하였다. 이에 오왕은 친구인 안불의顔不疑를 돌아보며 "이 원숭이는 그 재주를 자랑하고 그 능함을 믿고서 나에게 방자히 굴었다. 그로써 죽음을 당함에 이르렀으니 경계할지어다. 오호라! 자네도 교만한 안색을 보이지 않도록 조심하게."라고 했다. 교만한 원숭이의 최후와 오왕의 충고를 들은 안불의는 그 길로 돌아가 동오董梧를 스승으로 삼아 얼굴빛에 교만함을 제거하는 한편 즐기던 일을 버리고 유명해지는 것을 사양했다. 이렇게 한 지 3년이 지나자 온 나라 사람들이 칭송을 했다고 한다.

이 이야기의 주인공은 끝까지 남아 재주를 부리던 원숭이와 교만함을 고치려 노력한 오왕의 친구 안불의이다. 자신을 망하게 하는 가장 무서운 적은 바로 자기 속에 있는 교만이다. 교만은 사람이 가장 빠지기 쉬운 함정이다. 재주나 학식, 외모 등이 남달리 뛰어나면 자연히 자기를 대단히 여기는 교만심을 가지게 된다. 이것이 심해지면 행동을 함부로 한다. 오래도록 이렇게 살면 결국 화살 맞은 원숭이처럼 비참한 최후를 맞고 만다.

가진 것이 많으면서도 교만심을 내지 않기란 마치 폭포수를 거슬러 올라가는 것처럼 어렵다. 인간의 역사를 보면 크게 가진 자가 교만심을 다스리지 못하여 결국 멸망의 나락으로 떨어진 경우가 많다. 그렇다면 가진 게 많으면서도 영원히 멸망하지 않는 법은 무엇인가. 그것은 바로 많이 가졌지만 아무 것도 가지지 않은 것처럼 처신하는 것이다. 이렇게 되면 가졌지만 가지지 않음과 마찬가지가 된다. 가진 게 없는 것처럼 마음을 먹고, 또 가진 게 없는 것처럼 행동하면 영원히 멸망하지 않는다.

올빼미는 밤에만 잘 본다

> 올빼미의 눈은 밤에만 잘 보는 것이 특성이고 학의 다리는 긴 마디가 있는 것이 특성이다. 만약 그 특성들을 제거해 버리면 슬퍼할 것이다.
> 鴟目有所適(치목유소적)하고 鶴脛有所節(학경유소절)이니, 解之也悲(해지야비)라.

세상 모든 존재는 전체 속에 존재하는 개체이다. 모두가 한 개체로서의 특성을 가지고 살아간다. 그 특성을 잘 유지하는 것이 자신의 존재가치를 다하는 길임과 동시에 전체를 완전하게 해주는 길이기도 하다.

올빼미가 낮에도 잘 보면 이는 이미 올빼미가 아니고 학의 다리가 짧으면 이미 학이 아니다. 우주 간에는 수도 없는 생물과 무생물들이 존재한다. 그들은 제각기 다른 모양, 다른 기능, 다른 성질을 가졌다. 서로 다른 것이 모두 모여 하나의 유기체를 형성한다. 유기체는 다양한 개체가 모여져 이루어진 완전한 생명체이다. 개체는 하나의 큰 유기체 속에서 공통의 목표를 가지고 살아가지만 자신의 고유한 특성은 유지하고 있어야 한다. 서로 다른 것이 서로 협조할 때 조화로운 생명을 유지할 수 있다. 그러므로 획일화를 지향하는 집단은 결코 긴 긴 생명을 누릴 수 없다. 『회남자淮南子』, 「인간훈人間訓」에 "형체는 미세하게 나누어졌지만 모두가 대리大理에 통한다.[形於小微 而通於大理]"라고 하는 말이 있다. 이는 '만물이 각자 분리 되어있지만 하나의 큰 유기체 속에 통합되어 있다'는 뜻을 담고 있는 말이다. 우주 간에 한 가지 물건만 있다면 우주는 존재할 수 없다. 서로 다른 것이 협조를 이룰 때 건전한 우주를 이룰 수 있다. 서로 다른 만물이 긴밀하게 일체를 이루면 건전한 생명체를 이룰 수 있다.

본래 우주는 한 개의 큰 덩어리이다. 그래서 「서무귀徐無鬼」에서는 "본래 물이 흙을 적셔줌에는 서로 빈틈이 없고, 그림자가 사람을 따름에도 서로 빈틈이 없고, 물건과 물건의 관계에도 서로 빈틈이 없다."라고 하였다. 즉 세상의 만사만물은 서로 단절되지 않아 빈틈없이 거대한 한 개의 뭉치를 이루고 있다는 말이다. 만물 중 그 어떤 것도 독립된 개별자로 존재할 수 없다. 모두가 긴밀한 관계 속에서만 존재할 수 있다. 이때 각 개체는 자기만의 독자성을 가져야 한다. 그래야만 다른 존재의 부족분을 채워줄 수 있다. 같은 것끼리만 모여 있으면 그 생명체는 온전한 삶을 누릴 수 없다.

인체 기관 중에 간肝이 중요한 것은 사실이지만 오장육부가 모두 간으로만 되어버린다면 생명을 유지할 수 없다. 그러므로 모든 존재는 그 가치가 동일하다. 그래서 만물은 자신만의 독자성을 유지하고 있어야 한다. 그것이 개체의 입장에서는 자신의 기능을 다하는 길임과 동시에 전체의 입장에서는 전체를 조화롭게 만드는 요소로서의 역할을 다하는 길이다. 그러므로 올빼미가 밤에만 잘 본다거나 학의 다리가 다른 새보다 길다고 하여 그것을 인위적으로 조절하려 해서는 안 된다.

『중용中庸』에 이런 말이 있다. "만물은 함께 살지만 서로 해치지 않고 도는 아울러 행하지만 서로 충돌하지 않는다.[萬物竝育而不相害 道竝行而不相悖]" 만물은 서로 인정하면서 조화를 추구하면서 살아야 한다. 다양한 개체가 조화를 이루는 것이 바로 천지조화의 정도正道이다.

칙양

자신의 무지를 깨달아야 참 앎을 얻을 수 있다

> 사람들은 모두 그 지혜로써 아는 것을 존중할 줄은 알지만, 그 지혜로써도 다 알지 못한다는 것을 인정한 이후에야 비로소 참다운 앎을 얻을 수 있다는 사실을 알지 못한다. 이 어찌 큰 미혹이라 하지 않겠는가.
> 人皆尊其知之所知(인개존기지지소지)나 而莫知恃其知之所不知而後知(이막지시기지지소부지이후지)니, 可不謂大疑乎(가불위대의호)아.

참된 앎은 무엇일까. 바로 자신이 알 수 없음을 아는 것이다. 사람들은 자신의 앎을 확신하고 고집한다. 큰 미혹은 여기서부터 시작된다.

그리스의 파르메니데스에서 시작된 이성론자들은 인간은 이성을 통해서만 사유를 해야 하며, 또한 이성의 인식 능력은 무한하다고 주장한다. 이러한 주장의 한 가운데는 데카르트가 서있다. 그러나 이런 주장은 18세기의 칸트에 의해 비판을 당한다. 칸트는 '참'이냐 '거짓'이냐의 문제보다 더 근본적으로 '인간의 인식능력이 진정한 앎을 얻을 수 있는가'의 문제에 대해 고민하였다. 그는 이성의 인식능력은 한계가 있다고 보고 그것의 무제한적인 사용을 비판하였다.

장자철학에서도 역시 보통의 인간들은 미혹 속에 있다고 보았다. 그러면서 미혹에서 벗어나려면 먼저 자신의 무지를 알기를 권했다. "그 지혜로써도 다 알지 못한다는 것을 인정한 이후에야 비로소 참다운 앎을 얻을 수 있다는 사실을 알지 못한다. 이 어찌 큰 미혹이라 하지 않겠는가." 이는 '보통사람의 앎은 선천적으로 한계가 있는데, 그 한계를 알 때 비로소 무지에서 벗어나 진정한 앎에 이를 수 있다'는 뜻의 말이다. 『노자』 제71장에서도 "알지 못함을 아는 것이 최상이요, 모르면서 아는 것처럼 함이 병이다. 대저 오직 병을 병으로 여기면 이로써 병이 없어진다.[知不知上 不知知病 夫唯病病 是以不病]"라고 하였다. '자신이 모름을 인정하는 것'이 '병을 병으로 여기는 것'이다. 이렇게 되면 미혹에 빠진 사람도 비로소 참다운 앎에 나아갈 수 있다.

위衛나라의 어진 대부大夫 거백옥蘧伯玉은 60년을 살면서 60번이나 생각을 바꾸었다. 처음에는 옳다고 믿었다가도 그것이 사실이 아니면 다시 버리지 않음이 없었다. 거백옥은 공자에게도 장자에게도 현자賢者로 여김을 받았던 사람이다. 그가 현자가 된 것은 바로 자신의 판단을 절대적인 것으로 믿지 않았기 때문이다. 자신의 지식을 절대시하여 남에게 따라주기를 강요한다면 그는 거백옥의 비웃음을 살 것이다. 자신의 앎을 절대시하지 않을 때 완전한 앎을 얻을 수 있는 길이 비로소 열린다.

과학에서는 앎을 담당하는 기관을 뇌로 본다. 즉 인식작용은 뇌를 통해서 이루어진다는 말이다. 인간의 뇌는 진화의 산물인데, 지금도 그 진화는 멈추지 않고 진행된다. 뇌의 진화정도에 따라 사물을 인식하는 기준과 능력이 달라진다. 그렇다면 더 진화된 미래의 뇌가 내린 답은 지금의 뇌가 내린 답과 같을 수 없다. 뇌는 계속 진화하므로 답은 계속 바뀔 것이다. 그렇게 본다면 뇌로써 사고하는 인간은 영원히 참 진리를 알 길이 없다. 이유야 다르지만 과학을 통해 유추할 수 있는 결론과 장자의 주장은 서로 일맥상통하는 바가 있다.

좁은 안목으로 이리저리 분별하고 계산하여 얻은 앎은 참된 앎이 아니다. 그러한 앎은 억지로 꿰어 맞춘 작은 앎에 불과하다. 이러한 앎이 참다운 앎이 아닌 줄 알 때, 큰 앎을 얻을 수 있는 길이 열린다.

대인大人은 고집함이 없다

> 위대한 사람은 많은 것을 모아 큰 것을 만든다. 그래서 밖으로부터 들어온 의견에 대해서는 자기의 주장이 있더라도 자기 것에 집착하지 않으며, 자기로부터 나간 의견에 대해서는 자기 것이 정당하다 해도 남의 것을 물리치지 않는다.
>
> 大人(대인)은 幷合而爲公(병합이위공)이라. 是以(시이)로 自外入者(자외입자)는 有主而不執(유주이부집)하며, 由中出者(유중출자)는 有正而不距(유정이불거)니라.

세상에서는 자기주장이 강하고 뚜렷한 사람을 '똑똑한 사람'이라고 한다. 그런데 과연 그럴까. 장자에 의하면 그런 사람은 똑똑한 사람이 아니라 우매한 사람이다.

세상에는 완전한 지식이 존재하기 어렵다. 하나의 사물을 두고도 다양한 견해를 가질 수 있다. 다양한 견해 중 어떤 것이 참으로 올바른 것인지 우리는 알 수 없다. 그 이유를 보자. 첫째로는 모든 사람은 완벽한 인식기능을 가지지 못했음이요, 둘째로는 판단을 함에 있어 이미 입력된 정보로부터 영향을 받기 때문이요, 셋째로는 현재의 내외적인 상황에 따라 사물이 달라 보이기 때문이요, 넷째로는 사물 그 자체도 계속 변하기 때문이며, 다섯째로는 사물 그 자체는 실체를 가진 참다운 사물이 아니기 때문이다.

모든 존재는 임시적으로 만들어진 것으로 마치 안개를 끌어 모아 만든 환영幻影처럼 고유한 실체가 없다. 그래서 설령 특정의 존재에 대해 알았다고 하더라도 그것은 참된 지식이 아니다. 실체가 없는 것에 대한 앎은 허깨비가 만든 환영과 같은 것이다. 그리고 인간의 인식기능은 완전하지 못하다. 그래서 아무리 사색을 한다고 해도 바른 앎을 얻을 수 없다. 사람들의 앎은 이처럼 허망하다. 그러함에도 자기가 아는 지식을 절대시하여 고수하려한다면 당연히 어리석고 또 무모한 사람이 될 수밖에 없다.

거백옥蘧伯玉은 60살까지 살면서 자신의 입장을 60번이나 바꾸어 마치 줏대 없는 사람처럼 보이지만, 그러나 사실은 그만큼 앎의 폭을 넓히고 사유의 깊이를 더할 수 있었다. 몽매한 사람들은 하나의 견해를 얻었으면 그 하나에만 얽매인다. 이런 사람은 어리석고 옹졸한 사람이다. 또 지적知的인 회의와 도전이 없는 나태하고 비겁한 사람이기도 하다. 물론 스스로의 앎이 완벽하지 못함을 인정한다면 그는 설령 우주의 이치를 다 깨치지 못했다손 치더라도 '어리석은 사람'이라는 지적은 면할 수 있다.

세상에서 가장 초라한 사람은 지적으로 특정의 틀에 걸려 살아가는 사람들이다. 반면 위대한 사람은 지적인 틀에 걸리지 않아 남의 의견을 용납해주며 자기의 의견을 고수하려 하지도 않는다. 그는 자신의 앎을 몽땅 버려버리고 오직 참다움을 추구해갈 뿐이다.

주재자는 있는가

> '주재자가 있다[或使]'와 '주재자가 없다[莫爲]'의 문제는 모든 논쟁의 근본이다. 만물이 생사를 끝없이 이어가듯 이 논쟁도 끝이 없다.
>
> 或使莫爲(혹사무위)는 言之本也(언지본야)니, 與物終始(여물종시)니라.

　　천지만물이 주재자에 의해 생성·운영되는가의 문제는 인류 역사상 가장 오래되고, 또 가장 난해한 논쟁거리이다. 그래서 장자철학에서는 이것을 '논쟁의 근본[言之本也]'이라고 하였다.

　　전국시대 중기에 제齊나라에는 위왕威王에 의해 직하학궁稷下學宮이 설치되었다. 이것은 한 대가 흘러 선왕宣王 때 이르러 더욱 활성화되었다. 직하학궁에서는 천하의 학자들을 초청하여 각자의 생각을 발표하고, 또 상호 간에 사상적 교류를 꾀할 수 있도록 배려했다. 이 중에 계진季眞과 접자接子도 있었다. 이들은 천지만물을 주재하는 자가 있는가 없는가의 문제에 대해 사색하였다. 양자는 모두 도가학파에 속한다. 이 중에 접자는 주재자를 인정한 혹사파或使派의 대표자이고, 계진은 무위無爲를 주장한 막위파莫爲派의 대표자이다.

　　주재자가 있음을 인정하는 혹사파의 학설은 후대의 철학에 큰

칙양　375

영향을 끼쳤다. 즉 천인감응설을 기반으로 하는 진대秦代의 『여씨춘추呂氏春秋』, 전한前漢의 『회남자淮南子』와 『춘추번로春秋繁露』 등에 적지 않은 영향을 주었다. 천인감응설은 신학적 목적론의 성격을 가진 사상으로 진한시대秦漢時代의 학계에 큰 영향력을 발휘하였다. 여기서는 천지자연 또는 인격천이 인간들의 행위에 상응하여 상벌을 내린다고 주장했다. 한편 무위자연을 기반으로 하는 막위파의 학설은 합리적 사유방식을 가진 순자荀子에게 영향을 주었다. 순자는 자연론의 입장에 서서 인격천을 철저히 부정했다. 이러한 전통은 다시 후한後漢의 왕충王充에게로 이어졌다. 왕충은 합리적이며 비판적인 사유 성향을 가진 인물로 『논형論衡』에서 천天의 의지에 의해 인간사의 길흉이 결정된다는 천인감응설을 미신시하면서 엄격히 비판했다.

그러면 노자와 장자는 혹사파와 막위파 중 어느 편을 지지했을까. 노자는 제4장에서 '상제보다 먼저인 듯하다[象帝之先]'라고 하여 도를 상제보다 더 위에 둠으로써 최고신인 상제가 존재의 근원이 아니라고 선언했다. 또 제25장에서는 '도는 자연을 본받는다[道法自然]'라고 하여 우주는 특정 주재자의 의지에 의해서가 아니라 무위자연으로 생성·운행된다고 하였다. 장자도 천지만물은 주재자의 의도에 의해서가 아니라 자연적으로 발생한 것으로 보았다. 「지락至樂」에서는 만물의 역사를 빅뱅설과 유사한 형식으로 설명했고 인간의 기원을 진화론과 유사하게 설명하였다. 빅뱅설과 진화론에서는 창조신의 역할을 인정하지 않는다. 이렇게 보면 노자와 장자는 모두 막위파의 학설에 동조했음을 알 수 있다.

하지만 장자철학에서는 주재자의 유무에 대한 논쟁을 무의미하게 보았다. 이 점은 "주재자가 있다[或使]'와 '주재자가 없다[莫爲]'

의 문제는 모든 논쟁의 근본이다. 만물이 생사를 끝없이 이어가듯이 논쟁도 끝이 없다."라고 하는 말에서 엿볼 수 있다. 여기서는 주재자의 유무를 따지는 것이야말로 모든 시비의 근본이라 했다. 또 주재자의 유무는 인간이 따질 수 없는 성질의 문제로 아무리 논쟁을 해도 답을 낼 수 없다고 했다. 더욱이 "'주재자가 있다[或使]'와 '주재자가 없다[莫爲]'의 문제는 물건의 한부분에 불과하니 어찌 도[大方]에 견줄 수 있겠는가."라고 한 「칙양」의 말에서 본다면, 주재자의 유무를 따지는 것은 도를 아는 것에 비하면 부분적인 일일 뿐이다. 결론적으로 주재자의 유무 문제는 논쟁할 가치가 없다는 것이다.

주재자가 있다고 하는 혹사설과 주재자가 없다고 하는 막위설 간의 논쟁은 서양에서 벌어진 유신론자와 무신론자 간의 논쟁과 그 맥을 같이 한다고 하겠다. 창조신의 유무 문제 역시 영원히 풀 수 없는 난제이다. 11세기의 안셀무스, 17세기의 데카르트 등은 신의 존재를 확신하였다. 그들은 이성을 통하여 신을 증명하고자 노력했다. 그러나 칸트는 신의 유무를 탐색하는 것을 무의미하게 보았다. 그는 인간이 이성적 추리를 통하여 신은 물론, 자유나 영혼 등 경험 밖의 대상을 인식하고자 시도하는 것을 인간의 인식범위를 넘어서는 월권적 행위로 간주했다. 장자철학에서도 칸트처럼 주재자의 유무를 따지는 것을 무의미하게 바라본다. 다만 장자철학에서는 주재자의 유무보다는 도를 중점적으로 사색하는 특성을 가진다.

세인世人들의 앎은 불완전하다. 그러함에도 어리석은 사람들은 존재의 근원에 대해 단정적으로 말하고, 또 남에게 따라주기를 강요함으로써 지구상에 허망한 다툼을 지속적으로 유발시킨다.

도는 말과 침묵을 모두 초월한다

> 도는 만물의 극처(極處)이므로 말로써도 표현할 수 없고 침묵으로써도 드러내지 못한다. 말도 사용하지 않고 침묵도 사용하지 않아야만 논의가 지극해진다.
>
> 道(도)는 物之極(물지극)이니, 言黙不足以載(언묵부족이재)라. 非言非黙(비언비묵)이라야 議有所極(의유소극)이니라.

여기서의 도는 천지만물을 생성하고 운영하는 주재자의 유무有無를 논하는 가운데 등장하였으므로 '존재의 근원으로서의 도'로 이해해야 한다. 천지만물에 있어 주재자보다 더 근원적인 위상을 가진 것이 바로 도이다. 이 도는 인간의 인식능력으로는 접근할 수 없는 '존재 아닌 존재'이기에 언어로는 드러낼 수 없는 초월적인 위상을 가진다.

존재의 근원으로서의 도는 초월적이다. 천지만물은 물론, 상제上帝보다 상위에 존재하기에 인간의 감각으로는 인식이 불가능하다. 『노자』, 제14장에 이런 말이 있다. "보아도 볼 수 없는 것을 '이夷'라 하며, 들어도 들을 수 없는 것을 '희希'라 하며, 잡아도 잡을 수 없는 것을 '미微'라 한다.[視之不見名曰夷 聽之不聞名曰希 搏之不得曰微]"

여기서는 이夷와 희希와 미微를 통하여 도의 초월성을 표현해내었다. 도는 인간의 감각기관으로 인식할 수 없는 초월적인 존재이다.

도는 '스스로 근본이 되어 존재하는 자[自本自根]'로 영겁을 경과하여도 그대로 있다. 그러나 이 도는 인간이 가진 인식능력으로는 접근이 불가하다. 『노자』, 제14장에서는 계속 말한다. "그 위는 밝지 않고 그 아래는 어둡지 않다. 끝없이 이어져 있어 이름을 지을 수 없으니 한 물건도 없는 데로 복귀한다. 이를 일러 '모양 없는 모양이요 상징 없는 상징이다'라 하고 이를 일러 '황홀'이라 한다. 앞에서 맞이해도 그 머리를 볼 수 없고 뒤에서 따르나 그 꼬리를 볼 수 없다.[其上不皦 其下不昧 繩繩不可名 復歸於無物 是謂無狀之狀 無物之象 是謂恍惚 迎之不見其首 隨之不見其後] 도는 항상 존재하지만 특정의 물건이 아니다. 모양도 상징도 없다. 그래서 이름을 지을 수도 없다. 앞에서 보아도 그 머리를 볼 수 없고 뒤에 있어도 그 꼬리를 잡을 수 없다. 도는 참으로 미묘난측微妙難測한 물건 아닌 물건이다. 인간의 의식이 접근할 수 없는 초월적인 성격을 가진다.

장자철학에서도 역시 도의 초월성에 대해 말했다. 장자는 초월적 위상을 가진 도는 언어의 영역 밖에 있음을 말했다. "도는 만물의 극처極處이므로 말로써도 표현할 수 없고 침묵으로써도 드러내지 못한다. 말도 사용하지 않고 침묵도 사용하지 않아야만 논의가 지극해진다."라고 한 말이 바로 그것이다. 여기서는 초월적 위상을 가진 도는 어떤 방식으로도 표현할 수 없음에 대해 말하고 있다. 특히 '도는 언어로 드러낼 수 없다'라고 하는 말은 도의 은밀성을 나타내고자 할 때 흔히 사용되지만, '침묵으로써도 드러내지 못한다[黙不足以載]'라고 하는 말은 『장자』, 「칙양」에서만 독특하게 볼 수 있다. 도는 현묘하여 말로도 드러낼 수 없지만 침묵으로도 드러낼 수 없다는 것이다. 말과 침묵을 모두 떠나야만 비로소 도를 논의할 수 있다고 하니, 참으로 난진난퇴難進難退의 형세이다.

말로도 도달할 수 없고 침묵으로도 도달할 수 없으니, 은산철벽銀山鐵壁이 석양녘 나그네의 앞길을 막고 있는 격이다.

외물

칭찬과 비난의 대상에서 벗어나야 지극하다

> 요(堯)임금을 칭송하고 걸(桀)임금을 비난하는 것보다는 차라리 요임금도 걸임금도 다 잊어버리고 칭송도 비난도 모두 그치는 것만 못하다.
> 與其譽堯而非桀(여기예요이비걸)이 不如兩忘而閉其非譽(불여양망이폐기비예)라.

　세상에는 '성인聖人'이라고 하는 이들이 많이 왔다가 갔다. 그들은 범인凡人들에게 많은 가르침을 남겼고, 범인들은 그들을 성인이라 떠받들었다. 그러면 범인들이 말하는 그 성인은 진짜 성인일까.
　우선 '성인'이란 칭호는 무엇을 근거로 부여한 것인가. 성인은 완전한 사람을 의미한다. 완전하다는 의미는 무엇인가. 완전함이 세상에 존재할 수 있는가의 논의는 차치且置하고, 만약 완전함이 실제로 존재한다면 그 완전함의 기준은 무엇인가. 무엇이 완전한 것인가. 기존의 성인관聖人觀을 지지하는 사람들은 이 물음 앞에서 할 말을 잃고 말리라. 그들은 특정한 기준을 가지고 성인을 판별한다. 그러나 '특정한 기준'이란 말 그대로 특정한 기준일 뿐, 보편적이고 절대적인 기준은 될 수 없다. 그러므로 특정한 기준에 부합하는 성인은 특정한 틀에만 꼭 맞는 불완전한 사람일뿐이다.

진짜 성인은 어떤 사람인가. 진짜 성인은 없다. 굳이 말하자면 선악善惡·시비是非·애증愛憎 등의 후천적인 덕목을 모두 잊은 사람이라 할 수 있다. 즉 천연적인 심리상태를 유지했기에 딱히 무어라 할 게 없는 사람이라는 말이다. '특별한 맛을 가지지 않은 물과 같은 사람이라'고나 할까. 승찬대사는 『신심명』에서 "지극한 도는 어렵지 않아 오직 분별하여 선택함을 꺼려할 뿐. 다만 증오와 사랑을 모두 버려버리면 환히 밝아지리라.[至道無難 唯嫌揀擇 但莫憎愛 洞然明白]"라고 했다. 최고의 완전함은 분별되거나 개념화되기 이전의 모습에서 찾을 수 있다. 사람들은 선善·시是·애愛 등을 미덕으로 여기지만 이것들은 악惡·비非·증憎의 상대적 개념에 불과하다. 결코 절대적 세계에서는 나올 수 없는 개념들이다. 양자 사이에는 가치의 고하가 없다. 이것이나 저것이나 모두 본 모습을 잃긴 마찬가지이다.

노자도 제18장에서 "대도大道가 사라지자 인의仁義가 출현하였다.[大道廢 有仁義]", 또 제19장에서 "성스러움을 끊고 지혜를 버리면 백성의 이득이 백배로 늘어난다.[絶聖棄知 民利百倍]"라고 했다. 인仁이든 의義든 성聖이든 지知든 모두 미덕처럼 보이지만 이것들을 넘어서야만 진정한 도와 진정한 이익이 있는 세상을 만난다. 이것들은 완전한 도의 세계가 파괴된 후에 나온 인위적인 작은 미덕일 뿐이다. 그러므로 악의 대명사인 걸임금은 물론 선의 대명사인 요임금의 경지에서도 벗어나야 한다. 양자 모두 선악을 초월한 절대세계에 이르지 못했다. 그래서 장자는 "요堯임금을 칭송하고 걸桀임금을 비난하는 것보다는 차라리 요임금도 걸임금도 다 잊어버리고 칭송도 비난도 모두 그치는 것만 못하다."라고 한 것이다.

이미 비교의 대상이 되었다면 양자의 등급은 동일하다. 비교하고자 하나 비교할 수 없는 상태에 가야만 지극하다. 맛없음이 가장 큰 맛이다.

작은 지혜를 버리면 큰 지혜를 얻는다

> 작은 지혜를 버리면 큰 지혜가 밝아지고, 선(善)을 행한다는 생각을 버리면 참으로 선해진다.
> 去小知而大知明(거소지이대지명)하고 去善而自善矣(거선이자선의)라.

　이미 형상이 드러난 것은 한 부분의 것에 불과할 뿐이다. 진정 큰 것은 형상이 드러나지 않는다.
　호수의 물은 큰물이다. 그러나 이 물은 술잔에 담으면 술잔의 물이 되고, 항아리에 담으면 항아리의 물이 된다. 이처럼 개체로서의 모습을 가지면 그 존재는 부분적인 것으로 전락해버리고 만다. 『노자』, 제28장에 '박산위기樸散爲器'라고 하는 말이 있다. 이는 '질박한 통나무가 쪼개짐으로써 개별적 그릇이 된다'는 뜻의 말이다. 이미 특정 그릇으로서의 개체성을 가지면 그 그릇은 본래의 면목에서 일탈한 하나의 작은 도구에 불과하다.
　세인世人들은 지식이 많으면 더 똑똑한 사람으로 여긴다. 그러나 과연 그럴까. 장자는 공자의 입을 빌려 말하기를, "앎이 많아도 곤경에 처하기도 하고 신령스러운 능력으로도 어찌하지 못하는 경우가 있다. 비록 앎이 있다고 해도 만 명의 사람은 당해낼 수 없다."라고 했다. 인간의 지혜는 아무리 뛰어나다고 해도 한계가 있다. 그래서 노자는 "알지 못함을 아는 것이 최상이요, 모르면서 아는 것처럼 함이 병이다.[知不知上 不知知病]"라고 하였다. 사람의 앎에는 한계가 있기에 자신이 아는 것에만 사로잡히면 필경에는 실체를 바로 볼 수 없다. 사람의 지식은 조건과 환경에 따라 결정된다. 이 사실을 알 때 비로소 소지小知에서 벗어나 대지大知를 얻을 수 있다.

또한 세상 사람들은 사랑을 펴고 봉사를 행하는 것을 미덕으로 여긴다. 물론 사랑을 베풀고 봉사를 실천함에 있어 자신의 존재를 드러내지 않는다면, 그것은 당연히 참다운 선행이라 할 수 있다. 그러나 사랑과 봉사를 앞세워 개인 또는 집단의 이득을 도모하려 한다면 이는 상업적 거래에 불과하다. 진정으로 선행을 하고자 한다면 자신이 선행을 한다는 생각을 잊어야 하고, 또 선행의 흔적도 남기지 말아야 한다. 이것을 『금강경』에서는 '보시했다는 생각 없이 하는 보시[無住相布施]'라고 한다.『성경』에서도 역시 "오른손이 하는 일을 왼손이 모르게 하라."라고 가르친 바 있고, 『노자』, 제70장에서도 "나를 알아주는 자 드물기에 나는 귀하다.[知我者希 則我貴]"라고 했다. 이는 많이 알려질수록 그만큼 가치가 떨어지는 존재가 되고 만다는 의미의 말이다.

이미 개체화되어 밖으로 나타나게 되면 마치 바닷물에서 잠시 튀어 올랐다가 다시 떨어지는 물방울 신세처럼 왜소해진다. 본시 드러난 세계보다 감추어진 세계가 더 크고 깊은 법이다.

쓸모없는 것의 가치를 알아라

> 쓸모없음[無用]의 가치를 알아야 비로소 쓰임[用]에 대해 논할 수 있다.
>
> 知無用(지무용)이라야 而始可與言用矣(이시가여언용의)이라.

허공은 특정한 모양과 색깔을 가지지 않는다. 그래서 허공은 쓸모가 없어 보인다. 그러나 지금 허공이 쓸모가 있는가의 여부를 따지는 우리의 몸조차도 허공에 몸을 담고 있지 않은가. 허공이 없다면 우리의 몸은 어떻게 서 있을 수 있으며, 또 어떻게 이동할 수 있을까. 허공은 '없음'을 의미한다. 그러나 그 '없음'이 없다면 세상에는 그 어떤 것도 존재할 수 없다.

혜자惠子가 장자에게 말했다. "선생의 말씀은 하나도 쓸데가 없습니다." 혜자가 이렇게 말한 것은 장자의 학설은 크기만 하여 현실성이 결여되어있다고 여겼기 때문이다. 이에 장자는 말했다. "쓸모없음[無用]의 가치를 알아야 비로소 쓰임[用]에 대해 논할 수 있다. 무릇 땅은 넓고 또 크지 않음이 없지만, 사람이 쓰는 공간은 발을 딛는 부분뿐이다. 그렇다면 발을 디딘 곳을 제외한 나머지 공간을 땅 밑바닥에 이르기까지 모두다 깎아내어 버린다면, 사람이 걸어 다닐 수 있겠는가." 혜자가 대답했다. "아닙니다." 이에 장자가 말했다. "그렇다면 쓸모없는 것의 쓰임을 분명히 알 것이다." 발을 딛고 있는 부분의 땅은 당장 활용하지 않는 주변 땅의 뒷받침이 있어야 존재한다. 그러므로 당장 쓰는 것만을 중시하여 쓰이지 않는 부분을 무가치하다고 여기는 것은 경솔한 짓이다. 장자는 이 비유를 통하여 자신의 학설이 당장에는 쓸모가 없어 보이지만 사실은 그렇지 않다는 점을 혜자에게 주지시켜 주었다. 진정으로 위대한 말은 쓸데가 없는 것처럼 들린다. 장자는 자신의 학설이 쓸모없는 것 같다는 혜자의 편잔에 '쓸모없음의 쓰임[無用之用]'의 이치를 설파하였다.

'무용지용'에 대한 이야기는 「소요유逍遙遊」에도 나와 있다. 혜자가 '선물로 받은 큰 표주박을 쓸모가 없어 부수어 버렸다'고 하자, 장자는 '그 큰 박을 강물에 띄어 배의 용도로 쓰면 좋지 않을까'라고 했다. 또 혜자가 '자기 집 주변에 큰 나무가 있는데 너무 못생겨 쓸모가 없다'고 하자 장자는 '그 나무를 광야에다 심어놓고 그 아래에서 소요하면 얼마나 좋을까'라고 하면서 쓸모없어 보이는 것도 생각의 각도를 바꾸어보면 도리어 크게 쓰일 데가 있음을 알게 된다고 설파했다.

여백의 가치를 아는 사람은 드물다. 무한의 숫자도 사실은 '없음'을 뜻하는 영(0)이 없다면 존재할 수 없다. 노자도 말했다. "진흙을 반죽해 만든 그릇은 속이 없기에 비로소 쓰임이 있게 된다.[埏埴以爲器 當其無 有器之用]" 그릇의 속이 텅 비워져 있지 않다면 어떻게 음식물을 담을 수 있을까. 가치 있는 것을 가치 있게 하는 주체는 항상 보이지 않는 배후에 있다.

고기를 잡았으면 통발을 잊어라

> 통발은 고기를 잡는 도구인데, 고기를 잡았으면 통발을 잊어야
> 한다. 올가미는 토끼를 잡는 도구인데, 토끼를 잡았으면 올가
> 미를 잊어야 한다.
>
> 筌者(전자)는 所以在魚(소이재어)니 得魚而忘筌(득어이망전)이요, 蹄者
> (제자)는 所以在兎(소이재토)니 得兎而忘蹄(득토이망제)라.

규봉종밀圭峰宗密의 『원각경략소圓覺經略疏』에 "손가락의 지시에 의지하여 달을 보지만 달을 보았거든 손가락을 잊어야 한다.[因指見月 見月忘指]"라고 하는 말이 있다. 이는 언어문자의 필요성을 인정하지만, 그러나 언어문자에 집착하여 그것이 지시하는 속뜻을 보지 못할까 염려하여 한 말이다.

장자는 언어문자가 가진 기능적 한계에 대해 누차 지적한 바 있다. 언어문자는 사실을 전하는 도구일 뿐이므로 그것을 실체로 봐서는 안 된다. 그래서 이런 말을 하였다. "통발은 고기를 잡는 도구인데 고기를 잡았으면 통발을 잊어야 한다. 올가미는 토끼를 잡는 도구인데 토끼를 잡았으면 올가미를 잊어야 한다. 말은 뜻을 전하는 도구인데 뜻을 얻었으면 말을 잊어야 한다. 우리가 어찌해야 말을 잊은 사

람과 더불어 이야기할 수 있을까." 언어는 뜻을 전할 목적으로 존재하는 것이지만 그 기능은 선천적으로 한계성을 가진다. 그러므로 언어를 빌리지 않고 뜻을 전할 수 있다면, 이것이야말로 언어의 원초적인 기능을 완벽히 실현하는 길이다.

언어문자는 애당초 뜻을 다 담지 못한다. 만약 인간의 인식이 언어문자에 갇혀버린다면 실상의 전모를 알 수 없다. '밝다'는 말은 달을 형용한 단어이다. 그러나 만약 '밝다'라는 단어에만 집착하여 달을 생각한다면, 결국 '밝다'라는 단어에 달의 전체적인 면목이 가려지고 만다. 달의 특징이 다만 밝기만 한 것은 아니다. 둥글기도 하고 손톱 같기도 하고 푸르기도 하고 희기도 하고 따뜻하기도 하고 차갑기도 하다. 달에 대한 표현은 사람에 따라, 상황에 따라 얼마든지 달라질 수 있다. 그러므로 달을 '밝다'라고 하는 단어만으로 드러낼 수는 없다. '밝다'뿐 아니라 온갖 단어로 형용을 한다고 해도 달의 진면목은 조금도 드러낼 수 없다. 어떤 말이든 말은 말일뿐, 실상 그 자체는 아니다. 언어문자의 이런 한계점 때문에 선가에서는 '불립문자不立文字'를 내세워 언어문자 밖의 소식을 주고받고자 하였다.

「천운天運」에 제환공齊桓公이 옛 성인의 글을 읽고 있는데 목수 윤편輪扁이 그 곁을 지나다가 성인의 글은 '옛사람이 남겨놓은 찌꺼기일 뿐'이라고 지적한 바가 있다. 언어문자로 된 책은 비록 그것이 설령 참다운 진리를 노래했다고 하더라도 그 속에 진리 그 자체가 담길 수는 없다. 말은 실상의 그림자와 같다. 그림자는 결코 실상이 아니다.

『금강경金剛經』에 "너희 비구들은 나의 설법을 뗏목처럼 여겨라.[汝等比丘 知我說法 如筏喩者]"라고 하는 말이 있다. 뗏목은 강을 건너게 하는 도구에 불과하므로 강을 건넜으면 버리고 가야한다. 만약 뗏목에 집착하면 자유롭게 갈 길을 갈 수 없다. 언어문자에 빠지면 정녕코 낚시 바늘에 걸린 물고기처럼 진리의 바다에 노닐 수 없는 신세가 되고 만다.

우언

우언寓言 · 중언重言 · 치언巵言

> 우언(寓言)은 십 분의 구 정도이고, 중언(重言)은 십 분의 칠 정도이고, 치언(巵言)은 날마다 쏟아내어 자연과 화합한다.
> 寓言十九(우언십구)요 重言十七(중언십칠)이요 巵言日出(치언일출)하야 和以天倪(화이천예)라.

　　우언寓言·중언重言·치언巵言의 삼언三言은 장자가 즐겨 쓰는 문장 서술의 형식이다. 이를 토대로 한 장자의 문장은 겉보기에는 사실적이지도 논리적이지도 못한 것처럼 보이지만 사실성과 논리성을 내세우는 그 어떤 글보다 더 사실적이고 논리적이다.

　　『장자』에서 삼언에 대해 말한 것은 「우언寓言」 외에 「천하天下」에도 보인다. "천하를 모두 둔탁鈍濁한 것으로 여겨 참된 말을 할 수 없다고 보았다. 그래서 치언으로써 무궁한 변화를 드러내고 중언으로써 진실임을 믿게 하고 우언으로써 폭넓게 이해하게 했다." 장자는 천하 사람들의 정신과 감정이 모두 무겁고 탁해져 있어 그들에게 자신의 뜻을 전할 수 없다고 여겼다. 그래서 고안한 것이 바로 삼언의 표현 기법이다. 삼언이 하나의 단락 속에서 동시에 사용된 경우도 더러 있다. 그러면 삼언은 무엇인가?

첫째는 우언이다. 우언은 사물을 빌려 진실을 말하는 표현법이다. 이는 가상의 이야기나 사물을 의인화하여 뜻을 전달하는 표현기법이다. 부모가 자식을 칭찬하는 것보다 남이 그 자식을 칭찬해주는 것이 더 신빙성이 있는 것처럼, 자신의 뜻을 자신이 직접 펴기보다는 외물을 빌려와서 폄으로써 강한 설득력을 확보하게 하는 서술법이 바로 우언이다.

둘째는 중언이다. 중언은 세속에서 권위를 가지는 인물이나 또는 책의 이름을 빌려 자신의 뜻을 전달하는 표현법이다. 이는 노인이 말하면 아랫사람들이 논쟁을 벌이지 않고 수긍하는 데서 착안한 것이다. 논쟁에 휘말리지 않게 하는데 용이한 것이 바로 중언이다.

셋째는 치언이다. 치언은 정해진 형식 없이 상황에 따라 자유롭게 논리를 전개하는 표현법이다. 『설문해자說文解字』에서는 '치卮'를 '둥근 그릇'으로 해석했다. 둥근 그릇은 모서리가 없어 자유롭게 빙빙 돌 수 있다. 그래서 치어를 '자연함과 화합한다[和以天倪]'라는 말로 표현하였다. 이는 억지를 부리지 않고 자유롭게 말하면서 상황에 맞게 논리를 전개시키는 것을 의미한다.

삼언을 활용한 『장자』라는 책은 후대의 철학에는 물론 문학에도 큰 영향을 주었다. 특히 한대漢代의 고문古文과 악부시樂府詩, 육조시대六朝時代의 변려체騈儷體, 당송시대唐宋時代의 산문散文과 시부詩賦 등에는 『장자』의 그림자가 고스란히 내려져있다.

그림자의 삶

> 나는 존재하고는 있지만 그 까닭을 알지 못한다. 나는 매미 껍질과도 같고 뱀 허물도 같다.
>
> 予(여)는 有而不知其所以(유이부지기소이)라. 予(여)는 蜩甲也(조갑야)며 蛇蛻也(사태야)라.

그림자의 운명은 처량하다. 왜냐하면 그림자는 자신의 힘으로 활동하지 못하고 늘 물체에 의지하여 움직이기 때문이다. 인간들의 삶 역시 저 그림자들처럼 주체성 없이 외물이 이끄는 방향대로 살아간다. 그렇다면 인간의 신세와 저 그림자의 신세가 무엇이 다를까.

망양罔兩이 그림자에게 물었다. 망양은 그림자를 감싸는 희미한 그늘을 뜻한다. 이것을 '곁 그림자'라고도 한다. "그대는 조금 전에는 몸을 굽히고 있었는데 지금은 펴고 있으며, 조금 전에는 머리를 묶고 있었는데 지금은 풀어헤치고 있으며, 조금 전에는 앉아 있었는데 지금은 일어나 있으며, 조금 전에는 움직이고 있었는데 지금은 멈추어 있군요. 왜 그렇습니까." 그림자는 줏대 없이 이렇게 움직였다가 저렇게 움직였다가 하여 행동의 일관성을 보이지 않았다. 그래서 망양은 그림자에게 무슨 이유로 그렇게 수시로 모습을 바꾸는가를 물었다.

이에 그림자는 이렇게 답했다.

"시시하다. 그대는 어찌 그리 좀스러운 질문을 하는가. 나는 존재하고는 있지만 그 까닭을 알지 못한다. 나는 매미 껍질과도 같고 뱀 허물과도 같다. 그래서 그것들과 비슷하지만 형체가 없기에 그것 자체는 아니다. 불과 햇빛 앞에서 내가 생겨났다가 어둠과 밤이 오면 사라진다. … 저가 오면 나도 저와 함께 오고 저가 가면 나도 저와 함께 간다. 저가 움직이면 나도 저와 함께 움직인다. 그러므로 그대는 나의 움직임에 대해 물어볼 필요성이 있겠는가." 그림자는 본래 자기의 몸이 없어 주체적이지도 능동적이지도 못한 존재이다. 그림자는 실체가 움직이는 방향을 따라 움직인다. 우리 인간도 사실은 저 그림자의 신세와 다를 바가 없다. 인간의 삶은 자기 뜻대로 움직여지지 않는다. 자기의 의지와는 상관없이 인간의 삶은 보이지 않는 힘에 의해 이끌려 간다.

그러면 무엇이 인간으로 하여금 자신의 의지와 상관없는 삶을 살아가도록 하는가. 인간은 가정, 국가, 인류, 동물계, 지구, 태양계, 우주 등의 다양한 유기체 속에서 삶을 영위한다. 유기체 내에 속한 모든 개별적 존재는 자기 마음대로 행동할 수 없다. 유기체의 다양한 구성원들과 상관관계 속에 있기 때문이다. 예를 들면 한 가정의 아버지는 가족들과 상관관계를 맺고 있기에 본인의 의지대로 살기 어렵다. 또 지구에 사는 인간은 지구 내의 다른 생명체 및 지구의 환경으로부터 영향을 받으며 살아갈 수밖에 없다. 인간이 지구의 환경에서 이탈하여 마음대로 삶을 영위할 수는 없다. 이처럼 모든 존재는 다양한 차원의 유기체로부터 영향을 받으며 살아갈 수밖에 없다.

인간의 삶은 다양한 타자他者와의 관계 속에서 이루어진다. 나와 타자들은 여러 가지 과정을 겪으면서 서로 상관관계를 맺고 있다. 하나의 현상은 다양한 원인들의 결합체이다. 하나의 현상을 만들어가는 다양한 연결고리는 너무나 복잡하게 얽혀있다. 이것을 불교의 화엄학에서는 '중중무진연기重重無盡緣起'라고 한다. 이는 '수없는 원인들이 얼기설기하여 특정의 현상을 만들어간다'는 뜻의 말이다. 특정의 현상을 드러내는 원인과 과정은 너무나 복잡하여 그 실체를 파악할 수 없다. 인간뿐 아니라, 모든 존재의 삶은 여러 요인들이 복잡하게 결합되어 전개된다. 그래서 누구든 자기 의지대로 자기의 삶을 이끌어가는 것은 불가능하다. 이를 두고 '운명적'이라는 말로 표현할 수도 있다. 인간이 자신의 의지와 상관없이 타율적인 삶을 살아갈 수밖에 없는 이유는 또 있다. 그것은 인간의 몽매함에서 기인한다. 인간은 '성현聖賢'이라고 하는 사람들의 가르침을 맹목적으로 신봉하는 습관이 있다. 많은 사람들은 특정의 이데올로기, 또는 학설과 교리에 매몰되어 자신의 진지眞知가 가르치는 길을 찾지 못하고 있다. 그들은 특정의 사상가들이 만들어 놓은 특정의 가르침이 인도하는 쪽으로 목숨을 걸고 돌진한다. 이러한 삶이야말로 주체성과 능동성을 잃은 그림자의 삶이 아니고 무엇이겠는가.

그림자의 신세에서 벗어난 사람이 바로 진인眞人이다. 진인은 자기를 두지 않는다. 다만 자연한 흐름을 따라 살아갈 뿐이다. 진인은 주어진 환경을 굳이 거역하지 않고 자연스럽게 수용함으로써 전체와 하나가 되는 크고도 능동적인 삶을 살아간다. 그리고 진인은 세속의 앎을 모두 던져버림으로써 거울 같이 영명한 정신이 가져다 준 진지에 따라 움직인다. 그러므로 그는 세상이 만든 이념적 틀에 걸리지 않고 주체적이면서 자유로운 삶을 영위할 수 있다.

양왕

마음을 잊으면 도에 들어간다

> 뜻을 기르는 자는 몸을 잊고, 몸을 기르는 자는 이득을 잊고, 도를 이룬 자는 마음을 잊는다.
> 養志者(양지자)는 忘形(망형)하고 養形者(양형자)는 忘利(망리)하고 致道者(치도자)는 忘心矣(망심의)니라.

　　대도大道에 도달하는 방법은 무엇인가. 그것은 바로 자기의 마음을 잊어버리는 것이다.
　'뜻을 기르는 자'는 특정의 사상 또는 이상을 추구하는 세간의 선비이다. 이들은 자신을 뜻을 성취하기 위해 목숨도 초개처럼 버린다. '몸을 기르는 자'는 몸을 잘 보양하는 양생 전문가를 말한다. 이들은 세간의 명리名利를 버리고 불로장생을 추구한다. '도를 이룬 자'는 소아적小我的 경지의 마음을 잊어버리고 우주와 합일한 자, 즉 '득도자得道者'를 말한다. 뜻을 기르는 지사志士는 헛된 명분을 쫓으며 산다. 그들은 자신을 위태롭게 하고 세상을 소란스럽게 한다. 그래서 이러한 사람의 삶보다는 세상의 이념에 사로잡히지 않고 자유롭게 자기 몸을 보양하며 살아가는 양생가의 삶이 더 아름답다. 그러나 이러한 삶도 아직 지극한 경지에 도달하지 못했다. 지극한 경지의 삶은 바로 자기의 마음조차 잊어버려 개체로서의 자기를 완전히 초월하여 대우주와 하나가 되는 것이다.

자기를 넘지 못하면 여전히 소아小我의 세계에 구속되어 산다. 소아적 마음을 잊으면 자기가 사라진다. 그때 대자연과 일체가 되어 너와 나의 구분이 사라지고, 또 생사를 뛰어넘어 영원한 태허太虛의 원기元氣와 하나가 된다. 소아적 마음을 잊어버린 자는 헛된 생각에 사로잡히지 않고 오직 자연함에 의지해 살아간다. 그래서 얼른 보면 어리석은 듯하다. 그는 인간 세상에 살아도 이미 인간 세상 사람이 아니다. 인간의 안목으로는 그를 바로 평가할 수 없다. 장자는 그런 사람의 모습을 공자의 제자인 증자曾子를 내세워 그려내었다.

"증자가 위衛나라에 있을 때, 솜옷의 겉 천이 다 닳았고 안색에는 부황기가 돌았으며 수족에는 못이 박혀 있었다. 사흘 가량 밥을 먹지 못했고 십 년 동안 옷을 지어입지 못했다. 갓을 바르게 쓰려 하니 갓끈이 끊어졌고 옷깃을 여미려 하니 팔꿈치가 나왔고 신을 신으려 하니 뒤꿈치가 터졌다. 그러나 신을 끌면서 『시경詩經』에 나오는 「상송商訟」을 노래하자 소리가 하늘에 가득했다. 그 소리는 마치 악기소리처럼 힘차고 청아했다. 증자의 사람됨이 이러하기에 천자도 신하로 삼지 못했고 제후도 벗으로 삼을 수 없었다." 이 이야기 속의 증자는 이득도 잊고 몸도 잊고 마음조차도 잊어버린 사람이다. 증자는 마음을 잊어버려 자기초월을 성취한 사람이다. 그래서 천자도 그를 부릴 수 없었다. 그는 비록 인간 세계에 살고 있지만 이미 인간세계 사람이 아니었기에 그의 노래 소리는 천상을 맑게 울릴 수 있었다.

빈천하여 어수룩해 보이는 사람일지라도 얕봐서는 안 된다. 그런 사람들 속에는 소아적인 마음을 몽땅 잊어버린 증자 같은 이도 있을 수도 있다.

자로子路, 법열法悅에 취해 방패춤을 추다

> 군자는 도에 통하는 것을 '통달(通達)'이라 하고 도에 궁한 것을 '궁벽(窮僻)'이라 한다.
> 君子(군자)는 通於道之謂通(통어도지위통)이요, 窮於道之謂窮(궁어도지위궁)이라.

도는 사람에게 참된 삶을 살게 해준다. 인생에 있어 궁벽窮僻과 통달通達의 진정한 근거는 부귀를 얻었는가의 여부에 달린 것이 아니라 바로 도를 얻었는가의 여부에 달려있다.

세상 사람들은 부귀를 얻음을 '통달'이라 하고 빈천에 빠짐을 '궁벽'이라 한다. 그러나 이것은 세속 사람들이 얕은 생각으로 내린 정의이다. 통달과 궁벽의 참 의미는 무엇인가. 장자는 공자와 그의 제자들을 등장시켜 진정한 통달과 궁벽의 이치를 설파했다. 물론 여기엔 사실과 가상이 뒤섞여있다.

공자가 진陳나라와 채蔡나라 사이에서 곤경에 처해있을 때, 7일 동안 밥을 먹지 못해 밥알이 없는 명아주 국을 마시며 지냈다. 그래서 얼굴빛이 심히 피곤한 상태에 있었다. 이때 공자는 방에서 거문고를 타며 노래를 불렀고 수제자인 안회顔回는 밖에서 나물을 가리고 있었다. 이때 자로子路와 자공子貢은 자기 스승인 공자를 두고 '온갖 고생과 치욕을 당하면서도 거문고를 타면서 노래나 하고 있으니, 군자로서 수치를 모름이 이렇게 심할 수 있는가'라고 하면서 투덜댔다.

안연이 이 이야기를 공자에게 전하자 공자는 자로와 자공을 불러오게 했다. 그리고 말하였다. "그게 무슨 말이냐. 군자는 도에 통하는 것을 '통달通達'이라 하고 도에 궁한 것을 '궁벽窮僻'이라 한다. 지금 내가 인의仁義의 도를 품고서 난세의 환란을 만나긴 했지만, 그것을 두고 어찌 궁벽에 빠진 것이라고 할 수 있겠느냐. 그러므로 안으로 반성하여 도에 궁하지 않아야 하며 어려움을 당해도 덕을 잃지 않아야 한다. 날씨가 차가워져 서리와 눈이 내리면 그때서야 송백松柏의 꿋꿋함을 안다. 진나라와 채나라 사이에서 곤경을 겪으면서도 흔들리지 않음은 곧 나의 도를 증명해주는 것이니, 도리어 다행이다."

공자에게서의 통달은 부귀를 얻음이 아니라 도를 통하는 것이다. 또 공자에게서의 궁벽은 빈천에 빠짐이 아니라, 자신이 믿는 바의 도를 잃는 것이다. 공자의 이 생각은 세인들의 생각과 정 반대가 되기에 듣는 이로 하여금 어리둥절하게 할 수 있다. 그러나 잘 생각해 본다면 의미가 심장한 말이다. 하루를 살아도 도에 머물며 살아야만 진정으로 산 것이 아니겠는가. 도를 저버리면 설령 천 년의 삶을 산다고 한들 무슨 의미가 있겠는가. 공자는 통달과 궁벽의 기준을 도를 지키느냐 잃었느냐에다 두고 있다. 그래서 큰 고난 속에서도 변함없이 도를 지키고 있는 자신을 흐뭇하게 생각하고 있었다. 공자는 결코 궁벽에 처하지 않았다.

공자는 이 말을 마치고 다시 태연히 거문고를 탔다. 이에 자로는 방패를 들고 일어나 공자의 거문고 소리에 맞추어 춤을 덩실덩실 추었다. 공자의 뜻을 알아차린 자로는 이 순간 샘솟는 법열法悅을 이길 수 없었다.

열어구

列御寇

흔적을 남기지 말아야 지극하다

> 재주가 있는 자는 노고가 많고 지식이 있는 자는 근심이 많다. 무능한 자는 구할 것이 없다. 그래서 배불리 먹고 노닐면서 매이지 않은 배처럼 두둥실 떠다니며 마음을 비워 소요한다.
> 巧者勞而智者憂(교자노이지자우)라. 無能者無所求(무능자무소구)니, 飽食而敖遊(포식이오유)하야 汎若不繫之舟(범약불계지주)하며 虛而敖遊者也(허이오유자야)라.

비난도 칭찬도 없어야 지인至人이 되어 편안히 살 수 있다.

열자列子가 제齊나라로 가다가 되돌아오면서 백혼무인伯昏無人을 만났다. 백혼무인이 왜 돌아오느냐고 묻자 열자는 놀라운 일이 있었기 때문이라고 하면서 이렇게 말했다. "제가 도중에 열 번 정도 식사를 했습니다. 그런데 다섯 곳에서는 제가 돈도 내기 전에 식사를 먼저 제공했습니다." 이 말을 들은 백혼무인이 의아해 하자 열자는 "저의 내면 공부가 참되게 여물지 못함으로써 몸 밖으로 광채가 투사되어버려 남의 마음을 압도했기 때문입니다."라고 하였다. 그리고 열어구는 만약 이대로 제나라에 가면 임금이 자기의 덕을 흠모하여 벼슬을 줄까봐 놀라서 되돌아왔다고 하였다. 이에 백혼무인은 흡족해 했다. 능력이 있으면 그것이 밖으로 드러나 고생을 하게 된다. 진정으로 능력이 있는 자는 남이 나에게 능력이 있는 줄을 모르도록 한다. 그러나 열어구는 아직 이러한 경지에는 이르지 못하였다.

얼마 후 백혼무인이 열자에게 가보니 문밖에 신발이 가득했다. 백혼무인은 열자가 사람들을 많이 모은 것에 대해 실망하면서 되돌아가려 하자, 열자가 뛰어나와 영접하고 가르침을 청했다. 이에 백혼무인은 "그대가 사람들을 일부러 따르게 한 것은 아니겠지만, 그대는 사람들로 하여금 그대를 따르지 않게 하지는 못했다. 그런데 무엇을 가르치랴."라고 했다. 백혼무인은 열자가 덕이 밖으로 새어나가 제나라 임금에게 발탁될까봐 놀라는 것을 보고 훌륭히 여겼었다. 그런데 지금에는 내면의 덕을 감추지 못해 사람들이 모여들도록 하였다. 이에 백혼무인은 열자에 대해 불만을 품었다. 세인들은 남에게 호감을 사지 못해 노심초사하는데, 도리어 호감을 얻는 것을 한심하게 여기는 백혼무인은 도대체 무슨 생각을 가진 것일까.

백혼무인은 계속 말했다. "남을 감동시키고 즐겁게 함은 특이한 짓을 하는 데서 나온다. 꼭 남을 감동시키려면 그대의 본성을 뒤흔들어야만 하니 이것은 무가치한 짓이다. … 재주가 있는 자는 노고가 많고 지식이 있는 자는 근심이 많다. 무능한 자는 구할 것이 없다. 그래서 배불리 먹고 노닐면서 매이지 않은 배처럼 두둥실 떠다니며 마음을 비워 소요한다."라고 했다. 즉 사람의 관심을 끌자면 남다른 행동을 해야만 하는데, 그것은 인위조작을 쓰는 것이기에 참된 도에서 멀어지게 된다는 말이다.

최상의 경지는 모습을 내보이지 않는다. 그래서 형용할 수도 없고 다가설 수도 없다.

지극히 높으면 사람이 알지 못한다

> 주평만(朱泙漫)은 지리익(支離益)에게 용(龍)을 잡는 법을 배웠다. 천금(千金)의 집을 팔아 삼 년 동안 그 기술을 다 배웠으나 그 재주를 써먹을 데가 없었다.
>
> 朱泙漫(주평만)이 學屠龍於支離益(학도룡어지리익)한데, 單千金之家(단천금지가)하야 三年技成(삼년기성)이나 而無所用其巧(이무소용기교)라.

  최상의 기예는 그 가치를 쉽게 알 수 없다. 그래서 뛰어난 솜씨를 가졌지만 세상으로부터 관심을 받지 못하는 사람이 간혹 있다.
  하늘의 별은 육안으로 그 모습을 관찰할 수 없다. 그 이유는 별이 너무 높게 걸려있기 때문이다. 만약에 별이 머리 바로 위에 있다면 육안으로도 쉽게 관찰할 수 있다. 이처럼 기예의 경지가 너무 높으면 일반 사람들이 그 가치를 알 수가 없다. 설령 알아준다고 해도 그것을 활용할 수 있는 환경을 갖추기가 어렵다. 그래서 지리익이 3년 동안 극치의 기술을 배웠으나 써먹지 못하게 된 것이다. 너무나 높은 기술은 세상이 알지 못한다.
  아무리 천리마千里馬라고 해도 그 모습이나 형세가 억세면 사람들은 사나운 말로 여겨 천대한다. 그러나 말을 판별하는데 뛰어난 안목을 가진 백락伯樂을 만나면, 비로소 그 말은 천리마로서 인정을 받아 제 능력을 발휘할 수 있게 된다. '백락일고伯樂一顧'라고 하는 사자성어는 이렇게 해서 나왔다. 사실 천리마가 출현하기도 어렵지만 백락이 태어나기도 또한 어렵다. 만약 백락이 없다면 기적적으로 출현한 천리마라 해도 사나운 말로 취급을 당하여 결국에는 버림을 당하고 만다.

어느 방면이든 극치의 경지에 도달해버리면 사람들이 그 가치를 알아보기 어렵다. 그래서 예로부터 오묘한 기술을 가졌으면서도 이름 없이 일생을 살아간 명인들이 많았다. 그중에는 기록으로라도 후세에 기술을 전해주려 한 사람들도 간혹 있었다. 이런 현상은 지금에도 볼 수 있다. 첨단의 기술이나 학문을 연마하고도 정책 입안자들의 눈에 들지 못하여 홀대 당하는 전문가들도 적지 않다.

고수高手는 외롭다. 그 외로움은 능력이 극도의 경지에 갔음을 표시해주는 상징이다. 그래서 고수는 외로움이 몰려와도 슬퍼하지 말아야 한다. 세인들은 붉은 연지를 잡고서 화사한 목단을 그려야만 좋아한다. 그들의 안목으로는 절대 '눈 속의 차가운 매화[雪裏寒梅]'와 '비 온 뒤의 맑은 산[雨後山]'이 가진 그 고결한 품격을 이해할 수 없다. 만약 세인들의 안목에 들었다고 한다면, 이는 아직 속된 수준에서 벗어나지 못했음을 의미한다. 노자는 말했다. "나를 알아주는 자 드물기에 나는 귀하다.[知我者希 則我貴]"라고.

성인聖人의 마음은 허공과 같다

> 성인(聖人)은 꼭 그렇게 해야 할 일도 꼭 그렇게 하려하지 않기에 싸움이 없다. 중인(衆人)은 꼭 그렇게 하지 않아도 될 일도 꼭 그렇게 하려하기에 싸움이 많다. 싸움에 나아가면 얻음이 있을 듯하지만 싸움에 의지하면 반드시 망한다.
> 聖人(성인)은 以必不必(이필불필)이라. 故(고)로 無兵(무병)이라. 衆人(중인)은 以不必必之(이불필필지)라. 故(고)로 多兵(다병)이라. 順於兵(순어병)이라. 故(고)로 行有求(행유구)나 兵恃之則亡(병시지즉망)이라.

　성인聖人의 마음은 늘 여유롭다. 꼭 해야 할 일도 없고 꼭 하지 말아야 할 일도 없다. 다만 무심의 상태에서 상황에 맞게 응할 뿐이다. 그러나 중인衆人들은 매사를 낱낱이 분별하여 특정한 틀에 맞추려고 집착한다. 그래서 다투지 않아도 될 일도 다툼의 상황으로 몰아간다.
　『유마경維摩經』에 이런 이야기가 있다. 하루는 유마대사維摩大師의 처소에 여러 보살菩薩과 대사大師들이 모여 법회를 열었다. 이에 감동한 천녀天女가 유마대사의 방에 내려와 큰 보살과 큰 성문聲聞들의 머리에 꽃비를 뿌렸다. 이때 보살들의 몸에 내린 꽃잎들은 모두 바닥으로 떨어져 내리는데 성문의 몸에 내린 꽃잎들은 그대로 몸에 달라붙어 떨어지지 않았다. 성문은 아직 부처나 보살처럼 완전한 깨달음을 얻지 못한 상태의 수행자들을 말한다. 성문은 놀라서 꽃잎을 떨쳐내려고 온갖 신통을 다 부려보았지만 꽃잎은 성문들의 몸에서 달라붙어 떨어질 줄을 몰랐다.

이에 천녀가 사리불舍利佛에게 물었다. "대덕이시여! 무슨 이유로 꽃잎을 떨쳐 내려하시는 겁니까." 사리불이 대답하였다. "천녀여! 출가수행자의 몸으로 꽃을 가까이 한다는 것은 법에 어긋나기 때문입니다." 천녀가 대답했다. "대덕이시여! 그런 말씀 하지 마십시오. 이 꽃은 조금도 법에 어긋남이 없습니다. 왜냐하면 이 꽃들은 정작 아무런 생각이 없기 때문입니다. 법에 어긋난 행위를 하는 측은 바로 그대 자신입니다. 출가하여 훌륭한 법을 따르면서도 거듭 분별하는 것이야말로 법에 맞지 않는 처사입니다. 대덕께서는 법과 율에 대해 늘 머리를 짜내어 분별하고 있지만, 그렇게 하지 않는 것이야말로 도리어 수행자로서 올바른 처사입니다. 잘 보십시오. 저 대보살들은 이미 꽃잎을 두고 '좋다' 또는 '나쁘다'라고 분별하는 마음을 내버렸기에 꽃잎이 하나도 몸에 붙어있지 않습니다. 분별하여 꺼리는 마음을 품고 있는 사람에게는 그 틈을 노려 온갖 악귀들이 달려듭니다." 모든 문제는 분별과 집착에 사로잡힌 자기 자신에게 있다. 좋고 나쁨을 분별하여 거기에 집착하는 것이야말로 자신과 세상을 아수라장으로 몰아가는 채찍이다. 꽃잎에게 무슨 허물이 있겠는가. 허물은 '좋은 것'과 '나쁜 것'으로 분별하는 그 마음에 있다. 내가 좋고 나쁨을 분별하는 마음을 일으킴으로써 가만히 있던 꽃잎들은 졸지에 '나쁜 물건'이라는 누명을 쓰게 되었다.

성문은 왜 보살처럼 꽃잎을 무심히 보지 못하는가. 분별심을 버리고 무심으로 대하는 것은 지극한 경지는 될지언정 허물은 되지는 않다. '출가자에게는 꽃잎이 나쁜 것이므로 몸에서 꼭 떨쳐내어야 한다'라고 하는 강박감은 분별과 집착에서 나왔다. '꼭 떨쳐내어야 한다'라고 하는 강박감 때문에 꽃잎은 몸에서 떨어지지 않고 더 찰싹 달라붙어버린 것이다. 이는 마치 악귀가 자기를 의식하여 피하려고 하면 할수록 더욱 거세게 달려드는 것과 같다. 길거리의 불량배는 미워하는 눈길로 바라보면 곧바로 싸움을 걸어온다. '이것은 나쁜 것이다'라고 하는 분별심과 '떨쳐내어야 한다'라는 집착을 내려놓고 무심으로 대하면 어떤 재앙도 따라붙지 않는다.

그러면 분별과 집착이 생기는 이유는 무엇인가. 바로 나[我]를 두었기 때문이다. 지극한 도는 나를 버릴 때 얻을 수 있다.『노자』 제3장에서는 "그 마음을 비우고 그 배를 채우며 그 뜻을 약하게 하고 그 뼈를 강하게 하라.[虛其心 實其腹 弱其志 强其骨]"라 했고,『논어』에서는 공자를 두고 "정해진 뜻이 없고 반드시 함이 없고 고집함이 없고 나가 없다.[毋意毋必毋固毋我]"라고 평했다. 또『천수경千手經』에서는 "죄는 자성自性이 없어 마음을 따라 일어나니 마음이 만약 없어지면 죄도 또한 사라지네.[罪無自性從心起 心若滅時罪亦亡]"라고 했다. 이는 모두 나를 비워 없애기를 권하는 말들이다. 문제는 '나'라는 생각을 만들어내는 이 마음에 있다. 이 마음을 버려야만 한다. 그러면 일체의 분별과 집착이 사라진다.

도를 구하려고 하는 자는 나를 버려야 한다. '나'라는 존재가 없어지면 분별심도 사라지고 집착도 사라져 곧바로 도와 합일한다. 이렇게 되면 잡으려 해도 잡을 수가 없고 치고자 해도 칠 수가 없는 상태에 도달한다.

진인眞人이라야 고해苦海에서 벗어난다

> 범부[宵人]가 외부의 형벌에 걸린 자는 쇠와 나무로 그를 심문하고, 내부의 형벌에 걸린 자는 음양(陰陽)의 기운이 그를 잠식한다. 대저 내외의 형벌을 면할 수 있는 자는 오직 진인(眞人)이라야 능히 할 수 있다.
> 宵人之離外刑者(소인지이외형자)는 金木訊之(금목신지)요, 離內刑者(이내형자)는 陰陽食之(음양식지)라. 夫免乎外內之刑者(부면호외내지형자)는 唯眞人能之(유진인능지)라.

진인眞人이라야 형벌을 면할 수 있다. 그것은 자기를 없앴기에 죄를 일으키는 주체도 사라졌고 형벌을 받을 주체도 사라졌기 때문이다.

진인이 아닌 이상, 사람들은 누구나 늘 형벌을 받으며 살아간다. 형벌은 내부의 것과 외부의 것으로 나눌 수 있다. 외부의 형벌은 세상의 법에 의해 주어지고 내부의 형벌은 자신의 마음이 만들어낸다. 외부의 형벌은 고통을 몸에 직접 주기에 무섭다. 그러나 내면의 형벌은 이것보다 더 무섭다. 내면의 형벌은 자신의 마음이 만드는 것이기에 몸이 구금되든 말든 상관없이 언제 어디서나 받는다. 내부의 형벌

때문에 받는 고통은 마치 음양陰陽이 조화를 이루지 못해 폭풍우가 치는 것처럼 격렬하다.

몸의 상처가 주는 고통은 시간이 경과하면 사라지지만 마음의 상처가 주는 고통은 기억 속에 저장되어 오래도록 살아있다. 설령 죽었다고 해도 멈추어지지 않는 것이 바로 마음의 고통이다. 그래서 길이 참된 행복을 얻고자 한다면 마음공부를 잘 하여 '자기가 없는 경지[無己]'에 이르러야 한다. 자기가 없으면 고통을 받는 주체가 사라지기에 고통도 자연히 소멸된다. 장자철학에서는 이렇게 된 사람을 '지인至人' 또는 '진인眞人'이라 한다.

불교에서는 보통 사람을 '중생衆生'이라 한다. 중생은 늘 고통 속에서 살아간다. 고통이 곧 형벌이다. 고통에서 벗어난 사람을 '불佛' 또는 '보살菩薩'이라고 한다. 석가모니불이 가빌라국의 태자로 있을 때, 중생들이 생로병사의 수레바퀴 속에서 고통을 당하는 모습을 목도하였다. 그래서 석가모니는 고통의 수레바퀴에서 벗어나기 위해 설산雪山에 들어가 고된 수행생활을 시작하였다. 출가한 지 6년이 되는 해의 12월 8일에 석가모니는 새벽별을 바라보다가 문득 대각大覺을 성취했다. 대각의 핵심 내용은 연기법緣起法이다. '연기緣起'란 '인연생기因緣生起'의 준말로 '모든 것은 인연을 따라 일어난다'는 뜻이다. 『잡아함雜阿含』에 이런 말이 있다. "이것이 있으므로 저것이 있고[此有故彼有] 이것이 없으므로 저것이 없다.[此無故彼無] 이것이 생하므로 저것이 생하고[此生故彼生] 이것이 멸하므로 저것이 멸한다.[此滅故彼滅]" 이는 일체의 존재들은 여러 요소들이 서로 의지하여 만들어진 것으로 고유한 자성自性을 가지지 않는다는 사실을 전해주는 법어이다. 즉 일체는 '무아無我'요 '무기無己'라는 말이다.

'나'라는 존재는 본래 없었다. 지금의 나는 여러 인연이 만들어낸 허깨비이다. 나는 본래부터 실존하는 자가 아니었다. 그러므로 나에게 생기는 고통도 또한 헛된 것이다. 일체의 존재는 실체가 없다. 그렇기에 거기에 끌려 다녀서는 안 된다. 허깨비의 장난에서 속히 벗어나야 한다. 어떻게 벗어나는가.『반야심경』에서는 관자재보살이 "오온五蘊이 공空한 것임을 비춰보고서 일체의 고액苦厄에서 벗어났다.[照見五蘊皆空 度一切苦厄]"라고 하였다. '오온'이란 인간을 구성하는 기본 요소로 색色(몸)·수受(감수작용)·상想(개념작용)·행行(의지작용)·식識(인식작용)을 말한다. 깨달은 자는 모든 존재도, 그리고 존재를 구성하는 일체의 요소도 고유의 자성을 가지지 않음을 여실히 본다. 즉 일체가 무아임을 체득한다는 말이다. 대승불교에서는 무아를 '공'이라고 표현한다. 모든 것이 공한 것임을 여실히 본 자는 허깨비 놀음에서 벗어난다. 이때 일체의 고통도 자연히 소멸된다.

'모든 것은 실체가 없다'라는 진리를 깨달은 부처나 보살은 장자 철학에서의 진인 또는 지인과 같은 존재이다. 기가 뭉쳐지면 나는 존재하고 기가 흩어지면 나는 사라진다. 이렇게 본다면, '진정한 나', '불멸의 나'는 존재할 수 없다. 장자의 기론적氣論的 세계관에서는 불교의 연기설에서와 마찬가지로 모든 존재는 고유한 실체가 없다고 본다. 기로 뭉쳐진 나는 실체를 가진 존재가 아니다. '나는 곧 무無이다[我卽無]' 그래서 완전한 깨달음에 도달한 지극한 사람은 아직 몸은 존재하지만 의식은 허공처럼 무의 상태에 있다. 이것이 바로 '지극한 사람은 자기가 없다[至人無己]'의 경지이다. 자기가 사라져 허공이 되어버린다면 다시 누가 있어 고통을 받을 것인가.

자[R]가 바르지 못하면 사물을 바로 잴 수 없다

> 평평하지 못한 것으로써 평평하게 하려하면 평평했던 것도 평평하지 않게 된다.
> 以不平平(이불평평)이면 其平也不平(기평야불평)이라.

기준이 바로 서지 않으면 사물을 제대로 잴 수가 없다. 만약 기준을 무시하고 자의적으로 사물의 가치를 판단한다면 틀린 답을 내고 만다.

사실 이 세상에 과연 바람직한 기준이 존재하는 것인가에 대해서 먼저 생각을 해봐야 한다. 물론 저울이나 자는 무게와 길이에 대해 일정한 기준을 가지고 있다. 그래서 이것을 사용하면 일정한 척도로 일관성 있는 측량을 할 수 있다. 그러나 그 척도가 절대적인 척도가 맞느냐고 묻는다면 그것은 장담할 수가 없다. 지상에서 100kg의 무게를 가진 물건을 달나라나 수중에 가서 재면 무게의 값이 달라진다. 시간도 마찬가지다. 시간의 속도는 위치에 따라 다르다. 지표에서의 1시간과 우주 공간에서의 1시간이 서로 같을 수 없다. 상황에 따라 시간의 기준은 늘 달라진다. 여기서 본다면 이 세상에는 애당초 절대적인 척도가 존재하지 않는다는 사실을 알 수 있다.

도구에 의한 측량뿐 아니라 우리의 시각이나 청각 등의 감각기관에 의한 측량도 절대적 기준을 가지지 못한다. 음악에서의 '절대음정絶對音程'이나 미술에서의 '절대색도絶對色度'라는 것도 믿을 바가 못 된다. 도대체 누가 절대적인 기준을 가졌기에 '절대'라는 판정을 내리는가. 애당초 우리의 감각기관은 절대적인 기준을 가지지 못했기에 절대적인 기준을 제시할 수 없다. 어떤 물체가 사람의 눈에 녹색으로 보인다고 해서 물고기의 눈에도 녹색으로 보일까. 어떤 음향이 사람의 귀에 '도'라는 소리로 들렸다고 해서 토끼의 귀에도 '도'라는 소리로 들릴까. 우주에는 그 어떤 것이든 애당초 정해진 절대적 기준이 존재하지 않는다.

복잡한 인간사회를 꾸려가자면 편의상 기준을 정하여 그에 의해 판단을 내리지 않을 수 없다. 이때의 기준은 구성원들에 의해 공인公認이 되어야 한다. 그러나 공인된 기준이라 해도 그 기준은 절대적인 것이 아니라는 사실을 늘 염두에 두고 있어야 한다. 절대성이 없는 기준을 절대시하여 세상을 운영하려 하기 때문에 세상은 늘 갈등과 부조화 속에 내몰린다. 세상에서 정한 기준이 절대적인 것이 아님을 알고서 사용한다면, 그때는 해악을 최소화시킬 수 있다. 만약 세상이 정한 기준을 절대시하거나, 더 나아가서는 자신이 정한 기준을 절대시하여 세상을 다스리려 한다면 자신과 세상은 영원히 부조화 속에서 벗어날 수 없다.

현재 상황에서 우리가 취할 최선의 자세는 세상이 정한 그 '기준'이란 것이 가진 근원적인 한계성을 알면서 그것을 활용하는 것이다. 절대 취하지 말아야 할 자세는 세상이 정한 기준 또는 자기가 임의로 정한 기준을 절대시하여 세상을 재려하는 것이다. 절대적이지 못한 척도로 세상을 헤아리기 때문에 세상은 늘 혼란스럽다. 이 점을 지적하기 위해 「열어구」에서는 "평평하지 못한 것으로써 평평하게 하려하면 평평했던 것도 평평하지 않게 된다."라고 말한 것이다.

천하

대도大道를 등진 제자백가諸子百家

> 천하가 크게 어지러워지자 성현(聖賢)이 드러나지 못하여 도덕이 통일을 이루지 못하였다. 천하 사람들이 모두 하나의 깨달음을 얻어 스스로 훌륭하다고 여겼다. 서로 경쟁하는 모습을 비유해보면, 마치 이목구비가 모두 분명한 기능을 가지어 상통(相通)될 수 없는 것과 같다.
>
> 天下大亂(천하대란)에 聖賢不明(성현불명)하야 道德不一(도덕불일)이라. 天下(천하) 多得一察焉(다득일찰언)하여 以自好(이자호)하니 譬如耳目口鼻(비여이목구비) 皆有所明(개유소명)하야 不能相通(불능상통)이니라.

「천하」는『장자』의 마지막 편이다. 여기서는 춘추전국시대의 제자백가 사상을 총정리해주고 있다. 그래서 일부 학자들은「천하」를 '중국 최초의 학술이론서'라고 말하기도 한다. 제자백가들은 세상을 향해 저마다 자신의 학술이 최고라고 소리 높여 외쳤다.

제자백가에게는 공功과 과실過失이 동시에 존재한다. 공은 다양한 학설을 세워 후인들에게 다양한 생각을 할 수 있도록 씨를 뿌려준 점이다. 전국시대 이후 중국의 각 학파의 학술은 모두 제자백가가 뿌려놓은 씨앗에서 발아한 것이다. 인간이 사유할 수 있는 방향과 내용은 인간의 몸을 타고난 이상 고대인이나 현대인이나 큰 차이가 없다. 그러므로 제자백가의 사상은 현대인들에게도 많은 영감을 줄 수 있을 것이다.

한편 제자백가는 큰 과실을 범하기도 하였다. 그것은 저마다 학파를 세워 천하의 도술道術을 분열시킨 점이다. 이는「천하」의 "슬프다! 백가들은 저마다 나아가서 되돌아올 줄 모르니 반드시 도와 합하지 못할 것이다. 후세의 학자들은 불행히도 천지의 순수함과 옛사람의 대체大體를 보지 못하게 될 것이니 도술이 장차 찢어지게 될 것이다."라고 한 말에서 볼 수 있다. 제자백가들이 저마다 자신이 최고라고 외치면서 일가를 세움으로써 천하의 도술을 갈래갈래 찢어놓았다. 제자백가들이 서로 사상적 벽을 쌓아 분쟁하는 모습을 보고서 「천하」에서는 '마치 한 몸에 있는 이목구비가 서로 완벽히 분리됨과 같다'라고 하였다. 이렇게 된 근본적인 원인은 대도大道가 무너짐에서 기인한 것이다. 대도가 무너지자 지식인들이 저마다 각자의 사상을 주창하여 자신의 것이 최고라고 외쳤다. 그러나 이러한 학자들을 두고「천하」편에서는 '한 부분에만 능숙한 학자[一曲之士]'라는 말로 그들의 불완전성을 지적하였다.

제자백가를 현실의 말단에서 볼 때는 인류에 기여한 공이 있는 것 같기도 하다. 그러나「천지」에서는 후인들로 하여금 천지의 본모습과 참된 옛 성인의 대도를 보지 못하게 한 과실을 범한 것으로 평한다. 장자철학에서는 피와 차, 시와 비를 평등하게 보아 모든 다툼을 소멸시키기를 추구한다. 그러나 제자백가들은 서로 피와 차를 나누고 시와 비를 분별한 후, 언어문자를 통하여 격렬히 서로 다툰다. 「제물론」에 "도는 작게 나누는 데서 숨어버리고, 말은 화려하게 꾸미

천하 423

는 데서 숨어버린다.[道隱於小成 言隱於榮華]"라고 하는 말이 있다. 여기서 볼 때 제자백가는 후인들에게 대도를 알지 못하도록 막은 '지적 방해꾼 집단'이라고도 말할 수 있다. 그렇다면 우리는 제자백가를 어떻게 대해야 할까. 멀리해도 어리석은 짓이요 사로잡혀도 어리석은 짓이다.

장자철학의 여러 주제들

부록 1

장자의 도道에 대하여

장자철학에서의 도道는 노자철학에서의 도를 근원으로 삼는다. 노자는 특유의 도론道論을 구상해냄으로써 후인들의 철학적 영역을 크게 확장시켰다. 도의 출현은 고대 중국인들의 철학적 사유수준을 비약적으로 발전시키는 계기가 되었다. 노자의 도는 고대 종교의 최고신인 상제上帝 또는 천天을 극복함으로써 도출되었다. 중국철학에서 종교적 지고신至高神이 가지는 의미는 시대에 따라 변화를 보였다. 하대夏代에는 농경 생활에 영향을 미치는 자연천自然天이 있었고, 은대殷代에는 화복을 주관하는 인격자로서의 상제천上帝天이 있었다. 그러다가 주대周代에 와서 '천이 화복을 내리는 기준은 도덕에 있다'라고 하는 사상을 제출함으로써 의리천義理天이 생겨났다. 그렇지만 주대의 천은 여전히 지고신으로서의 위상을 유지하고 있었다.

춘추시대에 이르자 천의 위상은 마침내 큰 변화를 맞게 되었다. 전란을 마주한 춘추시대의 사회적 분위기는 점차 과학적이고 합리적인 사고를 지향하게 되었다. 동시에 전쟁과 권모술수로 얼룩진 춘추시대의 혼란상 속에서 인격자로서의 천관天觀에 대한 회의가 싹텄다. 이러한 시대적 상황은 노자철학의 탄생을 재촉하였다. 노자는 인간 위에 지고자로 군림하던 천의 위상을 도보다 아래로 격하시켰다. 『노자』에서는 "사람은 땅을 본받고 땅은 하늘을 본받고 하늘은 도를 본받고 도는 자연을 본받는다."¹라고 하였다. 노자는 전통적으로 지고자의 위치를 점하던 천 위에 다시 도를 올려둠으로써 도를 지고무상의 존재로 승급시켰다.

노자의 가르침은 도를 중심으로 하여 전개된다. 노자가 제시한 도의 의미는 우주만물의 근원이면서 본체, 만물의 운동 법칙, 만물의 기초 요소인 기의 근원을 의미한다. 이밖에도 최상의 심리상태 또는 최상의 인격상태 및 경세의 방법 및 군사적인 책략 등의 의미도 포함하고 있다. 노자의 이러한 도는 장자철학에도 직접적인 영향을 끼친다.

장자는 노자의 도를 창의적으로 해석하여 자기 철학의 중심 개념으로 삼았다. 장자의 도는 크게 볼 때, 존재의 근원과 천지만물의 운영규율 및 최고의 인식, 그리고 최상의 심리상태를 의미한다. 그리고 장자는 도의 존재양상에 대해서는 편재성遍在性과 내재성內在性을 강조하였다. 장자철학에서 볼 수 있는 도의 의미에 대해 살펴보면 다음과 같다.

첫째, 장자철학에서의 도는 존재의 근원으로서의 위상을 가진다.

장자철학에서는 노자의 도 개념을 발전시켜 도가 존재의 근원임과 동시에 만물을 발생시키는 주체로 보았다. 「대종사」에서는 "대저 도는 진실함이 있고 믿음성이 있으며 인위성이 없고 형체가 없다. 전해 줄 수는 있지만 받을 수는 없고 얻을 수는 있지만 볼 수는 없다. '스스로 본질이 되고 스스로 뿌리가 되어[自本自根]' 천지가 있기 전

---

1 『老子』, 제25장 : 人法地 地法天 天法道 道法自然.

에 본래부터 존재했으며, 귀신과 제왕을 신령하게 해주며 하늘을 낳고 땅을 낳았다."²라고 했다. 도의 속성은 무위로 움직이며 형체를 가지지 않으며, 진실성과 신뢰성을 가지어 헛되게 작용하지 않는다. 또한 도는 스스로 본질이 되고 스스로 뿌리가 되어 천지간의 모든 존재보다 먼저 있을 뿐 아니라, 천지만물의 근원이 된다. 천지만물을 낳고 또 만물에게 신령함을 부여해주지만 스스로 높다거나 낮다는 마음을 가지지 않다. 이러한 의미의 도는 인간의 사유나 언어로는 접근할 수 없는 초월적인 성질을 가진다. 「칙양」에서는 "도는 만물의 극처이므로 말로써도 표현할 수 없고 침묵으로써도 드러내지 못한다. 말도 사용하지 않고 침묵도 사용하지 않아야만 논의가 지극해진다."³라고 했다. 여기서 볼 때, 도는 천지만물의 근원이 되어 인간의 감각 밖에서 참된 덕을 머금고 있는 존재라는 것을 알 수 있다.

둘째, 장차철학에서의 도는 천지만물을 생성·조직·운영하는 리를 의미한다.

「추수」에서는 "도를 아는 자는 반드시 리理에 통달한다."⁴라고 했다. 도에는 조리 또는 규율을 의미하는 리의 의미가 포함되어 있다. 이 때문에 도는 보편적 법칙에 근거하여 운동 작용을 하는 것이 가능해진다. 「선성」에서는 이 의미를 더욱 긴절하게 표현하여 "도가 곧

---

2 「大宗師」: 夫道 有情有信 無爲無形 可傳而不可受 可得而不可見 自本自根 未有天地 自古以固存 神鬼神帝 生天生地.
3 「則陽」: 道物之極 言黙不足以載 非言非黙 議有所極.
4 「秋水」: 知道者 必達於理.

리이다."⁵라고 했다. 이에 대해 장입문張立文은 『리』에서 "도의 법칙성의 면에서만 말한다면 리가 도이다."⁶라고 했다. 여기서 볼 때 리는 바로 도가 '천지만물을 생성·조직·운영하는 법칙'이라는 의미를 표시해주는 개념이라고 하겠다.

    그러나 여기에는 주의해야 할 점이 있다. 장자철학에서의 도는 노자의 '도법자연道法自然' 사상을 계승하고 있다. 노자의 도는 자연함에 의거하여 작용한다. 그러므로 도는 선재先在해 있는 특정의 법칙을 따르지도 않지만 만물에게 특정한 법칙을 부여하지도 않는다. 도는 오직 무위자연으로 작용할 뿐이다. 그러므로 도가 생성·조직·운영하는 리로서의 의미를 가진다고는 하지만, 이것은 이미 만물이 존재해 있는 상태를 설명하는 가운데서만 의미를 가질 뿐이다. 「천지」에 "만물이 이루어짐에 리를 낳으면 이것을 일러 '형形'이라 한다."⁷라는 말이 보인다. 이는 리가 만물을 만드는 주체가 아니라 만물이 스스로를 이룰 때 2차적으로 생겨난 자임을 밝혀주는 말로 성리학자들 중 기론자氣論者들의 주장과 궤를 함께 한다. 장자철학에서의 도는 특정한 리를 가지거나 또는 만물에게 리를 주어 당위의 법칙으로 삼도록 주재하는 자가 아니다. 만약 도가 특정한 리를 가졌고 또 만물에게 리를 주어 따르도록 했다고 주장한다면, 이것은 도가의 자연학이 아닌 송대宋代의 리학적理學的 발상이다.

....

5   「繕性」: 道 理也.
6   장입문 저, 안유경 옮김, 『理』, 예문서원(2004), 62쪽 참조.
7   「천지」: 物成生理 謂之形.

셋째, 장자철학에서의 도는 최고의 인식이다.

장자는 노자의 도를 자신의 철학체계 속에서 변용하여 사용한다. 장자는 객관적인 실체로서의 의미를 가진 도를 인식론의 영역에서 심도 있게 논한다. 유소감劉笑敢은 『장자철학』에서 도의 핵심적인 의미를 '만물의 근원'으로 정의함과 동시에 '최고의 인식'으로도 파악했다.[8] 최고의 인식은 진지眞知를 얻음으로써 획득된다. 「제물론」에서는 "도는 소성小成에 숨는다."[9]라고 했다. 여기서의 도는 바른 앎을 의미한다. '바른 앎'이란 최고의 인식을 말한다. 이것은 분석적 사고와 분별적 행위로는 얻을 수 없다. 그리고 「인간세」에서는 "너는 뜻을 하나로 모아라. 그리하여 귀로 듣지 말고 마음으로 들으며, 마음으로 듣지 말고 기氣로 들어라. 귀는 소리만 듣는데 그치고 마음은 사물과 부합함에 그친다. '기'란 것은 텅 비움으로써 사물에 응하는 것이다. 도는 오직 텅 비울 때 응집되니, 비우는 것이 바로 심재心齋이다."[10]라고 했다. 그리고 「대종사」에서는 "사지四肢의 욕구를 버리고 총명을 내치며, 몸의 구속을 떠나고 앎을 버려 도[大通]와 하나 되는 것을 좌망坐忘이라 합니다."[11]라고 했다. 이 두 구절을 근거하여 본다면, 도는 감각이나 이성에 의한 지식을 버림으로써 도달할 수 있는 최고의 인식 경지를 의미한다.

한편 장자철학에서는 도를 말할 때는 반드시 언어의 문제를 동

---

8 유소감 저, 최진석 옮김, 『장자철학』, 소나무(1998), 63쪽 참조.
9 「齊物論」: 道 隱於小成.
10 「人間世」: 若 一志 无聽之以耳而聽之以心 无聽之以心而聽之以氣 耳止於聽 心止於符 氣也者 虛而待物者也 唯道集虛 虛者 心齋也.
11 「大宗師」: 墮枝體 黜聰明 離形去知 同於大通 此謂坐忘.

시에 등장시켜 다룬다. 만물의 본체이면서 인식의 가장 깊은 경지인 도는 인식될 수도 없고, 또 언어로 전달할 수도 없다. 「제물론」에서는 "말은 화려하게 꾸미는 데서 숨어버린다."[12]라고 했고, 또 "대저 큰 도는 일컬을 수 없고 큰 변론은 말이 없다."[13]라고 했다. 언어는 뜻을 표현하는 도구이다. 언어는 뜻을 각자의 주관대로 이미지화하여 밖으로 드러낸 것이므로 꾸밈 작용을 근본적으로 피할 수 없다. 그래서 도에 대해서 아무리 말을 해도 도와는 무관한 것이 되어버린다. 장자철학에서의 언어는 언제나 실체의 그림자일 뿐이다.

넷째, 장자철학에서의 도는 최상의 심리상태를 의미하기도 한다.

인간의 마음은 척박한 현실 속에서 늘 고통을 받으며 살아간다. 장자철학에서는 그 고통을 제거하여 심리적 안정상태로 진입하면 도의 세계를 만난다고 하면서 그 방법을 제시하였다. 「각의」에서는 "잠을 자도 꿈을 꾸지 않고 깨어 있어도 근심이 없으며, 정신은 순수하고 혼은 피곤하지 않다. 허무虛無와 염담恬惔으로써 하니, 이에 천덕天德과 합하게 된다."[14]라고 하였다. 여기서 말하는 천덕天德은 곧 도이다. 도와 합일하는 방법으로 허무와 염담을 제시하였다. 허무는 마음을 비워 마음의 자취를 없애는 것이고, 염담은 모든 사려를 버림으로써 정신을 자유롭고 편안하게 하는 것이다. 허무와 염담을 지키면 잡된 생각이 없어 꿈을 꾸지 않게 되고 모든 근심이 다 사라진다. 그리

---

12 「齊物論」: 言 隱於榮華.
13 「齊物論」: 大道不稱 大辯不言.
14 「刻意」: 其寢不夢 其覺無憂 其神純粹 其魂不罷 虛無恬惔 乃合天德.

고 정신이 순수하고 편안해져서 일체의 고통이 모두 사라져 도의 세계에 들게 된다.

다섯째, 장자철학에서의 도는 편재성과 내재성을 가진다.

노장철학에서의 도는 위상의 면에서 볼 때 초월적인 성격을 가진다. 그러나 그렇다고 해서 도가 우주만물과 분리되어 독자적으로 존재한다고는 보지 않는다. 즉 도는 이미 만물 속에 편재해 있고 내재되어 있다는 말이다. 이러한 점은 노자철학에서도 살펴볼 수 있다. 『노자』에서는 "대도大道는 넓구나. 왼쪽으로도 가고 오른쪽으로도 갈 수 있도다. 만물이 그것을 의지하여 태어나지만 도는 말하지 않는다."[15]라고 하였다. 이는 도가 우주 간에 편재遍在해 있기에 어디든 있지 않음이 없고, 또 그렇기에 어떤 물건도 그것에 의지하여 함께 있지 않음이 없음을 표현한 말이다. 만물이 도에 의지하여 태어났다는 것은 곧 도가 만물 속에 두루 내재되어 있음을 의미한다. 장자철학에서 도의 편재성과 내재성에 대한 언급은 「지북유」에서 볼 수 있다. "동곽자東郭子가 장자에게 물었다. '이른 바 도는 어디에 있습니까' 장자가 답했다. '없는 곳이 없다' 동곽자가 말했다. '요약해 주시면 좋겠습니다' 장자가 말했다. '도는 땅강아지와 개미에게도 있다' 동곽자가 말했다. '어찌 그처럼 낮은 곳에 있단 말입니까' 장자가 말했다. '도는 돌피와 참피에도 있다' 동곽자가 말했다. '어찌 더욱 낮아지는 것입니까' 장자가 말했다. '도는 기와와 벽돌에도 있다' 동곽자가 말했다. '어찌 더욱 심해지십니까' 장자가 말했다. '도는 똥과 오줌에도 있다'

15　『老子』, 제34장 : 大道氾兮 其可左右 萬物恃之而 生而不辭.

동곽자는 더 대응하지 못했다."¹⁶ 도가 어디에 있는지를 묻는 동곽자의 질문에 장자는 어디에나 있다면서 심지어는 땅강아지·개미·지푸라기·기와·똥 속에도 있다고 했다. 도는 만물 밖이 아니라 만물 속에 두루 내재되어 있다는 것이다. 장자의 도는 만물 속에 두루 내재하여 만물을 만물답게 해주는 근본이다.

이상에서 장자철학에서의 도 개념에 대해 살펴보았다. 장자철학에서의 도는 노자의 도를 근간으로 삼아 발전시킨 것이다. 장자철학에서의 도는 우주만물의 본체이면서 법칙이고, 또 초월적이면서 동시에 내재적인 성격을 가진다. 그리고 최고의 인식과 심리의 최적 상태를 의미하기도 한다. 장자철학에 와서 노자철학의 도는 더욱 다양한 의미를 함유하게 되었다. 장자철학에서의 이러한 의미의 도는 중국철학을 더욱 다채롭게 발전시킬 수 있는 터전의 역할을 하였다.

----

16 「知北遊」: 東郭子問於莊子曰 所謂道惡乎在 莊子曰 無所不在 東郭子曰 期而後可 莊子曰 在螻蟻 曰何其何邪 曰在稊稗 曰何愈其何邪 曰在瓦甓 曰何愈甚邪 曰在屎尿 東郭子不應.

장자의 덕德에 대하여

장자는 노자의 덕德을 새롭게 부각시켜 자신의 철학세계에 생동감을 한껏 불어넣었다. 장자철학에서의 도는 세계의 근본을 의미하고 덕은 인성의 근본을 의미한다.[17] 도와 덕은 주종의 관계를 이루므로[18] 덕은 세계의 근본으로서의 도가 인간에게 내재화된 것을 의미한다. 그러므로 장자의 덕은 도와 인간 사이를 이어주는 다리로서의 위상을 가진다고 볼 수 있다.

노자는 덕을 도와 병칭할 만큼 중요시했다. 노자철학에서의 덕은 크게 두 가지 의미로 사용되었다. 영아嬰兒 또는 적자赤子가 가진 자연한 본성으로서의 덕, 그리고 현덕玄德이나 상덕上德으로 불리어지는 최고의 수양경지로서의 덕이 그것이다.[19] 장자는 노자의 덕을 계승·발전시켜 자신의 철학세계를 더욱 풍요하게 가꾸었다.

장자의 덕 역시 노자철학에서처럼 '자연한 본성'으로서의 의미와 '성인의 지고한 수양의 경지'로서의 의미를 동시에 가진다. 덕이 자연한 본성으로서의 의미로 쓰인 예는 「응제왕」에서 찾아볼 수 있다. 여

---

17 유소감 저, 최진석 옮김, 『장자철학』, 소나무(1998), 125쪽 참조.
18 유소감 저, 최진석 옮김, 『장자철학』, 소나무(1998), 125쪽 참조.
19 유소감 저, 최진석 옮김, 『장자철학』, 소나무(1998), 120쪽 참조.

기서는 지극한 사람을 형용하기를, "태씨泰氏는 누웠을 때는 편안하고 깨어났을 때는 여유롭다. 한 번은 자기를 '말[馬]'이라 하고 한 번은 자기를 '소'라고 한다. 그 지혜는 진실하고 그 덕은 참되어 처음부터 만물에 편입되지 않았다."[20]라고 했다. 여기서의 덕은 순박한 자연의 본성을 말한다. 자연스럽고 태평스럽게 행동하면서 자기를 뭐라고 하든 상관하지 않는다. 이렇게 초연한 자세를 유지할 수 있도록 하는 바탕이 바로 덕이다. 여기서 본다면 무지무욕의 상태에 이르러 지극히 순박한 상태의 본성을 '참다운 덕'이라 하고 있음을 알 수 있다.

한편 덕은 도를 체득함으로써 얻어지는 최고의 정신경지를 의미하기도 한다.「덕충부」에서는 "마음을 덕의 조화로움에 노닐게 한다."[21]라고 했고, 또 "덕은 화和를 이룸으로 닦는다. 덕이 밖으로 드러나지 않아도 만물이 포용되어 벗어날 수 없다."[22]라고 했다. 여기서 본다면 덕을 닦는 주체는 '인간의 마음'이고, 덕의 내용은 '조화로움을 내면에 축적시키는 것'을 말한다. 장자는 이러한 덕을 갖춤으로써 마침내 수양의 최고경지, 즉 체도體道의 경지에 오르게 된다고 보았다.

장자철학에 있어 도와 덕이 그 명칭은 서로 다르지만 내용상에 있어서는 서로 다르지 않다. 다만 그 의미를 세분해본다면 도는 덕의 뿌리가 되고 덕은 도의 줄기가 된다고 할 수 있다. 그러므로 장자철학에서는 반드시 먼저 덕을 닦아야만 도에 도달할 수 있다는 논리가 성립하게 되는 것이다.

....

20 「應帝王」: 泰氏 其臥徐徐 其覺于于 一以己爲馬 一以己爲牛 其知情信 其德甚眞 而未始入於非人.
21 「德充符」: 遊心乎德之和.
22 「德充符」: 德者 成和之修也 德不形者 物不能離也.

장자의 천天에 대하여

노자의 사유 성향은 장자에 비해 이지적이어서 그의 도는 이성적이고 객관적인 성향을 가져 경직된 느낌을 준다. 그에 비해 장자는 직관적이며 감성적이어서 예술가적인 성향을 가진 철학자라고 말 할 수 있다.[23] 그래서 장자는 노자의 경직된 이미지의 도에 집착하기보다는 전통적으로 사용되어 오던 천天을 재 등장시켜 정감과 생명력을 부여하여 철학의 주요 범주로 삼았다. 장자철학에서의 천은 도의 별칭이라고도 할 수 있다.

노자는 중국철학에서 최고의 위치를 차지하고 있던 천의 위상을 '천은 도를 본받는다[天法道]'라고 하여 천을 도 아래에 두었다. 그러나 천은 노자의 철학을 계승한 장자에 의해 부활의 기회를 맞이했다. 장자가 부활시킨 그 천은 앞 시대의 인격적인 의미를 가졌던 그러한 천은 아니다. 장자는 '천'이란 개념을 끌어들여 장자 특유의 생동감 넘치는 철학을 전개해 나갔다.[24] 장자 후학들의 작품으로 간주되는 「천지」의 "도는 천에 포함된다."[25]라고 한 말에서 보듯이, 장자와 장자

---

[23] 김충렬, 『노장철학강의』, 예문서원(1995), 269쪽 참조.
[24] 김충렬, 『노장철학강의』, 예문서원(1995), 275쪽 참조.
[25] 「天地」: 道兼於天.

일파는 도보다 천을 더 핵심적인 개념으로 부상시켰다. 물론 이것이 도와 천의 위상을 규정하고자하여 한 말은 아니다. 다만 천이 장자철학에서 그 의미가 새롭게 해석되어 재등장함을 의미한다고 하겠다.

장자는 자신의 철학 속에서 천을 핵심 범주로 삼아 논리를 전개시키기를 좋아하였다. 이 때문에 순자荀子는 "장자는 천에 가리어 사람을 알지 못했다."[26]라고 평하기도 했다. 이는 장자가 천을 자기 철학 속에서 얼마나 중요하게 여겼는가를 증명해주는 말이다. 장자가 도를 대신하여 '천'자를 사용함으로써 장자철학은 노자철학과의 차별성을 드러내는 것이 가능해졌다. 이는 장자의 내적 성향이 심원한 상상력과 자유로운 정신경지를 추구할 뿐 아니라 인생과 우주를 미적으로 관조하는 예술가적인 기질을 가졌기에 그러한 것이다. 장자의 천이 가진 철학적 의미는 대략 세 가지로 나누어 말할 수 있겠다.

첫째, 장자의 천은 노자의 도를 의미한다. 서복관徐復觀은 『중국인성론사中國人性論史』에서 "장자는 항상 '천'자로써 '도'자를 대신하기를 좋아했다."[27]라고 했다. 그리고 이에 대해 「제물론」에서 '천'자를 사용한 천균天鈞과 천예天倪, '도'자를 사용한 도추道樞가 모두 유사한 의미를 가졌다는 것으로 그 예를 들었다.[28] 이는 '천'자와 '도'자가 의미상 서로 통용됨을 뜻한다. 이렇게 도를 천으로 대체한 것은 도는 눈에 보이지 않음에 비해 자연계의 천은 눈에 보이기 때문에 사람이

....

26   『荀子』, 「解蔽」 : 莊子 蔽於天而不知人.
27   徐復觀, 유일환, 『中國人性論史』, 을유문화사(1996), 110쪽 참조.
28   徐復觀, 유일환, 『中國人性論史』, 을유문화사(1996), 111쪽 참조.

그 의미를 쉽게 깨달을 수 있을 것이라고 보았기 때문일 것이다.

둘째, 장자의 천은 인식론의 측면에서 사용된다. 천은 시비가 사라진 절대 보편의 인식 경지를 의미한다. 이러한 의미로 쓰인 예는 「제물론」의 조지어천照之於天·천균天鈞·천예天倪 등에서 볼 수 있다. 성현영成玄英은 여기서의 천은 '자연'을 의미한다고 했다.[29] 이때의 자연은 인위적인 시비분별이 존재하지 않음으로써 판단이 치우침 없는 경지를 의미한다고 하겠다.

셋째, 장자의 천은 자연함을 의미한다. 김충렬金忠烈은 『노장철학강의』에서 천이 자연임을 논증했다.[30] 「천지」편의 "기술은 일에 포함되고 일은 의義에 포함되고 의는 덕德에 포함되고 덕은 도에 포함되고 도는 천에 포함된다."[31]에서 '도는 천에 포함된다'라는 말은 『노자』, 제25장의 '도는 자연을 본받는다[道法自然]'에서 나왔다. 노자의 '자연'이 장자에서 '천'으로 표현되었다. 또 서복관은 곽상郭象의 주를 인용하여 천이 곧 자연임을 말했다.[32] '자연'이라는 말에는 자연계의 본래적 속성이라 할 수 있는 '자연히 그렇게 됨[自然而然]'의 뜻이 담겨있다. 「추수」에서는 소와 말에 수식을 가하지 않은 상태를 '천'이라 했다.[33] 여기서 본다면 천과 자연은 동일한 의미로 사용이 되었음을

29　成玄英, 『莊子疎』: 天 自然也.
30　김충렬, 『노장철학강의』, 예문서원(1995), 272쪽 참조.
31　「天地」: 技兼於事 事兼於義 義兼於德 德兼於道 道兼於天.
32　徐復觀, 유일환, 『中國人性論史』, 을유문화사(1996), 111쪽 참조.
33　「秋水」: "소와 말에 네 다리가 있는 것을 '천'이라 하고, 말의 머리를 묶고 소의 코를

알 수 있다.

여기서 장자의 천인관계론에 대해서도 덧붙여 살펴보면, 장자가 천을 재등장시킨 것은 '자연함을 따르라'고 하는 그의 철학적 목표를 효과적으로 전달하기 위해서이다. 천은 그의 철학을 전개할 수 있도록 해줄 뿐 아니라, 또한 천을 인간과 결부시켜 논함으로써 그의 철학을 더욱 풍요롭게 해주었다. 장자는 인간이 인위를 버리고 자연함으로 돌아가면 천인합일天人合一을 이룰 수 있고, 또 그로써 무한의 생명과 자유를 누릴 수 있다는 논리를 전개시켰다. 그래서 「달생」에서 "형체를 온전히 하고 참 모습을 회복하면 천과 더불어 하나가 된다."[34]라고 했다. 인간이 본래의 자연스러운 상태로 돌아가면 하늘과 합일을 이룰 수 있다는 것이다.

장자는 천을 자기 속에 내재해 있는 것으로 보았다. 이는 도를 내재적인 것으로 보는 관점과 동일한 사유형식이다. 「추수」에 "천은 안에 있고 인은 밖에 있으며 덕은 천에 있다."[35]라고 했다. 이 말에서 본다면 천은 구체적인 사물이 아니라, 도리어 사물 속에 내재된 자연스러운 속성이다. 또한 「천하」에서는 "홀로 천지 정신과 왕래한다."[36]라고 했다. 여기서 천지정신과 왕래하여 합일할 수 있는 근거는 무엇인가. 바로 인간 속에 내재된 천연의 속성 때문이다. 장자의 천인합일

뚫는 것을 '인'이라 한다.[牛馬四足 是謂天 落馬首 穿牛鼻 是謂人]"
34 「達生」: 夫形全精復 與天爲一.
35 「秋水」: 天在內 人在外 德在乎天.
36 「天下」: 獨與天地精神往來.

사상은 그의 천 개념이 인간의 내재적인 덕성으로 해석되었기에 가능한 것이다. 김충렬은 『노장철학강의』에서 장자철학에서는 천을 덕성 또는 정신 등의 개념으로 이해하여 이것을 도의 위치로 끌어올렸는데, 이러한 면은 동시대의 인물인 맹자가 심학적인 성향을 가진 것과 관련이 있다는 견해를 피력했다.[37]

전통적으로 천은 인간과 만물 위에 존재하는 지고한 존재였다. 그러나 노자가 천의 권위를 부정함으로부터 그 위상이 크게 격하되었다. 장자는 천을 다시 부각시킨 다음, 거기에다 정신적인 생동감을 한껏 불어넣었다. 이렇게 함으로써 장자철학은 더욱 풍요롭고 윤택해지는 기회를 맞았다.

---

37 김충렬, 『노장철학강의』, 예문서원(1995), 274쪽 참조.

장자의 명命에 대하여

장자의 명命에 대한 생각은 안명사상安命思想 속에 집약되어 있다. '안명安命'이란 '운명을 편안히 받아들임'을 의미한다. 장자의 안명사상에는 유가사상과 도가사상이 동시에 용해되어 있다.[38] 명은 본래 유가에서 최고신으로 받드는 하늘이 인간에게 내리는 명령을 의미한다. 그러므로 명사상은 유가에 그 뿌리를 둔다고 할 수 있다. 장자는 자신이 처한 시대적 상황 속에서 인간으로서는 어찌할 수 없는 보이지 않는 힘, 즉 '명'이란 것이 존재하는 것으로 이해했다. 그리고 장자는 이러한 명을 대하는 방법으로 도가의 무위사상을 내세웠다. 인간으로서는 어찌할 수 없는 명에 대하여 무위의 태도로 임하는 것이 바로 안명사상의 골간이다.

'명命'이란 말은 『장자』 이전의 여러 문헌에 이미 등장한 바 있다. 여기서는 주로 '정치적인 의미의 명', '도덕성의 근거로서의 명', '운명으로서의 명' 등으로 사용되었다. 명이 '정치적인 의미의 명'으로 쓰인 경우는 『서경』에서 자주 볼 수 있다. 「상서」, '탕서湯誓'에 탕왕湯

....

38 유소감 저, 최진석 옮김, 『장자철학』, 소나무(1998), 152쪽 참조.

王이 "하夏나라는 죄가 많아 하늘이 명하여 그를 치게 하셨다."[39]라고 하는 구절이 보인다. 여기서는 특정 세력을 치는 것은 하늘의 명에 의해서라고 한다. 또한 주나라 역사를 적은 「주서」, '태서泰誓'에는 "황천皇天이 진노하여 우리 문왕文王께 명하여 공경히 하늘의 위엄을 받들게 하시니 큰 공은 이루지 못하셨다."[40]라고 하였다. 이는 은나라를 정벌하고 주나라를 세운 무왕武王이 한 말로, 하늘이 자신의 부왕父王인 문왕에게 명을 내려 은나라를 무너뜨리게 했다는 것이다. 앞의 예문에서 본 명은 모두 정치적인 측면의 명이다. 이 명은 인격천 사상을 근거로 하는데, 정치권력을 여탈與奪하는 주체로서의 성격을 가진다.

『논어』에도 명과 관련된 말이 많이 보인다. 여기서의 명은 주로 '도덕성의 근거로서의 명'과 '운명으로서의 명'의 의미로 사용되었다. 「위정」의 "오십에 천명天命을 알았다."[41]라고 할 때의 '천명'은 도덕성의 근거로서의 의미를 가진다.[42] 공자는 주대周代의 의리천 사상에 근거하여 도덕성의 근원을 하늘에서 찾았다.[43] 이러한 점에서 볼 때 여기서의 천명은 도덕적 의미를 내포하고 있다고 하겠다.

그러나 공자가 살았던 춘추시대에는 약육강식의 현상이 비일비

----

39   『書經』, 「尙書」 : 有夏多罪 天命殛之.
40   『書經』, 「周書」 : 皇天震怒 命我文考 肅將天威 大勳未集.
41   朱熹, 『論語集注』, 「爲政」 : 五十 知天命.
42   朱熹, 『論語集注』, 「爲政」 : "천명은 곧 천도가 유행하여 사물에 주어지는 것이니, 사물이 당연히 행해야 할 법칙이다.[天命 卽天道之流行而賦於物者 乃事物所以當然之故也]" 주희는 천명을 '천이 인간에게 내려준 도덕적 법칙'으로 이해했다.
43   朱熹, 『論語集注』, 「述而」 : "하늘이 나에게 덕을 내려주었으니 환태가 나에게 어찌하랴.[天生德於予 桓魋 其如予何]" 여기서는 도덕성의 근원이 하늘임을 밝혀주고 있다.

재하게 펼쳐지고 있었다. 그래서 당시 사람들은 화복禍福과 도덕성 간의 관련성, 그리고 선악에 따라 화복을 집행한다는 하늘의 권능에 대해 회의적인 태도를 취하였다. 이러한 상황에서 공자는 도덕성의 근원이면서 최고신으로서의 하늘에 대해서는 여전히 신봉하는 태도를 취하지만 하늘이 인간의 화복을 결정한다고 하는 전통적 화복론에 대해서는 부정적인 태도를 취하였다. 그래서 공자는 '화복의 하늘'을 대신하여 '운명의 명'을 새롭게 강조하였다. 즉 복선화음福善禍淫하는 주체는 하늘이 아니라 운명이라는 것이다.[44] 이 점은 「옹야」에 염백우冉伯牛가 큰 병을 얻자 공자가 문병을 가서 그의 손을 잡고 한 말에서 볼 수 있다. "없구나, 명이여! 이런 사람에게 이런 병이 있다니! 이런 사람에게 이런 병이 있다니!"[45] 염백우는 공자 제자 중에 덕행이 높기로 알려진 인물이다. 그런데 그가 생사를 다투는 큰 병에 걸려 버렸다. 게다가 덕이 높아 공자 자신이 가장 사랑했던 안회顔回마저도 요절했다. 이들은 모두 덕을 쌓았음에도 오히려 불행을 당하였다. 공자는 이러한 현상이 일어나는 원인을 하늘에 묻지 않고 명에다 귀결시켰다. 그리고 운명을 대하는 방법에 대해서는 "명을 알지 못하면 군자가 될 수 없다."[46]라고 하면서 지명사상知命思想을 제시하였다. 즉 운명을 알면 '하늘을 원망하지 않고 사람을 허물하지 않음[不怨天不尤人]'의 심리상태에 도달하여 군자적인 삶을 가꿀 수 있다는 것

---

44 이택용, 『중국 고대의 운명론』, 문사철(2014), 123쪽 참조.
45 朱熹, 『論語集注』, 「雍也」: 亡之 命矣夫 斯人也而有斯疾也 斯人也而有斯疾也.
46 朱熹, 『論語集注』, 「堯曰」: 不知命 無以爲君子也.

이다.[47] 이상에서 본다면 공자의 명은 도덕성의 근거인 '천명의 명'으로서의 의미를 가짐과 동시에 화복을 주관하는 주체인 '운명의 명'으로서의 의미도 포함하고 있다는 사실을 알 수 있겠다.

장자철학에서도 명은 역시 큰 비중을 차지하는 주제이다. 장자철학에서의 명은 그렇게 되는 까닭은 알 수 없지만 그렇게 되어버리고 마는 필연성을 가진다. 「달생」에서는 "내가 그렇게 되는 까닭을 알 수 없지만 그렇게 되어버리는 것을 '명'이라 한다."[48]라고 했다. 나의 의사와는 상관없이 나의 삶을 이끌어가는 주체가 바로 명이다. 「대종사」에서는 "천지는 사사로이 덮는 것도 없고 사사로이 싣는 것도 없다. 그런데 천지가 어찌 나를 일부러 가난하게 했겠는가. 그것을 만든 원인을 찾으려 하나 찾지 못하겠다. 그렇지만 이런 지경에 이르게 한 것은 명이다."[49]라고 했다. 여기서는 명의 근원을 인격천이 내린 것으로 보는 기존의 종교적 시각에서 탈피하여 천지자연에 근거해 있음을 밝히고 있다. 물론 본래 명은 유가의 종교적인 세계관이 낳은 부산물이지만, 장자는 자신이 처한 시대적 상황 아래에서 인간으로서는 어찌 할 수 없는 거대한 힘이 있다는 사실을 통찰한 나머지 명의 존재를 인정하였다. 다만 장자는 명의 근원을 인격천이 아닌 천지자연으로 대체하여 이해하였다. 장자철학에서는 인간의 삶은 천지자연의 힘에 의해 이끌려가므로 인간이 자신의 운명에 영향을 끼칠 수

....

47 이택용, 『중국 고대의 운명론』, 문사철(2014), 376쪽 참조.
48 「達生」: 不知吾所以然而然 命也.
49 「大宗師」: 天無私覆 地無私載 天地 豈私貧我哉 求其爲之者 而不得也 然而至此極者 命也夫.

없다고 보았다.

그렇다면 장자철학에서는 명을 어떤 자세로 대할까. 장자철학에서의 명은 자연론에 입각해 있으므로 기존의 종교성을 가진 천명사상에서 말하는 명과는 그 의미가 다르다. 장자가 살았던 전국시대에는 모두가 전쟁과 가난의 고통 속에 빠져있었다. 이러한 상황은 누가 의도적으로 만든 것이 아니고, 또 여기서 벗어나고자 해도 어찌할 수가 없는 것이 현실의 모습이다. 장자는 운명을 자연스럽게 받아들인다. 그는 운명을 바꾸려고도 하지 않지만 어쩔 수 없이 복종하는 듯한 자세도 취하지 않는다. 도리어 유유자적하면서 운명의 흐름을 편안히 타고 가는 삶을 추구한다. 이것이 바로 안명적인 삶의 태도이다. 장자의 안명사상은 공자의 지명사상이 갖는 문제의식을 계승·발전시킴으로써 수립되었다. 즉 장자는 복선화음의 법칙이 무너져 내린 빈자리에 새롭게 내세운 공자의 지명사상을 확대·변용하여 안명사상을 내세웠다는 것이다.[50] 무정하고 무심하게 주어진 명을 편안히 따르는 안명의 태도는 삶의 고통을 떨쳐버리고 소요의 경지에 도달하게 해주는 출발점이다.[51]

안명사상은 장자의 수양론과 밀접한 관련성을 가진다. 안명적 태도는 수양의 극치인 소요의 낙을 성취함에 있어 출발점에 해당한다. 「대종사」에서는 "또 사물이 자연의 변화를 이기지 못한 지 오래되었으니, 내가 어찌 싫어하겠는가."[52]라고 했다. 이는 주어진 운명을

---

50 이택용, 『중국 고대의 운명론』, 문사철(2014), 254쪽 참조.
51 유소감 저, 최진석 옮김, 『장자철학』, 소나무(1998), 151쪽 참조.
52 「大宗師」: 且夫物不勝天 久矣 吾又何惡焉.

회의하거나 거부하지 않고 편안히 수용하는 안명의 태도를 나타내는 글이다. 이어서 "때의 변화를 편안하게 받아들여 상황에 순응하면 슬픔도 즐거움도 침범하지 못한다. 이것이 옛날에 말한 '속박에서 풀림[縣解]'의 경지이다."[53]라고 했다. 속박에서 풀려난 현해의 경지는 곧 소요자재逍遙自在한 삶을 영위할 수 있게 해준다. 현해의 경지는 때의 변화에 편안하고 닥쳐오는 상황에 순리적으로 처하는 안명의 태도를 가질 때 비로소 이룰 수 있다. 안명은 결국 장자의 수양론에서 제시하는 이상적 경지에 들어가기 위한 기초적인 조건이 되는 셈이다.

장자철학에서는 운명에 대해 심각하게 생각하지 않는다. 그래서 운명을 미워하지도 않으며, 또한 운명을 바꾸기 위해 힘쓰지도 않는다. 만약 운명을 인위적으로 바꾸려 한다면 그것은 바로 자연의 흐름을 왜곡시키는 행위로 간주한다. 장자철학에서의 안명사상은 무위자연 사상을 기반으로 하여 전개되었다. 여기에는 종교적인 색채가 들어있지 않으며 또한 화복의 문제도 큰 의미를 가지지 않는다. 오직 인간의 의식을 진정으로 해방시키는데 그 목적이 있을 뿐이다.

---

53 「大宗師」: 安時而處順 哀樂 不能入也 此古之所謂縣解也.

장자의 심心에 대하여

중국철학사에서 심心이 차지하는 비중은 심대하다. 이 점은 맹자철학과 장자철학에서 더욱 두드러지게 볼 수 있다. 맹자철학에서는 주로 윤리적인 측면에서 논했고, 장자철학에서는 인식론의 측면에서 논했다. 그 후 당송시대唐宋時代에 이르러 선종禪宗과 성리학性理學이 각자의 이론을 전개함에 있어 심을 핵심적 범주로 취급하였다. 이로 인해 중국철학에서 심이 가지는 철학적 비중은 더욱 심대해졌다.

장자철학의 궁극적 목표는 시와 비, 피와 차의 상대적인 관점에서 벗어나 진지眞知를 얻음으로써 도의 경지에 들어가는데 있다. 이때 진지는 바로 심의 바른 작용을 통해서만 얻을 수 있다. 그래서 장자철학에서는 심이 큰 의미를 가진다. 장자의 심은 두 가지 측면으로 쓰인다. 하나는 부정적인 의미의 심이고 또 하나는 긍정적인 의미의 심이다.

부정적인 의미의 심으로는 성심成心을 들 수 있다. '성심'이라는 말은 「제물론」의 "성심을 따라 스승을 삼으면 누군들 홀로 스승이 없겠는가."[54]의 구절에서 처음으로 볼 수 있다. 성심은 시비를 일으키는

....

54 「齊物論」: 夫隨其成心 而師之 誰獨且無師乎.

부정적인 마음이다. 성심이 없으면 시비가 생기지 않는다. 성심은 분별 작용을 일으키는 주체로써 진지를 얻지 못하도록 방해한다. 성현영成玄英의 소疏에서는 성심을 '편견偏見에 사로잡힌 마음'⁵⁵이라고 해석했다. 편견은 시비의 실체를 바로 보지 못하게 한다. 유무劉武도 성심을 '마음이 정情에 교착膠着된 것'⁵⁶이라 하여 부정적으로 이해하였다. 즉 감정에 이끌리어 시비를 바라보는 그 마음이 바로 '성심'이라는 것이다.

한편 성심을 긍정적인 마음으로 이해하는 학자들도 있다. 박세당朴世堂은 성심을 리理와 관련하여 해석한다. 이는 성리학의 심성론에서 영향을 받았기 때문에 나타난 현상이다. 그는 "성심은 하늘에 있는 일정한 리가 나에게 저장된 것이다."⁵⁷라고 말하며 이것을 스승으로 삼으면 시비를 분명히 알 수 있다고 했다. 그가 생각하는 성심은 '보편의 천리天理가 인간에게 내재된 것'이라고 정리할 수 있다. 이에서 본다면 박세당은 성심을 긍정적인 시각으로 보았다는 사실을 알 수 있다. 그러나 그의 이러한 입장은 성리학의 영향 아래에서 형성된 것이므로 장자의 본의와 합치된다고 보기는 어렵다.

『장자』에서는 부정적인 측면을 가진 심으로는 성심 외에도 중인지심衆人之心·봉심蓬心·기심機心·적심賊心 등을 말한다. 일반적으로 '마음을 비워라' 할 때의 마음은 바로 이러한 의미의 마음을 말한다.

한편 장자는 심을 긍정적인 의미로 이해하기도 한다. 장자는 긍정적인 의미의 심을 '정신精神'이라는 말로 표현한다. 정신의 의미로 쓰인 심은 영부靈府·영대靈臺·지인지심至人之心 등의 단어로도 표현

---

55 成玄英,『莊子疎』: 執一家之偏見.
56 劉武,『莊子集解內篇補正』: 心己爲情所膠着也.
57 朴世堂,『南華經註解刪補』: 成心 天有定理 所賦於我者也.

한다. '정신'이라는 단어가 처음 등장한 문헌은 『장자』이다.[58] 이는 선입견·편견·고정관념 등 일체의 심리적 오염이 없는 상태의 마음이다.

장자는 정신이 허명虛明해지면 최상의 인식을 이룰 수 있다고 한다. 그런데 여기서의 정신은 초월적인 성격을 가진 신비한 기관이 아니라 바로 기氣의 작용적인 측면을 의미한다. 기는 일체의 편견과 잡념을 가지지 않았으므로 인식의 오류를 유발하지 않는다. 이에 대한 내용은 「인간세」의 심재론心齋論에서 언급이 된다. 심재론에서는 "귀로 듣지 말고 마음으로 들으며 마음으로 듣지 말고 기로 들어라."라고 했다. 이에 대해 상도詳道의 주석에서는 문자文子의 말을 인용하여 "높은 학자는 정신으로 듣고 중간의 학자는 마음으로 듣고 낮은 학자는 귀로 듣는다."[59]라고 하였다. 양자의 말을 단계별로 비교하여 풀어보면 '정신'이 바로 최상의 인식기관인 '기'와 상응하고 있음을 알 수 있다. 정신은 밝은 거울과 같다. 거울은 인식 대상을 있는 그대로 비춰준다. 정신이야말로 긍정적인 측면의 심으로 최고의 인식을 가능하게 해준다.

이상에서 심에 대한 두 측면을 살펴보았다. 장자철학은 인식의 문제를 핵심적 화두로 삼는다. 인식의 주체는 심이므로 장자철학에서의 심은 심대한 비중을 차지한다. 바른 인식을 획득하려면 편견에 오염된 성심을 제거하여 정신능력을 극도로 활성화시켜야 한다. 이렇게 하는 방법으로 장자는 심재 등의 수양법을 제시하였다.

....

58 徐復觀, 유일환, 『中國人性論史』, 을유문화사(1996), 143쪽 참조.
59 『莊子翼』:上學 以神聽 中學 以心聽 下學 以耳聽.

장자의 기氣에 대하여

기氣는 장자철학에서 우주만물의 존재원리와 인간의 본질을 논함에 있어 핵심적 역할을 하는 개념이다. 기의 의미를 정밀하게 이해하는 것이 장자철학의 본질을 속 깊게 이해하는 지름길이 될 수 있다.

'기'자의 성립과정을 보면 은대殷代의 갑골문에서 최초로 '三'자 모양의 '기'자가 나타났다. 이후의 문자인 금문金文과 소전小篆에서는 '三'자의 모습을 굴곡이 있게 표현함으로써 숫자 모양의 '三'자와 구분했다. 이 글자는 구름이 위로 올라 흘러가는 모습을 상징한다. 이것은 나중에 '气'자의 모양으로 발전했다. 후한後漢의 허신許愼이 지은 『설문해자』에서는 '气'자를 '운기雲氣'로 해석했다.[60] 운기는 위로 오르면서 흘러가는 미세한 구름 기운을 말한다. '기'자의 모양에는 고대인들의 '대자연은 생명을 가지고 호흡한다'라고 하는 관념이 반영되어 있다고 할 수 있다.[61] 여기서 본다면 중국철학사에 등장하는 '기'자는 자연현상과 밀접한 관련을 가지고 있다는 점을 알 수 있다.

그렇다면 기가 철학적인 의미로 사용되기 시작한 것은 어디서부

---

60 『說文解字』, 1篇 : 气, 雲氣也.
61 김교빈, 「氣學이란 무엇인가」, 『기학의 모험 1』, 들녘(2004), 32쪽 참조.

터인가. 그것은 『노자』이다. 물론 선진시대先秦時代의 문헌인 『논어』에서는 혈기血氣, 『맹자』에서는 호연지기浩然之氣, 『묵자』에서는 충허계기充虛繼氣를 말했지만, 이것들은 우주만물의 존재원리를 논할 때 쓰이는 기가 아니다. 더욱이 이러한 문헌들의 주인공은 모두 노자 이후의 인물이다. 『노자』, 제42장에 "만물은 음을 등지고 양을 끌어안아 충기沖氣로써 화합한다."[62]라고 하는 말이 있다. 여기서의 '충기'란 음양이 혼합된 기로써 만물을 생산하는 주체이다. 기가 우주만물의 탄생원리를 밝히는 도구로 쓰이기 시작한 것은 바로 여기서 부터이다.

『노자』에 의해 제시된 기는 『장자』로 이어진다. 『장자』에서는 더욱 적극적으로 기 개념을 사용하여 우주만물과 인간의 본질에 대해 설명했다. 「지락」의 "망홀芒芴 속에 뒤섞여 있다가 변하여 기가 있게 되고 기가 변하여 형질이 있게 되고 형질이 변하여 생명이 있게 된다."[63]의 구절은 우주만물의 탄생원리에 대한 언급이다. 망홀은 기의 근원인데, 이 기는 만물을 이루어주는 핵심적 요소이다. 「재유」의 "하늘의 기가 화합하지 않고 땅의 기가 울결하며 여섯 가지 기가 조화롭지 못하고 사시가 조절되지 못하니, 제가 이제부터 여섯 가지 기의 정밀한 것을 화합시켜 뭇 생명을 기르고자 합니다. 어찌해야 합니까."[64]의 구절은 생명을 구성하는 핵심 요소가 기임을 지적해주는 말이다. 건전한 생명은 정화된 기가 모일 때 얻어진다는 것이다. 또 「지

---

62 「老子」: 萬物 負陰而抱陽 沖氣以爲和.
63 「至樂」: 雜乎芒芴之間 變而有氣 氣變而有形 形變而有生.
64 「在宥」: 雲將日 天氣不和 地氣鬱結 六氣不調 四時不節 今我願合六氣之精 以育群生 爲之奈何.

북유」의 "사람이 태어남은 기가 모여서 이루어진 것이다. 모이면 태어나고 흩어지면 죽는다. 생사 따위의 일을 내가 어찌 근심하리. 그래서 만물은 하나이다."65의 구절은 기의 취산聚散으로 생사 문제를 해명하고 있다. 기론의 입장에서 보면 생사는 다만 기의 이합집산에 의해 나타난 물리적 현상일 뿐 큰 의미를 가지지 못한다.

또한 장자철학에서는 기를 인간의 수양과도 관련하여 말하고 있다. 「인간세」의 심재론에서는 기를 '텅 비움으로써 사물에 응하는 것'이라고 정의하여 기를 인식의 문제와 연결시켜 논했다. 또 「응제왕」에서는 "너는 마음을 맑은 데 노닐게 하며 기를 고요한데 합하게 하라. 사물의 흐름을 따라 자연하게 살아 사사로움이 끼어들지 못하게 하라. 그렇게 하면 천하가 다스려질 것이다."66라고 했다. 여기서는 천하를 경영하는 큰 그릇이 되는 조건으로 '기를 고요한데 합하게 함'을 들고 있다. 기는 천지만물의 본질인데, 자신의 기를 안정되게 함으로써 만물과 교감을 이루면 저절로 만물과 일체를 이룰 수 있다. 또 「달생」에서는 열자列子가 관윤關尹에게 지인至人이 물이나 불 속에서도 몸이 손상되지 않는 원리를 묻자 관윤이 "이것은 순기純氣를 지켰기 때문이다. 지식과 재주와 과감성으로 된 것이 아니다."67라고 했다. '순기를 지키는 것'은 기를 순수하게 정화시켜 그 상태를 한 결 같이 유지해나가는 수양법이다. 순기를 오래도록 지키면 우주의 큰 기운과 일체를 이루어 물리적 환경을 초월할 수 있다는 것이다.

....

65 「知北游」: 人之生 氣之聚也 聚卽爲生 散卽爲死 若死生爲徒吾又何患 故萬物一也.
66 「應帝王」: 汝 遊心於淡 合氣於漠 順物自然 而無容私焉 而天下治矣.
67 「達生」: 是純氣之守也 非知巧果敢之列.

이상에서 본 것처럼 장자철학에서의 기는 우주만물에 대한 이론 뿐 아니라, 인간을 논함에 있어서도 다양한 방면으로 활용되었다. 기가 이처럼 중요한 의미를 가지고 폭 넓게 활용된 것은 장자철학이 자연론에 입각해있기 때문이라고 볼 수 있다.

장자의 음양陰陽 · 오행五行에 대하여

음양陰陽과 오행五行은 도가에서 우주만물의 존재원리를 설명할 때 등장한다. 음양과 오행은 본래 그 근원이 서로 다르다. 음양이 철학적 의미를 가지고 부각되기 시작한 것은 춘추말기의 노자로부터이고, 오행이 역사변화의 법칙을 논하는 가운데 활용되어 철학적 의미를 가지게 된 것은 전국시대의 추연鄒衍에 의해서이다. 음양과 오행은 추연에 의해 융합되기 시작하여 전한前漢에 이르러 완전한 융합을 이룬다.[68] 이후 이것들은 우주만물의 존재원리를 설명함에 있어 주요 도구로 활용된다. 장자철학 내에서는 음양은 비중 있게 활용되나 오행은 아직 큰 의미를 가지지 못한다.

장자철학에서의 음양은 도에 근원하여 나온 기의 두 성분이다. 위의 인용문, 즉 「칙양」의 "음양은 기의 큰 것이요 도는 기의 중심이 된다."[69]라고 한 문장에서도 음양이 도에서 나온 것임을 말해주고 있다. 장자철학에서의 음양은 『노자』에 근원을 두고 있다. 제42장에 보

---

68 김기, 『음양오행설과 주자학』, 문사철(2013), 39~43쪽 참조.
69 「則陽」: 陰陽者 氣之大者也 道者 爲之公.

면 "만물은 음을 등지고 양을 포옹한다."[70]라고 했다. 여기서는 음양을 만물의 구성 요소로 보고 있다. 장자철학에서는 『노자』에 제시된 음양 개념을 활용하여 기론氣論을 더욱 다채롭게 전개했다.

「대종사」에서는 "음양이 사람에게 미치는 영향은 부모의 명령보다 더 강력하네. 음양이 나를 죽음으로 몰아가는데 내가 따르지 않는다면 나야 반역자가 될 것이지만 음양에게야 무슨 죄가 있겠는가."[71]라고 했다. 또 「추수」에서는 "스스로 생각하건대 내 몸은 천지에서 받았고 기운은 음양에서 받았다."[72]라고 했다. 여기서는 음양의 기가 생명의 실체임을 말하고 있다. 또 「재유」에서는 "사람이 크게 기뻐하면 양으로 치우치고 크게 노하면 음으로 치우친다. 음양이 함께 치우치면 사철이 오지 않는다. 추위와 더위가 조화를 이루지 못하면 도리어 몸이 손상되리라."[73]라고 했다. 여기서는 음양으로써 사람의 심기를 표현할 뿐 아니라, 생명의 순환을 가능케 하는 사계절의 이치도 함께 말하고 있다.

다음 장자철학에 나타난 오행에 대해 살펴보면, 전한前漢 이후의 우주발생 도식에서는 도에서 음양이, 음양에서 다시 오행이 나온 것으로 설정하였다. 즉 '도→ 음양→ 오행→ 만물'의 구도를 가진다는 말이다. 그러나 『장자』에서는 '도→ 음양→ 만물'의 우주 도식

---

70 『老子』: 萬物 負陰而抱陽.
71 「大宗師」: 陰陽於人 不翅於父母 彼近吾死 而我不聽 我則悍矣 彼何罪焉.
72 「秋水」: 自以比形於天地 而受氣於陰陽.
73 「在宥」: 人大喜邪 毗於陽 大怒邪 毗於陰 陰陽 竝毗 四時不至 寒暑之和不成 其反傷人之形乎.

만 볼 수 있을 뿐, 아직 오행은 우주발생 도식 속에 끼어들지 못한다. 『장자』에서의 오행에 대한 언급은 「설검」에서 볼 수 있다. 즉 "(그 검은) 오행으로 만들었고 형벌과 덕을 따집니다. 그리고 음양의 기운으로 열고 봄·여름의 화기를 지니며 가을·겨울의 위엄으로 행합니다."[74] 라고 한 문장 속에서 볼 수 있다. 그러나 여기서의 오행은 천자天子의 검을 설명하는 과정 중에 쓰인 용어일 뿐 철학적 의미는 가지지 못한다. 여기서 볼 때 장자철학 내에서는 아직 오행이 비중 있는 지위를 차지하지 못하고 있음을 알 수 있다.

진한시대秦漢時代 이후 음양과 오행은 우주자연과 인간사의 원리를 설명하는데 있어 중요한 위상을 차지하게 되었다. 진한시대에 있었던 음양과 오행을 둘러싼 사색의 결실은 송대宋代 성리학의 형성에까지 영향을 준다. 성리학의 이기설理氣說은 리와 기를 양대 축으로 하여 우주만물의 존재원리를 설명하는 이론이다. 여기서 기는 존재의 물질적 측면을 담당하는 개념이다. 성리학에서의 기는 음양과 오행을 모두 포함한다. 이렇게 본다면 기와 음양으로써 우주만물의 존재원리를 설명하는 장차철학은 후대의 학술발전에 큰 영향력을 발휘했다고 할 수 있다.

---

74 「說劍」: 制以五行 論以刑德 開以陰陽 持以春夏 行以秋冬.

장자와 무巫의 관계에 대하여

장자철학에는 남방문화권의 특징이 흡수되어 있다. 남방의 무격신앙巫覡信仰은 장자철학을 형성하는데 일정 부분 영향력을 발휘했다. 특히 도를 체득하는 과정을 설명할 때, 무당의 접신현상이 수용된 정황이 보인다. 이에 대한 내용은 앙리 마스페로의 『도교』에 상술詳述되어 있다.[75]

    장자의 대표적인 수양법인 심재心齋와 좌망坐忘은 망아忘我의 심리상태를 근거로 하여 성취할 수 있다. 심재는 몸의 감각기관과 마음의 이성작용을 멈추게 함으로써 최고의 정신경지에 오르게 하고, 좌망은 몸의 욕망을 잊고 지적 작용을 멈추게 함으로써 자기 초월적 정신경지로 몰입하도록 한다. 도는 이러한 상태에서만 얻을 수 있다. 장자의 망아는 무녀가 격렬한 가무의식歌舞儀式을 통해 신을 받아들일 수 있도록 자기를 잊어버리는 현상과 닮은 점이 있다. 물론 망아가 도를 체득했음을 의미하는 것은 아니다. 이것은 도를 체득하기 위한 준비 단계의 내면 상황을 말한다. 망아지경忘我之境에 이르면 의식이 극도로 정화되고 비워져 신령과의 접신이 가능해진다. 장자철학에서는 망아지경에서 접신을 이루는 현상을 차용하여 자신의 득도법得

....

75 앙리 마스페로 지음, 신하령 기태완 옮김, 『도교』, 까치(1999), 33~39쪽 참조.

道法을 제시하였다. 즉 망아지경에서 신령과 접신하는 현상을 망아지경에서 도를 얻는 것으로 바꾸어 해석했다는 것이다. 결국 망아지경에서 접신을 구함이 아니라, 망아지경에서 득도를 성취한다는 공식을 만들어낸 것이다. 여기서 본다면, 장자철학에서 제시한 득도법은 무격신앙에서의 접신법을 응용하여 만들었다는 사실을 알 수 있다.

장자철학에서의 망아지경에 대해 살펴보면, 「제물론」에 등장한 남곽자기南郭子綦와 안성자유顔成子游 간의 대화 속에 망아지경에 대한 내용이 보인다. 하루는 남곽자기가 책상에 기대어 앉아 하늘을 향해 한숨을 토해내니, 그 모습이 축 처져 마치 정신이 나간 듯했다. 안성자유顔成子游가 그 앞에 서 있다가 물었다. "어찌된 일입니까. 몸은 마른 나무처럼 할 수 있겠지만, 마음도 죽은 재처럼 할 수 있습니까. 지금 선생님이 책상에 기대신 모습은 조금 전에 기대었던 그 모습과는 크게 다릅니다."[76] 이에 남곽자기가 말했다. "좋구나, 그대의 질문이여! 지금 나는 나를 잊었노라."[77] 여기서 남곽자기가 '나는 나를 잊었다[吾喪我]'라고 한 말은 망아지경의 또 다른 표현이라 말할 수 있다. 보통 때와는 전혀 다른 모습을 한 남곽자기도 이때 망아지경에 들어갔던 것이다. 여기서 볼 때, 망아지경은 도의 세계와 교류를 가능하게 하는 특수한 의식상태라는 점을 알 수 있을 것이다.

「우언」에서의 득도 이론에는 무격신앙이 투영되었음을 알 수 있다.

---

76 「齊物論」: 何居乎 形固可使如槁木 而心固可使如死灰乎 今之隱机者 非昔之隱机者也.
77 「齊物論」: 不亦善乎 而 問之也 今者 吾喪我.

안성자유가 남곽자기에게 말했다. "나는 선생의 말을 들은 뒤부터 1년 만에 소박해졌고, 2년이 되어서 유순해졌고, 3년이 되어 남과 나의 구별이 없어졌고, 4년이 되어 사물과 동화되었고, 5년이 되어 사람이 모여오고, 6년이 되어 귀신이 깃들고, 7년 만에 자연과 합하고, 8년 만에 죽음도 모르고 삶도 모르게 되고, 9년 만에 대묘大妙를 얻게 되었습니다."[78]라고 했다. 여기서 볼 때 수양이 질적인 변화를 일으킨 것은 바로 귀신이 깃든 6년차부터이다. '귀신이 깃들었다[鬼入]'는 말은 무격신앙에서 나온 것인데, 이는 곧 망아지경에 이르렀음을 의미한다. 장차철학에서는 망아지경에 이르러야만 자연과 합하고 생사를 잊어 마침내 대도를 얻을 수 있다고 한다.

이밖에 「인간세」에는 심지心知의 작용을 버리면 귀신이 와서 깃든다는 의미의 '귀신장래사鬼神將來舍', 「지북유」에는 지적 작용을 거두고 자세를 모으면 신령이 내린다는 의미의 '신장래사神將來舍' 등의 말이 보인다. 장자의 수양론에 나타난 귀신 또는 신령에 대한 이야기는 모두 무아지경을 설명하는 과정 중에서 나왔다. 결국 도는 무아지경에 이른 다음에야 얻을 수 있다는 말이다. 이상에서 볼 때 장자 철학 속에는 무격문화의 영향이 일정부분 용해되어 있다는 사실을 짐작할 수 있겠다.

---

[78] 「寓言」: 自吾聞子之言 一年而野 二年而从 三年而通 四年而物 五年而来 六年而鬼入 七年而天成 八年而不知死不知生 九年而大妙.

장자 철학이 후세에 미친 영향

전국시대의 제자백가 중 후세에 가장 많은 영향력을 발휘한 학파는 노장의 도가와 공맹의 유가였다. 전국시대 이후의 모든 철학은 도가와 유가로부터 영향을 받아 발전하였다. 여기서는 이 가운데 특히 장자철학이 후대의 여러 학파에 어떤 영향력을 발휘했는지에 대해 알아보겠다.

먼저 장자와 도교道敎의 관계에 대해 살펴보면, 도교는 후한後漢 때 장각張角의 태평도太平道와 장릉張陵의 오두미도五斗米道에서 시작되었다. 여기서는 노자를 '태상노군太上老君'이라 하여 교주로 숭배했다. 초기의 민중적 도교는 위진남북조 시대에 와서 갈홍葛洪·구겸지寇謙之·육수정陸修靜·도홍경陶弘景 등의 사대부 학자들에 의해 이론적 성장기를 맞이한다. 이들이 만든 도교 교리에는 노장철학의 영향이 크게 스며있다.

장자철학이 중국 도교에 끼친 영향은 적지 않다. 우선 도교에서 말하는 신선의 원초적인 모습이「제물론」에 보인다. 여기에 등장하는 막고야산藐姑射山의 신인神人은 정신적 해탈을 이룸과 함께 물리적 한계도 초월한 존재이다. 이 신인이 바로 도교에서 생각하는 신선의 원형이다.[79] 이밖에도 『장자』에는 정신수양을 극진히 함으로써 물리적 현상을 초월한 신선에 대한 이야기가 자주 등장한다. 이러한 점은 후세의 도교도道教徒들이 도교의 이상적 인간상을 형성하는데 영향을 주었다.

수양법에 있어서는 후한 때의 도교 경전인 『태평경』에서는 불로장생을 위하여 '하나를 지킴'을 뜻하는 수일守一의 수양법을 제시했다. '수일'이라는 말의 근원은 『노자』의 포일抱一, 『장자』의 정일靜一·아수기일我守其一 등에서 찾을 수 있다.[80] 수일은 정신을 하나로 모아 불로장생을 성취하는 수양법이다. 후세에 발생한 내단 이론은 이것을 기초로 하여 이루어졌다.[81] 또 당唐의 도사 사마승정司馬承禎은 「좌망론」을 지어 정신을 기르는 방법에 대해 논하였다. 그의 「좌망론」은 「대종사」의 좌망坐忘을 이론적 근거로 삼고 있다. 또한 기를 수련하는 도사들은 「각의」의 식기토납법食氣吐納法을 근거로 양생술을 발전시켰다.

당대唐代에 이르면 장자는 도교 내에서 큰 비중을 차지하는 인물이 된다. 도교를 숭상하는 현종玄宗은 장자를 '남화진인南華眞人'으로 추존하였다. '진인'이라는 칭호는 본래 도교의 성자에게만 주어진다. 비록 도교에서 장자를 추존하였으나 그러나 장자철학과 도교는 엄연히 구분된다. 장자철학에서는 신앙의 대상을 두지 않고 인간의 자유로운 사유와 자발적인 수양을 중시한다. 그러나 도교에서는

---

79   허항생 지음, 노승현 옮김, 『노자철학과 도교』, 예문서원(1995), 138쪽 참조.
80   정순일, 「태평경의 수일사상 연구」, 『노장사상과 동양문화』, 아세아문화사(1995), 130쪽 참조.
81   윤찬원, 『도교철학의 이해』, 돌배개(1998), 188쪽 참조.

신앙적인 측면이 큰 비중을 차지한다. 이런 점에서 볼 때 양자의 성격과 지향하는 바가 동일할 수 없다. 또한 장자철학에서의 신선은 정신적 해탈을 성취한 사람이지만, 도교에서는 장자철학에서의 신선을 정신적 해탈보다는 육신의 불로장생을 이룬 인물로 개변改變시켜 교리를 조직했다. 이러한 점은 도교가 장자철학을 자신들의 목적에 맞게 개조하고 이용한 흔적이라고 말할 수 있다.[82]

다음 장자와 불교의 관계를 보면, 불교가 중국에 수입된 것은 전한前漢 애제哀帝 또는 후한後漢 명제明帝 때로 추정한다. 초기에는 포교가 원활히 이루어지지 않았으나 위진남북조 시대를 지나면서 인도의 불교는 중국사회에 점차 토착화되기 시작했다. 위진남북조 시대에는 노장철학을 기반으로 하는 현학玄學이 크게 유행했다. 이때의 사대부들은 불교와 노장철학이 내용상에 있어 둘이 아니라고 여겼다. 심지어는 양자를 동일한 부류로 보기도 하였다.[83] 그래서 당시의 지식인들은 노불老佛을 함께 공부하였으며, 승단僧團에서는 『장자』에 의지하여 불교를 논하는 풍조가 유행하기도 했다.[84]

위진남북조 시대를 거치면서 외래 종교인 불교는 급속히 중국화되어 갔다. 특히 불경의 한역漢譯과 불경을 재해석하는 과정에서는 노장철학이 적극 활용되었다. 이것을 '격의格義'라고 하는데, 격의의

---

[82] 왕꾸어뚱 지음, 신주리 옮김, 『장자평전』, 미다스북스(2002), 336쪽 참조.
[83] 풍우란, 박성규 역, 『중국철학사 하』, 까치(2007), 234쪽 참조.
[84] 풍우란, 박성규 역, 『중국철학사 하』, 까치(2007), 234쪽 참조.

결과 불교는 중국화 및 토착화를 쉽게 이룰 수 있었다.[85] 특히 장자철학에 보이는 존재의 본질을 논하는 유무론有無論, 만물을 하나로 보는 물아일체론物我一體論, 양자를 평등하게 보는 제일론齊一論, 도가 두루 존재함을 말하는 도의 편재론遍在論 등은 중국불교의 교리전개에 큰 영향을 주었다.

선종禪宗의 경우에는 장자철학의 영향을 더욱 많이 받았다. 선종에서 가장 중시하는 도 개념은 장자철학에서 유래한 것이다. 장자철학에서의 도는 우주의 근원임과 동시에 정신의 최고 경지를 의미하는데, 선종에서는 이것을 가져와 '불성佛性' 또는 '불법佛法' 등을 표현하는 말로 전용轉用했다. 그리고 중국선사들의 선사상은 장자철학과 밀접한 관련을 가진다. 중국 선종의 초조初祖인 달마達磨에서 혜가慧可 - 승찬僧璨 - 도신道信 - 홍인弘忍으로 이어지는 법맥에서는 심성설心性說과 실천을 중시하는 『능가경楞伽經』을 존중하였다. 이들의 선풍을 '능가선'이라고 하는데, 여기에는 노장의 철학의 영향이 투영되어 있다.[86] 달마의 선법을 이은 혜능은 노장사상을 적극 수용하여 선학의 노장화老莊化를 이끌었다.[87] 특히 장자철학에서 도의 편재성을 강조한 것은 혜능에게 영향을 주어 '일체가 도이고 도가 일체'라는 사상을 이끌어내어 '즉심즉불卽心卽佛'이라는 선종의 종지를 제출해내도록 했다.[88] 또한 혜능이 제창한 심성설의 골격인 삼무三無, 즉 무

---

85 왕꾸어똥 지음, 신주리 옮김, 『장자평전』, 미다스북스(2002), 336쪽 참조.
86 서소약 지음, 김진무 옮김, 『선과 노장』, 운주사(2000), 271쪽 참조.
87 서소약 지음, 김진무 옮김, 『선과 노장』, 운주사(2000), 282쪽 참조.
88 서소약 지음, 김진무 옮김, 『선과 노장』, 운주사(2000), 293쪽 참조.

념無念·무상無相·무주無住는 장자철학의 무정無情·무물無物·무대無待와 사상적 취지가 깊이 결합되어 있다.[89] 혜능 이후의 선종에는 장자철학의 영향이 깊숙이 스며들어갔다.

또한 선사들이 제시한 유명한 화두 중에는 『장자』에서 나온 것이 많다. 대표적인 예가 마조馬祖의 '평상심이 도이다'라는 법어인데 이는 만물이 자연지성自然之性을 갖추고 있음을 전제로 한다. 운문雲門의 '마른 똥막대기'와 혜충국사慧忠國師의 '담·벽·기와조각이다'라는 법어는 장자가 도의 소재所在를 묻는 동곽자東郭子에게 대답을 내려주는 과정 중에서 나왔다. 이밖에도 장자의 '득의망언得意忘言'이나 '좌망坐忘' 등도 중국선종의 발전에 기여했다. 물론 선종과 장자철학이 가진 세계관이나 지향점이 완전히 일치하는 것은 아니다. 그러나 장자철학이 중국 선종의 형성·발전에 끼친 영향이 적지 않다는 것은 분명한 사실이다.

다음 장자와 유학儒學의 관계에 대해 보면, 공맹의 전통 유학은 송대宋代에 와서 새로운 이론체계를 구축하여 '성리학性理學'이란 이름으로 중국철학사에 화려하게 등장했다. 기존 유학이 인간을 논의의 중심점으로 삼았다면, 성리학에서는 인간과 자연을 아울러 사유하는 통합적인 학문체계를 지향하였다.

성리학의 우주론은 리理와 기氣를 통하여 전개된다. 그런데 이 두 글자는 모두 장자철학과 밀접한 관련을 맺고 있다. 성리학에서의 리는 '조직의 패턴'이라는 의미도 가진다. 「양생주」에 포정庖丁이 소

---

[89] 서소약 지음, 김진무 옮김, 『선과 노장』, 운주사(2000), 313~317쪽 참조.

잡는 법을 설명하는 가운데 '천리에 의지한다[依乎天理]'라고 하는 말이 보인다. 여기서의 '천리'란 소의 육질이 가진 천연의 결을 말하는데 이는 만물을 구성하는 '내재적 패턴'을 의미한다. 이러한 의미의 리는 성리학에서 만물의 구성원리를 설명할 때 핵심적 도구로 활용되었다.[90]

또한 성리학에서의 기는 장재張載에 의해 철학의 핵심적 범주로 부각되었다. 기를 존재의 물질적 측면을 담당하는 주체로 보는 장재의 기론은 장자철학에서 근원했다. 그것은 그가 「지북유」의 "사람이 태어남은 기가 모여서 이루어진 것이다. 모이면 태어나고 흩어지면 죽는다."[91]라고 한 말을 논리전개의 주요 근거로 삼은 데서 알 수 있다.[92] 성리학을 완성시킨 주희朱熹는 리와 기 개념을 빌려와 도덕의 원리뿐 아니라, 우주만물의 존재양식 문제까지 다루었다.

이상에서 볼 때 장자철학의 자연주의적 세계관은 성리학의 학문적 범위를 자연세계에까지 확장시키는데 크게 기여했다는 사실을 알 수 있다.

그밖에 장자의 뛰어난 예술적인 감각은 후세의 문학·예술가들의 창작활동에도 심대한 영향을 끼쳤다. 장자는 예술가로 자처한 적이 없지만 그러나 그는 도를 구하고 또 체득한 경지를 예술적인 안목으로 표현해내었다. 그래서 도를 구하는 그의 삶은 예술가적인 색채

....

90 韓亨祚, 『주희에서 정약용으로』, 세계사(1996), 35~36쪽 참조.
91 「知北遊」: 人之生 氣之聚也 聚卽爲生 散卽爲死
92 이기동 지음, 정용선 역, 『동양삼국의 주자학』, 성균관대학교 출판부(2003), 167쪽 참조.

가 강한 삶이 될 수밖에 없다. 그의 이러한 면은 역대의 시인·음악가·화가 등의 예술 활동에 무한한 영감을 주었다. 그리고 장자의 진실을 추구하기 위해 끊임없이 반문하는 회의적인 사고성향은 과학적 사고를 유발시키는데 일정한 역할을 담당했다.

조선 유학자들이 본 장자

조선왕조는 주희朱熹의 성리학性理學을 국가의 통치철학으로 삼아 오로지 성리학만 존중했다. 이 때문에 조선은 유교적 사회질서를 구축하는 데는 성공했으나, 한편으로는 인간의 사고활동을 경직되게 하여 창의적 사유의 확장을 저해한 면이 없지 않다. 성리학 뿐 아니라 어떤 종파나 학파든 단독적으로 특정 집단의 정신세계를 지배하게 되면 반드시 그에 따른 부작용이 수반되기 마련이다.

조선시대는 성리학 중심의 사회였기 때문에 당연히 불교나 노장학은 심한 배척을 받았다. 불교는 그나마 종교이기 때문에 세력을 유지할 수 있는 구심점을 가졌었고, 또한 왕가에서 서민에 이르기까지 음성적으로라도 애호를 받았다. 그러나 노장학은 뚜렷한 학파나 학맥을 갖추지 못했다. 그래서 일부 학자들에 의해서만 노장학의 경전이 읽혀졌을 뿐이다. 그 대표적인 인물로는 조선전기의 청담파淸談派 학자들, 조선 중기의 화담花潭 서경덕徐敬德과 남명南冥 조식曺植, 조선 후기의 서계西溪 박세당朴世堂과 남당南堂 한원진韓元震 등을 들 수 있다. 그리고 형암炯庵 이덕무李德懋와 연암燕巖 박지원朴趾源 등의 실학자들도 노장학에 유영遊泳한 흔적이 보인다.

조선전기의 청담파는 중국 진晉나라의 죽림칠현竹林七賢을 본받아 동대문 밖 죽림竹林에 모여 소요건을 쓰고 시주詩酒와 가무歌舞로 세속의 굴레에서 벗어나려 하였다. 이들은 노장철학의 탈속적인 학풍을 숭상하면서 당시의 사회적 비리를 신랄하게 비판했다. 이에 속하는 학자들로는 남효온南孝溫·홍유손洪裕孫·이정은李貞恩·이총李摠·우선언禹善言·조자지趙自知·한경기韓景琦를 들 수 있다. 이들 중 많은 사람들은 연산조燕山朝에 일어난 무오사화戊午士禍 때 참화를 당하였다.

서경덕은 일생을 야인으로 살면서 학문에 정진하여 우주만물과 인간의 원리를 기론氣論의 입장에서 해석했다. 그의 철학은 송대宋代의 성리학자인 장재張載에 연원을 두고 있다.[93] 장재는 유학자이지만 또한 노장철학의 기론적 세계관을 적극 수용하여 자신의 철학을 수립하였다.[94] 노장의 기론적 세계관에 입각해 있는 장재의 철학을 수용한 서경덕이 『장자』를 탐독하는 것은 자연스러운 일일 것이다.

조식은 성리학자이면서 여러 방면의 학문에 관심을 가진 인물이다. 그도 『장자』를 애독하였다. 이 점은 그의 호가 '남명南冥'이라는 사실에서 엿볼 수 있다. '남명'이라는 말은 『장자』의 첫 편인 「소요유」에 보인다. 그의 은둔사상과 현실 비판적인 성향은 장자철학이 가진 반세속적인 성격에서 영향을 받은 것으로 볼 수 있다.

박세당은 우리나라 최초의 『장자』 주석서인 『남화경주해산보南華經注解刪補』를 지었다. 그는 노장철학의 이론체계가 유가의 윤리철학이나 우주론과 다르지 않다는 입장에서 『장자』를 해석했다. 조선 초기의 이단 배척은 사변성과 비실용성의 측면에 초점이 맞추어져

---

[93] 황광욱, 『화담 서경덕의 철학사상』, 심산문화(2003), 65쪽 참조.
[94] 이기동 지음, 정용선 역, 『동양삼국의 주자학』, 성균관대학교 출판부(2003), 167쪽 참조.

있었다. 그러나 박세당은 이단의식에 대한 인식의 전환을 이루어 노장철학의 무無와 무위無爲가 가진 실용적 응용성에 주목한다. 그는 노장철학의 정치적 응용 가능성과 사상적 실용화의 가능성을 타진하는 한편, 유가와 노장의 사상적 공유지점을 지적하면서 재평가하려는 했다.[95] 그의 『남화경주해산보』는 이러한 관점 위에 서술되었다.

한원진은 성리학자로서 『장자변해莊子辨解』를 지었다. 그는 이 책에서 장자의 내편을 분석·해석하였다. 그는 노장철학에 대한 주자의 비판적인 입장을 계승하여 장자 철학이 일으킬 수 있는 문제에 대해 주로 조명해내었다. 그러나 그는 장자에 대해 시종일관 비판적인 입장만 취한 것이 아니라 공자의 뜻을 헤아릴 줄 아는 사람으로 평하기도 하였다.

조선은 성리학을 통치이념으로 삼아 수립된 국가이다. 성리학에서는 노장학을 비판적으로 바라본다. 성리학이 학계의 주도적인 위치를 점하고 있던 조선 사회에서는 당연히 『노자』와 『장자』는 선비들의 책상 위에 쉽게 오를 수 없었다. 다만 개방적인 의식을 가진 일부 지식인들에 의해서만 읽혀졌을 뿐이다.

---

[95] 조한석, 「박세당의 장자 '제물론' 사상연구」, 성균관대학교 박사학위 논문(2004), 141쪽 참조.

참고 자료

주희, 『논어집주(論語集注)』, 학민문화사
허신, 『설문해자(說文解字)』, 중화서국
유무, 『장자집해내편보정(莊子集解內篇補正)』, 중화서국
서소약 지음, 김진무 옮김, 『선과 노장』, 운주사
서복관 지음, 유일환 옮김, 『중국인성론사』, 을유문화사
진고응, 『장자금주금석(莊子今注今釋)』, 중화서국
유소감 지음, 최진석 옮김, 『장자철학』, 소나무
진고응 지음, 최진석 옮김, 『노장신론』, 소나무
장입문 주편, 안유경 옮김, 『리(理)의 철학』, 예문서원
장입문 주편, 김교빈 외 역, 『기(氣)의 철학』, 예문서원
허항생 지음, 노승현 옮김, 『노자철학과 도교』, 예문서원
앙리 마스페로 지음, 신하령 기태완 옮김, 『도교(道敎)』, 까치
왕꾸어똥 지음, 신주리 옮기, 『장자평전』, 미다스북스
김충열, 『노장철학강의』, 예문서원
풍우란, 박성규 역, 『중국철학사 하』, 까치
김기, 『음양오행설과 주자학』, 문사철
황광욱, 『화담 서경덕의 철학사상』, 심산문화
정순일, 「태평경의 守一思想 연구」, 『노장사상과 동양문화』, 아세아문화사
윤찬원, 『도교철학의 이해』, 돌배개
김교빈, 「氣學이란 무엇인가」, 『기학의 모험 1』, 들녘
이택용, 『중국 고대의 운명론』, 문사철
한형조, 『주희에서 정약용으로』, 세계사
이기동 지음, 정용선 역, 『동양삼국의 주자학』, 성균관대출판부
허항생 지음, 노승현 옮김, 『노자철학과 도교』, 예문서원
조한석, 「박세당의 장자 '제물론' 사상연구」, 성균관대 박사학위 논문
이종성, 「장자철학에 있어 진지에 관한 연구」, 충남대 박사학위논문

「소요유」·「제물론」 문단 나누기와 요지 　　　　　　부록 2

1. 「소요유」 문단 나누기와 요지

1장 1절

北冥有魚하니 其名爲鯤이라 鯤之大는 不知其幾千里也라 化而爲鳥하니 其名爲鵬이라 鵬之背는 不知其幾千里也로니 怒而飛면 其翼若垂天之雲이라 是鳥也 海運[96]則將徙於南冥하니 南冥者는 天池也라 齊諧者는 志怪者也라 諧之言曰 鵬之徙於南冥也에 水擊三千里하고 搏扶搖[97]而上者九萬里요 去以六月息者也라하니라 野馬[98]也와 塵埃也는 生物之以息相吹也라 天之蒼蒼은 其正色邪아 其遠而無所至極邪아 其視下也도 亦若是則已矣라 且夫水之積也不厚면 則其負大舟也無力이요 覆杯水於坳堂之上이면 則芥爲之舟어니와 置杯焉則膠하나니 水淺而舟大也일새니라 風之積也不厚면 則其負大翼也無

---

96 海運(해운) : 진고응(陳鼓應)의 『장자금주금역(莊子今注今譯)』에서는 『장자천설(莊子淺說)』의 주석을 인용하여 '해풍(海風)이 동하는 것[海風動]'으로 해석했다.
97 搏扶搖(박부요) : 박(搏)은 '친다'는 뜻을 가졌고, 부요(扶搖)는 '회오리바람'을 뜻한다. 박부요(搏扶搖)는 '회오리바람을 올라탄다'는 뜻이다. 곽상본(郭象本) 등에서는 '박(搏)'자를 '단(摶)'자로 읽기도 하지만 뜻은 동일하다. 진고응(陳鼓應)은 '단'자로 읽는다.
98 야마(野馬) : 아지랑이를 말한다.

力이라 故로 九萬里면 則風斯在下矣라[99] 而後에야 乃今培風[100]하고 背負靑天而莫之夭閼者而後에야 乃今將圖南이라 蜩與學鳩[101] 笑之曰 我는 決起而飛하야 槍楡枋[102]而止라 時則不至而控於地而已矣니 奚以之九萬里而南爲오하니라 適莽蒼[103]者는 三飡而反이라도 腹猶果然하고 適百里者는 宿舂糧[104]하고 適千里者는 三月聚糧하나니 之二蟲이 又何知리오

■ 번역

　북쪽 바다에 물고기가 있는데 그 이름은 곤어鯤魚이다. 곤어의 크기는 몇천 리나 되는지 알지 못한다. 이것이 변하면 새가 되니 그 이름이 붕새이다. 붕새의 등은 몇천 리나 되는지 알지 못한다. 분발하여 날면 그 날개가 하늘에 드리워진 구름과 같다. 이 새는 해풍海風이 불면 장차 남쪽 바다로 날아 가려한다. 남쪽 바다는 곧 '하늘 못[天池]'이다.

　『제해齊諧』는 괴이한 이야기를 기록한 책이다. 『제해』에 이런 말이 있다. "붕새가 남쪽 바다로 이동할 때는 수면을 삼천리나 치면서 회오리바람을 타고 구만 리 상공을 올라 여섯 달 만에 휴식을 한다."

....

99　'九萬里(구만 리)' 앞에 '난다'는 뜻의 '비(飛)'자가 있으면 의미가 더 분명해진다. 여기는 '구만 리나 높게 날자면 바람이 아래에 있어야 한다'로 해석한다.
100　培風(배풍) : 바람을 팽창시키다.
101　學鳩(학구) : 학(學)은 학(鷽)과 같다. 메까치로 번역한다.
102　槍楡枋(창유방) : '느릅나무나 다목나무에 닿는다'로 해석한다. 창(槍)은 창(搶: 닿을 창)과 통한다.
103　莽蒼(망창) : 근교의 야외로 지극히 가까운 거리를 상징한다.
104　舂糧(용량) : 양식을 방아 찧다.

아지랑이와 먼지는 생물들이 숨결로 불어낸 것이다. 하늘의 푸른 것이 그 본색일까. 너무 멀어 끝이 없어서 그런 것일까. 위에서 아래를 보아도 또한 이렇게 보일 뿐이다. 또 물이 쌓인 것이 깊지 못하면 큰 배를 띄울 힘이 없다. 한 잔의 물을 마루의 움푹 팬 곳에 쏟아 놓으면 티끌은 떠서 배의 구실을 할 수 있지만 잔을 올려놓으면 바닥에 붙어버린다. 이렇게 된 것은 물은 얕고 배는 크기 때문이다. 바람이 쌓인 것이 두텁지 않으면 큰 날개를 띄울 힘이 없다. 그러므로 구만 리나 높게 날자면 바람이 그 아래에 있어야 한다. 그렇게 된 이후에야 비로소 바람을 팽창시킬 수 있다. 푸른 하늘을 등에 지고 날아도 막힘이 없어야 한다. 그렇게 된 이후에 비로소 남쪽으로 건너갈 수 있다.

매미와 메까치가 붕새를 비웃으며 말하기를, "우리는 떨쳐 일어나 날면 느릅나무나 다목나무 위로 오르는데 때로는 다 오르지도 않고 땅으로 다시 내려와 버린다. 그런데 저 붕새는 무엇 때문에 구만 리나 날아 남쪽 바다로 가려고 하는 걸까."라고 하였다. 들판을 여행하는 자는 세끼만 먹고 돌아와도 아직 배가 부르고, 백 리 길을 가는 자는 하루 자고 올 양식이면 족하고, 천 리를 가는 자는 석 달 먹을 양식이 있어야 한다. 그러니 저 두 벌레[蜩, 學鳩]가 또 어찌 큼[大]의 세계를 알겠는가.

■ 글자

坳 움푹 패일 요, 膠 아교 교, 搶 이를 창, 枋 다목 방(활엽수), 舂 방아 찧을 용, 飧 저녁밥 손(飡의 속자), 果 열매 과 · 배부를 과.

■ 요지

이 글은 「소요유」의 첫 부분에 해당한다. 여기서는 소대지변小大之辯을 전개하고 있다. 소대지변은 세 가지 양상을 가진다. 첫 번째는 파소대지변破小大之辯이다. 진晉의 곽상郭象이 이 입장에 서있다. 이 말은 '크고 작음을 따지지 말라'는 뜻이다. 즉 만물은 제각기 존재의미를 가지므로 대소를 따질 것 없다는 말이다. 두 번째는 기소구대지변棄小求大之辯이다. 이는 '소를 버리고 대를 지향한다'는 뜻으로 송宋의 나면도羅勉道가 주장하였다. 세 번째는 초대소지변超大小之辯이다. 이는 '대소의 상대세계를 초월하여 절대평등의 경지로 나아가야 한다'고 보는 견해이다. 청淸의 왕부지王夫之와 유무劉武가 이 입장에 서 있다. 앞에서 본 소대지변에 대한 3가지 입장 중 맨 끝의 초소대지변이 상대초월을 추구하는 장자의 본지本旨에 가장 부합된다고 본다.

'북명유어北冥有魚', '제해자齊諧者', '야마야野馬也'로 시작하는 세 문장은 소대지변에서 대의 세계를 드러낸 부분이다. 만약 여기에 특별한 의미를 부여하여 논한다면, 소대지변의 본지에서 벗어나게 된다. 특히 '야마야'로 시작하는 문장은 여러 의미로 해석되어지기도 하는데, 이 부분은 큰 붕새가 활동할 수 있는 환경에 대한 이야기일 뿐이다. 그래서 이 또한 대의 세계를 말한 것으로 간주한다.

'조려학구蜩與鷽鳩'로 시작하는 문장은 대와 상대되는 소의 세계에 대한 언급이다. 붕새가 대를 상징한다면 매미[蜩]와 '메까치[鷽鳩]'는 소를 상징한다. 양자 간의 대비는 너무나 분명하다.

'적망창자適莽蒼者'로 시작하는 문장은 거리의 원근을 가지고 대소의 세계에 대해 말하고 있다. 그러나 사실 이 문장은 앞 구절에서 "저 붕새는 무엇 때문에 구만 리나 날아 남쪽 바다로 가려하는 걸까."라고 하면서 붕새를 비웃는 날벌레들(매미, 매까치)의 작은 소견을 나무라기 위해 서술된 것으로 보아야 한다. 그래서 이 문장은 '조려학구'로 시작하는 앞 문장과 연속해서 읽어야 한다. 거리의 원근에 대해 말하고 있는 이 문장은 소와 대의 세계를 모두 논하는 것처럼 보이지만 기실은 소의 세계를 상징하는 날벌레들의 좁은 소견을 지적하기 위해 서술된 것으로 보아야 한다. 천리 길의 큰 세계를 세끼만 먹으면 돌아올 수 있는 세계의 미물들은 짐작도 할 수 없다. 그래서 뒤이어 "저 두 벌레가 또 어찌 알겠는가."라는 말을 하여 소의 세계에 대해 마무리를 한 것이다. 정리하여 말한다면, '조려학구'로 시작하는 문장과 '적망창자'로 시작하는 문장, 그리고 끝부분의 "저 두 벌레가 또 어찌 알겠는가."까지는 모두 소의 세계를 설명하기 위해 서술된 것으로 보아야 한다.

1장 2절

> 小知는 不及大知하고 小年은 不及大年하나니 奚以知其然也오 朝菌[105]은 不知晦朔하고 蟪蛄[106]는 不知春秋하니 此는 小年也라 楚之南에 有冥靈者한대 以五百歲爲春하고 五百歲爲秋하며 上古에 有大椿者한대 以八千歲爲春하고 八千歲爲秋라 而彭祖[107]는 乃今에 以久로 特聞이어늘 衆人匹之하니 不亦悲乎아.

■ 번역

작은 지혜는 큰 지혜에 미치지 못하고 짧은 수명은 긴 수명에 미치지 못하나니, 어찌 그것이 그러한 것인지를 아는가? 조균朝菌은 그믐과 초하루를 알지 못하고 쓰르라미는 봄과 가을을 알지 못하니 이는 짧은 수명이다. 초나라의 남쪽에 '명령冥靈'이라는 나무가 있는데 오백 년으로 봄을 삼고 오백 년으로 가을을 삼으며, 아주 오랜 옛날에 '대춘大椿'이라는 나무가 있었는데 팔천 년으로 봄을 삼고 팔천 년으로 가을을 삼는다. 그런데 팽조彭祖는 지금 장수한 사람으로 특히 소문이 나자 많은 사람들이 그와 같기를 바라니 또한 슬프지 않은가.

■ 글자

蟪 쓰르라미 혜, 蛄 땅강아지 고, 椿 참나무 춘, 彭 성씨 팽.

---

105 朝菌(조균) : 아침에 나서 금방 사라지는 버섯. 균(菌)은 버섯.
106 蟪蛄(혜고) : 쓰르라미.
107 彭祖(팽조) : 장수한 사람의 상징어로 사용된다. 오제(五帝) 중 하나인 전욱(顓頊)의 손자로 팽성(彭城)에서 800세를 살았다고 한다.

■ 요지

이 부분 역시 소대지변에 대한 이야기이다. 여기서는 수명의 대소를 가지고 소대지변을 전개하였다. 벌레와 나무를 등장시켜 수명의 대소를 말하고, 끝에서는 팽조彭祖와 중인衆人을 등장시켜 다시 수명의 대소를 말하였다.

1장 3절

湯之問棘也도 是已라 窮髮[108]之北에 有冥海者하니 天池也라 有魚焉하니 其廣數千里오 未有知其修者하니 其名爲鯤이라 有鳥焉하니 其名爲鵬이라 背若太山하고 翼若垂天之雲이라 搏扶搖羊角而上者九萬里라 絕雲氣[109]하야 負青天然後圖南하야 且適南冥也라 斥鴳[110]이 笑之曰 彼且奚適也오 我騰躍而上이라도 不過數仞而下하야 翶翔蓬蒿之間하노니 此亦飛之至也어늘 而彼且奚適也오하니 此小大之辯也라

■ 번역

탕임금이 극棘에게 물어서 들은 내용도 이에 불과하다. "불모지의 북쪽에 '명해冥海'라는 바다가 있으니 천지天池이다. 그곳에 고기가 살고 있다. 그 넓이는 수천 리나 되고 그 길이를 아는 사람이 없으

---

108 窮髮(궁발) : 초목이 자라지 않는 땅으로 불모지.
109 絕雲氣(절운기) : 운기를 초월하다. 즉 대기권에서 벗어나다.
110 斥鴳(척안) : 작은 메추라기. 척(斥)은 尺(척)과 통용하니 '작다'는 뜻.

니 그 이름이 곤어이다. 그곳에 새가 있으니 그 이름이 붕새이다. 등은 태산과 같고 날개는 하늘에 드리워진 구름과 같다. 회오리바람을 타고 양의 뿔처럼 빙빙 회전하면서 올라 간 것이 구만 리나 된다. 운기雲氣를 뚫고 올라가 푸른 하늘을 등에 진 이후에 남쪽으로 가기를 도모하다가 드디어 남쪽 바다로 향하였다. 작은 메추라기가 그것을 비웃으며 말하기를, '저 새는 어디를 가려는 것인가. 나는 뛰어올라 비상하여도 몇 길에 지나지 않아 다시 내려와 쑥대밭 사이를 날아다닐 뿐이다. 이 또한 나는 것의 지극한 경지이다. 그런데 저 새는 또한 어디를 가려는 것인가.'라고 하였다." 이것이 '작은 것과 큰 것의 차이[小大之辯]'이다.

■ 글자

棘 멧대추나무 극, 修 길이(長) 수, 翼 날개 익, 翺 날 고, 翔 날 상, 蓬 쑥 봉, 蒿 쑥 호, 奚 어찌 해.

■ 요지

이상에서 세 번이나 붕새를 등장시켜 소대지변에 대해 말하였다. 여기서는 성인聖人으로 간주되는 탕湯임금을 등장시키기까지 하였다. 붕새를 등장시킨 이후 곧바로 작은 메추라기를 등장시킨 것을 보면, 여기서의 붕새는 대를 상징하는 물건일 뿐임을 알 것이다. 그러므로 곤어와 붕새에 대해서는 특별한 의미를 두지 말아야 한다.

1장 4절

故로 夫知效一官하고 行比一鄕하며 德合一君而徵[111]一國者도 其自視也亦若此[112]矣라 而宋榮子猶然[113]笑之하야 且擧世而譽之而不加勸하며 擧世而非之而不加沮라 定[114]乎內外之分하고 辯[115]乎榮辱之境하니 斯已矣라 彼其於世에 未數數[116]然也언마는 雖然이나 猶有未樹也라 夫列子는 御風而行[117]하야 泠然善也[118]하야 旬有五日[119]而後에 反이라 彼於致福者에 未數數然也니라 此雖免乎行[120]이나 猶有所待者[121]也라

■ 번역

그러므로 지식이 한 가지 벼슬을 감당할 만하고 행실이 한 고을에서 뛰어나고 덕이 한 임금을 모시기에 적합하여 일국—國을 다스릴

111　徵(징) : 다스림.
112　此(차) : 척안(斥鴳)을 가리킨다.
113　猶然(유연) : 유연(油然)과 같다. '여유롭다'는 뜻.
114　定(정) : 경계에 걸려 구분을 정한다.
115　辯(변) : 논변하여 따진다.
116　數數(삭삭) : '자주할 삭'으로 읽는다. 마음을 졸이는 모습을 말한다.
117　御風而行(어풍이행) : 바람을 의지하여 행한다. 이는 아직 바람을 의지하는 단계를 상징한다.
118　泠然善也(영연선야) : 상쾌히 잘 날아다니다.
119　旬有五日(순유오일) : 15일.
120　雖免乎行(수면호행) : 도보로 이동하는 단계에서는 벗어났다.
121　有所待者(유소대자) : 유대(有待)는 '의지할 것이 있다'의 뜻으로 장자철학에서 중요한 의미를 가진다. 아직 열자는 바람에 의지하여 다니는 경지에 있다. 아무 것도 의지함이 없는 '무대(無待)'의 경지에 이르러야 지극하다.

만한 자도 스스로를 반성해보면 뱁새 같은 부류이다. 송영자宋榮子는 이런 사람을 보면 도리어 비웃는다. 그는 온 세상이 칭찬해도 우쭐대지 않고 온 세상이 비난해도 괘념치 않는다. 그는 내외의 분수를 인정하고 영욕의 경계를 구분했기에 그럴 수 있었다. 그는 세상일에 급급해 하지는 않았으나, 그러나 아직 지극한 경지에는 이르지 못했다. 열자列子는 바람을 타고 다니는데, 한 번 나가면 15일 만에 돌아왔다. 그는 더 좋은 결과를 내는데 급급해 하지 않았다. 그러나 그는 비록 걸어 다니는 것은 면했지만 아직 바람에 의지함이 있다.

■ 글자

徵 징계할 징, 沮 막을 저, 泠 떨어질 령, 旬 열흘 순, 數 자주 삭

■ 요지

앞의 이야기를 이어받아 사람이 가진 능력의 대소를 나열하여 소대지변을 전개하였다. '지식이 하나의 관직을 담담할 만한 사람'은 소小를 상징하고, 송영자와 열자는 인간 중에 뛰어난 인물이므로 대大를 상징한다. 열자가 비록 크다고는 하나 아직은 소대의 상대적 세계에 머물고 있다. 그는 여전히 바람에 '의지함이 있음[有待]'에서 벗어나지 못하였다. 즉 완전한 초탈을 이루지는 못했다는 말이다.

1장 5절

若夫乘天地之正하고 而御六氣之辯[122]하야 以遊無窮者면 彼且惡乎待哉리오 故로 曰 至人無己하고 神人無功하고 聖人無名이니라

■ 번역

만약 천지의 바른 도를 타고 육기六氣의 변화를 몰아서 무궁無窮에 노니는 자라면, 어찌 의지함이 있겠는가. 그래서 "지인至人은 자기가 없고 신인神人은 공적이 없고 성인聖人은 이름이 없다."라고 한다.

■ 요지

대소의 세계에 대해 여러 번 논한 것에 대한 결론이다. 앞에서 소와 대를 모두 초월해야 할 대상으로 보았다. 여기서는 마침내 대소를 초월한 자의 경지에 대해 논한다. '지식이 한 가지 벼슬을 감당할 만한 자'는 사람의 소를 말하고, '바람을 휘몰아 타고 다니는 열자列子'는 사람의 대를 말한다. 열자가 비록 크긴 하지만 아직 '의지함이 있음[有待]'의 단계에서 벗어나지 못했다. 즉 여전히 상대세계에 속해 있다는 의미이다. 지인至人과 신인神人과 성인聖人은 마침내 대소의 상대세계를 초월하여 '의지함이 없음[無待]'의 경지에 이르렀다. 지인과 신인과 성인이야말로 바로 소대의 구분을 초월하여 절대의 경지에 도달한 인물이다.

---

[122] 御六氣之辯(어육기지변) : 육기(六氣)는 음(陰)·양(陽)·풍(風)·우(雨)·회(晦)·명(明), 또는 풍(風)·한(寒)·서(暑)·습(濕)·조(燥)·화(火)를 말한다. 이 글에서는 우주간의 모든 기운을 지칭한다. 변(辯)은 변(變)과 같다. '육기의 변화를 능동적으로 몰고 다닌다'는 뜻이다.

1장 6절

堯讓天下於許由曰 日月이 出矣어늘 而爝火不息하니 其於光也에 不亦難乎아 時雨降矣어늘 而猶浸灌[123]하면 其於澤[124]也에 不亦勞乎아 夫子立이면 而天下治어늘 而我猶尸之하니 吾自視缺然이라 請致天下하노이다 許由曰 子治天下하야 天下旣已治也어늘 而我猶代子면 吾將爲名乎아 名者는 實之賓也니 吾將爲賓乎아 鷦鷯[125]巢於深林에 不過一枝요 偃鼠[126]飮河에 不過滿腹이니 歸休乎인저 君이여 予无所用天下爲로다 庖人이 雖不治庖라도 尸祝이 不越樽俎而代之矣니라

■ 번역

요堯임금이 허유許由에게 천하를 사양하면서 말하였다. "해와 달이 솟았는데도 횃불이 꺼지지 않고 있으니 그 빛을 내는데 또한 어렵지 않겠습니까. 때에 맞는 비가 내렸는데도 아직도 물을 대면 세상을 윤택하게 하는데 또한 수고롭지 않겠습니까. 선생께서 제위帝位에 오른다면 천하가 잘 다스려질 텐데 제가 아직도 천하를 맡고 있으니 제가 스스로 보기에 부끄럽습니다. 청하오니 천하를 드리고자 합니다." 허유가 대답하였다. "그대가 천하를 잘 다스림에 천하가 이미 다스려졌다. 그런데도 나에게 그대를 대신하여 제위를 이어받으라고 한

---

123 浸灌(침관) : 인위적으로 물을 퍼오는 것을 말한다. 흡족한 비와 비교한다면 작은 일이다.
124 其於澤(기어택) : '땅을 윤택하게 함에 있어서'로 해석한다.
125 鷦鷯(초료) : 뱁새.
126 偃鼠(언서) : 두더지.

다면, 나에게 이름을 탐내라는 것인가. 이름은 실체의 객홈인데 나에게 객을 위해 살라는 것인가. 뱁새가 깊은 숲에 깃들지만 한 개의 가지를 쓰는데 불과하고, 두더지가 하수河水를 마시지만 배를 채우는데 불과하다. 그대는 그만 돌아가라. 요리사가 비록 요리를 하지 않을지라도 (제사를 담당하는) 축관祝官이 제기祭器를 버리고 요리사의 일을 대신하지는 않는다."

■ 글자

爝 횃불 작, 浸 적실 침, 灌 물댈 관, 尸 주장할 시, 鷦 뱁새 초, 鷯 뱁새 요, 偃 넘어질 언, 鼠 쥐 서, 樽 술단지 준, 俎 제기 조.

■ 요지

여기서는 허유가 상대세계에서 초탈했음을 말하고 있다. 요임금은 아직 대소의 상대적 세계에서 벗어나지 못하였다. 허유는 무명無名·무기無己·무공無功의 경지에 이미 도달하였다. 그가 바로 지인至人이면서 신인神人이면서 성인聖人이다.

1장 7절

肩吾問於連叔曰 吾聞言於接輿한대 大而無當하며 往而不返일새 吾驚怖其言하니 猶河漢而無極也러라 大有逕庭[127]하야 不近人情焉이러라 連叔曰 其言謂何哉오 曰 藐姑射之山에 有神人居焉하니 肌膚若冰雪하고 綽約[128]若處子라 不食五穀하고 吸風飮露하며 乘雲氣하고 御飛龍[129]하야 而遊乎四海之外라 其神凝하면 使物로 不疵癘[130]하야 而年穀熟이라하니 吾는 以是로 狂而不信也라 連叔曰 然하다 瞽者는 無以與文章之觀하고 聾者는 無以與乎鐘鼓之聲하나니 豈唯形骸有聾盲哉리오 夫知亦有之하니 是其言也는 猶時女[131]也로다 之[132]人也의 之德也는 將旁礡[133]萬物하야 以爲一이라 世蘄乎亂[134]이나 孰弊弊[135]焉하야 以天下爲事리오 之人也는 物莫之傷이라 大浸稽天而不溺하며 大旱에 金石流하며 土山焦라도 而不熱하나니 是其塵垢粃糠으로 將猶陶鑄[136]堯舜者也니 孰肯以物爲事리오

127 逕庭(경정) : 허황함.
128 綽約(작약) : '가냘프고 아리땁다'는 뜻. 여기서는 '윤택하고 여유롭다'로 해석한다.
129 乘雲氣御飛龍(승운기어비룡) : '운기를 타고 비룡을 몰다'는 뜻이다. 여기서의 승(乘)과 어(御)는 의지함이 아니라 도리어 능동적으로 몰아간다는 뜻으로 보아야 한다. 그래야 무대(無待)의 의미가 된다.
130 疵癘(자려) : 병이 들다.
131 時女(시녀) : '지금의 너'로 해석하는데, 견오(肩吾)를 가리킨다. '여(女)'자는 '너'를 지칭하는 '여(汝)'자로 읽는다.
132 之(지) : 지시사이다. '이것'으로 해석한다.
133 旁礡(방박) : 혼합하다.
134 蘄乎亂(기호란) : '다스려주기를 기대하나'로 해석한다. 난(亂)은 '다스린다'는 뜻이다.
135 弊弊(폐폐) : 피곤하다.
136 陶鑄(도주) : 빚어내다.

■ **번역**

　견오肩吾가 연숙連叔에게 물었다. "제가 접여接輿에게 어떤 말을 들었습니다. 그 말은 크기만 하고 바닥이 없으며 가기만 하고 돌아오지 않았습니다. 그래서 저는 그의 말에 두려움을 느꼈는데, 은하수와 같아서 끝이 없었습니다. 너무 차이가 있어 사람들의 정서에 가깝지 않습니다." 연숙이 말했다. "그가 무슨 말을 하던가요." 견오가 말하였다. "'막고야산藐姑射山에 신인神人이 살고 있는데, 그 피부는 빙설과 같고 유연함은 처녀와 같다. 오곡을 먹지 않고 바람을 호흡하고 이슬을 마시다가, 운기雲氣를 타고 비룡飛龍을 몰아 사해 밖으로 노닌다. 그 정신이 엉키어 만물로 하여금 병들지 않게 하고 해마다 곡식이 여물게 한다'라고 했습니다. 나는 이런 까닭으로 미치광이라 여겨 그 말을 믿지 않았습니다." 연숙이 말하였다. "그렇소. 장님은 아름다운 무늬를 보는 데에 함께 할 수 없고, 귀머거리는 종과 북소리를 듣는 데에 함께 할 수 없으니 어찌 오직 몸에만 장님과 귀머거리가 있겠소. 지적 판단의 능력에도 또한 그러함이 있으니, 이 말은 바로 그대와 같은 경우라오. 이 사람의 이러한 덕은 장차 만물을 혼합하여 하나로 만들려고 합니다. 세상 사람들은 다스려 주기를 기대하나 누가 피곤하게 천하를 가지고 일을 삼겠습니까. 이 사람은 남이 해칠 수가 없습니다. 큰 홍수가 하늘에 이르러도 빠지지 않으며, 큰 가뭄에 쇠와 돌이 녹아버리며, 땅과 산이 타더라도 뜨거워하지 않습니다. 이 사람은 티끌과 쭉정이로 장차 요순堯舜을 빚어 만들어 낼 수 있습니다. 그러니 어찌 기꺼이 만물에 얽매여 일하리오."

■ 글자

藐 아득할 막, 痱 각기병 비, 癘 역병 려, 旁 넓을 방, 礴 널리 덮일 박, 蘄 바랄 기, 弊 해질 폐, 浸 담글 침, 稽 이를 계, 粃 쭉정이 비, 糠 겨 강, 鑄 쇠 불릴 주.

■ 요지

허유許由를 이어 막고야산藐姑射山의 신인神人을 등장시켜 대소를 초월한 자의 모습을 서술하였다. 막고야산의 신인은 대와 소의 상대적 경지에서 벗어나 도리어 상대세계의 사물들을 자유자재로 조절하는 자가 되었다. 인간의 의식이 고도로 진화하면 절대세계에 도달할 수 있다. 그 증거가 바로 막고야산의 신인이다. 장자는 의식이 극도로 진화했을 때, 상대세계에서 벗어남은 물론 더 나아가 상대세계를 능동적으로 조절하는 위치에 도달할 수 있음을 막고야산의 신인을 예로 들어 말하였다.

1장 8절

宋人이 資[137]章甫而適諸越한대 越人은 斷髮文身하야 無所用之라 堯治天下之民하야 平海內之政이나 往見四子[138]藐姑射之山이라가 汾水

---

137 資(자) : 여기서는 '팔다'로 해석한다.
138 四子(사자) : 『장자』에서는 허유(許由)·왕예(王倪)·설결(齧缺)·피의(被衣)를 도가의 이상적 인물로 본다.

之陽[139]에 窅然[140]喪其天下焉하니라

■ 번역

송宋나라 사람이 장보관章甫冠을 팔러 월越나라에 갔는데, 월나라 사람들은 머리를 자르고 문신을 하고 있어서 소용이 없었다. 요임금이 천하의 백성을 다스려 온 세상의 정치를 공평하게 하였으나 네 사람의 신인을 막고야산에 가서 만났다가 분수의 북쪽에서 아득히 천하를 잊어버렸다.

■ 글자

汾 물이름 분. 窅 아득할 요.

■ 요지

이 부분은 요임금이 마침내 깨달음을 얻어 대소가 있는 상대세계를 초월하여 절대세계에 들어가는 순간을 묘사한 글이다. 송나라의 장보관은 상대세계의 인간들이 귀중히 여기는 모자 이름이다. 이는 대大의 세계를 상징한다. 송나라 장보관 이외의 모자는 열등한 모자로 소小의 세계를 상징한다. 송나라 사람이 자부심을 가지고 이것을 팔러 남방의 월越나라로 갔다. 그런데 그곳 사람들은 머리를 깎고 문신을 하고 있어 송나라에서 만든 모자를 쓸 필요가 없었다. 즉 장

---

139 汾水之陽(분수지양) : 분수(汾水)는 중국 산서성에 있는 물 이름이다. 양(陽)은 수의 북쪽, 산의 남쪽을 칭한다.
140 窅然(요연) : 멍한 모습을 말한다. 小와 大의 상대적 관점에서 벗어나 막고야산의 신인(神人)처럼 의식이 절대적 경지에 들었음을 형용한다.

보관이든 장보관이 아닌 모자든 그 어떤 모자도 필요 없게 된 것이다. 이는 크고 작음의 상대적 세계를 초월했음을 의미한다.

여기서의 송나라 사람은 요堯임금을 비유하고 장보관은 요임금의 천하를 비유한다. 요임금과 요임금의 천하는 타에 비해 상대적으로 우월한 지위를 점한다. 즉 크고 작음이 있는 상대세계 가운데서는 큼의 세계에 속한다. 월나라는 상대성을 초월한 막고야산을 비유하고 월나라 사람은 상대세계를 벗어난 막고야산의 신인을 비유한다. 즉 크고 작음이 있는 상대세계를 초월했다는 것이다.

요임금이 천하를 귀중하게 여겨 막고야산에 가서 그곳에 있는 네 명의 신인들에게 물려주려 했으나 막고야산의 신인들은 천하를 필요 없다고 하면서 사양하였다. 막고야산에 사는 네 명의 신인은 허유許由·왕예王倪·설결齧缺·피의被衣를 말한다. 네 명의 신인을 차례대로 만나면서 요임금은 아직도 상대세계에 머물고 있는 자신이 얼마나 초라한 존재인가를 절실히 느꼈다. 자신이 혼란한 세계의 폭군보다는 우월하지만 그러나 저 신인들처럼 절대세계에는 들지못했음을 자각한 것이다. 요임금은 충격 속에 분수를 지나가다가 그때 문득 깨달음을 얻어 상대적 사유를 하는 이 인간세상을 훌쩍 벗어나버렸다. 요임금도 결국에는 신인의 경지에 도달하였다. 소대지변에 대한 이야기는 여기서 끝을 맺는다.

2장 1절

惠子[141]謂莊子曰 魏王[142]이 貽我大瓠之種이어늘 我樹之라 成而實五石하야 以盛水漿하니 其堅不能自擧也어늘 剖之以爲瓢하니 則瓠落[143]하야 無所容이라 非不呺然[144]大也언마는 吾爲其無用하야 而掊之러라 莊子曰 夫子는 固拙於用大矣로다 宋人에 有善爲不龜手[145]之藥者하야 世世以洴澼絖[146]爲事라 客이 聞之하고 請買其方以百金한대 聚族而謀曰 我世世爲洴澼絖이나 不過數金이라 今一朝에 而鬻(륙, 팔다)技百金하니 請與之하노라 客得之하야 以說吳王이라 越有難이어늘 吳王이 使之將하니 冬與越人水戰하야 大敗越人하니 裂地而封之라 能不龜手는 一也언마는 或以封하고 或不免於洴澼絖하니 則所用之異也알새니라 今子有五石之瓠면 何不慮以爲大樽而浮乎江湖하고 而憂其瓠落無所用고 則夫子는 猶有蓬之心[147]也夫인저

■ 번역

혜자惠子가 장자에게 말하였다. "위왕魏王이 나에게 큰 박씨를 주기에 내가 그것을 심었습니다. 자라서 열매가 다섯 섬 들이가 되어

---

141 惠子(혜자) : 송(宋)나라 혜시(惠施)로 장자의 친구. 양나라 재상을 지냈다.
142 魏王(위왕) : 양(梁)나라 혜왕(惠王).
143 瓠落(호락) : 확락(廓落)과 같음. 평평하고 얕다는 말이다.
144 呺然(효연) : 크고 텅 빈 모습.
145 龜手(균수) : 손이 얼어 트는 것.
146 洴澼絖(병벽광) : 솜을 씻어 표백하는 것.
147 蓬之心(봉지심) : 쑥처럼 틀에 묶여 있는 마음, 즉 선입견을 말한다. 진고응(陳鼓應)의 『장자금주금석』에서는 '심령(心靈)이 막히어 통하지 않는 것[心靈茅塞不通]'이라고 했다.

물이나 장을 담아보니 그 무게가 스스로를 지탱하지 못했습니다. 그래서 쪼개어 바가지를 만드니 평평하고 얇아서 담을 수가 없었습니다. 덩그러니 크지 않은 것은 아니지만 나는 그것이 쓸모가 없다고 생각되어 부숴버렸습니다." 장자가 말하였다. "그대는 진실로 큰 것을 쓰는 데 졸렬하군요. 송宋나라 사람 중에 손을 트지 않게 하는 약을 잘 만드는 사람이 있어 대대로 솜을 세탁하는 일을 하면서 살아왔습니다. 나그네가 이 이야기를 듣고 그 처방을 백 금에 사겠다고 청하자 그는 가족을 모아 놓고 의논하기를 '우리가 대대로 솜을 세탁하는 일을 해 왔으나 몇 금金을 버는데 불과했다. 지금 하루아침에 기술을 백 금에 팔게 되었으니 처방을 알려주도록 하자'라고 했습니다. 마침내 그 나그네는 이것을 얻어 오왕吳王에게 유세를 했습니다. 월나라와 전쟁이 있자 오왕이 그를 장군으로 삼았습니다. 겨울에 월나라 사람들과 수전水戰을 하여 월나라 사람들을 크게 물리치자 오왕은 땅을 갈라 그에게 봉해주었습니다. 손을 트지 않게 할 수 있었던 것은 마찬가지이지만 어떤 사람은 봉지封地를 받고, 어떤 사람은 솜을 세탁하는 일에서 벗어나지 못했습니다. 그것은 쓰는 방법이 달랐기 때문이오. 지금 그대가 다섯 섬들이 박을 가지고 있다면, 어찌하여 큰 통을 만들어 강호에 떠다닐 생각을 하지 않고 평평하고 얇아 쓸 곳이 없다고 걱정하십니까. 그대는 아직도 틀에 박혀 있는 마음을 가졌구려."

■ 글자

瓠 박 호, 掊 부술 부, 鬻 팔 육, 說 유세할 세.

■ 요지

여기서부터는 『소요유』의 두 번째 주제인 무용지용無用之用에 대한 이야기이다. '무용지용'은 '쓸모가 없는 것 같지만 도리어 쓸모가 있는 것'을 말한다. 박은 바가지를 만드는 소재이지만 너무 크면 무용지물이 된다. 그러나 선입견 없이 생각의 날개를 자유로이 펼칠 수 있는 사람은 박이 너무 커서 바가지로는 쓸모가 없으면 다른 용도로 사용할 줄 안다. 쓸모없다고 여기는 것도 생각을 바꾸면 유익하게 활용할 수 있다. 손이 트지 않게 하는 약은 빨래할 때만 사용한다는 생각을 바꿔야 한다. 그 약은 전쟁을 할 때도 쓸 수 있다. 선입견을 버리고 생각을 유연히 하면 쓸모가 없어보이는 것도 유용하게 쓸 수 있다.

2장 2절

惠子謂莊子曰 吾有大樹하니 人謂之樗라 其大本은 擁腫[148]하야 而不中繩墨하고 其小枝는 卷曲하야 而不中規矩라 立之塗나 匠者不顧하나니 今子之言은 大而無用하야 衆所同去也라 莊子曰 子獨不見狸狌乎아 卑身而伏하야 以候敖者라가 東西跳梁[149]하야 不避高下하다가 中於機辟하고 死於罔罟라 今夫斄牛는 其大若垂天之雲하니 此能爲大矣로되 而不能執鼠라 今子有大樹하야 患其无用하니 何不樹之於無何

---

[148] 擁腫(옹종) : 울퉁불퉁한 모습.
[149] 跳梁(도량) : 뛰어다님.

有之鄕의 廣莫之野하야 彷徨乎無爲其側하며 逍遙乎寢臥其下오 不 夭斤斧하야 物無害者니 無所可用이나 安所困苦哉리오

■ 번역

혜자가 장자에게 말하였다. "나에게 큰 나무가 있으니, 사람들은 그것을 가죽나무라고 합니다. 그 큰 줄기는 울퉁불퉁하여 먹줄에 맞지 않고, 그 작은 가지는 감기고 굽어서 그림쇠와 곡척에 맞지 않습니다. 길가에 서있지만 목수들이 돌아다보지도 않으니 지금 그대의 말은 크기만 하고 쓸모가 없어 모든 사람들이 한 결 같이 버리는 바입니다." 장자가 대답하였다. "그대는 홀로 살쾡이를 보지 못했습니까. 몸을 낮추고 엎드려 노니는 짐승을 엿보다가 동으로 서로 날뛰면서 높고 낮은 곳을 피하지 않다가 함정에 빠지기도 하고 그물에 걸려 죽기도 합니다. 지금 저 털이 긴 소는 그 크기가 하늘에 드리운 구름과 같으니, 이 소는 큰일은 할 수 있지만 쥐는 잡지 못합니다. 지금 그대는 큰 나무를 가지고 있으면서 그것이 쓸모없다고 걱정을 하는군요. 어찌 아무 것도 있지 않은 세상의 광막한 들판에 그것을 심고서 노닐다가 그 곁에서 아무 일도 하지 않으며, 소요하다가 그 아래에 누워 자지 않습니까. 도끼에 일찍 잘리지 않아 누구도 해를 끼치니 않으니, 쓸 데가 없다고 하여 어찌 고민할 게 있겠습니까."

■ 글자

樗 가죽나무 저, 擁 안을 옹, 腫 부스럼 종, 罔 그물 망, 罟 그물 고, 氂 털긴 소 리.

■ 요지

　무용지용無用之用에 대한 이야기이다. 혜시는 장자의 학설이 너무 허황하여 쓸모없기가 마치 울퉁불퉁한 가죽나무와 같다고 하였다. 원문에 보이는 '大而無用'의 '대大'자를 '크다'로 해석하면 장자는 큰 것을 상징하는 인물로 전락되어버린다. 장자는 큰 것과 작은 것을 모두 초월하여 사유하고 말하는 인물이다. 그래서 '대'자는 '크고 작음을 따지는 세속적 사유패턴과는 다르다'는 의미로 '허황하다'라고 해석한다. 장자의 말이 허황하게 느껴지는 이유는 세속의 시각에서 보았을 때는 도저히 이해할 수 없기에 나타난 현상이다.

　장자는 무용지용의 이치에 대해 말한다. 살쾡이는 영리하고 날래서 쓸모가 있어 보인다. 그러나 살쾡이는 재주를 믿고 날뛰다가 덫에 걸려 죽는다. 또한 털이 긴 소는 거대하기는 하지만 사실은 쥐 한 마리도 잡지 못한다. 섬세한 성격을 가진 살쾡이나 거대하여 힘이 있어 보이는 소는 모두 쓸모가 있을 것 같으나 사실은 쓸모가 없는 물건들이다. 도리어 쓸모없을 것 같아 보이는 가죽나무야 말로 사람들을 그 아래서 쉬게 해준다. 이렇게 본다면 쓸모없는 물건이야말로 진정으로 쓸모 있는 물건이 될 수 있음을 알 것이다.

2. 「제물론」 문단 나누기와 요지

1장 1절

南郭子綦 隱机而坐하야 仰天而噓하되 嗒焉似喪其耦라 顏成子游 立侍乎前曰 何居[150]乎아 形固可使如槁木하고 而心固可使如死灰乎아 今之隱机者는 非昔之隱机者也니이다 子綦曰 偃이여 不亦善乎아 而[151] 問之也여 今者에 吾喪我[152]로다 汝는 知之乎아 汝는 聞人籟而未聞地籟요 汝는 聞地籟而未聞天籟夫인저 子游曰 敢問其方하노이다 子綦曰 夫大塊 噫氣하면 其名爲風이라 是唯無作이언정 作則萬竅 怒呺라 而는 獨不聞之翏翏[153]乎아 山林之畏佳[154]에 大木百圍之竅穴이 似鼻하고 似口하며 似耳하고 似枅하며 似圈하고 似臼하며 似洼者와 似污者가 激者와 謞者와 叱者와 吸者와 叫者와 譹者와 宎者와 咬者

---

150 居(거) : 어조사.
151 而(이) : 대명사로 '너'를 뜻함.
152 吾喪我(오상아) : 여기서의 '오(吾)'는 인식주체를 말하고 아(我)는 '저것[彼]'에 상대되는 '헛된 자아'이다. 인식 주체로서의 '오'는 진고응(陳鼓應)처럼 초월적이고 신비적인 진아(眞我)로 볼 것이 아니라, 도리어 상대적 인식이 있기 이전의 절대적 상태를 유지하고 있는 인식주체를 의미한나고 보아야 한다.
153 翏翏(요요) : 바람이 휙휙 부는 소리.
154 畏佳(외최) : 외(畏)는 외(嵬), 최(佳: 산 모양)는 최(崔)와 통하여 산이 높고 험한 모양을 나타낸다.

라 前者唱于[155]어든 而隨者唱喁[156]라 冷風則小和하고 飄風則大和하되 厲風이 濟則衆竅爲虛하나니 而는 獨不見之調調[157]하고 之刁刁[158]乎아 子游曰 地籟則衆竅是已오 人籟則比竹[159]이 是已니이다 敢問天籟하노이다 子綦曰 吹萬不同이나 而使其自己也로 咸其自取니 怒者 其誰邪아

■번역

　남곽자기南郭子綦가 책상에 기대고 앉아 하늘을 우러러보면서 한숨을 내쉬고 있는데, 멍하니 상대[偶]를 잃어버린 것 같았다. 안성자유顔成子游가 앞에서 모시고 서 있다가 말했다. "무엇 때문입니까. 몸은 진실로 마른나무처럼 만들 수 있고, 마음은 진실로 불 꺼진 재처럼 만들 수 있습니까. 오늘 책상에 기대고 계신 모습은 전날 책상에 기대고 계셨던 모습이 아닙니다."

　자기子綦가 말하였다. "언偃아, 또한 갸륵하지 아니한가. 네가 그런 것을 묻는구나. 지금 나는 나[我]를 잃어버렸다. 너는 그것을 알고 있는가. 너는 인뢰人籟는 들었지만 아직 지뢰地籟는 듣지 못했을 것이고, 너는 지뢰는 들었지만 아직 천뢰天籟는 듣지 못했을 것이다."

　자유가 말했다. "감히 그 방법을 묻겠습니다." 자기子綦가 대답하였다. "대지가 기운을 내뿜으면 그 이름을 바람이라고 한다. 이것

....

155　于(우) : '우우'하고 나는 의성어.
156　喁(우) : 웅웅하는 소리로 의성어.
157　調調(조조) : 크게 진동함.
158　刁刁(작작) : 작게 진동함.
159　比竹(비죽) : 생황처럼 대나무를 이어서 만든 악기.

은 일으키지 않을지언정 일어나면 온갖 구멍이 성난 듯 부르짖는다. 너는 어찌 '획획' 부는 바람 소리를 듣지 못했는가. 산림의 높고 험한 곳에 백 아름 되는 큰 나무의 구멍들이 코 같기도 하고 입 같기도 하고 귀 같기도 하고 동자기둥 받침 같기도 하고 그릇 같기도 하고 절구 같기도 하고 깊은 웅덩이 같기도 한 것과 얕은 웅덩이 같기도 한 것이 물이 부딪치는 듯 급격한 소리, 화살 소리, 꾸짖는 소리, 들이마시는 소리, 부르짖는 소리, 볼멘소리, 고상한 소리, 귀여운 소리를 낸다. 그런데 앞의 것들이 '우우' 하고 소리를 내거든 뒤따르는 것들도 '옹옹' 하고 소리를 낸다. 산들바람이 불면 가볍게 화답하고 회오리바람이 불면 크게 화답하되, 사나운 바람이 고요해지면 모든 구멍들이 텅 비워진다. 너는 어찌 바람에 크게 흔들리고 작게 흔들리는 모습을 보지 못했는가."

자유가 말했다. "지뢰地籟는 곧 모든 구멍에서 나는 소리가 이것일 따름이고, 인뢰人籟는 '대나무 악기[比竹]'에서 나는 소리가 이것일 따름입니다. 감히 천뢰天籟에 대해 묻겠습니다." 자기子綦가 말하였다. "대저 불어대는 소리가 만 가지로 다르나 자기로부터 하게 한 것이니, 모두 스스로가 취한 것이거늘 세차게 소리가 나도록하는 자는 그 누구이겠는가."

■ 글자

隱 기댈 은, 噓 한숨쉴 허, 嗒 멍할 탑, 噫 불 희, 竅 구멍 규, 吗 부를 효, 枅 동자기둥받침 계, 圈 그릇 권, 洼 깊은 웅덩이 와, 汚 웅덩이 오, 譹 화살소리 효, 譹 볼 멘 소리 호, 宎 고상한 소리 요, 咬 귀여운 소리 교.

■ 요지

'제물론齊物論'의 의미는 시대의 흐름에 따라 바뀐다. 곽상郭象은 '제물齊物의 이론', 즉 '만물의 가치가 제동齊同하다는 것에 대한 논의'라고 해석한다. 그러나 송대宋代의 임희일林希逸 이후로부터는 '물론物論을 가지런히 한다', 즉 '제자백가의 중론을 하나[齊同]로 본다'는 의미로 전화되었다.

이 글은『제물론』의 서두에 해당한다. 남곽자기南郭子綦는 상아喪我와 상우喪耦의 경지에 들어갔다. 이는 피아彼我의 상대세계를 초월하여 이미 절대적 인식경지에 들어가 있음을 나타낸 말이다. 이 이야기는 남곽자기의 말에 신뢰성을 더해주기 위해 가설되었다. 남곽자기는 천뢰天籟에 대해 말하고 싶어 했다. 지뢰地籟와 인뢰人籟는 천뢰를 설명하기 위한 소품일 뿐이다. 천뢰는 무엇일까. 바로 사람에게서 나오는 앎, 감정, 언어를 말한다. 이것이 나오게 한 주인공은 마음이다.

유무劉武는『장자집해내편보정莊子集解內篇補正』에서「제물론」을 총 여섯 부분으로 나누었다. 1. 남곽자기南郭子綦와 안성자유顔成子游의 문답, 2. 요堯와 순舜의 문답, 3. 설결齧缺과 왕예王倪의 문답, 4. 구작자瞿鵲子와 장오자長梧子의 문답, 5. 망양罔兩과 그림자의 문답, 6. 호접몽胡蝶夢 이야기이다. 필자는「제물론」을 6단계로 나누어 설명하는 유무의 의견을 수용한다. 다만, 두 번째의 요堯와 순舜 사이의 대화는 첫 번째의 남곽자기가 제일齊一을 말하는 부분과 합하였다. 그래서 필자는「제물론」을 총 다섯 부분으로 나누어 놓았다.

끝부분은 주의해서 보아야 한다. 자유는 천뢰를 물었는데 남곽자기는 이에 대해 말하지 않고 지뢰에 대해 보충 설명을 더하였다. 이렇게 한 이유는 앞으로 천뢰에 대해서만 전적으로 논하기 위해서이다. 마지막 문장에 대해서는 주석가마다 의견이 분분하다. 이에 대해 유무는 '咸其自取'와 '怒者其誰邪'는 도치시켜서 읽어야 한다고 하면서 '소리는 누구에 의해서가 아니라 스스로가 취한 것이다'라고 풀이했다. 유무의 의견이 타당해 보인다. 만 가지로 불어대는 소리들은 모두 자기 스스로가 취한 것이지 다른 누가 있어 억지로 소리를 나게 한 것이 아니다. 그래서 마지막에서 반어형식으로 '세차게 소리가 나도록하는 자는 그 누구이겠는가'라고 말하여 소리를 나게 하는 특정의 배후자가 따로 존재하지 않음을 밝혔다.

1장 2절

大知[160]閑閑하고 小知閒閒[161]하며 大言炎炎하고 小言詹詹이라

■ 번역

큰 지혜는 한가하고 작은 지혜는 살피고 따지며, 큰 말은 담담하고 작은 말은 수다스럽다.

■ 요지

유무劉武는 여기서부터 '보광葆光'이 나오는 부분까지를 천뢰에 대한 설명으로 본다. 이 의견이 타당해 보인다. 여기서부터 보광에 이

---

[160] 大知(대지) : 대지(大智)와 같다.
[161] 閒閒(간간) : 자세히 살피고 분석함.

르기까지는 주로 언어, 인식, 감정에 대해 다룬다. 이것은 모두 마음의 작용이다. 그래서 천뢰는 '마음의 울림'이라고 말할 수 있다.

천뢰는 앎, 언어, 감정을 말한다. 여기서는 천뢰 중에 앎의 문제와 언어의 문제에 대해 먼저 논한다. 큰 지혜는 분별을 떠날 때 얻어진다. 분별하는 마음이 가득하면 부분적인 지혜를 얻을 뿐이다. 큰 언어는 말이 없다. 말을 많이 하면 할수록 실체와는 더욱 멀어진다. 분별을 버리고 말을 버릴 때, 존재의 실체를 완전히 인식할 수 있고 또 존재의 전모를 전할 수 있다. 남곽자기에 의하면, 자기 생각을 소리 높여 외친 제자백가들은 큰 지혜와 큰 말을 등지고 살았던 사람들이라고 볼 수 있다.

1장 3절

其寐也엔 魂交하고 其覺也엔 形開[162]하야 與接에 爲搆하야 日以心鬪하니라 縵者와 窖者와 密者는 小恐엔 惴惴하고 大恐엔 縵縵[163]이라 其發이 若機栝[164]은 其司是非之謂也오 其留如詛盟은 其守勝之謂也오 其殺(쇄)若秋冬은 以言其日消也라 其溺之所爲之니 不可使復之也라 其厭(안)也如緘은 以言其老洫[165]也라 近死之心니 莫使復陽也니라 喜

---

162 形開(형개) : 욕망의 문이 열리다.
163 縵縵(만만) : 아연실색한 모양.
164 機栝(기괄) : 쇠뇌의 촉.
165 老洫(노혁) : 혁(洫)은 '넘칠 혁'자이다. 그래서 노혁(老洫)은 '늙어서 욕심이 넘침'을 말한다.

> 怒哀樂과 慮嘆變慹과 姚佚啓態는 樂出虛하며 蒸成菌이라 日夜에 相代乎前하되 而莫知其所萌하니 已乎已乎인저 旦暮에 得此하니 其所由以生乎인저 非彼無我요 非我無所取니 是亦近矣로되 而不知所爲使로다

■ 번역

잠잘 때에는 혼이 교차하고 깨어 있을 때에는 욕망의 문이 열려 남과 접촉함에 뒤엉켜 날마다 마음이 갈등한다. (심리상태가) 느슨해진 자와 옹색한 자와 움츠리는 자는 작은 두려움에는 두려워 떨고 큰 두려움에는 아연실색한다. 감정이 일어남이 쇠뇌의 촉과 같음은 시비를 살피는 것을 말하고, 고집스러움을 맹세하듯 함은 이김을 지키는 것을 말하고, 쇠약해짐이 가을이나 겨울처럼 됨은 기운이 날로 사라짐을 말한다. 이렇게 된 것은 (한 편에) 빠진 것이 그렇게 만든 것이니 망가진 심리를 다시 되돌릴 수는 없다. 숨기기를 봉封하여 기운 것처럼 함은 늙어서 욕심이 넘침을 말한다. 이는 죽음에 가까워지는 마음이니 다시는 젊음으로 돌아가게 할 수 없다. 기쁨, 노여움, 슬픔, 즐거움, 염려, 탄식, 변덕, 고집, 경박함, 방탕함, 뽐냄, 교태는 마치 음악이 텅 빈 데서 나오며 습기가 곰팡이를 만드는 것과 같다. 밤낮으로 (저런 감정이) 서로 앞을 대신하여 이어가지만 싹[근원]이 되는 바를 알지 못하니 그만두고 그만둘지어다. 아침저녁으로 (저런 감정을) 일으키니 아마도 (근원에서) 말미암아 생기는 것이리라. 저것(감정)이 아니면 내가 없고 내가 아니면 감정이 의지할[取] 곳이 없다. 이러한 논리는 이치에 근사하나 그렇게 되도록 시킨 자는 알지 못한다.

■ 글자

覺 잠깰 교, 構 뒤엉킬 구, 縵 늘어질 만, 窖 깊을 교, 密 촘촘할 밀, 惴 두려울 췌, 栝 휜 물건을 바로잡는 틀 괄, 詛 맹세 저, 厭 가릴 안, 緘 기울 함, 蟄 부동할 집, 姚 경망할 조, 萌 싹틀 맹.

■ 요지

여기서는 천뢰 중에 감정의 세계에 대해 논했기에 '남곽자기의 심리학 강의'라고 말할 수 있겠다. 사람은 감정 때문에 괴로운 삶을 살지만 이것은 참으로 어리석은 짓이다. 마음이 외부의 환경과 부닥치면 여러 가지 감정을 일으켜 스스로 괴로워한다. 인간의 감정은 허깨비나 다름이 없다. 허깨비는 실체가 없다. 그렇기에 잠시 간에 나타났다가 잠시 간에 사라진다. 마치 없던 음악이 허공에서 나와 허공으로 사라지고, 없던 곰팡이가 습기 때문에 잠시 나타났다가 습기가 없으면 곧바로 사라지는 것과 같다. 사람의 감정도 이와 같아 실체가 없다. 그러나 어리석게도 사람들은 실체도 없는 감정의 노예가 되어 갈등을 겪으면서 살아간다. 감정은 나와 서로 의지하며 존재하는데 이러한 감정이 생기도록 하는 주인공은 누구인지 알지 못한다. 그 주인공은 사실은 마음이다. 마음은 감정 작용을 주재하지만 형상을 내보이지 않는다. 그러므로 마음의 존재를 알기 어렵다. 뒤이어 나오는 글에서는 마음을 '진재眞宰'로 이름하면서 마음의 실체에 대해 더 이야기한다.

若有眞宰[166]나 而特不得其眹이요 可行已信이나 而不見其形하니 有情이나 而無形이로다 百骸와 九竅와 六藏이 賅而存焉하니 吾는 誰與爲親고 汝는 皆說之乎아 其有私焉가 如是면 皆有爲臣妾乎아 其臣妾은 不足以相治乎아 其遞相爲君臣乎아 其有眞君이 存焉이라 如求得其情與不得은 無益損乎其眞이라

■ 번역

진재眞宰가 있는 듯하나 다만 그 조짐을 알 수가 없고, 작용을 한다는 사실은 이미 믿지만 그 형체는 보지 못하니, 실상은 있지만 형체가 없다. 백 개의 뼈와 아홉 개의 구멍과 여섯 개의 장기가 갖추어져 존재하는데, 나는 어느 것과 친한가. 그대는 모든 기관을 좋아하는가. 그 중에 사사로이 사랑하는 것이 있는가. 이와 같다면(사사로이 사랑함이 있다면) 모두가(신체의 모든 기관이) 신하나 첩이 될 수 있는 것인가. 그 신하와 첩들은 서로 다스릴 수 없는 것인가. 신첩들이 번갈아가며 서로 임금이 되고 신하가 되는 것인가. '진군眞君'이라는 자는 참으로 존재한다. 그 실상을 알거나 알지 못함 따위는 진군에게 아무 이익도 손해도 줄 수 없다.

■ 요지

'시킨 자를 알지 못한다'고 한 앞글을 잇고 있다. 여기서는 진재眞宰의 위상과 실재성에 대해 논했다. 진고응陳鼓應은 진재와 진군眞君은 동일한 말로 모두 '참 마음[眞心]'을 뜻한다고 했다. 인체의 여러

---

166 眞宰(진재) : 참 주재자. 여기서는 마음을 말한다.

기관은 여러 가지 감정을 상징한다. 마음은 여러 감정들을 주재하는 상위자로서의 위상을 가진다. 마음이 임금[宰, 君]이라면 여러 감정은 신하와 첩에 해당한다. 마음과 여러 감정 간에 설정된 주종 관계는 임금과 신첩臣妾의 관계처럼 변화될 수가 없다. 마음은 눈에 보이지 않는다. 그러나 그 실체는 존재하기에 남들이 있다고 하든 없다고 하든 상관할 것이 없다. 마치 구름이 있거나 없거나 상관없이 태양은 언제나 그대로인 것과 같다.

一受其成形하면 不亡以待盡이라 與物相刃相靡하야 其行盡을 如馳하야 而莫之能止하니 不亦悲乎아 終身役役[167]이나 而不見其成功하며 苶然疲役이나 而不知其所歸하니 可不哀邪아 人이 謂之不死나 奚益리오 其形이 化어든 其心도 與之然하니 可不謂大哀乎아 人之生也는 固若是芒[168]乎아. 其我獨芒이오 而人은 亦有不芒者乎아

■ 번역

한 번 그 이루어진 몸[形]을 받게 되면 억지로 망치지 말고 자연히 목숨이 다하기를 기다려야 한다. 남들과 서로 손상시키고 서로 쓰러뜨려 끝까지 나아가기를 말 달리듯이 하여 그것을 막을 수가 없으니, 또한 슬프지 아니한가. 종신토록 바쁘게 일하나 그 성공을 보지 못하고, 피곤하게 일을 하지만 그 돌아갈 바를 알지 못하니, 슬프

---

167 役役(역역) : 몸을 아끼지 않고 애쓰는 모양.
168 芒(망) : '망(茫)'자와 뜻이 통한다. '무지하여 사리에 어두움'을 말한다.

지 않겠는가. (이렇게 되면) 사람들이 죽지 않았다고 말하더라도 무슨 이익이 되겠는가. (결국) 그 몸이 죽으면 그 마음도 그렇게 되니 큰 슬픔이라 말하지 않을 수 있겠는가. 사람의 삶은 본래 이처럼 어두운 것일까. 나만 홀로 어둡고 남들은 또한 어둡지 않은 이들도 있는 것일까.

■ 글자

茶 나른할 날, 疲 피곤할 피, 芒 어두울 망.

■ 요지

사람들은 종신토록 감정을 남발하여 몸의 에너지를 소진하면서 무언가를 구하려 한다. 그러나 인생살이는 뜻대로 잘 풀려가지 않는다. 바쁘고 피곤하게 일하지만 만족스러운 결과를 얻지 못한다. 이렇게 되면 설령 목숨이 붙어있다고 해도 살아 있는 것이 아니다. 그러다가 결국에는 몸의 기운이 다하여 죽음을 맞이한다. 몸이 죽으면 모든 것이 암흑 속에 놓인다. 이것이 보통 사람들의 운명이다. 남곽자기는 사람들의 이러한 점을 애처로워하였다. 이 대목은 석가모니가 출가하기 전, 동서남북의 사방 문에서 인간이 겪는 생로병사의 고통을 목도하고 비탄에 젖어있는 모습을 연상시킨다.

1장 4절

> 夫隨其成心^{169}하야 而師之면 誰獨且無師乎아 奚必知代하야 而心自取者라야 有之리오 愚者도 與有焉이라 未成乎心하야 而有是非면 是는 今日適越이로되 而昔至也니라 是以로 無有로 爲有하니 無有로 爲有면 雖有神禹라도 且不能知어늘 吾獨且奈何哉리오

■ 번역

성심成心을 따라 그것을 스승으로 삼는다면 누군들 어찌 스승이 없겠는가. 어찌 반드시 변화의 이치를 알아서 마음에 스스로 취하는 자라야만 성심을 지니고 있겠는가. 어리석은 자도 함께 성심을 가지고 있다. 아직 성심이 없는데도 시비가 있다면, 이는 오늘 월나라로 가는데 어제 도착하였다고 하는 것과 같다. 이런 까닭으로 (성심을 가진 자는) 없는 것을 있다고 여기니, 없는 것을 있다고 우기면 비록 신령스런 우임금도 또한 알 수 없을 텐데 내가 홀로 또 어찌하겠는가.

■ 요지

여기서부터는 천뢰 중 앎의 문제에 대한 이야기이다. 바른 앎을 얻지 못하도록 하는 것이 성심이다. 성심은 '편견'으로 해석할 수 있다. 성심에 대해 성현영成玄英은 『장자소莊子疏』에서 '한 사람의 편견에 사로잡힌 것[執一家之偏見]'이라고 해석한 바 있다. 성심을 긍정적인

---

169) 14) 成心(성심) : 성현영(成玄英)의 『장자소(莊子疏)』에서는 '한 사람의 편견에 사로잡힌 것[執一家之偏見]'으로 해석했다.

마음으로 해석하는 주석가들도 많다. 박세당朴世堂은 "성심은 하늘이 가진 일정한 이치가 나에게 부여된 것[成心 天有定理 所賦於我者也]"이라고 하여 성심을 천리와 연관시켜 해석하였다. 그러나 성심에 대한 박세당의 저 해석은 유학의 심성설에 기반을 둔 것이므로 장자 철학의 본지에 부합한다고는 보기 어렵다. 그리고 전체 문맥상에서 볼 때도 성심은 부정적인 마음으로 해석하는 것이 타당하다고 본다.

특정한 견해에 의해 만들어진 마음이 바로 성심이다. 성심이 있으면 시비를 올바르게 판단할 수가 없다. 성심은 누구나 다 가지고 있다. 지식이 깊은 사람은 자기 생각만 옳다고 여기기에 반드시 성심을 가진다. 물론 평범한 사람도 나름대로 성심을 가지고 있다. 성심을 가지면 자기주장을 굽히지 않는다. 심지어는 '오늘 월나라로 가는데 어제 도착하였다'라고 하는 궤변을 펴기도 한다. 이 궤변은 혜시惠施의 십사十事에 속하는 명제이다. 그렇게 한다면 아무리 신령한 사람이 있다고 해도 시비를 정확히 가릴 수 없다. 성심은 바른 인식을 막는 최대의 적이다. 성심을 해체하는 것이야 말로 바른 인식을 얻는 출발점이다.

夫言非吹也니 言者有言이라 其所言者는 特未定也면 果有言邪아 其未嘗有言邪아 其以爲異於鷇音이니 亦有辯乎아 其無辯乎아 道는 惡乎隱而有眞僞아 言은 惡乎隱而有是非아 道는 惡乎往而不存가 言은 惡乎存而不可아 道隱於小成하고 言隱於榮華라 故로 有儒墨之是非는 以是其所非하고 而非其所是하나니 欲是其所非하고 而非其所是인댄 則莫若以明이니라

■ 번역

말은 바람 부는 소리가 아니니 말에는 말의 의미가 있다. 말한 것이 특히 의미를 단정 짓지 못한다면 과연 말의 용도가 있는 것인가. 일찍이 말의 용도가 있지 않은 것인가. 그것은 새 새끼가 우는 소리와는 다르니, 또한 구별이 있는 것인가. 구별이 없는 것인가. 참다운 도는 어디에 숨었기에 진실과 거짓이 있는가. 참다운 말은 어디에 숨었기에 옳고 그름이 있는가. 참다운 도는 어디로 갔기에 존재하지 않은가. 참다운 말은 어디에 있기에 뜻을 전하지 못하는가. 참다운 도는 '작은 편견[小成]'에 숨겨지고 참다운 말은 화려함에 숨겨진다. 그러므로 유가와 묵가의 시비가 있는 것은 상대방이 그르다고 하는 바를 옳게 여기고 옳다고 하는 바를 그르다고 한다. (상대방이) 그르다고 하는 바를 옳다고 하려하고 (상대방이) 옳다고 하는 바를 그르다고 하려하면, '밝음으로써 함[以明]'만한 것이 없다.

■ 글자

觳 병아리울음 구, 隱 숨을 은·가엾어 할 은.

■ 요지

여기서는 천뢰 중에 언어와 앎의 문제를 함께 논한다. 언어는 바람소리나 새소리와는 달리 인간의 뜻을 전하는 도구이다. 그러나 언어는 원초적으로 기능상의 한계성을 가진다. 언어는 화려하게 꾸밀수록 실체에서 더욱 멀어진다. 도는 '바른 앎', 또는 '참된 인식'을 말한다. 사람들은 바른 앎을 구하려 한다. 그들은 이성을 동원하여 대상을 세밀히 분석한다. 그러나 그렇게 하면 존재의 실상은 더욱 알 수 없다. 유가儒家와 묵가墨家의 시비는 참된 앎과 참된 언어를 잃어 버렸기 때문에 벌어졌다. 그들은 분석적 사유를 함으로써 참된 인식을 얻지 못했고, 게다가 그것을 화려한 말로 드러내려했다. 그들은 서로 자신이 옳고 상대는 그르다고 한다. 이 때문에 유묵儒墨의 시비는 끝이 없다. 유묵의 시비뿐 아니라, 세상에 있는 모든 시비의 속성이 이러하다. 그러면 이 시비를 잠재울 수 있는 수단은 무엇인가. 바로 이명以明이다. 이명은 '밝음으로써 시비를 관조하는 것'을 말한다. 이명에 대한 내용은 뒤에서 전개된다.

1장 5절

物無非彼하고 物無非是라 自彼則不見하고 自是則知之[170]라 故曰 彼出於是하고 是亦因彼니 彼是方生之說也라 雖然이나 方生方死하고 方死方生하며 方可方不可하고 方不可方可하며 因是因非하고 因非因是라 是以로 聖人不由하고 而照之於天하나니 亦因是也라

■ 번역

만물은 저것이 아님이 없고 만물은 이것이 아님이 없다. '저것의 입장[自彼]'에서 (이것[是]을) 보지 못하고 '이것의 입장[自是]'에서 이것을 인식한다. 그러므로 말하기를 "저것은 이것에서 나오고, 이것

---

[170] 自是則知之(자시즉지지) : 어떤 본에는 '自知則知之'로 되어 있다. 진고응(陳鼓應)의 『장자금주금역』에서는 엄영봉(嚴靈峯)의 설에 의거하여 '지(知)'자를 '시(是)'자로 고쳐 '피(彼)'자와 상대가 되도록 하였다. 여기서는 진고응의 설을 따른다.

은 또한 저것에서 말미암는다."라고 하니, 이 말이 곧 '이것과 저것이 방생方生한다'고 하는 학설이다. 비록 그러나 생生이 있으면 동시에 사死가 있고 사가 있으면 동시에 생이 있으며, 가可함이 있으면 동시에 불가不可함이 있고 불가함이 있으면 동시에 가함이 있으며, 시是로 인하여 동시에 비非가 있고 비로 인하여 동시에 시가 있다. 이 때문에 성인聖人은 이런 것(혜시의 방생지설)에 말미암지 않고 천연天然에 비추나니, 또한 '절대의 옳음[因是]'에 근거를 둔다.

■ 요지

만물은 무엇이든 저것에서 보면 이것이 되고 이것에서 보면 저것이 된다. 또 이것이 나타나는 순간 저것이 나타나고 저것이 나타나는 순간 이것이 나타난다. 이것과 저것, 그리고 나와 상대는 늘 병존竝存한다. 그러나 중인衆人은 나만 존재하는 줄 안다. 그래서 상대[彼]의 입장에서 나[是]를 보려하지 않고 나의 입장에서만 나를 보려한다. 현재의 자기 입장은 고정된 것도 아니고 절대적인 것도 아니다. 그러함에도 중인들은 늘 자기의 입장만 있는 줄 알아 그것을 고수하려 한다. 그러나 사실 세상에는 나만 존재하는 법은 없다. '나'라고 하는 존재가 출현하면 그와 동시에 '저'라고 하는 존재가 함께 나타난다. 나와 저는 늘 짝을 맞추어 출현한다. 그러므로 상대가 함께 존재하는 줄 알지 못하고 나의 입장만 알아서 고수하는 것은 참으로 어리석은 짓이다.

이것과 저것은 늘 동시적이면서 상대적으로 나타난다. 이러한 법칙에 대해 논한 학설이 바로 혜시惠施의 십사十事 중 하나인 방생지설方生之說이다. 방생方生의 '방方'자는 '아우름[並]'을 의미한다. 그래서 '방생'이라는 말은 '서로 다른 것이 아울러 탄생한다'라는 의미를 가진다. 혜시는 방생지설을 통하여 상대세계의 원리에 대해 잘 말하였다. 그러나 그는 아직 방생의 상태를 극복하여 최고의 인식을 얻는 법에 대해서는 말하지 못하였다. 장자는 그 법을 남곽자기의 입을 빌려 말하였다. 그것이 바로 조지어천照之於天이다. 조지어천은 '천연으로 비춰보는 인식'을 말한다. 이렇게 하는 것이 바로 인시因是에 의한 인식법이다. 인시는 '절대적 옳음'을 말한다.

是亦彼也요 彼亦是也니 彼亦一是非요 此亦一是非니 果且有彼是乎哉아 果且無彼是乎哉아 彼是 莫得其偶를 謂之道樞라 樞는 始得其環中하야 以應無窮이라 是亦一無窮이요 非亦一無窮也라 故로 曰莫若以明이니라

■번역

이것은 또한 저것이요 저것은 또한 이것이다. 저도 또한 한 쌍의 시비를 두고, 이도 또한 한 쌍의 시비를 둔다. 그렇다면 과연 이것과 저것의 구분이 있는 것인가. 과연 이것과 저것의 구분이 없는 것인가. 저것과 이것이 대립을 이루지 않음을 '도추道樞'라 한다. 추樞가 둥근 고리의 중심에 자리를 얻어 무궁한 시비에 응한다. 시도 또한 하나의 무궁한 것이요 비도 또한 하나의 무궁한 것이다. 그러므로 말하기를 "이명以明으로 하는 것 만한 것이 없다."라고 한다.

■ 요지

　입장에 따라 피는 차로 바뀌고 차는 피로 바뀐다. 피와 차는 본래 없었다. 피와 차가 모두 사라지면 시와 비도 사라진다. 피와 차의 입장이 있으면 한 편에 고착된 인식을 하게 된다. 그러므로 정당성 없는 시비다툼이 자연히 초래된다. 이 문제를 해결하기 위해 장자는 '도추道樞'라고 하는 새로운 개념을 만들어 내었다. 도추는 완전한 인식을 설명하기 위한 비유물이다.

　추樞는 도를 상징하는 물건이다. 추를 '돌쩌귀'라고도 한다. 돌쩌귀에는 암수가 있다. 수톨쩌귀는 문에 부착하는 것으로 막대모양을 하고 있고, 암톨쩌귀는 문의 지지대에 부착하는 것으로 속이 빈 둥근 고리모양을 하고 있다. 수톨쩌귀를 중심이 텅 빈 고리모양의 암톨쩌귀에 끼우면 사람이 문을 여닫는 대로 수톨쩌귀는 끝없이 응하여 움직여 준다. 이는 텅 빈 인식의 창을 확보한 상태에서 무궁한 시비에 치우침 없이 응하는 것을 의미한다. '도추'란 한마디로 말하면 '마음을 텅 비운 상태(암톨쩌귀)'에서 세상의 시비에 '인식기관(수톨쩍귀)'이 응하는 것을 상징한다.

　성현영成玄英은 도추를 '피아를 모두 잊고 시비를 동시에 버린다[彼我兩忘 是非雙遣]'라는 뜻으로 해석했다. 이는 시비는 물론, 시비의 근거처根據處인 피아도 담아두지 않음을 의미한다. 인식기관이 피아·시비에 걸려있지 않으면, 한편에 고착되지 않아 완전한 인식을 얻을 수 있다. 즉 마음을 텅 비워야만 바른 인식을 얻을 수 있다는 말이다.

　세간의 시비는 무한히 순환한다. 그래서 말미에서 "시도 또한 하나의 무궁한 것이요 비도 또한 하나의 무궁한 것이다."라고 하였다.

이에 대해 유무劉武는 『장자집해내편보정』에서 "세상의 시비는 서로 의복倚伏하여 순환상생한다.[世情之是非 兩相倚伏 循環相生]"라고 하였다. 즉 시가 비가 되고 비가 시가 되어 양자가 끝없이 순환한다. 이렇게 되는 이유는 세상의 시비가 본래 진실하지 못한 것이기 때문이다. 끝없이 순환하는 허망한 시비를 단절시키고 바른 인식을 이룰 수 있도록 하기 위해 제시된 것이 바로 이명以明이다. 밝음[明]으로써 인식을 할 때, 비로소 무궁한 시비를 잠재워 완전한 인식에 이를 수 있다.

이 글에서는 도추를 먼저 말한 후 이명을 제시했다. 결국 도추는 이명을 용이하게 설명하기 위해 제시된 비유물인 셈이다. 즉 이명의 '명明'자를 도추의 '추'자를 빌려와 설명을 한 것이다.

1장 6절

以指喻指之非指는 不若以非指로 喻指之非指也요 以馬喻馬之非馬는 不若以非馬로 喻馬之非馬也라 天地一指也며 萬物一馬也라

■번역

내 손가락의 입장에서 상대의 손가락이 진짜 손가락이 아니라고 가르치는 것이 진짜 손가락이 아니라고 내가 부정한 한 상대의 그 손가락으로써 나의 손가락이 진짜 손가락이 아님을 가르치는 것보다 못하다. 내 말[馬]의 입장에서 상대의 말이 진짜 말이 아니라고 가르치는 것이 진짜 말이 아니라고 내가 부정한 상대의 그 말로써 나의

말이 진짜 말이 아님을 가르치는 것만 못하다. 천지는 하나의 손가락이요, 만물은 하나의 말이다.

■요지

　이 문장은 앞의 도추道樞·이명以明과 연계하여 읽어야 한다. 손가락[指]과 말[馬]은 명가名家의 학설에 등장하는 주요 소재이다. 그러나 여기서 장자가 손가락과 말을 등장시킨 것은 제물齊物의 논리를 말하기 위해서이므로 그것들을 명가의 학설과 연계시켜 해석할 필요는 없다.

　장자는 이 문장에서 시와 비가 하나임을 밝히려 했다. 그것은 결론을 "천지는 하나의 손가락이요, 만물은 하나의 말이다."라고 한데서 알 수 있다. 옳고 그름은 모두 자신의 입장에서 내린 판단일 뿐이다. 자신의 입장을 가진 사람은 당연히 자기중심적인 인식활동을 할 수밖에 없다. 이러한 상황에서는 바른 인식을 수행할 수 없다. 내 손가락의 입장에서 상대의 손가락을 진짜 손가락이 아니라고 한다면, 그것은 나의 입장에서 내린 판단이므로 정당한 답이 아니다. 만약 내가 부정했던 상대의 손가락을 기준으로 하여 나의 손가락을 본다면, 당연히 내가 손가락으로 믿었던 그 손가락은 손가락이 아닌 것으로 보인다. 이처럼 입장을 뒤바꾸어 인식하는 것을 곽상郭象은 '반복상유反覆相喩'라고 한다. 그러나 반복상유한다고 해서 바른 답을 얻을 수 있는 것은 아니다. 나의 입장이든 상대의 입장이든 일단 입장을 가져버리면, 그 순간부터 올바른 인식활동은 기대할 수 없다.

　입장을 바꾸어 보는 것만으로는 완전한 인식은 얻을 수 없다. 반드시 입장을 과감히 버려야만 이명의 인식을 할 수 있다. 이명의 인식은 피아가 모두 각자의 입장을 깨끗하게 버려야만 얻을 수 있다. 입장을 버려 인식의 창을 텅 비우지 않으면, 올바른 인식활동을 수행할 수 없다. 만약 텅 빈 마음으로 인식활동을 한다면, 시와 비의 분별이 깨끗이 사라진 절대적 경지의 인식을 확보할 수 있다. 이때는 지指와 비지非指, 마馬와 비마非馬가 모두가 하나임을 체득하게 된다. "천지는 하나의 손가락이요, 만물은 하나의 말이다."라고 한 말은 바로 이를 두고 한 것이다. 이러한 인식을 '제일齊一의 인식'이라고 한다.

   이 문장에 대해서는 다양한 각도의 풀이가 존재한다. 그러나 이 문장은 「제물론」에 속해있고, 또 결론에서 '일지一指'와 '일마一馬'를 등장시켜 '하나'를 강조했다는 점에서 볼 때, 이 문장은 시와 비, 그리고 지와 비지, 마와 비마를 모두 하나로 보는 제일사상齊一思想에 초점을 맞추어 이해해야 할 것이다.

可乎可하고 不可乎不可라 道는 行之而成이오 物은 謂之而然이니 惡乎然고 然於然이라 惡乎不然고 不然於不然이라 物固有所然이오 物固有所可하며 無物不然이오 無物不可라 故로 爲是하야 擧莛與楹과 厲與西施와 恢恑憰怪는 道通爲一이라 其分也에 成也오 其成也에 毁也라 凡物無成與毁하고 復通爲一이라 唯達者는 知通爲一이라 爲是로 不用而寓諸庸하나니 庸也者는 用也요 用也者는 通也요 通也者는 得也니 適得이면 而幾矣니라 因是已니 已而오 不知其然을 謂之道라 하니라

■ 번역

옳다고 하면 옳고 옳지 않다고 하면 옳지 않다. 길은 걸어 다니면 이루어지고, 물건은 그렇게 지칭하면 그렇게 된다. 어찌하여 그렇게 되는가. 그러한 데서 그러하다. 어찌 그렇게 되지 않는가. 그러하지 않은 데에서 그러하지 않다. 물건은 본래 그러한 바가 있고 물건은 본래 옳은 바가 있으며, (반대로) 그렇지 않은 물건이 없고 옳지 않은 물건이 없다. 그러므로 이를 위해서 '작은 막대[擧莛]'와 '큰 기둥[楹]', 문둥이[厲]와 천하절색 서시西施, '광대한 것[恢詭]'과 '은밀한 것[譎怪]'의 상대적인 존재들은 도를 통하여 볼 때는 모두 하나일 뿐이다. 나누면 다시 이루어지고 이루어지면 다시 훼손된다. 모든 물건은 이루어짐과 훼손됨을 막론하고 다시 통하여 하나가 된다. 오직 달인達人은 통합되어 하나가 됨을 알기에, '인위적으로 분별[用]'하지 않고 '용庸'에 맡긴다. '용'은 '큰 인식작용'이요, 큰 인식작용은 통通함이요, 통함은 얻음이다. 하나가 됨을 얻으면 도에 가까워진다. '시비를 떠난 절대의 옳음[因是]'에 근거할 뿐이니 그렇게 할 뿐이지만 그렇게 된 것을 알지 못하는 것을 일러 '도'라고 한다.

■ 글자

莛 풀줄기 정, 楹 기둥 영, 厲 문둥병 려, 恢 넓을 회, 詭 변할 궤, 譎 속일 휼

■ 요지

모든 것은 본래 정해진 결론은 없다. 분별하여 양단으로 규정하면 그렇게 된다. 그러나 모든 양단은 도道에서 보면 하나이다. 그래서 달인達人은 '용庸에 맡기는 인식[寓諸庸]'을 한다. 이는 '시비를 떠난

절대의 옳음[因是]'에 의거하므로 완전함을 얻는다.

> 勞神明하야 爲一이로되 而不知其同也니 謂之朝三이라 何謂朝三고 狙公賦芧日 朝三而暮四라한대 衆狙皆怒어늘 日 然則朝四而暮三이라하니 衆狙皆悅이라 名實未虧로되 而喜怒로 爲用하니 亦因是也라 是以로 聖人은 和之以是非하야 而休乎天鈞[171]하나니 是之謂兩行[172]이니라

■ 번역

(억지로) 신명을 수고롭게 하여 하나가 되게 하지만 본래 같음을 모르니, 이것을 일러 '조삼朝三'이라 한다. 무엇을 '조삼'이라고 하는가. 원숭이를 키우는 저공狙公이 도토리를 주면서 "아침에 세 개를 주고 저녁에 네 개를 주겠다."라고 하니, 무리들이 모두 성을 내었다. 저공이 말하기를, "그러면 아침에 네 개 주고 저녁에 세 개를 주겠다."라고 했다. 이에 여러 원숭이들이 모두 기뻐했다. 저공이 명분과 실리를 놓치지 않으면서 원숭이들의 희노喜怒의 감정을 이용한 것은 또한 '절대적 옳음을 따른 것이다[因是]'. 이로써 성인聖人은 시비를 하나로 섞어 천균天鈞에 쉬게 하나니, 이를 일러 '양행兩行'이라 한다.

....

171 天鈞(천균) : 유무(劉武)의 『장자집해내편보정』에 의하면, 천균(天鈞)은 도추처럼 인식의 주체가 텅 비어져 피아도 시비도 존재하지 않는 상태를 말한다. 올바른 인식은 이러한 상태에서만 실천할 수 있다. '천균에 쉰다[休乎天鈞]'는 말은 인위적인 인식활동을 하지 않고 텅 빈 인식의 창에 시비를 던져두는 자연의 인식을 말한다.

172 兩行(양행) : 유무(劉武)는 『장자집해내편보정』에서 "성인(聖人)은 시비를 화합하고 통합시켜 하나로 본다.[聖人和通是非 視之如一]"라고 하였다. 양단을 하나로 보는 것을 '양행'이라 한다. 양행은 천균에 쉬는 인식을 할 때 성취된다. 이것은 불교의 중도(中道)를 논할 때 제시된 쌍차쌍조(雙遮雙照)와 유사한 의미를 가진다.

■ 글자

芧 도토리 서, 虧 이지러질 휴, 鈞 고를 균

■ 요지

여기서는 『제물론』의 본지本旨인 제일齊一의 인식을 비유적으로 논하고 있다. '제일'이란 양단을 평등하게 하나로 보는 인식이다. 조삼모사朝三暮四와 조사모삼朝四暮三이 상반되는 것 같지만 기실은 하나이다. 이렇게 보는 것은 '절대적 옳음[因是의 是]'을 근거로 한다. '절대적 옳음'이란 이분법적인 사유에서 파생된 상대적 옳음과는 다르다. 성인聖人은 분별의 장을 넘어선 절대 자리에서 인식 없는 인식을 행한다. 이러한 인식을 '천균天鈞에 쉬는 인식[休乎天鈞]'이라 한다. 천균은 상대성을 넘어 절대적 인식을 가능하게 하는 주체이다. 양단의 시비를 천균에 맡겨두면, 양 극단은 하나로 녹아든다. 이것을 '양행兩行'이라 한다. 저공은 바로 이러한 인식을 한 것이다.

아침에 네 개를 주고 저녁에 세 개를 준다고 하자 원숭이들이 화를 내지 않은 이유는 뭘까. 이에 대해 유무劉武는 '원숭이들의 천성을 순응했기 때문[順其天性而已]'이라고 해석했다. 즉 저공이 특정한 입장을 가지지 않고 당장 아침에 네 개를 주는 것을 더 좋아하는 원숭이들의 천성을 따라준 것뿐이라는 말이다. 저공은 조삼모사와 조사모삼이 본질적으로는 동일하다는 사실을 잘 알고 있다. 그래서 그는 한 편에 걸림이 없이 자유자재로 양단을 하나로 여겨 활용을 한 것이다. 저공은 제일의 경지에 넉넉히 들어간 인물이라 할 수 있겠다.

1장 7절

古之人은 其知有所至矣라 惡乎至오 有以爲未始有物者하니 至矣盡矣하야 不可以加矣라 其次는 以爲有物矣이나 而未始有封[173]也라 其次는 以爲有封焉이나 而未始有是非也라 是非之彰也는 道之所以虧也니 道之所以虧에 愛之所以成이라 果且有成與虧乎哉아 果且無成與虧乎哉[174]아 有成與虧는 故昭氏之鼓琴也요 無成與虧는 故昭氏之不鼓琴也[175]라. 昭文之鼓琴也와 師曠之枝策[176]也와 惠子之據梧[177]也에 三子之知는 幾乎皆其盛者也라 故로 載之末年이라 唯其[178]好之也는 以異於彼[179]라 其好之也는 欲以明之라 彼는 非所明而明之라 故로 以堅白之昧終이나 而其子도 又以文之綸[180]終이나 終身無成하니

---

173 封(봉) : 왕선겸(王先謙)의 『장자집해(莊子集解)』에서는 '경계[界域]'라고 해석했다. 즉 '피차의 구분'을 말한다.

174 果且有成與虧乎哉(과차유성여휴호재) 果且無成與虧乎哉(과차무성여유호재) : 이 구절은 앞 구절에 전개된 '사라짐[虧]'과 '이루어짐[成]'의 상대적 구분이 무의미한 것임을 각성시키기 위해 제시되었다.

175 故昭氏之不鼓琴也(고소씨불고금야) : 옛날의 소씨는 거문고 연주가였다. '거문고를 타는 것'은 인위적 행동으로 '이루어짐'과 '사라짐'의 구분이 있음이요, '거문고를 타지 않음'은 무위의 행위로 그 구분이 없음을 상징한다. 그래서 거문고를 타지 않아야 최상의 경지가 된다. 거문고를 타지 않을 때는 오음(五音)을 다 갖춘 완전한 음악이지만, 특정의 소리를 내면 곧바로 개별적 소리로 떨어지고 만다. 소리를 내지 않는 음악이라야 진정한 음악이다. 사명대사(四溟大師)는 「교몽가(覺夢歌)」에서 "월색은 교교하고 만산은 적적한데, 줄 없는 거문고를 높이 타니 이 소식 뉘라서 알까."라고 읊었다. 여기에는 줄 없는 거문고를 타기에 당연히 소리가 없다. 소리 없는 거문고 소리라야 묘음(妙音)이 되는 것이다.

176 枝策(지책) : 枝(지)는 세움, 策(책)은 거문고 줄을 받치는 기둥. '지책'은 거문고 현을 조율함을 뜻한다.

177 據梧(거오) : 오동나무에 걸터앉아 변론함을 의미한다.

178 其(기) : 뒤에 나오는 기(其)와 함께 소문(昭文)과 사광(師曠)을 지칭한다.

179 彼(피) : 뒤에 나오는 피(彼)와 함께 혜자(惠子)를 지칭한다.

180 綸(륜) : 기술.

若是而可謂成乎인댄 雖我無成이라도 亦可謂成矣리라 若是而不可謂成乎인댄 物[181]與我는 無成也라 是故로 滑疑之耀[182]는 聖人之所圖也라 爲是로 不用而寓諸庸이니 此之謂以明이라

■ 번역

옛사람들은 그 지혜가 지극함에 이름이 있었다. 어디에 지극함이 있었는가. 애당초 사물이 있지 않다고 여기는 사람이 있었으니, 지극하고 극진하여 여기에 더할 수가 없다. 그 다음은 사물이 있다고는 여기지만 애당초에 구분이 있지 않았다. 그 다음은 사물을 분석하지만 애당초에 시비를 두지 않았다. 시비가 드러남은 도가 사라져서 그런 것이니, 도가 사라짐에 애착이 이루어진다. (그러나) 과연 애착이 이루어짐과 도가 사라짐이 있는 것인가. 과연 애착이 이루어짐과 도가 사라짐이 없는 것인가. 이루어짐과 사라짐이 있는 것은 옛날 소씨昭氏가 거문고를 타는 것이고, 이루어짐과 사라짐이 없는 것은 소씨가 거문고를 타지 않는 것이다. 소문昭文이 거문고를 타는 것과 사광師曠이 거문고 현을 조율하는 것과 혜자惠子가 오동나무에 기대어 담론을 하는 것, 이 세 사람의 이러한 재능은 거의 성대함에 도달했다. 그래서 그들의 일이 후세에 기록으로 전해졌다. 오직 그들(소문, 사광)이 좋아하는 것은 저(혜자)와는 다르다. 그들(소문, 사광)이 좋아

---

[181] 物(물) : 위의 세 사람을 말한다.
[182] 滑疑之耀(활의지요) : '흐릿한 빛'을 말하는데, 분별의식이 작동하지 않는 상태를 상징한다. '우저용(寓諸庸)의 '용(庸)'과 같은 의미를 가진다. 노장철학에서는 시비를 가리기 위해 빛을 내는 것을 혐오한다. 이 점은 『노자』, 제20장의 "속인은 밝고 밝거든 나는 홀로 어둡고 어둡게 한다.[俗人昭昭 我獨昏昏]"라고 한 말에서도 알 수 있다.

하는 것은 그들의 기술을 규명하는 것이다. 저(혜자)는 애당초에 밝힐 수 없는 것을 밝히려 했다. 그래서 혜자는 견백론堅白論과 같은 궤변에 빠져 일생을 몽매하게 마쳤다. 소문의 아들도 역시 소문의 기술[綸]을 죽을 때까지 연구했으나 끝내 뜻을 이루지 못하였다. 이와 같음을 이루었다고 말할 수 있다면 비록 나처럼 이룸이 없더라도 또한 이루었다고 말할 수 있다. 이와 같음을 이루었다고 말할 수 없다면 저들과 나는 이룬 것이 없다. 이 때문에 '흐릿한 빛[滑疑之耀]'은 성인聖人이 추구하는 바이다. 이로써 용用으로 하지 않고 용庸에 맡기나니, 이를 일러 '이명以明'이라 한다.

■ 요지

인간의 인식수준을 '대상對象이 없음을 봄'-'대상을 보되 구분하지 않음'-'구분하되 시비를 가리지 않음'-'구분하여 시비를 가림'의 단계로 나누었다. 시비를 구분함은 도道가 사라짐으로써 일어난다. 도가 사라지면 애착이 이루어진다. 그런데 더 생각해보면, '도가 사라진다'라고 하거나 '애착이 이루어진다'라고 함도 역시 구분하는 것이다. 그래서 무엇이 이루어지고 사라진다고 하는 구분에서도 벗어나야 한다. 그래야만 인위를 떠나 무위의 도에 이를 수 있다. 이것을 '거문고를 타지 않지만 진정한 연주를 이룬 경지'로 비유할 수 있다. 거문고를 타는 순간 그 소리는 개별적인 소리로 추락하여 온전한 음악에서 벗어난다. 타지 않으면 그 속에 완벽한 음악이 갖추어져 있다.

소문昭文과 사광師曠, 그리고 혜자惠子는 모두 인위적인 기술을 추구하는 사람들일 뿐이다. 즉 거문고를 타는 사람임을 의미한다. 인위적인 기술로는 애당초 지극한 경지에 도달할 수 없다. 현실 세계에서 감지할 수 있는 소문과 사광의 기술보다는 눈에 보이지 않는 추상적인 것을 추구하는 혜자의 기술은 더욱 밝히기 어렵다. 그래서 혜자는 애당초에 밝힐 수 없는 것을 밝히고자 하여 결국 견백론堅白論 따위를 주장하는 궤변론자로 전락하고 말았다. 그리고 소문과 사광의 기술 역시 미묘한 부분에 있어서는 다 밝힐 수가 없었다. 그래서 소문의 경우 그 아들이 종신토록 그의 기술을 밝히려 했으나, 끝내 뜻을 이루지 못했다. 분별을 통하여 인위적으로 밝히려하면 지극한 세계를 밝힐 수 없다. 지극함을 구하는 자는 분별의 눈이 밝아서는 안 된다. 그래서 성인聖人은 인식의 창을 '흐릿한 빛[滑疑之耀]'과 같은 상태로 유지한다. 이것이 바로 '용庸'에 의한 인식이다.

1장 8절

今且有言於此하니 不知其與是類乎아 其與是不類乎아 類與不類 相與爲類[183]면 則與彼로 無以異矣니라 雖然이나 請嘗言之호리라 有'始也者'하며 有未始'有始也者'하며 有未始'有夫未始有始也者'라 有'有也者'하며 有'無也者'하며 有未始'有無也者'하며 有未始'有夫未始有無也者'라 俄而有無矣나 而未知케라 有無之果孰有孰無也요 今我則已有謂矣나 而未知吾所謂之其果有謂乎아 其果無謂乎아

183　相與爲類(상여위류) : 이미 비교의 대상이 되었다는 점에서 볼 때, 모두가 완전치 못하다.

■ 번역

지금 또 여기에 이러한 말이 있으니, 어떤 이의 말이 진리[是]와 같은 종류이며 어떤 이의 말이 진리와 같은 종류가 아닌 줄 알지 못한다. 같은 종류와 같은 종류가 아닌 것을 서로 같은 종류로 간주해 버리면, (진리가 아닌) 저것과 다름이 없게 될 것이다. 비록 그러나 시험 삼아 말해보려 한다. '시작이라는 것'이 있으며, 애당초 '시작이라는 것이 아직 있지 않음'이 있으며, 애당초 '처음부터 시작이라는 것이 아직 있지 않음'이 아직 있지 않음도 있다. '유有라는 것'이 있으며, '무無라는 것'이 있으며, 애당초 '무라는 것이 있지 않음'이 있으며, 애당초 '처음부터 무라는 것이 아직 있지 않음'이 아직 있지 않음도 있다. 갑자기 무에 대해 말했으나 아직 알지 못하겠다. 유와 무가 과연 무엇이 유이고 무엇이 무인가. 지금 내가 유무에 대해 말했으나, 내가 말한 것이 과연 (실체를) 말한 것이 있는 것인가, 과연 (실체를) 말한 것이 없는 것인가.

■ 요지

여기서는 인식과 언어의 문제를 주제로 삼았다. 먼저 시작의 기원에 대해 말했다. '시작'이라고 하지만 어디서부터가 진짜 시작인지 알 수가 없다. 시작의 시점이 있다면 그 시작이 생기기 이전의 시작이 또 있다. 이렇게 미루어 가면 진정한 시작은 어디서부터인지 알 수가 없다. 시작뿐만 아니라, 유有과 무無도 마찬가지이다. 유 이전에는 무가 있었다. 그러나 '무'라고는 하지만 지금 '무'라고 하는 그 무 이전의 무가 또 있다. 이렇게 미루어 가면 진정한 무는 어디서부터인지 알 수가 없다. 여기서 시작과 유무에 대해 말한 것은 우주의 존재양상을 밝히려 한 것이 아니라, 진정한 인식의 길이 쉽지 않음을 밝히기 위해서이다. 겸하여 유와 무를 언어로 표현하려하나 언어로는 그 의미를 전할 수 없음을 밝히고 있다.

天下에 莫大於秋毫之末하고 而大山爲小요 莫壽於殤子하고 而彭祖爲夭하니 天地與我竝生이오 而萬物與我爲一이라 旣已爲一矣면 且得有言乎아 旣已謂之一矣이면 且得無言乎아 一與言이 爲二요[184] 二與一이 爲三이라 自此以往이면 巧曆도 不能得이온 而況其凡乎아 故自無[185]로 適有라도 以至於三이어늘 而況自有로 適有乎아 無適焉이니 因是已니라

■번역

천하에 가을철 짐승의 털끝보다 더 큰 것은 없고 태산은 작다. 일찍 죽은 아이보다 장수한 사람은 없고 팽조는 일찍 죽었다. 천지는 나와 함께 생겨났고 만물은 나와 하나이다. 이미 (만물과 내가) '하나'라고 했으면 또한 말을 둘 수 있을까. 이미 '하나'라고 했으면 또한 말을 둘 수 없을까. '하나'라고 한 그 당체當體와 '하나'라고 한 말을 더하

---

184 爲二(위이) : 언어는 당체가 아니다. 그래서 당체와 언어는 서로 분리된다.
185 無(무) : '의견이 없음'을 의미한다. 만물이 나와 하나라는 그 사실만 있고 의견이 없는 것을 '무(無)'라고 한다. 사실만 있고 의견이 없는 데서부터 시작해서 결국 하나인 사실에 대한 지칭이 생겼고, 게다가 이에 대한 또 다른 의견이 새롭게 제시된다. 그래서 의견이 없는 데서부터 시작했지만 세 가지, 즉 '하나라는 그 사실', '그것에 대한 지칭', '이를 둘러싼 새로운 의견'이 생겨난 것이다. 만약 이미 '여러 의견이 있는 상태[有]'에서부터 의견을 추가하기 시작했다면, 의견의 수가 끝없이 새롭게 추가될 것이다.

면 둘이 되고, 둘에다 새로 하나의 의견을 더하면 셋이 된다. 이로부터 나아가면 셈을 잘하는 교력巧曆도 감당할 수 없거늘, 하물며 평범한 사람은 어떠할까. 그러므로 무로부터 유로 나아가더라도 셋에 이르거늘, 하물며 유로부터 유로 나아감에 있어서는 어떠할까. (애당초) 나아가지 말아야 할 것이니, '절대적 인식[因是]'에 말미암을 뿐이다.

■ 요지

미세한 가을 털이나 거대한 태산은 크기가 차별이 없고, 어려서 요절한 사람이나 800년을 산 팽조는 수명이 동일하다. 분별의식에서 보면 사물마다 차별이 있지만 분별을 떠난 텅 빈 도道의 경지에서 보면 모두가 평등하다. 천지만물은 모두 제일齊一하다. 여기에는 더 이상 논변할 것이 없다. 논변을 멈추면 곧바로 완전해진다. 만약 논변을 하여 의견을 만들어내면, 끝없이 논변의 늪에 빠져들고 만다. 다시는 논변도, 논변의 뿌리인 분석도 하지 말아야 한다. 오직 도[因是]에 의지하도록 해야 한다.

夫道는 未始有封하고 言未始有常이라 爲是而有畛[186]也라 請言其畛이면 有左有右하고 有倫有義하며 有分有辯하고 有競有爭하니 此之謂八德[187]이라 六合之外는 聖人이 存而不論하고 六合之內는 聖人이 論而不議라 春秋經世先王之志는 聖人議나 而不辯이라 故로 分也者엔

....

186 畛(진) : 두렁길 또는 경계. 여기서는 '분간하는 것'을 뜻한다.
187 此之謂八德(차지위팔덕) : 장자는 8덕을 참다운 덕으로 여기지 않는다.

> 有不分也요 辯也者엔 有不辯也라 曰何也오 聖人은 懷之요 衆人은 辯之하야 以相示也라 故曰辯也者는 有不見也니라

■ 번역

　도는 처음부터 경계가 없고 말은 처음부터 참됨[常]이 없다. (경계가 있고 참됨이 있다고 생각하기) 때문에 분간이 있게 된다. 청하건대 분간에 대해 말해본다면 왼쪽이 있고 오른쪽이 있으며, 인륜이 있고 의리가 있으며, 분간이 있고 분별이 있으며, 겨룸이 있고 다툼이 있으니, 이것을 일러 (세간에서는) '여덟 가지 덕'이라 한다. 우주[六合] 밖은 성인이 염두에 두지만 말[論]하지 않고 우주 안은 성인이 말하지만 따지지[議] 않았다. 『춘추春秋』에 경세經世하는 선왕先王에 대한 기록[志]은 성인이 따지지만 판별[辯]하지 않았다. 그러므로 분간하려 함엔 분간하지 못할 것이 있고, 판별하려 함엔 판별하지 못할 것이 있다. 말하기를, "무엇 때문인가. 성인은 그것을 품고만 있고 보통사람은 그것을 판별하여 서로에게 보인다. 그러므로 '판별하는 자는 시비의 진상을 보지 못한다'라고 하는 것이다."

■ 글자

　封 경계 봉. 畛 경계 진. 懷 품을 회.

■ 요지

　최상은 알지만 말하지 않고, 다음은 말하지만 따지지 않고, 그 다음은 따지지만 판단하지 않는다. 판단은 인식이 한 편으로 치우칠 때 일어난다. 그래서 완전한 인식을 하는 성인은 판단을 멈춘다.

夫大道不稱하고 大辯不言하고 大仁不仁하고 大廉不嗛하고 大勇不忮니라 道昭면 而不道요 言辯이면 而不及이요 仁常이면 而不成[188]이요 廉淸이면 而不信[189]이요 勇忮면 而不成이니라 五者는 園而幾向方矣[190]니라 故로 知止其所不知면 至矣니 孰知不言之辯과 不道之道리오 若有能知면 此之謂天府[191]니 注焉而不滿하고 酌焉而不竭하되 而不知其所由來할새 此之謂葆光[192]이니라 故로 昔者에 堯問於舜曰 我欲伐宗膾胥敖[193]하야 南面이나 而不釋然하노니 其故何也오 舜曰 夫三子者는 猶存乎蓬艾之間이어늘 若이 不釋然은 何哉[194]오 昔者에 十日竝出[195]

....

[188] 不周(부주) : 인(仁)이 자취가 있으면 도리어 널리 펴지지 않는다는 뜻이다.

[189] 不信(불신) : 청렴을 선명하게 내세우면 결국 그것이 올무가 되어 나중에는 조금이라도 허물을 짓게 되면 금방 불신의 대상으로 전락하고 만다. 큰 청렴은 청렴하지 않은 것처럼 한다.

[190] 園而幾向方矣(원이기향방의) : 원(園)은 '둥글게 깎음'을 말한다. 깎아서 둥글게 하려 하지만 도리어 모가 나게 된다는 뜻이다. 인위적인 행위를 할수록 의도와 어긋나게 됨을 말한다.

[191] 天府(천부) : 앞에서 본 조지어천(照之於天)과 천균(天鈞)에서처럼 여기서의 천(天)은 '완전한 표준' 또는 '완전한 기준'을 상징하는 말이다. 그러므로 여기서의 '천부'는 '완전한 언어와 완전한 인식이 깃든 창고'를 말한다. 왕선겸(王先謙)의 『장자집해(莊子集解)』에서는 "혼연한 가운데 저장하지 않은 것이 없다.[渾然之中 無所不藏]"라고 하였다. 이는 완전한 인식을 이룰 수 있도록 모든 가능성을 갖추고 있음을 뜻하는 말이다.

[192] 葆光(보광) : 성현영(成玄英)의 『장자소(莊子疎)』에서는 "감추어졌지만 그 빛이 더욱 밝다.[韜蔽 而其光彌朗]"라고 하였다. 보광은 '감추어져 있는 빛'을 뜻한다.

[193] 宗膾胥敖(종회서오) : 종(宗)·회(膾)·서오(胥敖)는 소국의 이름이다. 여기서는 나와 대립적 관계를 형성하는 대상으로서의 의미를 가진다.

[194] 不釋然何哉(불석연하재) : '작은 나라를 치는데 석연치 않게 생각할 것이 뭐가 있는가'의 뜻으로, 거리낌 없이 치라는 말로 이해할 수 있다. 그러나 사실 이 구절은 반어적인 성격을 가진다. 즉 작은 나라를 공격의 대상으로 보지 말라는 말이다.「제물론」의 입장에서는 저들과 나를 대립적으로 보는 분별적 사고를 중지하라는 뜻으로 이해해야 한다.

[195] 十日竝出(십일병출) :『회남자』,「남명」에 요임금 때 예(羿)가 하늘에 10개의 태양이 떠올라 세상을 뜨겁게 하자 9개를 맞추어 떨어뜨렸다는 이야기가 나온다.

하야 萬物皆照어늘 而況德之進乎日者乎[196]아

■ 번역

큰 도는 일컬을 수 없고, 큰 변론은 말이 없고, 크게 인자함은 인자하지 않고, 크게 청렴함은 꺼리지 않고, 큰 용기는 사납지 않다. 도는 드러나면 도가 되지 못하고, 말은 변론하면 실체에 미치지 못하고, 인자함은 자취가 있으면 두루 이루지 못하고, 청렴함은 깨끗하게 하면 참답지 못하고, 용기는 사납게 하면 이루지 못한다. 이 다섯 가지는 둥글게 하려고 했지만 도리어 모가 나고 만 경우이다. 그래서 앎이 알 수 없는 곳에서 그치면 지극하다. 누가 말 없는 논변과 일컬음 없는 도의 세계를 알리오. 만약 이것을 능히 앎이 있으면, 이러한 경지를 일러 '천부天府'라 한다. 아무리 물을 부어도 차지 않고 아무리 퍼내어도 고갈되지 않지만 그 유래를 알지 못할세. 이를 일러 '보광葆光'이라 한다. 그러므로 옛날에 요堯가 순舜에게 묻기를, "내가 종宗과 회膾와 서오胥敖를 치려는데 제왕으로서 속이 찜찜하니, 무슨 까닭인가." 순이 말하기를, "저 세 나라의 왕은 쑥대밭 사이에 갇혀 사는 미물들입니다. 그런데도 임금께서 찜찜하게 여기심은 무엇 때문입니까. 옛날에 열 개의 태양이 동시에 떠올라 만물을 다 비추었거늘, 하물며 덕이 태양보다 더 높은 분이야 어떠해야 하겠습니까."라고 하였다.

---

196 況德之進乎日者乎(황덕지진호일자호) : 태양이 만물을 포용하듯 저들 나라를 치지 말라는 것이 이 구절의 표면적인 뜻이다. 그러나 이것은 비유이다. 즉 태양도 만물을 대립이 아닌, 평등하게 인식하는데 그 태양보다 더 뛰어난 덕을 가진 요임금이시라면 저들을 대상으로 보아서는 안 된다는 말이다. 즉 물아양망(物我兩忘)의 인식을 하라는 말이다.

■요지

　여기서는 무위의 인식, 무위의 언어에 대해 논한다. 무위의 인식과 무위의 언어를 아는 경지를 '천부天府'라 한다. 천부의 기능이 무한히 저장되어 그 활용이 끝없을 '보광葆光'이라 한다. 천부와 보광은 모두 인식의 문제와 관련되어 있다. 그래서 뒤이어 나온 요堯와 순舜의 대화도 인식의 문제와 관련하여 이해해야 한다. 그것은 "此之謂葆光 故昔者 堯問於舜曰"이라고 하는 문장에서 알 수 있다. 보광이 나온 구절과 요순의 문답 사이에 '그런 때문에'를 뜻하는 '故'자가 있다. 이것은 양자가 상관관계가 있음을 의미한다. 그래서 요순의 문답은 인식의 문제와 관련하여 이해해야 한다.

　요순의 문답에 대해서만 조금 더 살펴보면, 이 부분은 두 종류의 해석이 가능하다. 첫 번째로는 순이 요임금에게 종宗과 회膾와 서오胥敖를 실제로 취하도록 권했다는 의미로 볼 수 있다. 두 번째로는 「제물론」의 본지에 따라 작은 세 나라들과 피아의 대립적 형세를 취하는 분별심을 없애라는 뜻으로 볼 수 있다.

　첫 번째의 뜻으로 볼 수 있는 이유는 다음과 같다. 「인간세」에서 요임금이 서오 등의 나라를 쳐 명예와 실익을 구했다면서 요임금을 부정적인 인물로 묘사하는 내용이 나온다. 실제로 이 글의 흐름을 보면, 「인간세」에서 한 말과 부합한다. 요임금이 작은 세 나라를 치려고 했으나 마음 한 구석에 찜찜함이 있었다. 이때 순이 나서서 찜찜해할 것이 없다고 하면서 '태양보다 더 높은 덕을 가진 요임금께서 저 조그마한 나라를 침에 있어 두려워할 게 뭐가 있겠는가'라는 말로 요임금에게 저 세 나라를 치도록 독려하였다. 이렇게 해석을 하면, 문맥상 아주 자연스럽다. 여기서 이렇게 말한 이유는 태양보다 더 밝음을 뽐내는 요임금과 순의 탐욕적인 태도를 비난하기 위해서라고 이해할 수 있겠다.

두 번째의 뜻으로 해석을 해보면, 이 부분을 인식의 문제와 관련하여 이해할 수 있다. 앞의 문장에서는 인위적인 인식은 참답지 못한 것임을 지적하면서 말미에 천부와 보광에 대해 말하였다. 보광 뒤에는 '고故'자가 있다. '그러므로'라는 뜻을 가진 '고'자는 앞뒤의 문장이 서로 인과관계를 가짐을 암시하는 글자이다. 그래서 '천부'를 이어서 나온 요순의 문답은 '천부'가 가진 의미에 부응하도록 해석해야 한다. 임희일林希逸은 이러한 방향으로 이 부분을 이해하였다. 임희일이 말했다. "태양이 만물을 두루 비추지 않음이 없거늘, 하물며 나의 덕이 태양보다 더 나은데, 이 셋을 용납하지 못할까. 이 말의 뜻은 대개 물과 나, 시와 비 따위는 성인聖人이 내버려두어 분별하지 않고 천天에 비춰보도록 해야 한다는 것이다.[日於萬物 無所不照 況我之德 勝於日 而不能容此三子者乎 此蓋喩物我是非 聖人所以置之不辯 照之於天也]"이 말을 참고하여 다시 정리해보면 다음과 같다.

세 나라와 태양에 대한 일은 모두 바른 인식을 구하는 것에 대한 비유이다. '요임금이 저 세 나라를 치려하니 마음이 찜찜하다'고 말했다. 그러자 순이 '조그마한 나라를 치는데 마음이 찜찜한 것은 무엇 때문입니까'라고 하였다. 이 말은 '과감하게 쳐버려라'는 의미로 들릴 수도 있지만, 사실은 '치지말라'는 뜻을 반어적으로 표현한 것이다. 순은 요임금에게 저들을 대립적 존재로 보지 말기를 권하였다. 요임금은 분별의식을 내어 저 세 나라와 자기를 대립적 관계로 파악하고 있었다. 그래서 순은 태양을 등장시켜 계속 요임금에게 말하였다. 그 말을 정리해보면 다음과 같다. '저 하늘의 태양도 만물을 평등하게 비춰주는데, 태양보다 더 높은 덕을 가진 요임금께서 저 작은 세 나라를 대립적 관계로 보아서는 안 된다. 작은 세 나라를 나의 대립자로 볼 것이 아니라, 나와 저의 상대적 관점을 뛰어 넘어 절대의 경지에서 인식을 해야 한다' 순은 요임금에게 이렇게 권했다. 이러한 인식태도는 앞 구절의 천부, 그리고 보광이 의미하는 인식방식과 일관성을 가진다.

정리하여 보면, 두 번째 방식의 해석이 타당성이 더 있어 보인다. 장자는 비유적인 화법으로 이 글을 논술하였다. 저 세 나라는 나와 상대되는 대상을 의미한다. 요임금이 찜찜해한 이유는 피아분별에 의한 대립의식 때문이다. 순이 요에게 '찜찜해 하지 말고 과감히 공격하라'는 투로 말한 것은 도리어 '공격하지 말라'는 뜻을 담고 있다. 전체 문맥에서 볼 때, 표면적인 뜻은 저 세 나라를 대립적으로 보아 공격의 대상으로 삼지 말고 포용하라는 것이고, 비유에서 던지고자 하는 뜻은 임희일의 말처럼 피아와 시비를 버리고 '하늘에 비춰보는 인식[照之於天]'을 하라는 것이다. 하늘에 비춰보는 인식이 바로 천부의 인식이다. 또한 이것이 「제물론」이 추구하는 본지, 즉 제일齊一의 인식이기도 하다. 여기서 「제물론」 제1장에 해당하는 남곽자기와 안성자유 간의 천뢰天籟에 대한 문답이 끝을 맺는다.

2장 1절

齧缺[197]問乎王倪曰 子知物之所同是乎아 曰吾惡乎知之리오 子는 知子之所不知邪아 曰吾惡乎知之리오 然則物無知邪아 曰吾惡乎知之리오 雖然嘗試言之하노라 庸詎[198]知吾所謂知之非不知邪아 庸詎知吾所謂不知之非知邪아

■번역

설결齧缺이 왕예王倪에게 물었다. 설결이 왕예에게 물었다. "선생께서는 '사물에 있어 모두가 옳게 여기는 바의 기준[所同是]'을 아십니까." 왕예가 대답했다. "내가 어찌 그것을 알겠는가." "선생께서는 선생께서 알지 못하는 것을 아십니까." 왕예가 대답했다. "내가 어찌 그것을 알겠는가." "그렇다면 만물에 대해 모르십니까." 왕예가 대답했다. "내가 어찌 그것을 알겠는가. 비록 그렇지만 시험 삼아 그것에 대해 말해보겠다. "어찌 내가 이른 바, '안다'고 하는 것이 '알지 못하는 것이 아님'을 알겠는가. 어찌 내가 이른 바, '알지 못한다'고 하는 것이 '아는 것이 아님'을 알겠는가."

■글자

齧 물 설, 倪 끝 예 어린이 예, 詎 어찌 거.

---

197 齧缺(설결) : 요임금 때의 은자로 왕예(王倪)의 제자이다.
198 庸詎(용거) : '어찌~하리오'의 뜻.

■ 요지

모두가 인정하는 보편의 절대치를 '소동시所同是'라 한다. 진고응은 『장자금주금석』에서 공동으로 인가하는 공동의 표준[共同所認可的共同標準]이라고 '소동시'에 대해 해석했다. 여기서 보면 '소동시'는 '보편의 절대적 기준'이라고 풀이할 수 있겠다. '소동시'는 인식능력의 한계 때문에 일반적인 인간이 알 수 없다. 그래서 왕예王倪는 자신이 아는 것이 진짜 아는 것인지, 모르는 것이 진짜 모르는 것인지를 알 수 없다고 하였다.

2장 2절

且吾嘗試問乎女호리라 民濕寢則腰疾偏死[199]어늘 鰌然乎哉아 木處則惴慄恂懼어늘 猨猴然乎哉아 三者 孰知正處아 民食芻豢[200]하고 麋鹿食薦하며 蝍蛆甘帶하고 鴟鴉嗜鼠어늘 四者 孰知正味아 猨은 猵狙以爲雌하고 麋는 與鹿交하며 鰌與魚游라 毛嬙麗姬는 人之所美也어늘 魚見之면 深入하고 鳥見之면 高飛하며 麋鹿見之면 決驟하나니 四者 孰知天下之正色哉아 自我觀之면 仁義之端과 是非之塗는 樊然殽亂하니 吾惡能知其辯이리오

---

199 偏死(편사) : 몸의 한 쪽을 못 쓰는 반신불수(半身不遂)를 말한다.
200 芻豢(추환) : 풀을 먹는 소나 양 등과 곡식을 먹는 개나 돼지 등을 통틀어 이르는 말이다.

■ 번역

"또 내가 시험 삼아 너에게 물어보겠다. 사람이 습한데서 자면 허리에 병이 생겨 반신마비가 되는데 미꾸라지도 그러한가. 사람이 나무에 올라가면 두려워 벌벌 떨게 되는데 원숭이도 그러한가. 이 세 가지 중에 어느 것이 올바른 거처를 아는 것인가. 사람은 고기[芻豢]를 먹고 고라니와 사슴은 풀을 먹으며 지네는 뱀을 달게 먹고 올빼미와 까마귀는 쥐를 좋아하는데, 이 네 가지 중에 어느 것이 올바른 맛을 아는 것인가. 암컷원숭이는 수컷원숭이를 짝으로 삼고 고라니는 사슴과 교미를 하며 미꾸라지는 물고기와 함께 헤엄치며 노닌다. 모장毛嬙과 여희麗姬는 사람들이 아름답게 여기는데 물고기가 그들을 보면 물 속 깊이 들어가고 새가 그들을 보면 높이 날아가며 고라니와 사슴이 그들을 보면 빨리 달아나니, 이 네 가지 중에 어느 것이 천하의 진정한 미인인지를 아는 것인가. 나의 입장에서 본다면, 인의의 단서와 시비의 길은 번잡하고 어수선하고 어지럽다. 그러니 내가 어찌 그 구별을 알 수 있겠는가."

■ 글자

鰌 미꾸라지 추, 惴 두려워할 췌, 恂 미쁠 순, 猨 원숭이 원(猿과 同), 猴 원숭이 후, 芻 꼴 추, 豢 기를 환, 麋 큰 사슴 미, 薦 천거할 천 · 꼴(풀) 천, 蝍 지네 즉, 蛆 지네 저, 殽 어지러울 효.

■ 요지

위를 이어 소동시所同是에 대해 말하고 있다. 여기서는 모두에게 맞는 절대적 기준치는 존재할 수 없음을 비유적으로 말하였다. 세상에서 말하는 '기준치'는 저마다 상황에 따라 변한다. 그래서 모든 기준치는 특정의 조건 위에서만 유용하다. 모든 시간과 장소를 초월하는 절대적 기준치는 존재할 수 없다.

2장 3절

齧缺曰 子 不知利害면 則至人은 固不知利害乎아 王倪曰 至人은 神矣라 大澤이 焚이라도 而不能熱하며 河漢이 冱라도 而不能寒하며 疾雷破山이나 而不能傷하며 飄風이 振海라도 而不能驚이라 若然者는 乘雲氣하고 騎日月하야 而遊乎四海之外라 死生도 無變於己어늘 而況利害之端乎아

■번역

설결이 말했다. "선생님께서 이로움과 해로움을 알지 못하신다면, '지극한 사람[至人]'은 본래 이로움과 해로움을 알지 못합니까." 왕예가 대답했다. "지극한 사람은 신령하다. 큰 못이 불타나 뜨겁게 할 수 없으며, 황하黃河와 한수漢水가 차가우나 춥게 할 수 없으며, 빠른 우레가 산을 깨뜨리나 상하게 할 수 없으며, 바람이 바다를 뒤흔드나 놀라게 할 수 없다. 이러한 자는 구름 기운을 타고 해와 달을 몰아 사해 밖에서 노닌다. 죽음과 삶도 자기를 변화시킬 수 없거늘 하물며 이로움과 해로움의 말단적인 것 따위이겠는가.

■ 글자

沍 차가울 호, 飄 회오리 바람 표, 騎 말탈 기

■ 요지

여기서는 정신능력이 지극해진 지인至人의 덕을 형용하고 있다. 상대적 세계의 이해와 득실을 떠나면 맑고 원만한 정신세계가 열린다. 이 상태에 이른 사람이 바로 지인이다. 지인은 신령한 능력을 가진다. 이런 사람은 신령해진 정신의 힘으로 물리적 세계를 임의대로 조절할 수 있다.

3장 1절

瞿鵲子[201]問乎長梧子曰 吾聞諸夫子[202]호니 聖人[203]은 不從事於務하고 不就利하며 不違害하고 不喜求하며 不緣道[204]라 無謂호되 有謂하고 有謂호되 無謂하야 而遊乎塵垢之外라하니이다 夫子는 以爲孟浪之言[205]이나 而我는 以爲妙道之行이라하니 吾子는 以爲奚若고 長梧

---

201 瞿鵲子(구작자) : 공자의 지인이면서 장오자(長梧子)의 제자이다.
202 夫子(부자) : 공자를 말한다.
203 聖人(성인) : 도가적 이상적 인물인 지인(至人)을 말한다.
204 不緣道(불연도) : 진고응(陳鼓應)은 『장자금주금역』에서 '도에 얽매이지 않는다[不拘泥於道]'라고 해석했다.
205 以爲孟浪之言(이위맹랑지언) : 위에서 공자가 진술한 말을 공자 스스로 허무맹랑한 말이라고 폄하였다.

子曰 是는 皇帝之所聽熒也²⁰⁶어늘 而丘也何足以知之리오 且汝亦大早計²⁰⁷로다 見卵호되 而求時夜하고 見彈호되 而求鴞炙²⁰⁸로다 予嘗爲女하야 妄言之²⁰⁹리니 女도 以妄聽之하라 奚오 旁日月하고 挾宇宙하야 爲其脗合²¹⁰이오 置其滑涽²¹¹하야 以隷相尊²¹²하니라 衆人役役이어든 聖人愚芚하사 參萬歲而一成純하시나니 萬物盡然이어든 而以是로 相蘊²¹³하도다

■ 번역

구작자瞿鵲子가 장오자長梧子에게 물었다. "내가 공자에게 들으니 '성인聖人은 세상의 일에 종사하지 않고 이득에 나아가지 않으며, 해로움을 피하지 않고 구함을 기뻐하지 않으며, 도에 얽매이지 않는다. 말한 것이 없으되 말한 것이 있고, 말한 것이 있으되 말한 것이 없어 티끌세계 밖에서 노닌다'라고 말해놓고서 공자는 이것을 허무맹랑한 말로 여깁니다. 그러나 저는 묘도妙道의 행이라고 여깁니다. 우리 선

---

206 聽熒(청형) : '형(熒)'은 '밝다'는 뜻이므로 '청형'은 '들으면 놀란다'고 해석한다.
207 且汝亦大早計(차여역대조계) : 여(汝)는 구작자를 말한다. 공자가 '허무맹랑한 말'이라고 한 것을 구작자가 무엇을 깨달은 듯이 '묘도(妙道)의 행으로 여긴다'라고 했으니, 이는 구작자가 얻은 경지에서 벗어난 말이다.
208 見卵(견란)…而求鴞炙(이구효자) : 앞의 '대조계(大早計)', 즉 '성급한 꾀'를 비유적으로 드러낸 말이다.
209 妄言之(망언지) : 말이 가진 한계 때문에 '망령되게 말한다'고 하였다.
210 脗合(문합) : 문(脗)은 '합한다'는 뜻이다. 여기서의 '문합'은 '일월우주(日月宇宙)'와 합한다'는 말이다.
211 滑涽(골혼) : 어수룩함을 말한다.
212 以隷相尊(이예상존) : '종과 서로 존중한다'는 말로 주인과 종이 서로 평등하다고 여김을 뜻한다. 즉 상하의 분별이 사라진 인식을 상징한다.
213 相蘊(상온) : 직역하면 '서로 축적했다'는 말인데, '계속 존속되어왔다'라고 해석한다.

생님께서는 어떻게 생각하시는지요." 장오자가 말했다. "공자의 이 말은 황제皇帝도 들으면 놀랄 것인데, 공자[丘]가 어찌 족히 알리오. 그러나 또 너는 생각을 너무 조급하게 한다. 겨우 계란을 보고서 밤의 시각을 알려주는 닭을 구하고, 겨우 탄알을 보고서 올빼미 구이를 구하는 격이다. 내가 시험 삼아 너를 위하여 망령되게 말할 것이니, 너도 망령되게 들어봄이 어떠한가. (성인은) 일월을 곁에 두고 우주를 겨드랑이에 끼고서 그것과 하나가 된다. 어수룩한 마음을 두어 노예와 서로 존중한다. 사람들은 바쁘지만 성인은 우둔하여 만세萬歲와 함께 하여 한 결 같이 순수함을 이루신다. 만물이 모두 그러하여 순수함으로써 존속되어 왔다."

■ 글자

熒 등불 형, 鴞 올빼미 효, 炙 구이 자, 脗 입술 문, 芚 어리석을 둔, 蘊 쌓을 온.

■ 요지

구작자瞿鵲子는 공자의 지인知人이면서 장오자長梧子의 제자이다. 구작자는 공자가 도가적 성인聖人에 대하여 들은 바의 말을 진술해놓고 이것은 상식 밖의 허무맹랑한 말이라고 폄하였다. 물론 지인至人의 입장에서는 허무맹랑한 말이 아니다. 그러나 구작자는 아직 지인의 단계에 이르지 못하였다. 그래서 '묘도의 행적'을 운운할 자격이 없다. 그런데도 이렇게 말한 것은 자신의 분수를 잊은 행위이다. 그래서 마치 '계란을 보고서 닭을 생각하고[見卵求鷄]', '탄환을 보고서 올빼미 구이를 구하는 것[見彈求鴞]'처럼 경솔한 태도라고 핀잔을 주었다. 그러면서 성인은 속티를 벗지 못한 공자는 물론 아직 공부가 지극하지 못한 너와는 달리 일월우주日月宇宙와 하나가 되었으며, 또한 종과 주인을 평등하게 보는 인식의 경지를 확보한 사람이라 했다. 그리고 성인에 대해 우둔한듯하지만 순수한 덕을 가지고 무한의 시간과 함께 하는 사람이라고 하였고, 또 순수한 덕을 가지어 만물을 순수하게 존속되도록 하는 덕을 가진 인물로 묘사하였다.

3장 2절

予惡乎知說生之非惑邪며 予惡乎知惡死之非弱喪而不知歸者邪아 麗之姬는 艾封人之子也라 晉國之始得之也에 涕泣이 沾襟이러니 及其至於王所하야 與王同筐牀하고 食芻豢而後에 悔其泣也라 予惡乎知夫死者가 不悔其始之蘄生乎아

■ 번역

"내가 어찌 살기를 좋아하는 것이 미혹된 것이 아닌 줄 알겠으며, 내가 어찌 죽음을 싫어하는 것이 어려서 고향을 잃어 돌아갈 줄 알지 못하는 자가 아닌 줄 알겠는가. 여희麗姬는 애艾 지방의 변방지기 딸이었다. 그녀가 처음 진晉나라로 잡혀갔을 때는 눈물이 흘러내려 옷깃을 적셨다. 그러나 그녀가 왕의 처소에 이르러 왕과 동침을 하고 맛있는 고기를 먹게 된 후부터는 과거에 자신이 울었던 것을 후회하였다. 그러하니 내가 어찌 죽은 자가 생시에 살기를 바랐던 것을 후회하지 않을 것인 줄 알겠는가."

■ 글자

說 기쁠 열, 艾 쑥 애, 涕 눈물 체, 沾 젖을 점, 襟 옷깃 금, 筐 침상 광, 蘄 바랄 기.

■ 요지

장오자長梧子는 일반인들과는 달리 죽음을 혐오의 대상이 아니라, 도리어 찬미의 대상으로 보았다. 죽음을 긍정적으로 평한 이유는 죽음을 삶에 비해 열등한 것으로 보는 일반인들의 편견을 깨트려 죽음과 삶을 제일齊一하게 바라볼 수 있도록 하기 위해서이다. 그래서 뒤에서는 '삶'을 큰 꿈으로 묘사하여 부정적으로 평하였다. 장오자는 죽음의 가치는 높여주고 삶의 가치는 내려줌으로써 양자가 균형을 유지하도록 하였다. 「제물론」 전체의 내용은 한 결 같이 제일의 인식을 드러내기 위해 서술되어 있다는 사실을 잊어서는 안 된다.

3장 3절

夢飮酒者 旦而哭泣하고 夢에 哭泣者가 旦而田獵이라 方其夢也에 不知其夢也하야 夢之中에 又占其夢焉이라가 覺而後에 知其夢也라 且有大覺而後에야 知此其大夢也어늘 而愚者는 自以爲覺하야 竊竊然[214]知之하야 君乎牧乎아하나니 固哉라 丘也與女는 皆夢也로다 予謂

---

214 竊竊然(절절연) : 분명한 모양을 형용한다.

女夢도 亦夢也라 是其言也는 其名을 爲弔詭[215]라 萬世之後에 而一遇 大聖이 知其解者면 是 旦暮에 遇之也라

■ 번역

"꿈속에서 술을 마시던 자가 아침이 되어 소리 내어 슬피 울고, 꿈속에서 소리 내어 슬피 울던 자가 아침이 되어 사냥을 하러 나간다. 막 꿈을 꾸고 있을 때에는 그것이 꿈인 줄을 알지 못하여 꿈속에서 또 그 꿈을 점치다가 꿈에서 깬 이후에 그것이 꿈인 줄 안다. 또한 크게 깨어남이 있은 이후에야 크게 꿈을 꾼 것임을 알거늘, 어리석은 자들은 스스로 (꿈을) 깨었다고 여겨 분명히 아는 척을 하면서 '군주'라느니 '목동'이라느니 하지만 고루한 짓이다. 공자와 너는 모두 꿈을 꾸고 있다. 내가 너에게 꿈이라고 하는 이것도 꿈속의 일이다. 이 말을 '수수께끼[弔詭]'라고 칭한다. 만세萬世 뒤에 그 수수께끼를 풀이할 줄 아는 큰 성인을 한 번 만나면 이는 (성인을) '잠깐 사이[旦暮]'에 만난 것처럼 행운을 얻은 것이다."

■ 요지

장오자長梧子의 말이 계속 이어진다. 세상의 성인들은 삶이 큰 꿈속에서의 일인 줄을 알지 못한다. 그래서 자기대로는 깨달음을 얻었다고 자부하면서 세상을 다스리기 위해 계급과 법도를 정하여 그것을 금과옥조처럼 여긴다. 그러나 이러한 행위는 어리석은 자의 고루한 짓일 뿐이다. 인생은 큰 꿈이다. 큰 꿈에서 깨어날 때 비로소 세

---

215 弔詭(적궤) : 수수께끼를 칭함. '弔'자는 '이를 적'자로 읽는다.

상의 진면목을 알 수 있고, 또 자신의 진정한 모습을 볼 수 있다. 장오자가 삶을 큰 꿈이라 하여 실체가 없는 것으로 평하였다. 이는 앞에서 죽음을 긍정적으로 평가한 것과는 상대되는 태도이다. 이렇게 한 것은 죽음의 가치는 올리고 삶의 가치는 내림으로써 죽음과 삶이 제일齊-한 것임을 알리기 위해서이다.

'萬世之後'로 시작되는 끝 구절은 풀이가 아주 난해하지만 이렇게 정리해 볼 수 있다. 직역을 해보면 "만세萬世 뒤에 한 번 큰 성인이 그 수수께끼의 풀이를 아는 자를 만나면, 이는 (성인을) '잠깐 사이[朝暮]'에 만난 것처럼 행운을 얻은 것이다."라고 할 수 있다. 직역은 이렇게 해야 하지만 의미 파악이 쉽지 않다. 여기서의 주체는 성인이 아니고 만세 뒤의 어떤 사람이다. 그래서 이렇게 의역한다. "만세 뒤의 어떤 사람이 수수께끼를 풀이할 줄 아는 큰 성인을 한 번 만나면 이는 (성인을) '잠깐 사이[旦暮]'에 만난 것처럼 행운을 얻은 것이다." 어떤 사람이 만 세대나 되는 긴 세월 뒤에 '삶이 꿈'이라고 하는 수수께끼의 의미를 아는 큰 성인을 한 번 만나 자신도 깨달음을 얻어버린다면, 이는 만 세대가 아니라 잠깐 만에 성인을 만난 것이나 다를 바 없는 행운을 잡은 것이다. 깨달아버리면 문득 과거·현재·미래가 한 순간 속에 녹아있음을 보게 된다. 그래서 길고 긴 만세를 '짧은 순간'을 뜻하는 '아침저녁[旦暮]'과 같다고 해버린 것이다. 깨달음을 줄 성인을 만나기 위해 만 세대나 기다렸다고 하더라도 일단 깨달아버리면 만세는 한 순간의 시간에 불과하다. 깨달음을 얻고 또 이로써 만세의 긴 세월을 되삼킬 수 있게 되었으니 이 얼마나 다행인가.

3장 4절

旣使我與若辯矣에 若勝我하고 我不若勝이면 若이 果是也아 我果非也邪아 我勝若하고 若不吾勝이면 我果是也아 而果非也邪아 其或이 是也아 其或이 非也邪아 其俱是也아 其俱非也邪아 我與若이 不能相知也면 則人도 固受黮闇하리니 吾誰使正之오 使同乎若者로 正之면 旣與若으로 同矣니 惡能正之리오 使同乎我者로 正之면 旣同乎我矣니 惡能正之리오 使異乎我與若者로 正之면 旣異乎我與若矣니 惡能正之리오 使同乎我與若者로 正之면 旣同乎我與若矣니 惡能正之리오 然則我與若與人이 俱不能相知也리니 而待彼也邪아 化聲[216]之相待론 若其不相待니 和之以天倪[217]하고 因之以曼衍[218]이 所以窮年也라 何謂和之以天倪오 曰是不是하고 然不然하니 是 若果是也면 則是之異乎不是也[219]는 亦無辯이로다 然이 若果然也면 則然之異乎不然也[220]는 亦無辯이로다 忘年忘義하야 振於無竟이라 故로 寓諸無竟이라

....

216 化聲(화성) : 사람에 따라 또는 경우에 따라 변하는 소리로 변화무쌍함. 변화하기 쉬운 시비의 소리.

217 天倪(천예) : 직역하면 '하늘의 끝'이 된다. 곽상(郭象)은 『장자주』에서 천예를 '자연의 분수[自然之分]'라 하였다. 이것은 완전한 인식을 가능하게 하는 근거이다.

218 曼衍(만연) : 곽상(郭象)은 『장자주』에서 '끝없는 변화[無極之化]'로 해석했다.

219 是之異乎不是也(시지이호불시야) : '옳다고 한 것'은 '옳지 않다고 하는 것'과는 다르다. 풀이하면 다음과 같다. '옳다고 한 것'은 절대적인 옳음이기에 사람들에게 '옳지 않다'고 부정을 당하는 상대적 옳음과는 다르다. 그러나 사실상 절대적 옳음이 세상에 존재하기 어렵다.

220 然之異乎不然也(연지이호불연야) : '그렇다고 한 것'은 '그렇지 않다고 하는 것'과는 다르다. 즉 '그렇다고 한 것'은 절대적인 그러함이기에 사람들에게 '그렇지 않다'라고 부정을 당하는 상대적 그러함과는 다르다. 절대적 그러함도 역시 '절대적 옳음'과 마찬가지로 세상에 존재하기 어렵다.

■ 번역

"가령 내가 그대[若]와 더불어 논쟁을 함에 그대가 나를 이기고 내가 그대를 이기지 못했다면, 그대가 과연 옳은 것인가. 내가 과연 그른 것인가. 내가 그대를 이기고 그대가 나를 이기지 못했다면, 내가 과연 옳은 것인가. 그대[而]가 과연 그른 것인가. 그 한 쪽이 옳은 것인가. 그 한 쪽이 그른 것인가. (아니면) 모두가 옳은 것인가. 모두가 그른 것인가. 나와 그대가 모두 알지 못한다면, 다른 사람들도 정녕 미혹[黮闇]에 빠질 것이니, 내가 누구로 하여금 그것을 바로잡게 할 것인가. 그대와 같은 입장을 가진 자에게 판정을 하게 한다면 이미 그대와 같은 사람인데, 어찌 바른 판정을 할 것인가. 나와 같은 입장을 가진 자에게 판정을 하게 한다면 이미 나와 같은 사람인데, 어찌 바른 판정을 할 것인가. 나와 그대 모두와 다른 자에게 판정을 하게 한다면 이미 나와도 다르고 그대와도 다른데, 어찌 바른 판정을 할 것인가. 나와 그대 모두와 같은 자에게 판정을 하게 한다면 이미 나와도 같고 그대와도 같은데, 어찌 바른 판정을 할 수 있겠는가. 그렇다면 나와 그대와 다른 사람이 모두 알 수 없을 것이니, 또 다른 사람을 기다리겠는가.

논쟁소리[和聲]에 서로 의지하는 것은 (무의미하기에) 처음부터 의지하지 않는 것과 같으니, 천예天倪에 조화시키고 변화[曼衍]를 따르는 것이 천수[窮年]를 다 누리게 하는 방법이다." 구작자瞿鵲子가 말하기를, "천예에 조화시킨다는 것은 무엇을 말하는 것입니까." (장오자가) 말하기를, "옳지 않은 것을 옳다고 여기고, 그렇지 않은 것을 그렇다고 여기니, '옳다고 한 것'이 만약 참으로 옳다면, '옳다고 한 것'은 (참되기에) '옳지 않다'고 하는 것과는 다름은 또한 당연하여 논변할 것이 없다. '그렇다고 한 것'이 만약 참으로 그렇다면, '그렇다고 한 것'은 (참되기에) '그렇지 않다'고 하는 것과 다름은 또한 당연하여 논변할 것이 없다. 시간과 옳음을 잊어 '끝없는 세계[無境]'에 나아가야 한다. 그래서 끝없는 세계에 맡겨두어야 한다."

■ 글자

黮 검을 담, 闇 어두울 암.

■ 요지

장오자長梧子는 계속 말한다. 옳아도 옳다고 할 수 없고 틀려도 틀린다고 할 수 없다. 틀리고 옳음은 입장에 따라 판단이 달라진다. 또 입장이 같으면 같기 때문에 바른 판정을 내릴 수 없고, 입장이 다르면 다르기 때문에 바른 판정을 내릴 수 없다. 세상에는 시비의 절대적 기준이 없다. 그래서 누구든 시비를 판단할 수 없다. 그래서 완전한 인식의 경지인 '자연의 분수[天倪]'에 조화시키고 '끝없음의 세계[無境]'에 맡기는 인식을 하여야 하는 것이다.

4장 1절

罔兩이 問景曰 曩에 子行하다가 今에 子止하며 曩에 子坐하다가 今子起하니 何其無特操與아 景曰 吾有待而然者邪아 吾所待도 又有待而然者邪아 吾待蛇蚹蜩翼邪아 惡識所以然이며 惡識所以不然이리오

■ 번역

망양罔兩이 그림자에게 물었다. "조금 전에 그대가 걸어가다가 지금은 그대가 멈췄으며, 조금 전에 그대가 앉아 있다가 지금은 그대가 서있으니, 어찌 특정한 지조가 없는가." 그림자가 말하기를, "내가 의지함이 있어 그러한 것인가. 내가 의지하는 것도 또한 의지함이 있어 그러한 것인가. 뱀이 비늘을 의지하여 기어가고 매미가 날개에 의지하여 나는 것과 같은 것이 아닐까. (그러나) 어찌 그렇게 되는 까닭을 알 것이며, 또 어찌 그렇게 되지 않는 까닭을 알 것인가."

■ 글자

罔 접때 낭, 蚹 뱀 비늘 부, 蜩 매미 조.

■ 요지

여기서는 인간의 인식능력이 한계를 가지는 2가지 원인, 즉 내적 원인과 외적인 원인 중 외적인 원인에 대해 논하고 있다. 그림자는 빛에 의지하고 빛은 그 배후자에 의지하고, 그 배후자는 또 그 배후에 의지한다. 이처럼 존재세계는 중중무진重重無盡으로 서로 의지하고 있어 그 내면의 구조를 알 길이 없다. 존재의 복잡성은 인간으로 하여금 존재의 실상을 인식불가능하게 하는 주요 원인 중 하나이다.

5장 1절

> 昔者에 莊周 夢爲胡蝶이라 栩栩然히 胡蝶也러니 自喩適志與하야 不知周也라 俄然覺則蘧蘧然²²¹周也라 不知라 周之夢爲胡蝶與아 胡蝶之夢爲周與아 周與胡蝶은 則必有分矣니 此之謂物化니라

■ 번역

옛날에 장주莊周가 꿈에 나비가 되었다. 훨훨 날아다니는 나비가 되고 보니 스스로 유쾌하고 뜻에 맞아 장주임을 알지 못했다. 문득 꿈을 깨고 보니 엄연히 장주였다. 알지 못하겠네. 장주가 꿈에 나비가 된 것인가, 나비가 꿈에 장주가 된 것인가. 장주와 나비는 분간이 있으니 이것을 '물화物化'라고 한다.

■ 글자

蝶 나비 접, 栩 기뻐할 허, 蘧 형태 있는 모양 거.

■ 요지

「제물론」의 주요 주제 중 하나인 물화론物化論이 등장했다. 박세당은 '장주와 나비가 동일한 몸[周蝶同一身]'이라 하여 이 부분을 제일사상齊一思想에 의거하여 해석했다. 장주가 나비로 변하고 나비가 장주로 변하니 실상에서 보면 장주와 나비는 하나이다. 그래서 마지

---

221 蘧蘧然(거거연) : 형체가 있는 모양을 나타내는 의태어. '엄연히 존재한다'는 뜻으로 해석한다.

막 구절의 "장주와 나비는 분간이 있으니 이것을 '물화物化'라고 한다."라는 구절은 "장주와 나비는 분간이 있지만 그러함에도 서로 뒤바뀌면서 변화하니 이것을 '물화物化'라 한다."라고 풀이를 해야 한다.

    장주와 나비는 분리되어 있는 두 개의 물건처럼 보이나 그러나 장주는 나비로 변하고 나비는 장주로 변한다. 이렇게 서로 변화하는 현상을 '물화物化'라고 한다. 물화는 음이 양으로 변하고 양이 음으로 변하는 것처럼 상대적 관계에 놓인 피와 차가 끝없이 서로 뒤바뀌는 현상을 말한다. 상대적 관계에 있는 양자는 본래 존재했던 것도 아니고 또한 영원히 존재하는 것도 아니다. 따라서 도를 얻고자 하는 자는 양자를 대립적 구조로 고착시켜 보는 자세에서 벗어나야 하고, 궁극적으로는 '피차를 하나로 보는 제일齊―의 인식'에 도달해야 한다. 물화론은 바로 이 점을 깨우쳐주기 위해 가설된 것이다.